特種貨物航空運輸

文軍、唐慧敏 主編

前言

　　特種貨物所具有的爆炸性、易腐性、貴重性以及生命性等特性，使其在航空運輸過程中會因為氣壓、溫度變化，或受震動、空間限制以及監管不善等，可能發生爆炸、自燃、毒性物質泄漏以及貨物的丟失、破損甚至死亡等現象，給航空公司的營運管理、航班飛行等帶來較大的經營組織困難和生產安全隱患，同時帶來經濟損失和產生法律糾紛。由於特種貨物所具有的特殊性，使得特種貨物運輸的生產組織和營運管理都具有非常強的專業性，要求貨物運輸操作人員除了具有普通貨物的運輸組織和生產管理的知識外，還應具備特種貨物航空運輸的專業知識。實踐表明，只要掌握特種貨物的特質，妥善組織特種貨物運輸的各個作業環節，嚴格執行特種貨物運輸的操作規範，完全可以杜絕各種不正常運輸事件的發生，保證航班的飛行安全和正常營運。

　　本書主要根據中國民用航空局針對飛行人員要求掌握的特種貨物航空運輸的知識和內容，結合中國航空運輸中特種貨物運輸的實際情況，同時參閱了中國民用航空局和國際民

航組織以及國際航空運輸協會對特種貨物航空運輸的相關規則和要求，包含了特種貨物航空運輸過程中要求飛行人員掌握的所有知識。本書共六章，第一章、第二章、第三章、第四章由文軍編寫，第五章由唐慧敏編寫，第六章由文軍和唐慧敏共同編寫。

在本書的編寫過程中，得到了許多民航運輸行業人士的熱情指導和關心幫助，同時也參閱了不同作者編寫的航空貨物運輸教材和文章，在此謹向他們表示誠摯的謝意！

由於編者水準有限，書中難免存在不足之處，敬請廣大讀者提出寶貴意見並批評指正。

編者

目錄

第1章　緒論 ··· (1)
　1.1　航空貨運業的產生與發展 ·· (1)
　1.2　國際航空運輸組織簡介 ·· (5)
　1.3　集裝器簡介 ·· (18)
　練習思考題 ·· (34)

第2章　活體動物航空運輸 ·· (35)
　2.1　概述 ··· (35)
　2.2　托運人要求 ·· (42)
　2.3　經營人要求 ·· (49)
　2.4　標記與標籤 ·· (57)
　2.5　活體動物的存儲和隔離 ·· (58)
　2.6　活體動物的運輸要求 ·· (60)
　練習思考題 ·· (63)

第3章　鮮活易腐貨物航空運輸 ··· (64)
　3.1　概述 ··· (64)
　3.2　托運人要求 ·· (73)
　3.3　經營人要求 ·· (79)
　3.4　標記與標籤 ·· (81)
　3.5　隔離原則 ·· (83)
　3.6　存儲和組裝 ·· (86)
　練習思考題 ·· (88)

第4章　貴重物品和緊急航材航空運輸 ·· (89)
　4.1　貴重物品航空運輸 ·· (89)

4.2　緊急航材運輸 ·· (93)
　　練習思考題 ··· (94)

第 5 章　危險品運輸 ··· (95)
　　5.1　概論 ··· (95)
　　5.2　限制 ··· (101)
　　5.3　危險品分類 ·· (121)
　　5.4　識別 ··· (146)
　　5.5　包裝 ··· (169)
　　5.6　危險品包裝的標記與標籤 ·· (199)
　　5.7　危險品運輸文件 ··· (219)
　　5.8　存儲、裝載與信息提供 ··· (242)
　　5.9　危險品事故/事件應急回應 ·· (251)
　　5.10　危險品事故處理與報告 ··· (256)
　　5.11　特種貨物機長通知單 ·· (264)
　　練習思考題 ·· (272)

第 6 章　航空運輸鋰電池知識及操作要求 ·· (283)
　　6.1　鋰電池航空運輸規則產生背景 ·· (283)
　　6.2　鋰電池常識 ·· (289)
　　6.3　鋰電池分類、識別、特殊規定 ·· (295)
　　6.4　鋰電池包裝 ·· (301)
　　6.5　鋰電池的標記與標籤 ·· (324)
　　6.6　鋰電池運輸文件的填寫 ··· (329)
　　6.7　鋰電池郵件運輸規定 ·· (331)
　　6.8　旅客和機組攜帶鋰電池的相關規定 ··· (332)
　　6.9　應急措施 ·· (334)
　　6.10　國家及經營人差異 ·· (334)
　　6.11　常見問題 ·· (335)
　　練習思考題 ·· (337)

第 1 章　緒論

1.1　航空貨運業的產生與發展

1.1.1　交通運輸業的概念及分類

1.1.1.1　交通運輸業的概念

交通運輸業是指在國民經濟發展中借助於交通運輸工具，將旅客、行李、貨物、郵件等運輸對象發生位置移動變化的社會生產部門，其通常簡稱為「運輸業」。交通運輸業是商品經濟發展的產物，是隨著經濟不斷發展和人民生活水準不斷提高產生的一種派生需求，是國民經濟的重要組成部分，是國民經濟發展的基礎產業，是一個國家發展所必需的公共服務性行業，屬於第三產業的範疇。

使旅客和貨物等運輸對象發生物理位移的有目的的交通運輸活動就是交通運輸的功能所在，通過交通運輸方式實現了運輸對象的空間效用。雖然交通運輸不會產生任何實物形態產品，但是在社會擴大再生產過程中處於紐帶地位，因此，在交通運輸建設上需要具有超前的意識，為未來經濟發展對交通運輸能力上的需求留足發展空間，以便發揮交通運輸業在國民經濟發展中的先行經濟作用。

根據運輸對象的不同，交通運輸業分為旅客運輸和貨物運輸。旅客運輸是指借助於運輸工具使旅客和行李發生物理位移的有目的的社會經濟活動。貨物運輸是指通過交通運輸工具將貨物和郵件發生物理位移的有目的的社會經濟活動。

按照貨物運輸地域界限的不同，貨物運輸可以劃分為國內貨物運輸和國際貨物運輸兩大類。國內貨物運輸是指貨物運輸發生在一國境內不同地區之間的貨物運輸活動；國際貨物運輸是指貨物運輸發生在國家與國家、國家與地區之間的貨物運輸活動。

按照所運輸貨物類型的不同，貨物運輸可以劃分為普通貨物運輸和特種貨物運輸。普通貨物運輸是指在收運、運輸、裝卸、保管以及運輸文件等運輸環節中沒有特別要求的，不必採用特殊方式或手段就可以運送的貨物。特種貨物是指由於所運輸的貨物的特殊性質，在運輸技術、生產組織和營運管理等方面有特別規定和要求的物品，主要涉及危險品運輸、活體動物、鮮活易腐、貴重物品、航材、公務貨物以及超大超重貨物等。

1.1.1.2　交通運輸業的分類

交通運輸業根據所使用的運輸設備和運輸工具的不同，可分為航空運輸業、鐵路運輸業、公路運輸業、水路運輸業、管道運輸業。

航空運輸業是指採用飛機、氣球和氣艇等運輸工具在空中進行的客貨運輸活動。鐵路

運輸業是指採用鐵路機車、鐵路車輛和列車等載運工具進行的客貨運輸活動。公路運輸業是指採用汽車、獸力車、人力車等運輸工具進行的客貨運輸活動。水路運輸業是指採用船、駁、舟、筏等運輸工具在遠洋、沿海、內河、內湖以及運河等水上通道進行的客貨運輸活動。管道運輸業是指通過管道對氣體、液體、漿體以及粉末狀固體物質開展的運輸活動。

由於每一種運輸方式所處的運輸環境、運輸動力、運輸設備和運輸工具的不同，呈現出不同的特點，具體如表1-1所示。

表1-1　　　　　　　　　　　　　不同運輸方式的特點

運輸業分類	優點	缺點
航空運輸業	運輸速度最快；貨損貨差最低；機動性強；安全舒適；適合國際遠程運輸。	營運成本高；能耗大；運輸能力較小；技術要求嚴格；受氣候條件影響大；不適宜短途運輸。
鐵路運輸業	運行速度快；運輸能力大；運輸計劃性較強；受自然氣候條件影響小；運輸過程安全性高，客貨到發的準確性好；運輸成本較低；網路的覆蓋面較大。	資金投入大；靈活機動性較差。
公路運輸業	機動靈活性強，可實現「門到門」的運輸；集散速度較快，適合城內配送。	運輸能力小；能耗和運輸成本較高；貨物損耗較高；勞動生產率低，不適宜對大宗長途貨物的運輸。
水路運輸業	運輸能力大；資金投入少；營運費用最低；勞動生產率高，適於大宗貨物運輸。	受自然條件的影響很大；運輸速度慢，增加了貨主的流動資金佔用量；運輸時間不易保證；營運班次少，可獲得性差。
管道運輸業	工程建設週期短，節約土地；運輸量大；能耗最低；運輸成本低；受自然條件影響最小。	運輸對象範圍有限；管道網路的建設依賴於基礎設施建設。

1.1.2　航空貨運的概念及特點

1.1.2.1　航空運輸的概念

航空運輸是指公共航空運輸企業使用民用航空器將旅客、行李以及貨物、郵件等進行空間位置移動的商業運輸活動，包括公共航空運輸企業使用民用航空器辦理的免費運輸。公共航空運輸企業，即航空公司，是指以營利為目的，使用民用航空器運送旅客、行李、貨物以及郵件等的企業法人。航空運輸中的貨物，根據國際航空運輸協會（IATA）的定義，是飛機上運載的任何東西，包括憑航空貨運單或裝運記錄的行李以及航空郵件，但不包括乘客機票及行李票下所攜帶的行李。

隨著社會經濟的發展和人民生活水準的提高，人類的政治、經濟、文化、體育以及旅遊、休閒、娛樂等社會經濟服務和社會活動越來越依靠民航運輸方式才得以開展與完成。民用航空發展水準不僅已經成為當今世界一個國家經濟發達程度的重要標誌，也是一個國家現代化程度的象徵。

根據所運輸對象的不同，航空運輸分為航空貨物運輸和航空旅客運輸。

1.1.2.2　航空貨物運輸的概念

航空貨物運輸是指通過航空器將貨物和郵件由一地運往另一地的運輸方式，同時包括城市市區與民用機場之間的地面運輸活動。

相較於鐵路運輸、公路運輸、水路運輸、管道運輸等現代貨物運輸方式，雖然航空貨物運輸的起步較晚，但是航空貨物運輸在開闢新市場、適應市場需要與變化等方面有著其他運輸方式不可比擬的優越性，因此航空貨物運輸發展異常迅速。據測算，航空貨物運輸雖然只占全球貿易運輸總量的1%，但其所運輸的貨物總價值超過了全球貿易貨運總價值的35%。航空貨物運輸的主要特點體現在以下幾方面：

（1）運輸速度快捷

航空運輸業誕生之日起，就以比其他運輸方式速度快而著稱。迄今為止，飛機仍然是最快捷的交通工具，常見的噴氣式飛機的經濟巡航速度可達850～950千米/小時。快捷的交通工具大大縮短了貨物在運輸途中的時間，降低了貨物運輸中的各種風險，特別適宜運輸易腐爛、易變質的鮮活商品，時效性、季節性強的報刊，節令性商品，搶險救災物品、救急醫用品等公務急件貨物，以及貴重物品、精密儀器等貨物。

快速、高效、安全的特點與全球密集的航空運輸網絡，使得人們對於以前渴望而不可及的鮮活商品、電子產品等貨物開闢了遠距離的消費市場，使消費者享有更多的利益。當今國際市場競爭日益激烈，航空運輸所提供的快速高效的服務，讓商品生產企業可以對瞬息萬變的國內外市場行情作出敏捷的反應，迅速推出適銷對路的產品占領市場，獲得較好的經濟效益，增強企業的市場競爭力。

（2）不受地形條件限制

航空運輸利用天空這一天然通道，不受地理條件的限制，空間跨度大，航空運輸與其他運輸方式相比，不僅因運輸速度快而有質的差別，而且因運輸距離不同產生了量的差別。航空運輸所完成的每噸千米的運載能力遠遠大於地面運輸方式，因此航空運輸的週轉量大，節約了社會勞動消費，尤其對於地面條件惡劣、交通不便的內陸地區非常適合開展航空運輸，有利於當地貨物資源的輸出，促進當地經濟的繁榮發展。

航空運輸使得世界各地互通有無，對外的輻射面廣，同時與公路運輸和鐵路運輸相比，航空運輸所占用的土地更少，對寸土寸金、地域狹小的地區發展對外交通是十分適宜的。

（3）破損率小，安全性高

與其他貨物運輸方式相比，航空貨物運輸的安全性較高。現代化運輸機的飛行高度均在1萬米左右，在此高度上，氣流穩定，飛行平穩，顛簸很小，航空公司執行航班發生嚴重事故的風險率約為三百萬分之一，其安全事故發生的概率遠遠低於地面運輸方式。同時，航空貨物運輸中各部門之間嚴格的運輸管理制度，運輸的中間環節較少，貨物在途遺失、被盜的概率較低，減少了貨損貨差和貨物運輸的破損率，且世界各航空公司都十分重視服務質量和航班正點率，貨物運輸質量和運輸時間得到了保障。此外，集裝設備在航空貨物運輸中的大量使用，大大提高了貨物運輸的安全性和便利性以及經濟性。

（4）節約包裝、利息、保險等費用

由於航空貨物運輸具有迅捷、安全、準時的超高效率，使得貨物在途時間縮短、資金週轉速度加快，大大縮短了貨物的交貨期，對於物流供應鏈加快資金週轉及循環起到了極大的促進作用，企業存貨可以相應減少，這一方面有利於資金的回收，減少利息支出，另一方面可以降低企業倉儲費用。同時，由於航空貨物運輸安全準確、貨損貨差少，所以航空貨物運輸的包裝相對簡化，從而減少了包裝成本和保險費用，降低了企業的經營成本，增加了企業收益。

（5）適用於某些特殊商品的運輸

由於航空運輸距離較長，因此適用於需要中長距離運輸的商品；同時，由於空運計算運費的起點比海運低，具有運送快捷、準點的特點，尤其適宜於小件貨物、鮮活商品、季節性商品和貴重商品等物品。

任何運輸方式都存在一定的局限性和缺點，航空貨物運輸的主要缺點有：運輸費用偏高，不適合低價值貨物；受運輸重量和貨艙體積的限制，載運量有限，限制了大件貨物或大批量貨物的運輸；飛機飛行安全容易受惡劣氣候影響；貨物目的地不能離民航機場太遠等。這些缺點在一定程度上限制了航空貨物運輸的發展。

1.1.2.3　航空貨物運輸的分類

根據航空貨物運輸發生的地域範圍，分為國內航空貨物運輸和國際航空貨物運輸。

國內貨物運輸是指根據運輸合同，貨物的出發地、約定的經停地點和目的地均在一國境內的航空運輸。

國際貨物運輸是指根據當事人訂立的航空運輸合同，無論運輸有無間隔或有無轉運，運輸始發地、目的地或者約定的經停地點之一不在一國境內的貨物運輸。

根據航空貨物運輸所運輸的貨物對象，分為普通貨物航空運輸和特種貨物航空運輸。

普通貨物運輸是指所運輸的貨物不具有特殊性質的一般貨物，其在航空運輸的各個環節中沒有特別的要求和規定。

特種貨物是指由於貨物自身的特殊性在運輸的整個過程中需要進行特殊處理，滿足特殊運輸條件的貨物，針對貨物的特殊性質，在航空運輸的各個環節都制定了與其特殊性質相適應的操作程序和規則要求。

1.1.3　航空特種貨物的定義

特種貨物是指在貨物運輸的收運、儲存、保管、運輸及交付等過程中，因貨物本身的性質、價值或重量等原因，需要進行特殊處理，滿足特殊運輸條件的貨物。

（1）特種貨物的種類

在航空貨物運輸中涉及的特種貨物主要有：

- 危險物品
- 鮮活易腐物品
- 急件貨物
- 活體動物
- 禁止運輸、限制運輸貨物
- 槍械、彈藥
- 押運貨物
- 外交信袋

- 貴重物品
- 植物以及植物產品
- 菌種、毒種及生物製品
- 骨灰、靈柩
- 車輛
- 公務貨
- 超大、超重貨物
- AOG 航材

（2）特種貨物運輸的一般規定

國際航空運輸協會（IATA）每年定期出版相關特種貨物運輸的手冊或資料，各家經營人必須使用最新版本的特種貨物運輸手冊或資料，用於指導特種貨物的航空運輸。

用於指導經營人的有關特種貨物運輸的各類手冊包括：

IATA　DANGEROUS GOODS REGULATIONS（《危險品規則》，簡稱 DGR）；

IATA　LIVE ANIMALS REGULATIONS（《活體動物規則》，簡稱 LAR）；

IATA　PERISHABLE CARGO REGULATIONS（《鮮活易腐貨物規則》，簡稱 PCR）；

IATA　AIRPORT HANDLING MANUAL（《機場操作手冊》，簡稱 AHM）；

IATA　TACT RULES（第 7 章國家規定和第 8 章經營人規定）。

這些手冊介紹了危險品、活體動物、鮮活易腐貨物及其他特種貨物在收運、倉儲、運輸及交付過程中的規定或要求，主要涉及的內容有：

①託運人託運特種貨物時，應遵守有關國家以及經營人關於特種貨物運輸的規定。託運的特種貨物同時具有兩種或者兩種以上特種貨物的性質時，應同時符合這幾種性質特種貨物的運輸規定和要求。特種貨物的包裝應當符合特種貨物包裝的有關要求。託運人應當在經營人指定的地點託運特種貨物。

②收運特種貨物時，除應當遵守普通貨物運輸的規定外，還應當同時遵守與其性質相適應的特種貨物運輸規定。收貨人應當在經營人指定的地點提取特種貨物。

③特種貨物發運時，應按規定的貨物發運順序發運。

④運輸特種貨物時，應填寫「特種貨物機長通知單」（SPECIAL LOAD NOTIFICATION TO CAPTAIN，簡稱 NOTOC），進行認真交接。

⑤裝有特種貨物的航班，飛機起飛後應立即按規定拍發有關電報通知到達站或中轉站。

⑥特種貨物運價按照 45 公斤以下普通貨物運價的 150%計算。按特種貨物運價計收運費的有：急件、貴重物品、動物、危險品、靈柩、骨灰、微生物製品、植物和植物產品、鮮活易腐物品、槍械、彈藥、押運貨物等。

1.2　國際航空運輸組織簡介

1.2.1　國際民用航空組織（ICAO）

國際民用航空組織（International Civil Aviation Organization，縮寫為 ICAO），簡稱為國際民航組織，是協調世界各國在民航發展中出現的政治、經濟和法律問題，並制定各種民航技術標準和航行規則的國際組織，是聯合國系統中負責處理國際民航事務的專門機構。

國際民航組織正式成立於1947年，總部設在加拿大蒙特婁，其主要職責是研究國際民用航空的問題，制定民用航空的國際標準和規章，鼓勵使用安全措施、統一業務規章和簡化國際邊界手續。國際民航組織標誌如圖1-1所示。

圖 1-1　國際民航組織標誌

（1）成立

國際民航組織是在 1919 年《巴黎公約》成立的空中航行國際委員會（International Commission for Air Navigation，簡稱 ICAN）的基礎上成立的。第二次世界大戰極大地推動了航空器技術的發展，各行各業對航空運輸的需求大增，在世界上形成了完善的航線網絡，隨之帶來了一系列急需國際社會協商解決的民航發展中出現的政治、經濟、法律和技術問題。1944 年 11 月 1 日至 12 月 7 日，52 個國家回應美國政府的號召，在芝加哥舉行了國際會議，會議簽署了《國際民用航空公約》（通稱《芝加哥公約》），按照公約規定成立了臨時國際民航組織（PICAO）。1947 年 4 月 4 日，《芝加哥公約》正式生效，標誌著國際民航組織正式成立，並於 5 月 6 日召開了第一次會員大會。1947 年 5 月 13 日，國際民航組織正式成為聯合國的一個專門機構。1947 年 12 月 31 日，「空中航行國際委員會」終止，並將其資產轉移給「國際民用航空組織」。截至目前，國際民航組織共有 191 個成員國。

（2）宗旨和目的

根據《芝加哥公約》第 44 條規定，國際民航組織的宗旨和目的在於發展國際航行的規則和技術，促進國際航空運輸的規劃和發展，以便實現以下各項目標：

①確保全世界國際民用航空安全和有秩序的發展；
②鼓勵作為和平用途的航空器設計和操作技術；
③鼓勵發展國際民用航空應用的航路、機場和航行設施；
④滿足世界人民對安全、正常、有效和經濟的航空運輸需求；
⑤防止因不合理的競爭而造成經濟上的浪費；
⑥保證締約各國的權利充分受到尊重，每一締約國均有經營國際空運企業的公平機會；
⑦避免締約各國之間的差別待遇；
⑧促進國際航行的飛行安全；
⑨促進國際民用航空在各方面的發展。

以上 9 條共涉及國際航行和國際航空運輸兩個方面問題。前者為技術問題，主要是安

全；後者為經濟和法律問題，主要是公平合理，尊重主權。兩者的共同目的是保證國際民航安全、正常、有效和有序的發展。

（3）組織機構

國際民航組織結構設置由大會、理事會和秘書處三級框架組成。

①大會

大會是國際民航組織的最高權力機構，由全體成員國組成。大會由理事會召集，一般情況下每3年召開一次，但理事會認為必要時或經1/5以上成員國向秘書長提出要求，可以召開特別大會。大會決議一般以超過半數通過，參加大會的每一個成員國只有一票表決權。但在某些情況下，如《芝加哥公約》的任何修正案，則需2/3多數票通過。

大會的主要職能為：選舉理事會成員國；審查理事會每年的預算和財務安排等各項報告；提出未來3年的工作計劃；授權理事會必要的權力以履行職責，並可隨時撤回或改變這種權力；審議關於修改公約提案；審議提交大會的其他提案；執行與國際組織簽訂的協議；處理其他事項等。

大會召開期間，一般分為大會、行政、技術、法律、經濟5個委員會對各項事宜進行討論和決定，然後交大會審議。

②理事會

理事會是向大會負責的常設機構，由大會選出的33個理事國組成。理事國分為三類：第一類是在航空運輸領域居於特別重要地位的成員國，第二類是對提供國際航空運輸的發展有突出貢獻的成員國，第三類是區域代表成員國。其比例分配為10：11：12。

理事會設主席一名。主席由理事會選舉產生，任期3年，可連選連任。

理事會每年召開3次會議，每次會議會期約為兩個月。理事會下設財務、技術合作、非法干擾、航行、新航行系統、運輸、聯營導航、愛德華獎8個委員會。每次理事會開會前，各委員會先分別開會，以便將文件、報告或問題提交理事會討論。

理事會的主要職責有：執行大會決議，並向大會報告本組織及各成員國執行公約的情況；管理本組織財務；領導下屬各機構工作；通過公約附件；向締約各國通報有關情況；研究並參與國際航空運輸發展和經營有關的問題，並通報成員國；對爭端和違反《芝加哥公約》的行為進行裁決等。

③秘書處

秘書處是國際民航組織的常設行政機構，由秘書長負責保證國際民航組織各項工作的順利進行，秘書長由理事會任命。秘書處下設航行局、航空運輸局、法律局、技術合作局、行政服務局以及財務處、外事處。此外，秘書處還設有1個地區事務處和7個地區辦事處，分設在亞洲太平洋區（曼谷）、中東區（開羅）、西非和中非區（達卡）、南美區（利馬）、北美、中美和加勒比區（墨西哥城）、東非和南非區（奈洛比）及歐洲區（巴黎）。地區辦事處直接由秘書長領導，主要任務是建立和幫助締約各國實行國際民航組織制定的國際標準和建設措施以及地區規劃。

（4）國際民航組織的成員

關於成為國際民航組織成員的資格問題，在《芝加哥公約》和國際民航組織與聯合國

簽訂的協議裡做了明確的說明與規定。

①成員資格

各國加入國際民航組織，必須在通過聯合國批准的基礎上，加入《芝加哥公約》獲得國際民航組織的成員資格。《芝加哥公約》規定，最初批准公約的26個國家成為國際民航組織的創始成員國。創始成員國不具備任何特權，與之後加入的成員所享有的權利和承擔的義務是完全相同的。公約生效後，即開放加入，但範圍僅限於聯合國成員國、與聯合國成員國聯合的國家或在第二次世界大戰中的中立國。同時，公約也准許其他國家加入，但需得到聯合國的許可並經大會4/5的票數通過；如果該國在第二次世界大戰中侵入或者攻擊了其他國家，那麼必須在得到受到侵入或者攻擊的國家的同意後，由國際民航組織把申請書轉交聯合國全體大會，若大會在接到第一次申請後的第一次會議上沒有提出拒絕這一申請，國際民航組織才可以按照公約規定批准該申請國加入國際民航組織。

②中止或暫停表決權

根據《芝加哥公約》的規定，任何成員國在合理的期限內，不能履行其財政上的義務或者違反了公約中關於爭端和違約的相關規定時，將被中止或暫停其在大會和理事會的表決權。如果聯合國大會建議拒絕一國政府參加聯合國建立或與聯合國發生關係的國際機構，則該國即自動喪失國際民航組織成員國的資格。但經該國申請，由理事會多數通過，並得到聯合國大會批准後，可重新恢復其成員資格。

③退出公約

任何締約國都可以在聲明退出《芝加哥公約》的通知書送達之日起一年之後退出公約，同時退出國際民航組織。對於沒有履行締約國義務的成員，剝奪其成員資格。

(5) 國際民航組織的主要工作

自國際民航組織成立以來，該組織的主要工作就是實現了航空運輸服務安全、規範和高效的標準化，從而使國際民航許多領域的可靠性達到了一個高水準，尤其是在航空器、飛行機組和地面設施與服務方面。具體包括：

①法規（Constitutional Affairs）

修訂現行國際民航法規條款並制訂新的法律文書。主要工作有：敦促更多的國家加入關於不對民用航空器使用武力的《芝加哥公約》第3分條和在包用、租用和換用航空器時由該航空器登記國向使用國移交某些安全職責的第83分條（中國均已加入）。敦促更多的國家加入《國際航班過境協定》（中國尚未加入）。起草關於統一經營人賠償責任制度的《新華沙公約》。起草關於導航衛星服務的國際法律框架。

②航行（Air Navigation）

制定並更新關於航行的國際技術標準和建議措施是國際民航組織最主要的工作，《芝加哥公約》的18個附件有17個都是涉及航行技術的。戰略工作計劃要求這一工作跟上國際民用航空的發展速度，保持這些標準和建議措施的適用性。

規劃各地區的國際航線網絡、授權有關國家對國際航行提供助航設施和空中交通與氣象服務、對各國在其本國領土之內的航行設施和服務提出建議，是國際民航組織「地區規劃（Regional Air Navigation Planning）」的職責，由7個地區辦事處負責運作。由於各國

越來越追求自己在國際航行中的利益，衝突和糾紛日益增多，致使國際民航組織的統一航行規劃難以得到完全實施。戰略工作計劃要求加強地區規劃機制的有效性，更好地協調各國的不同要求。

③安全監察（Safety Oversight Program）

全球民航重大事故率平均為1.44架次/百萬架次，隨著航空運輸量的增長，如果這一比率不降下來，事故的絕對次數也將上升到不可接受的程度。國際民航組織從20世紀90年代初開始實施安全監察規劃，主要內容為各國在志願的基礎上接受國際民航組織對其航空當局安全規章的完善以及對航空公司的運行安全水準進行評估。這一規劃已在第32屆大會上發展成為強制性的「航空安全審計計劃（Safety Audit Program）」，要求所有的締約國必須接受國際民航組織的安全評估。

安全問題不僅在航空器運行中存在，在航行領域的其他方面也存在，例如空中交通管制和機場運行等。為涵蓋安全監察規劃所未涉及的方面，國際民航組織近年還發起了「在航行區域尋找安全缺陷（Program for Identifying Safety Shortcomings in the Air Navigation Field）」計劃。

作為航空安全的理論研究，現實施的項目有「人為因素（Human Factors）」和「防止可控飛行撞地（Prevention of Controlled Flight into Terrain）」。

④制止非法干擾（Aviation Security）

制止非法干擾即中國通稱的安全保衛或空防安全。這項工作的重點為敦促各締約國按照附件17「安全保衛」規定的標準和建議措施，加強機場的安全保衛工作，同時大力開展國際民航組織的安全保衛培訓規劃。

⑤實施新航行系統（ICAO CNS/ATM Systems）

新航行系統即「國際民航組織通訊、導航、監視/空中交通管制系統」，是集計算機網絡技術、衛星導航和通訊技術以及高速數位數據通訊技術為一體的革命性導航系統，以替換陸基導航系統，大大提高了航行效率。20世紀80年代末期由國際民航組織提出，概念在90年代初形成，現已進入了過渡實施階段。這種新系統要達到全球普遍適用的程度，尚有許多非技術問題需要解決。戰略工作計劃要求攻克的難題包括：衛星導航服務（GNSS）的法律框架、運行機構、全球、各地區和各國實施進度的協調與合作、融資與成本回收等。

⑥航空運輸服務管理制度（Air Transport Services Regulation）

國際民航組織在航空運輸領域的重點工作為「簡化手續（Facilitation）」，即「消除障礙以促進航空器及其旅客、機組、行李、貨物和郵件暢通無阻地跨越國際邊界」。18個附件中唯一不涉航行技術問題的就是對簡化手續制定標準的建議措施的附件9「簡化手續」。

在航空運輸管理制度方面，1944年的國際民航會議曾試圖制定一個關於商業航空權的多邊協定來取代大量的雙邊協定，但未獲多數代表同意。因此，國家之間商業航空權的交換仍然由雙邊談判來決定。國際民航組織在這方面的職責為，研究全球經濟大環境變化對航空運輸管理制度的影響，為各國提供分析報告和建議，為航空運輸中的某些業務制定規

範。戰略工作計劃要求國際民航組織開展的工作有：修訂計算機訂座系統營運行為規範、研究服務貿易總協定對航空運輸管理制度的影響。

⑦統計（Statistics）

《芝加哥公約》第54條規定，理事會有權利收集、審議和公布民航運輸的統計資料，各成員國有義務報送統計資料。這不僅對指導國際民航組織的審議工作是必要的，而且對協助各國民航當局根據現實情況制定民航發展政策也是必不可少的。統計資料內容主要包括：經營人運輸量、各航段運輸量、飛行始發地和目的地、經營人財務、機隊和人員、機場業務和財務、航路設施業務和財務、各國註冊的航空器、安全水準以及飛行員執照等。

國際民航組織的統計工作還包括經濟預測和協助各國規劃民航發展。

⑧技術合作

20世紀90年代以前，聯合國發展規劃署將聯合國援助資金中的5%用於發展中國家的民航項目，委託給國際民航組織技術合作局實施。此後，該署改變援助重點，基本不給民航項目撥款。鑒於不少發展中國家引進民航新技術主要依靠外來資金，國際民航組織強調必須繼續維持其技術合作機制，資金的來源，一是靠發達國家捐款，二是靠受援助國自籌資金，委託給國際民航組織技術合作局實施。鑒於國際民航組織技術合作機制效率低，目前主要選擇以雙邊的合作方式直接對受援國實施項目。

⑨培訓

國際民航組織向各國和各地區的民航訓練學院提供援助，使其能向各國人員提供民航各專業領域的在職培訓和國外訓練。目前，國際民航組織培訓方面的工作重點是加強民航課程的標準化和針對性。

（6）法律地位

①國際民航組織是國際法主體

國際民航組織的主體資格是由成員國通過《芝加哥公約》而賦予的。《芝加哥公約》第47條規定：「本組織在締約國領土內應享有為履行其職能所必需的法律能力，凡與有關國家的憲法和法律不相抵觸時，都應承認其完全的法人資格。」同時，《芝加哥公約》還詳盡規定了國際民航組織作為一個獨立的實體在國際交往中所應享有的權利和承擔的義務。應該說，它已經具備了一個國際法主體所必須具有的三個特徵，即必須具有獨立進行國際交往的能力、必須具有直接享有國際法賦予的權利以及必須構成國際社會中地位平等的實體。

②國際民航組織的權利能力和行為能力

● 協調國際民航關係。努力在國際民航的各領域協調各國的關係，制定統一的標準，促進國際民航健康、有序發展。

● 解決國際民航爭議。國際民航組織成立以來就是承擔著調解人的角色，在調解各國關係上發揮著不可替代的作用。

● 締結國際條約。國際民航組織不僅參與國際條約的制定，還以條約締約方的身分簽訂國際條約。

● 特權和豁免。國際民航組織各成員國代表和該組織的官員，在每個成員國領域內，

享有為達到國際民航組織的宗旨和履行職務所必需的特權和豁免。

● 參與國際航空法的制定。在國際民航組織的主持下，制定了很多涉及民航各方面活動的國際公約，從《芝加哥公約》及其附件的各項修正到制止非法干擾民用航空安全的非法行為，以及國際航空私法方面的一系列國際文件。

③國際民航組織是政府間的國際組織

國際民航組織是各主權國家以自己本國政府的名義加入的官方國際組織，取得國際民航組織成員資格的法律主體是國家，代表這些國家的是其合法政府。對此，《芝加哥公約》第 21 章作出明確規定，排除了任何其他非政治實體和團體成為國際民航組織成員的可能，也排除了出現兩個以上的政府機構代表同一國家成為國際民航組織成員的可能。

④國際民航組織是聯合國的一個專門機構

1946 年，聯合國與國際民航組織簽訂了一項關於它們之間關係的協議，並於 1947 年 5 月 13 日生效，據此，國際民航組織成為聯合國的專門機構。該類專門機構是指通過特別協定而同聯合國建立法律關係或根據聯合國決定創設的針對某一特定業務領域，擔負著「廣大國際責任」的政府間專門性國際組織。但它們並不是聯合國的附屬機構，而是在整個聯合國體系中享有自主地位。協調一致，是國際民航組織與聯合國相互關係的一項重要原則。聯合國承認國際民航組織在其職權範圍內的職能，國際民航組織承認聯合國有權提出建議並協調其活動，同時定期向聯合國提出工作報告，相互派代表出席彼此的會議，但無表決權。

（7）國際民航組織在中國

1971 年 11 月 19 日，國際民航組織第 74 屆理事會第 16 次會議通過決議，承認中華人民共和國政府的代表為中國駐國際民航組織的唯一合法代表。1974 年 2 月 15 日，中國政府致函國際民航組織，承認《芝加哥公約》並從即日起參加國際民航組織的活動。1974 年 9 月 24 日至 10 月 15 日，中國代表團出席了國際民航組織第 21 屆會議並當選為第二類理事國。同年 12 月，中國政府派出了常駐國際民航組織理事會的代表，又於 2004 年正式成為一類理事國並連任至今。目前，在蒙特婁設有中國駐國際民航組織理事會代表處。

1.2.2　國際航空運輸協會（IATA）

（1）國際航空運輸協會簡介

國際航空運輸協會（International Air Transport Association，IATA），簡稱「國際航協」，是一個由世界各國航空公司所組成的非營利、非政府的大型國際組織，會員必須是國際民用航空組織的成員國頒發的具有定期航班運輸許可證的航空公司，其前身是 1919 年在海牙成立並在第二次世界大戰時解體的由 6 家航空公司參與的國際航空業務協會（International Air Traffic Association）。1944 年 12 月，出席芝加哥國際民航會議的一些政府代表和顧問以及空運企業的代表聚會，商定成立一個委員會為新的航空公司組織起草章程。1945 年 4 月 16 日，在哈瓦那會議上修改並通過了草案章程，58 家航空公司簽署了文件，IATA 成立；同年 12 月 18 日，加拿大議會通過特別法令，同意賦予其法人地位。IATA 總部設在加拿大蒙特婁，執行總部設在瑞士日內瓦。國際航空運輸協會標誌如圖 1-2 所示。

圖 1-2　國際航空運輸協會標誌

截至 2018 年 10 月底，有 290 家航空公司成為國際航空運輸協會的會員，占據了現有國際航空運輸總量 82% 的市場份額。其總部設在加拿大蒙特婁，在全球有 7 個地區辦事處：比利時的布魯塞爾（負責歐洲事務）、智利的聖地牙哥（負責拉丁美洲事務）、約旦的安曼（負責中東事務）、肯亞的奈洛比（負責非洲事務）、中國的北京和新加坡（負責亞洲事務）、美國的華盛頓（負責美國事務）。

與由國家政府加入的國際民航組織相比，國際航空運輸協會是一個由經營人（航空公司）組成的國際協調組織，管理在民航運輸中出現的諸如票價、危險品運輸、活體動物以及鮮活易腐物品等問題。國際航協的目標是調解有關商業飛行上的一些法律問題，簡化和加速國際航線的客貨運輸，促進國際航空運輸的安全和世界範圍內航空運輸事業的發展。

（2）國際航協的宗旨和目的

①為世界人民的利益，促進航空運輸安全、準時和經濟的發展，扶持航空商業並研究與之相關的問題。

②為直接或間接從事國際航空運輸服務的各航空運輸企業提供協作的途徑。

③為開展與國際民航組織、其他國際組織和地區航空公司協會的合作提供便利。

（3）國際航協的會員管理

國際航協的會員向所有經營定期和不定期航班的航空公司開放，並要求通過國際航協營運安全審計（IOSA，IATA Operational Safety Audit）。

國際航空運輸協會的會員分為正式會員和準會員兩類。國際航空運輸協會向獲得符合國際民航組織成員國身分的政府所頒發執照的任何提供定期航班的經營性航空公司開放。國際航空運輸協會正式會員向直接從事國際經營的航空公司開放，而國際航空運輸協會準會員只向國內航空公司開放。

①加入條件

申請加入 IATA 的正式會員，必須符合下列條件：批准其申請加入 IATA 的政府是國際民航組織成員國；在兩個或兩個以上國家間從事航空運輸服務的航空公司。

國際航協的執委會負責審議航空公司的申請並有權決定接納航空公司成為正式會員或準會員。

②會員權利的限制

為防止國際航協會員拖欠會費，章程明文規定，如果一個會員在 180 天之內未繳納會費、罰金或其他財政義務，也沒有能夠在此期限內作出履行此類義務的安排，則該會員的權利將受到限制，不再擁有表決權，其代表也不可以成為 IATA 任何機構的成員，但是其

會員資格並未終止，仍然享有根據協會章程所應享有的其他權利和義務。

③會員終止

任何會員可以自行通知IATA理事長退出該組織，並自通知發出之日起30天生效。如果會員違反了IATA的有關章程或規定，或者航空公司所代表的國家被國際民航組織除名，或者會員宣告破產，執行委員會可以取消其會員資格。

(4) 國際航協組織結構

國際航協的最高權力機構為全體會議，另設有分管法律、業務、財務和技術4個常務委員會。

①全體會議

全體會議是IATA的最高權力機構，每年舉行一次會議，經執行委員會召集，也可隨時召開特別會議。所有正式會員在決議中都擁有平等的一票表決權，如果不能參加，也可授權另一正式會員代表其出席會議並表決。全體會議的決定以多數票通過。在全體會議上，審議的問題只限於涉及國際航協本身的重大問題，如選舉協會主席、執行委員會委員、成立有關委員會以及審議本組織的財政問題等。

②執行委員會

執行委員會是全會的代表機構，對外全權代表國際航協。執行委員會成員必須是正式會員的代表，由年會選出的空運企業高級人員組成，執行委員會委員任期3年，每年改選1/3的委員。執行委員會的職責包括管理協會的財產、設置分支機構、制定協會的政策等。執行委員會的理事長是協會的最高行政和執行官員，在執行委員會的監督和授權下行使職責並對執行委員會負責。在一般情況下，執行委員會應在年會即全體會議之前召開，其他會議時間由執行委員會規定。執行委員會下設秘書長、專門委員會和內部辦事機構，維持協會的日常工作。目前執行委員會有30名執行委員。

③專門委員會

協會常設委員會分為運輸、財務、法律和技術委員會，秘書處是辦事機構。各委員會由專家、區域代表及其他人員組成並報執行委員會和大會批准。目前運輸委員會有30名成員，財務委員會有25名成員，技術委員會有30名成員，法律委員會有30名成員。在新加坡、日內瓦、貝魯特、布宜諾斯艾利斯、華盛頓設地區運輸業務服務處；在曼谷、日內瓦、倫敦、奈洛比、里約熱內盧和達卡設地區技術辦事處；在日內瓦設清算所，為各會員公司做統一財務結算。

④分支機構

IATA總部設在加拿大蒙特婁，但主要機構還設在日內瓦、倫敦和新加坡。IATA還在安曼、雅典、曼谷、達卡、香港、雅加達、吉達、吉隆坡、邁阿密、奈洛比、紐約、波多黎各、里約熱內盧、聖地牙哥、華沙和華盛頓設有地區辦事處。

(5) 主要職責和工作

協會的主要工作是統一國際航空運輸的規則和承運條件，辦理業務代理及空運企業間的財務結算，協調運價和班期時刻，促進技術合作，參與機場活動，進行航空法律工作和人員培訓等。具體活動分為三類：

①同業活動

代表會員進行會外活動，向具有權威的國際組織和國家當局申述意見，以維護會員的利益。

②協調活動

監督世界性的銷售代理系統，建立經營標準和程序，協調國際航空客貨運價。

● 運價協調

國際航協通過召開運輸會議確定運價，經有關國家批准後即可生效。第二次世界大戰以後，確立了通過雙邊航空運輸協議經營國際航空運輸業務的框架。在此框架內，由哪一家航空公司經營哪一條航線以及運量的大小，由政府通過談判確定，同時，在旅客票價和貨物運費方面也採用一致的標準，而這個標準的運價規則是由 IATA 制定的。如有爭議，有關國家政府有最後決定的權力。

● 運輸服務

國際航協制定了一整套完整的標準和措施，以便在客票、貨運單和其他有關憑證以及對旅客、行李和貨物的管理方面建立統一的程序，即「運輸服務」，主要包括旅客、貨運、機場服務三個方面，同時包括多邊聯運協議。

● 代理人事務

國際航協在 1952 年制定了代理標準協議，為航空公司與代理人之間的關係設置了模式。協會定期舉行一系列培訓代理人的課程，為航空銷售業培養合格的代理人員。協會近年來隨自動化技術的應用發展制定了適用客、貨銷售的航空公司與代理人結算的「開帳與結算系統」和「貨運帳目結算系統」。

● 法律

國際航協的法律工作主要表現在：為世界航空的平穩運作而規定運輸文件和運輸程序的標準；為會員提供民用航空法律方面的諮詢和訴訟服務；在國際航空立法中，表達航空運輸經營人的觀點。

● 技術

國際航協對《芝加哥公約》附件的制定起到了重要的作用，目前在技術領域仍然進行著大量的工作，主要包括航空電子和電信、工程環境、機場服務、航行技術、航空醫學、簡化手續以及航空保安等。

③行業服務活動

國際航協為航空公司和代理人提供了專業出版物、財務金融、市場調研、國際會議、培訓服務等服務項目。如幫助發展中國家航空公司培訓高級和專業的航空技術人員；出版物為《IATA 評論》（季刊，英文版）。

（6）IATA 在中國

目前，中國（不含港澳臺地區）共有 24 家航空公司成為國際航協的會員，是全世界擁有會員最多的國家。1993 年 8 月，中國國際航空公司、中國東方航空公司和中國南方航空公司加入，1994 年 4 月 15 日，該協會在北京設立了中國代理人事務辦事處。1995 年 7 月 21 日，中國國際旅行社總社正式加入該組織，成為該協會在中國（不含港澳臺地區）

的首家代理人會員。中國國際旅行社總社取得該組織指定代理人資格後，中國國際旅行社便有權使用 IATA 代理人的專用標誌，可取得世界各大航空公司的代理權，使用 IATA 的統一結算系統，機票也同世界通用的中性客票相同。

1.2.3　國際貨運代理協會聯合會（FIATA）

（1）成立

國際貨運代理協會聯合會（International Federation of Freight Forwarders Associations，FIATA），中文簡稱「菲婭塔」。FIATA 根據《瑞士民法典》（ZGB）第 60 條的規定，由 16 個國家的貨運代理協會於 1926 年 5 月 31 日在奧地利維也納成立，首任主席是哥本哈根的 P. Lenman 先生，總部設在瑞士蘇黎世，是一個非營利性的國際貨運代理行業組織，並分別在亞太（Asia/Pacific）、歐洲（Europe）、美洲（Americas）、非洲和中東（Africa/Middle East）4 個區域設立了地區辦事處，任命有地區主席。其中亞洲和太平洋地區秘書處設在印度孟買。國際貨運代理協會標誌圖如圖 1-3 所示。

圖 1-3　國際貨運代理協會標誌

（2）宗旨和目的

FIATA 創立的宗旨是保障和提高國際貨運代理在全球的利益並促進行業的發展。工作目標是團結全世界的貨運代理行業，以顧問或專家身分參加國際性組織，處理貨物運輸業務，代表、促進和保護貨物運輸業的利益；通過發布資訊、分發出版物等方式，為貿易界、工業界和貨運代理人提供服務；制定和推廣統一貨運代理單據、標準交易條件，改進和提高貨運代理的服務質量，協助貨運代理人進行職業培訓，處理責任保險問題，提供電子商務服務等。

（3）會員分類

FIATA 的會員分為 4 類：一般會員、團體會員、聯繫會員、名譽會員。目前，有 86 個國家和地區的 96 個一般會員，在 150 多個國家和地區有 2,700 多家聯繫會員，代表 4 萬多家貨運代理企業、近 1,000 萬從業人員。

①一般會員

代表某個國家全部或部分貨運代理行業的組織和在某個國家或地區獨立註冊的唯一國際貨運代理公司可以申請成為 FIATA 的一般會員。一般會員加入和退出協會，由主席團提出議案，會員代表大會作出決定，且決定是最終決定，不能更改。每個一般會員都擁有提

出議案權、選決權和任命權三項基本權利,並有權在本國領域內使用 FIATA 標誌,根據 FIATA 的指示在其控制的會員範圍內公布 FIATA 的文件。如果某個國家或地區尚未建立貨運代理協會,會員代表大會也可以根據主席團的建議破例決定在該國家或地區獨立註冊的唯一國際貨運代理公司具有一般會員的地位。例如,在中國國際貨運代理協會成立以前,中國對外貿易運輸總公司曾於 1985 年以一般會員的身分加入了 FIATA。

②團體會員

代表某些國家貨運代理行業的國際性組織、代表與 FIATA 相同或相似利益的國際性貨運代理集團,其會員在貨運代理行業的某一領域比較專業的國際性協會,可以申請成為 FIATA 的團體會員。如果代表某些國家貨運代理行業的國際性組織的所有成員都是一般會員,則該組織在 FIATA 享有一般會員資格。團體會員加入和退出協會,由主席團提出議案,會員代表大會作出決定,且決定是最終決定。每個團體會員均可通過其代表行使投票選舉權。

③聯繫會員

貨運代理企業或與貨運代理行業密切相關的法人實體,經其所在國的一般會員書面同意,可以申請成為 FIATA 的聯繫會員。會員加入和退出協會,由主席團決定,且其決定是最終決定。聯繫會員沒有提出動議或參加投票、選舉的權利。

④名譽會員

對 FIATA 或貨運代理行業作出特殊貢獻的人,可以成為 FIATA 的名譽會員。名譽會員資格的批准和取消,由主席團提出議案,會員代表大會作出決定。名譽會員沒有提出動議或參加投票、選舉的權利。

FIATA 會員資格自協會發出書面批准通知,收到其繳納的會費、攤派費開始。不能按時履行繳費義務的會員,將被協會秘書處書面通知中止會員資格。待繳納所有欠款以後,再恢復會員資格。

(4) 組織機構

國際貨運代理協會聯合會的最高權力機構是會員代表大會,下設主席團和擴大主席團。主席團對外代表 FIATA,對內負責 FIATA 的管理。

會員代表大會下設主席團,根據 FIATA 章程和會員代表大會決議完成有關工作。其中,代表權通常由主席團的兩名成員共同行使。主席團由主席、上屆主席、三位副主席、秘書長、司庫組成,任期兩年,每年至少召開兩次會議,以多數票通過決議。在贊成票和反對票相當的情況下,主席擁有最終決定權。

擴大主席團由主席團成員、各研究機構主席、常設委員會負責人和會員代表大會從一般會員和團體會員推薦的候選人中選舉的 12 名副主席組成,任期兩年,可以連選連任。主席團擴大會議每年至少召開兩次,由主席或從擴大會議成員中選舉產生擴大主席團主持,以多數票通過決議。在贊成票和反對票相當的情況下,主席擁有最終決定權。擴大主席團會議的主要職責是向主席團提出建議;在專業領域和地區事務中向秘書處提供支持;接受年度報告;確定各研究機構和常設委員會的工作計劃;協調各研究機構和常設委員會的工作;組織研究機構和常設委員會的共同工作;指定某些會員參與不同地區的相關活

動、保護地區利益；指定某些會員在不同的國際組織中代表 FIATA，並提供相關報告。

為了研究國際貨物運輸的動向，FIATA 下設了若干研究機構、常設委員會和臨時工作組。目前，FIATA 設有航空貨運、海關事務、多式聯運三個研究機構，危險貨物諮詢委員會、資訊科技諮詢委員會、法律事務諮詢委員會、公共關係諮詢委員會、職業培訓諮詢委員會五個常設委員會。每個研究機構還根據研究的題目分別成立了若干常設工作組，其中，航空貨運研究機構下設國際航空運輸協會事務工作組，海關事務研究機構下設進口稅工作組和海關簡化工作組，多式聯運研究機構下設海上運輸工作組、鐵路運輸工作組和公路運輸工作組。

除了第二次世界大戰期間 FIATA 曾經被迫中斷了活動外，國際貨運代理協會聯合會自從成立以來一直比較活躍，不僅起草了提供各國立法時參考的《國際貨運代理業示範法》，推薦各國貨運代理企業採用的《國際貨運代理標準交易條件》，還制定了 FIATA 運送指示、FIATA 貨運代理運輸憑證、FIATA 貨運代理收貨憑證、FIATA 託運人危險品運輸證明、FIATA 倉庫收據、FIATA 不可轉讓聯運提單、FIATA 可轉讓聯運提單、FIATA 發貨人聯運重量證明八種貨運代理單證格式，培訓了數萬名學員，取得了舉世矚目的成就，被譽為「運輸業的建築師」。作為世界運輸領域最大的非政府間國際組織，國際貨運代理協會聯合會被聯合國及許多政府組織、權威機構和非政府的國際組織，如國際商會、國際航空運輸協會、國際鐵路聯合會、國際公路運輸聯合會、世界海關組織等認為是國際貨運代理行業的代表，並在聯合國經濟及社會理事會、聯合國貿易與發展大會、聯合國歐洲經濟委員會、聯合國亞洲及太平洋經濟和社會理事會、聯合國國際貿易法委員會中擁有諮詢顧問的地位。

FIATA 每年舉行一次世界性的代表大會，即 FIATA 年會。大會通過 FIATA 上年度的工作報告和財務預算，並對一年內世界貨運代理業所發生的重大事件進行回顧，探討影響行業發展的緊迫問題，通過主要的法規和條例，促進世界貿易和貨運代理業健康發展。

（5）FIATA 在中國

中國對外貿易運輸總公司作為國家級會員的身分，於 1985 年加入 FIATA。1992 年，上海貨運代理協會成立，這是中國第一個貨運代理企業自發組成的民間團體，2000 年 9 月 6 日，中國國際貨運代理協會（China International Freight Forwarders Association，CIFA）在北京成立，次年作為國家級會員加入 FIATA，並於 2003 年申辦成功在中國上海舉辦 2006 年 FIATA 年會（2006 FIATA World Congress Shanghai China）。CIFA 的業務指導部門是商務部，目前有會員單位 600 多家，其中包括 22 家省級地方貨運代理協會作為團體會員。

中國貨運代理協會是全國性、自願的、非營利的民間行業協會組織，是國際貨運代理行業的全國性組織，也是聯繫政府與會員之間的紐帶和橋樑，其最高權力機構是會員代表大會，每 4 年召開一次。其宗旨是：協助政府部門加強對中國國際貨運代理行業的管理；維護國際貨運代理行業的經營秩序；推動會員企業間的橫向交流與合作；依法維護本行業利益；保護會員企業的合法權益；促進對外貿易和國際貨運代理行業的發展。

1.3 集裝器簡介

1.3.1 集裝化運輸的概念

集裝化運輸是指在航空貨物運輸中，將同一流向一定數量的貨物、郵件、行李，在滿足航空貨物裝卸條件下，整合裝入貨櫃或裝在帶有網套的集裝板上，作為一個運輸單元運往目的地機場的貨物運輸方式。

在大型寬體飛機沒有出現之前，貨物、郵件及託運行李一直都以散貨的形式裝在客機腹艙或小型貨機上運輸。20 世紀 60 年代中期大型飛機 DC-8 和 B707 等機型的出現，使得航空器集裝運輸貨物成為可能，為了提高航空貨物運輸的生產營運效率和降低貨損貨差，大量的貨物裝入集裝器進行航空運輸，這就是航空貨物運輸的集裝化運輸。

集裝器（ULD-United Load Device）分為貨櫃和集裝板。集裝器可以認為是飛機結構中的部件，只是具有移動性。為了保障航空貨物運輸的安全，要求集裝器任何時候都要處於良好的工作狀態中。

1.3.2 集裝化運輸的特點

集裝化運輸在航空貨物運輸中的大量使用，極大地促進了航空貨物運輸的發展。貨物航空集裝化運輸的特點主要體現在：

（1）縮短了航空貨物裝運的時間，提高了航空貨物運輸的工作效率。
（2）減少了飛機的地面等待時間，提高飛機的利用率。
（3）降低了貨物週轉次數，提高了航空貨物的完好率。
（4）減少了貨物的差錯事故，提升了客服滿意度。
（5）節省了貨物運輸的包裝材料和費用。
（6）有利於開展聯合運輸和實現門到門的服務。

1.3.3 集裝器的種類

集裝器是指在航空貨物運輸中用於運輸散貨的專用設備，主要有集裝板以及帶有網套的集裝板、結構以及非結構集裝棚和貨櫃，其中有些集裝器可用於多式聯運，有些僅僅用於航空貨物運輸。

（1）根據集裝器的適航審定劃分
①適航審定的飛機集裝器

適航審定的飛機集裝器是指滿足航空器適航審定要求的集裝器，該集裝器不會對飛行安全產生任何影響，是由所在國政府有關部門授權集中廠家生產的。適航審定的飛機集裝器被認為是飛機上的移動貨艙，適宜於飛機安全載運的，在整個航空運輸使用過程中不會對航空器的內部結構造成損害的集裝器。

②非適航審定的飛機集裝器

非適航審定的飛機集裝器是指未經有關部門授權生產的，沒有取得適航認證的集裝器。非適航審定的集裝器不能看作飛機的一部分。因為它與飛機不匹配，一般不允許裝入飛機的主貨艙，它僅適合於某些特定機型的特定貨艙，但禁止裝在貨機、寬體客機、客貨混裝飛機的主艙。當允許將此類集裝器裝入某些飛機的下貨艙時，用於裝載此集裝器的貨艙的頂部及艙壁必須加固以限制集裝器和貨物。

適航許可集裝器與非適航許可集裝器見圖1-4所示。

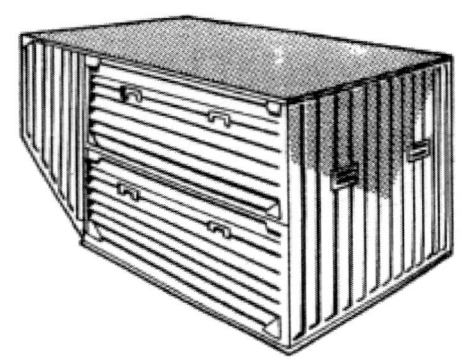 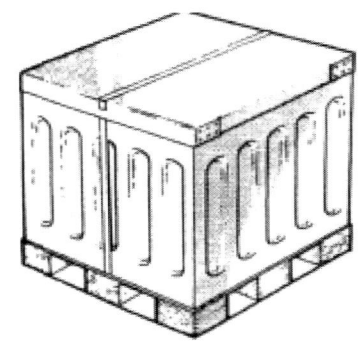

圖1-4　適航審定的下貨艙半尺寸貨櫃（左）與非適航審定的貨櫃（右）

（2）根據集裝器的結構劃分

①部件組合式集裝器

部件組合式集裝器是指航空貨物運輸中的集裝板，主要有兩種形式。

第一種是飛機集裝板加網套。這種集裝板是標準尺寸的，集裝板四周帶有卡鎖軌或網帶卡鎖眼，底板是由硬鋁合金材料製成，中間是夾層的，以便承受貨物的一定重量；網套用於將貨物固定在集裝板上，用專門的卡鎖裝置將網套固定。識別代碼字母「P」用於表示集裝板，這種集裝板通常都用於裝規則形狀的物體。

第二種是飛機集裝板加網套再加一個非結構性的集裝棚。這種集裝板在板和網的基礎上增加了一個非結構的棚罩，這個棚罩是由輕金屬材料製成的，罩在貨物和網套之間。這種集裝板主要用於散貨的裝配。

②整體結構式集裝器

整體結構式集裝器是指航空貨物運輸中的貨櫃或者集裝板，主要有兩種形式。

第一種是底艙貨物貨櫃，它只能在寬體客機下部集裝貨艙內使用，分為全型和半型兩種，其高度不得超過163cm。

第二種是主艙貨物貨櫃，只能在貨機或客貨機的主貨艙內使用，其高度在163cm以上。

圖1-5中，上部分是部件組合式的集裝器，下部分是整體結構式的集裝器。

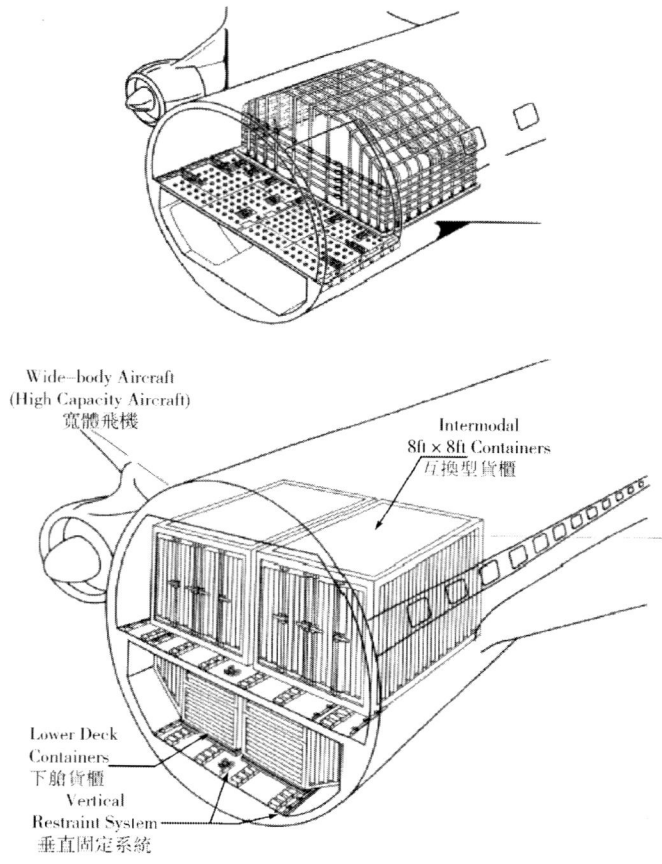

圖 1-5　集裝器在飛機中的結構圖

（3）根據集裝器的種類劃分

①集裝板

集裝板是用於裝載貨物的一種集裝設備，考慮不同飛機機型的要求製造的具有一定承載能力的平板。考慮所載貨物的航班機型和艙門尺寸，在地面提前將貨物集合裝載在集裝板上，同時用網套或集裝棚將貨物固定，然後裝入與其匹配的貨艙內，並在貨艙內用固定系統將貨物鎖定，以此提高航空貨物運輸的裝卸效率。

常用的集裝板見表 1-2 所示。

表 1-2　　　　　　　　　　常用的集裝板

PAG 集裝板	類型	PA
	規格尺寸	318cm×224cm
	淨重	120kg
	最大毛重	6,033kg
	適用機型	B747、B747F、B767、B777、A330、A340 等機型下貨艙；B747F、B747Combi 主貨艙、下貨艙
PRA 集裝板	類型	PR
	規格尺寸	498cm×244cm
	淨重	400kg
	最大毛重	11,340kg
	適用機型	B747F、B747Combi 主貨艙
PMC 集裝板	類型	PM
	規格尺寸	318cm×244cm
	淨重	135kg
	最大毛重	6,804kg
	適用機型	B747、B747F、B767、B777、A330、A340 等機型下貨艙；B747F、B747Combi 主貨艙、下貨艙

表 1-2（續）

PGA 集裝板	類型	PG
（圖：尺寸 300cm、244cm、606cm、244cm）	規格尺寸	606cm×244cm
	淨重	500kg
	最大毛重	13,608kg
	適用機型	B747F、B747Combi 主貨艙
FQA 集裝板	類型	P8
（圖：尺寸 163cm、153cm、244cm）	規格尺寸	244cm×153cm
	淨重	60kg
	最大毛重	2,449kg
	適用機型	B767 下貨艙
PLA，PLB，FLA 集裝板	類型	PL
（圖：尺寸 163cm、153cm、318cm）	規格尺寸	318cm×153cm
	淨重	68kg
	最大毛重	3,175kg
	適用機型	B747、B747F、B747Combi、B777、A330、A340 等機型下貨艙

　　常用集裝板底板的厚度通常都不大於 1in（1in＝2.54cm），集裝板四周帶有掛網的網槽，網套是用繩子編成為菱形或方形的網眼構成，如圖 1-6 所示。

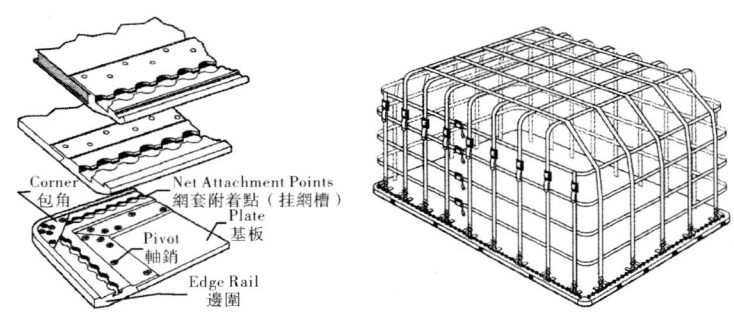

圖 1-6　集裝板平臺與組合的集裝板

②集裝棚

集裝棚分為非結構性的集裝棚和結構性的集裝棚。

非結構性的集裝棚是在集裝板上面加裝了具有一定硬度外殼的集裝設備，該外殼是由玻璃纖維、金屬及其他合適的材料制成的，為了便於裝載貨物，集裝棚的前面是敞開的，集裝棚的外在構型與其適合的機型外形輪廓相適應，剛好罩住整個集裝板，但是在整個航空貨物運輸過程中需要用網套對貨物進行固定。非結構性的集裝棚如圖 1-7 所示。

結構性的集裝棚是指由玻璃纖維、金屬及其他合適的材料制成的堅硬外殼與集裝板一起構成一個整體的集裝設備，其在航空貨物運輸過程中並不需要用網套對貨物進行固定。結構性集裝棚構型如圖 1-8 所示。

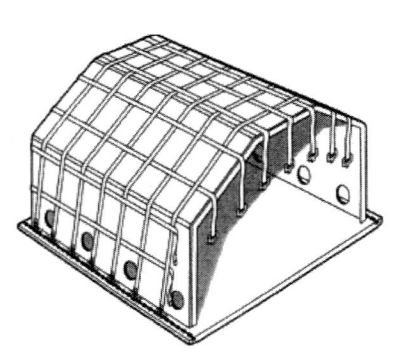
圖 1-7　非結構性的集裝棚

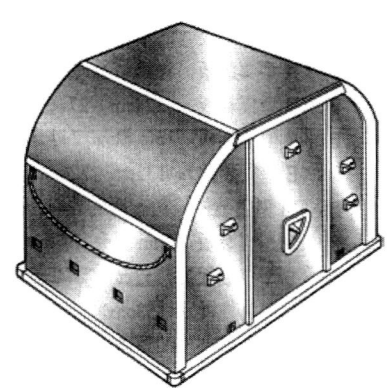
圖 1-8　結構性的集裝棚

③集裝箱

集裝箱是指便於貨物運輸週轉使用的航空貨物運輸設備。考慮航空運輸各個環節和環境的影響，貨櫃不僅需要具有一定強度和剛度，同時還需要考慮與裝載的航空器構型相匹配。當貨物使用貨櫃運輸時，貨物在始發機場倉庫直接裝入貨櫃，到達目的地機場倉庫直接卸貨，中途轉機時無須將貨物從箱內取出換裝。貨櫃運輸的大量使用大大提高了航空

貨物運輸的效率，降低了航空貨物運輸的貨損貨差，促進了航空貨物運輸的客戶滿意度。

常用的貨櫃如表1-3所示。

表1-3　　　　　　　　　　　　　常用的貨櫃

AKE 貨櫃		
	IATA 代碼	LD3
	規格尺寸	156cm×154cm×163cm
	可用容積	4.3m³
	淨重	73kg［布門］/100kg［金屬門］
	最大毛重	1,588kg
	適用機型	B747、B747F、B747Combi、B767、B777、A330、A340 等機型下貨艙
ALF 貨櫃		
	IATA 代碼	LD6
	規格尺寸	318cm×153cm×163cm
	可用容積	8.9m³
	淨重	160kg
	最大毛重	3,175kg
	適用機型	B747、B747F、B747Combi、B777、A330、A340 等機型下貨艙
AMP 貨櫃		
	IATA 代碼	AM
	規格尺寸	318cm×244cm×163cm
	可用容積	11.5m³
	淨重	200kg
	最大毛重	6,804kg
	適用機型	B747、B747F、B747Combi、B767、B777、A330、A340 等機型下貨艙；B747F、B747Combi 主貨艙

表 1-3（續）

	IATA 代碼	AMA
AMA 貨櫃	規格尺寸	318cm×244cm×244cm
	可用容積	17.5m³
	淨重	379kg
	最大毛重	6,804kg
	適用機型	B747F、B747Combi 主貨艙
DPE 貨櫃	IATA 代碼	LD2
	規格尺寸	119cm×153cm×163cm
	可用容積	3.4m³
	淨重	100kg
	最大毛重	1,225kg
	適用機型	B767 下貨艙；B747、B777 下貨艙有條件裝載
DQF 貨櫃	IATA 代碼	LD8
	規格尺寸	244cm×153cm×163cm
	可用容積	7.2m³
	淨重	125kg
	最大毛重	2,449kg
	適用機型	B767 下貨艙

表 1-3（續）

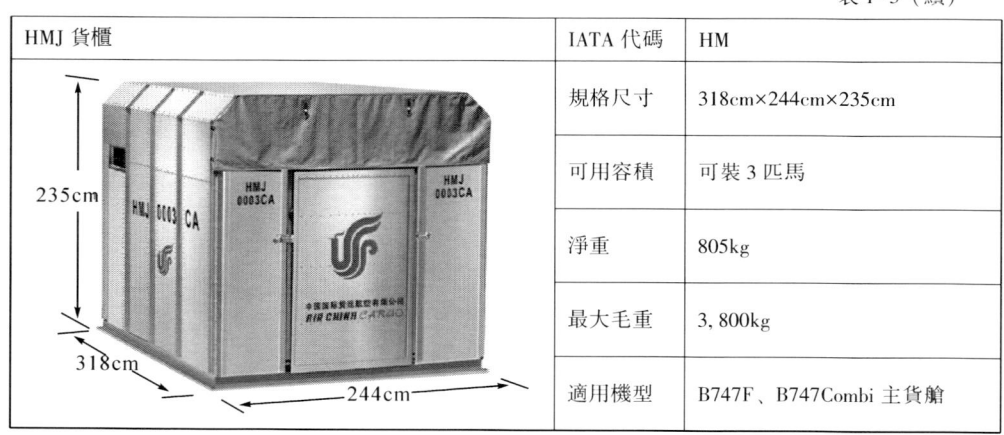

IATA 代碼	HM
規格尺寸	318cm×244cm×235cm
可用容積	可裝 3 匹馬
淨重	805kg
最大毛重	3,800kg
適用機型	B747F、B747Combi 主貨艙

1.3.4 集裝器的識別

根據國際航空運輸協會（IATA）規定，每一個集裝器都必須通過註冊，集裝器所有權歸經營人擁有。代理人可以租賃經營人的集裝器使用，需要向經營人繳納一定的集裝器使用費。為了便於對集裝器進行管理和使用，每一個集裝器都有自己的固定編號，例如 AKE24170CA。集裝器被視為飛機可裝卸的零部件，每一種機型都有與其相匹配的集裝器，因此，在集裝器使用和保管時經營人及其代理人應注意保護和回收。

（1）集裝器的識別代碼

集裝器的識別代碼是由國際航空運輸協會（IATA）規定的，用於標示集裝器的類型、規格和所屬人的代碼。在貨物裝卸、地面操作、信息傳遞、貨物控制、市場行銷和財務結算等貨物運輸工作環節中，都需要根據集裝器的識別代碼開展工作。

按照國際航空運輸協會（IATA）的規定，集裝器的識別代碼由三個部分組成。

第一部分：三個字母標示集裝器的「類型代碼（Type Code）」，按序分別表示集裝器的類型、底板尺寸、外形或適配性。詳情可查閱《IATA 集裝器技術手冊》（IATA ULD Technical Manual）。

第二部分：集裝器的具體編號。自 1996 年 10 月起，全部使用 5 位數字表示，此前用 4 位數字表示。

第三部分：用兩個字符標示集裝器所有人或註冊人。

例如 AKE24170CA 各項的含義說明如表 1-4 所示。

表1-4　　　　　　　　　　　集裝器識別代碼的組成

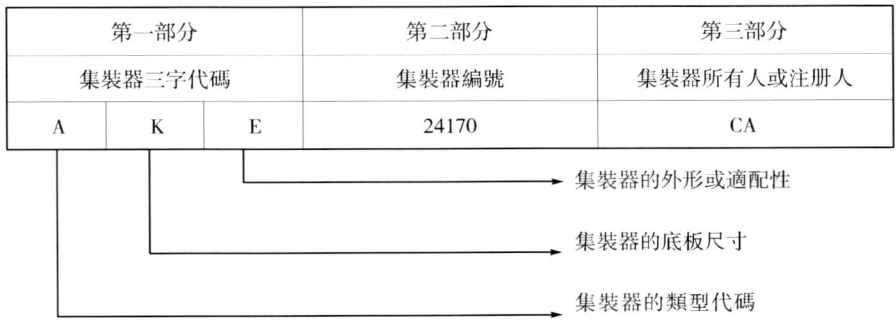

（2）集裝器的類型代碼

由於不同貨物在航空運輸中對集裝器的需求是不一樣的，為了便於對集裝器的管理，因此IATA對不同集裝器賦予了不同的代碼，具體如表1-5所示。

表1-5　　　　　　　　　　　集裝器類型代碼

字母代碼	集裝器種類	
	英文	中文
A+	Certified Aircraft Container	適航審定的貨櫃
D+	Non-Certified Aircraft Container	非適航審定的貨櫃
P	Certified Aircraft Pallet	適航審定的集裝板
F	Non-Certified Aircraft Pallet	非適航審定的集裝板
N	Certified Aircraft Pallet Net	適航審定的集裝板網套
G	Non-Certified Aircraft Pallet	非適航審定的集裝板網套
R	Themal Certified Aircraft Container	適航審定的保溫貨櫃
M	Themal Non-structural Aircraft Container	非適航審定的保溫貨櫃
J	Themal Non-structural Container	非結構保溫貨櫃
U+	Non-structural Igloo	非結構貨櫃
備註	「+」表示此類集裝器不包括保溫集裝器（非固定門的其他封閉方式）	

（3）集裝器的底板尺寸

集裝器的底板尺寸如表1-6所示。

表1-6　　　　　　　　　　　集裝器底板尺寸

字母代碼	集裝器底板尺寸	
	公制（cm）	英制（in）
A	224×318	88×125

表1-6(續)

字母代碼	集裝器底板尺寸	
	公制（cm）	英制（in）
B	224×274	88×108
E	224×135	88×53
F	244×299	96×117　3/4
G	244×606	96×238　1/2
H	244×914	96×359　1/4
J	244×1,221	96×480
K	153×156	60×62
L	153×318	60×125
M	244×318	96×125
N+	156×244	62×96
P+	120×153	47×60
Q+	153×244	60×96

（4）集裝器外形與適配性

集裝器外形與適配性如表1-7所示。

表1-7　　　　　　　　集裝器外形與適用機型

類型	外形特徵	適用機型
AVE	LD3 普通貨櫃	寬體飛機下貨艙
AKE	LD3 普通貨櫃	寬體飛機下貨艙
DPE	LD2 普通貨櫃	限 B767 下貨艙
RKN	LD3 冷藏貨櫃	寬體飛機下貨艙
RAK	LD7 進口冷藏貨櫃	寬體飛機上/下貨艙
AAP	LD7 貨櫃	寬體飛機上/下貨艙
DQF	B767 雙體貨櫃	限 B767 下貨艙
AMA	244cm 高貨櫃	寬體飛機上貨艙
ALF	雙體貨櫃	寬體飛機下貨艙（B767 禁用）
HMJ	馬匹運輸專用箱	B747、MD-11 主貨艙
PAP/PIP	標準集裝板	寬體飛機上/下貨艙
PMC/P6P	加強型集裝板	寬體飛機上/下貨艙
PMW	邊框加強型翼板	寬體飛機上/下貨艙
PLA	普通集裝板	寬體飛機下貨艙（B767 禁用）

表1-7（續）

類型	外形特徵	適用機型
PLB	高強度集裝板	寬體飛機下貨艙（B767禁用）
FQA	普通集裝板	限B767下貨艙使用
FQW	邊框加強型翼板	限B767下貨艙使用
PGE/P7E	20ft集裝板	B747主貨艙
PRA	16ft集裝板	B747主貨艙

1.3.5 常見飛機集裝器裝載情況

知道不同機型所能裝載集裝板箱的類型和數量，對於提高航空貨物運輸的效率有著非常重要的意義，表1-8列出了常見的幾種機型集裝器裝載說明，圖1-9給出了B747F飛機全貨的情況下集裝器裝載示意情況。

表1-8　　　　　　　　　　飛機裝載集裝器的數據列表

機型	艙門尺寸/cm（高×寬）	最大裝載量（散艙容積）	動物艙位
B747-400 GOMBI	主貨艙（305×340）	7塊P6P集裝板或5塊20ft板	可以
	前下貨艙（168×264）	5塊P1P板/P6P集裝板	
	後下貨艙（168×264）	16個AVE箱或4塊P6P板或4塊P1P板加4個AVE箱	
	散裝艙（119×112）	12.3m^3（4,408kg）	
B767-300	前貨艙（175×340）	4塊P1P板/P6P集裝板	可以（無氣味）
	後貨艙（175×187）	14個DPE箱或7塊PLA板	
	散裝艙（119×97）	12.0m^3（2,925kg）	
B777-200	前貨艙（170×270）	6塊P1P板/P6P集裝板或18個AVE箱	可以（無氣味）
	後貨艙（170×180）	14個AVE箱	可以（限板）
	散裝艙（114×91）	17m^3（4,082kg）	可以
A340-300	前貨艙（169×270）	6塊P1P板/P6P集裝板或18個AVE箱	可以
	後貨艙（169×270）	4塊P1P板/P6P集裝板或14個AVE箱	不可以
	散裝艙（95×95）	19.6m^3（3,468kg）	可以
B737-300	前貨艙（88×121）	10.4m^3（2,269kg）	可以
	後貨艙（88×117）	19.6m^3（3,462kg）	
B737-800	前貨艙（89×122）	19.6m^3（3,558kg）	可以
	後貨艙（84×122）	25.4m^3（4,850kg）	

1.3.6 集裝貨物的組裝

當用集裝器進行散裝貨物運輸時，應該將貨物進行合理碼放，做到大不壓小、重不壓輕、木箱或鐵箱不壓紙箱，同一卸機站的貨物應裝在同一集裝器上。一票貨物應盡可能集中在一個集裝器上，避免分散裝在不同集裝器內。貨物組裝時的注意事項主要有：

（1）檢查所有待裝的散件貨物，按照貨物的卸機站、重量、體積、性質、類型、包裝材料以及貨物運輸要求設計貨物運輸的組裝方案，如圖 1-10 所示。

（2）通常情況下，集裝板上放置大貨、重貨；貨櫃內裝入體積較小、重量較輕的貨物。組裝時，將體積或重量相對較大的貨物放在集裝器下面，並盡量向集裝器中央集中碼放，小件和輕貨放在集裝器中間，如圖 1-11 所示；輕泡貨物、精密易碎貨物裝在集裝器的最上層，如圖 1-12 所示；危險物品或形狀特異可能危害飛機安全的貨物，可用填充物將集裝器塞滿或使用繩、帶將貨物進行捆綁固定，以防運輸過程中晃動，損壞飛機設備造成安全事故。

（3）採用貨櫃運輸的貨物碼放緊湊　，貨物之間的縫隙越小越好，如圖 1-13 所示。

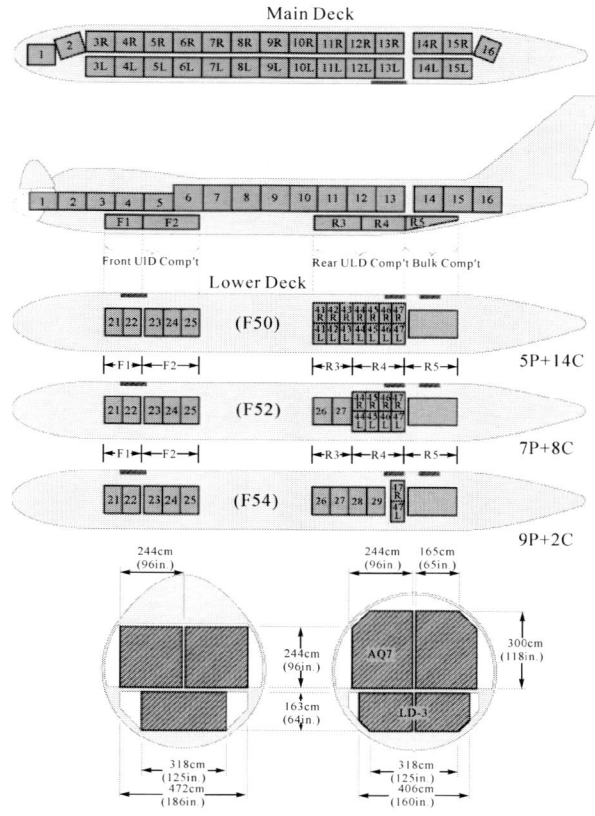

圖 1-9　B747F 集裝器裝載示意圖

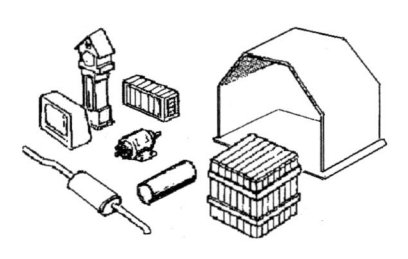

圖 1-10　貨物裝箱前準備 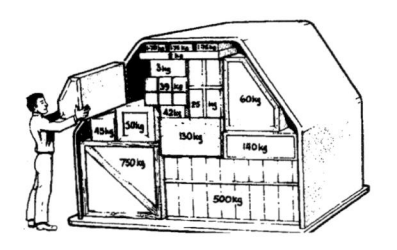　　　　　　　圖 1-11　小件和輕貨放在集裝器中間

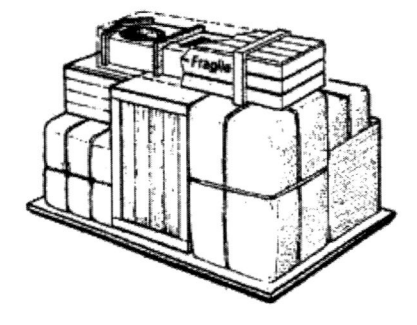

圖 1-12　輕泡貨物、精密易碎貨物裝集裝器在最上層 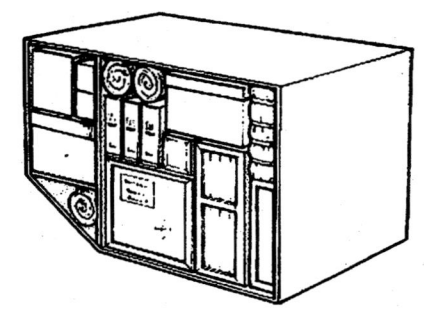　　　圖 1-13　貨櫃內的貨物碼放緊湊

（4）當所裝貨物的體積不超過貨櫃容積的 2/3，同時單件貨物重量超過 150kg 時，就要對貨櫃內的貨物進行捆綁固定。根據規定要用標準的繩具將貨物固定在貨櫃內的卡鎖軌裡，如圖 1-14 所示。

（5）採用集裝板運輸的貨物要碼放整齊，上下層之間要相互交錯、騎縫碼放，避免貨物與貨物之間出現坍塌、滑落，碼放樣例如圖 1-15 所示。

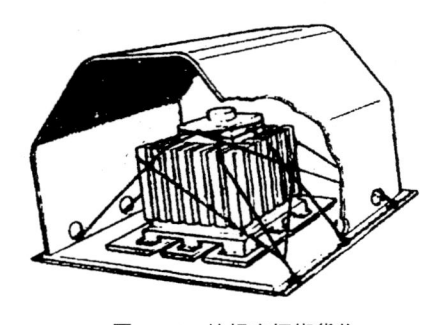

圖 1-14　按規定捆綁貨物 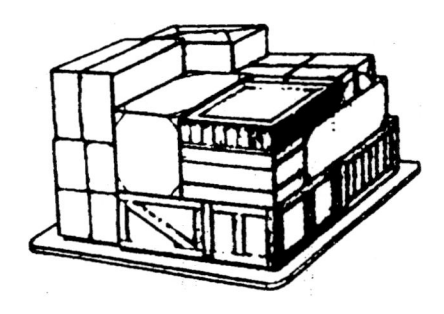　　　　　　圖 1-15　組裝集裝板時貨物的碼放方法

（6）重物放在集裝器的下層，底部為金屬的貨物和底部面積較小、重量較大的貨物必須使用墊板，如圖 1-16 所示，以防金屬貨物損壞集裝板，同時可以分散貨物對集裝器底板的壓力，保證集裝器能夠平穩順利地裝入飛機。

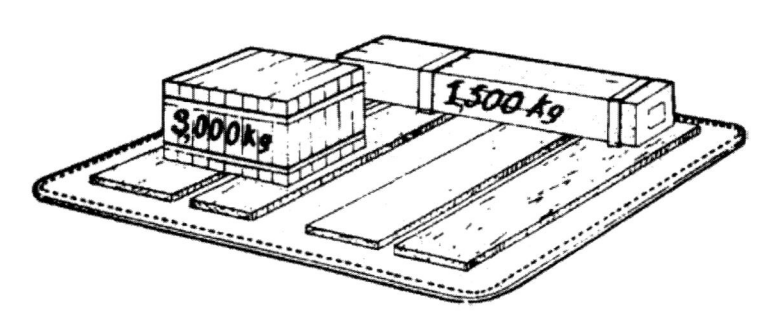

圖 1-16　按規定使用墊板裝載貨物

（7）裝在集裝板上的小件貨物，要裝在其他貨物的中間或適當地予以固定，防止其從網套及網眼中滑落。一塊集裝板上裝載有兩件或兩件以上的大貨時，貨物之間應盡量緊鄰碼放，盡量減少貨物之間的空隙。

（8）一般情況下不組裝低探板貨物。如果貨物較多，需充分利用航班艙位，同時貨物包裝適合進行探板組裝時，可以進行探板組裝。但是在組裝低探板貨物時要按照標準碼放，碼放貨物要合理牢固、網套要掛緊，必要時要用尼龍帶捆綁探板貨物，以保證探板貨物在運輸過程中不會發生散落或傾斜。

1.3.7 集裝器裝載限制條件

由於受到集裝器結構、強度、硬度、構型以及空間等條件的制約，在航空貨物運輸中使用集裝器時需要考慮一定的裝載限制條件。

（1）重量限制

集裝器限於其結構和強度的影響，以及所裝載機型的限制，每一個集裝器標有一個最大的允許的毛重，整個集裝器的重量不得超過這一重量。表 1-9 列出了一些貨櫃或者集裝板的最大毛重。

表 1-9　　　　　　　　　　集裝器可承受的最大毛重

	IATA 識別代碼	尺寸		最大毛重	
主貨艙集裝板	PG PM	(244×606) cm (244×318) cm	(96×239) in (96×125) in	13,608kgs 6,804kgs	300,00lbs 150,00lbs
主貨艙或下貨艙集裝板	PA PB	(224×318) cm (224×274) cm	(88×125) in (88×108) in	6,804kgs 4,536kgs	150,00lbs 100,00lbs
主貨艙集裝櫃	AA 結構型 UA 非結構型（LD7）	(224×318×163) cm (224×318×163) cm	(88×125×64) in (88×125×64) in	6,033kgs 6,804kgs	133,00lbs 150,00lbs
底貨艙集裝櫃	AA 結構型（LD9） AL 非結構型（LD11）	(224×318×163) cm (153×318×163) cm	(88×125×64) in (60×125×64) in	6,033kgs 2,449kgs	133,00lbs 5,400lbs
主貨艙貨櫃	AMA 10 英尺集裝箱 AGA 20 英尺集裝箱	(244×318×244) cm (244×606×244) cm	(96×125×96) in (96×239×96) in	6,804kgs 11,340kgs	150,00lbs 250,00lbs

表1-9(續)

IATA 識別代碼		尺寸		最大毛重	
底貨艙貨櫃	AL full-size （LD5）	（153×318×163） cm	（60×125×64） in	3,175kgs	70,001bs
	AK half-size （LD3）	（153×156×163） cm	（60×62×64） in	1,588kgs	35,001bs
	DK half-size 非適航審定	（153×156×163） cm	（60×62×64） in	1,451kgs	32,001bs

（2）體積限制

對於貨櫃而言，由於受到航空器構型的影響，所裝貨物的體積是有限制的。

為了控制集裝板上所裝貨物的體積和形狀，可以使用一個與飛機貨艙橫截面的輪廓一樣的模架來限制板上所裝貨物。用這種方法對貨物打板既不會超過允許尺寸，又正好能夠裝入指定的飛機貨艙。集裝板裝貨限制模架如圖1-17所示。

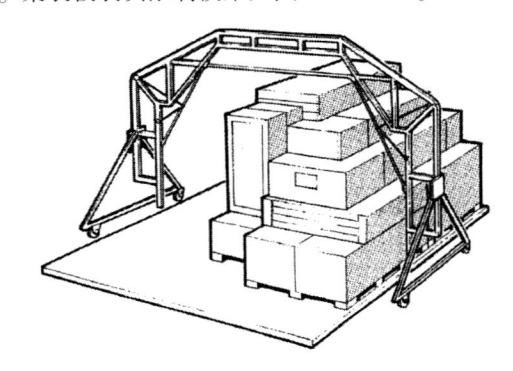

圖 1-17　集裝板裝貨限制模架

一個集裝板的底座適合於幾種機型的貨艙使用，但是集裝板上所裝貨物的形狀要與所承運的飛機的貨艙內部形狀相適應（各種機型貨艙的最大允許橫截面均可在機型手冊中查找，需要的時候可以查閱）。

另外，集裝板和貨櫃是否能夠被一架指定飛機所容納，不僅取決於該飛機貨艙內的形狀，還與飛機貨艙門的尺寸及位置有關。

（3）集裝器底板承受力

集裝器底板最大單位面積所能承受的重量不得超過該集裝器底板所能夠承受的最大額定負荷。集裝器底板所能承受的負荷是由該設備設計所決定的。當一件比重較大的貨物對集裝器底板產生的壓力大於最大額定負荷時，應為此件貨物加木墊板，使其重量分散在較大面積的集裝器底板上，否則可能引起安全事故或者安全隱患。

（4）集裝器內貨物的限制

雖然有些貨物滿足前面所規定的集裝條件（如重量、體積、集裝器的底板負荷等）限制，但是它們不能裝在貨櫃內運輸。這些貨物包括：

①危險品。託運人或代理人裝好的貨櫃內不能含有危險品（乾冰除外）和運輸條件上受到嚴格限制的貨物。

②活體動物。由於熱血動物和某些冷血動物的運輸需要氧氣，而集裝棚或完全封閉的

貨櫃不能滿足這一特殊要求。所以這樣的動物不能用貨櫃運輸。然而，某些冷血動物，如熱帶魚等則可以用貨櫃運輸，因為它們不需要額外的氧氣供應。

練習思考題

1. 請說明航空運輸方式的特點。
2. 什麼是航空特種貨物運輸？請例舉特種貨物的類型。
3. 什麼是集裝貨物運輸？有何特點？
4. 如何識別集裝器的代碼？
5. 集裝貨物的組裝有哪些基本要求？

第 2 章　活體動物航空運輸

　　航空運輸具有快捷性與安全性，非常適合運輸活體動物，活體動物運輸在整個航空貨物運輸中具有非常重要的地位。由於活體動物的類型多種多樣，不同活體動物的習性千差萬別，在航空運輸中具有不同的運輸要求，因此對活體動物進行航空運輸是一個極其複雜的系統工程。活體動物能否被經營人安全運輸到達目的地，不僅關係到託運人的利益，也關係到經營人的利益。近年來，在活體動物航空運輸中因活體動物的包裝不符合航空運輸要求或因違規裝載，造成活體動物在航空運輸過程中發生死亡、逃逸的事件時有發生。有的導致了航班返航、航班取消，嚴重影響了航班準點及飛行安全；有的甚至引發了嚴重法律糾紛；有的則因動物死亡或逃逸引起貨主的投訴和高額索賠。這不僅會給經營人造成嚴重的經濟損失，同時也會影響企業的社會聲譽。

　　為保證將活體動物安全運達目的地，就必須在活體動物運輸的各個環節建立嚴格的規章制度和運行程序，為此國際航空運輸協會（IATA）專門編製了《活體動物規則》，即 Live Animal Regulations，同時各國政府部門和經營人也分別制定了關於活體動物運輸的相關規定和要求。

2.1　概述

2.1.1　活體動物定義

　　活體動物是指活的家禽與家畜、野生動物（包括鳥類）、實驗用動物、兩棲動物、哺乳動物、爬行動物、魚、昆蟲、甲殼類動物、貝殼類動物等。不同的活體動物具有不同的特性，在航空運輸中需要採用不同的運輸條件，以便安全高效地完成活體動物的運輸。航空貨運中活體動物的三字代碼為 AVI。

　　基於不同活體動物的特性及在航空運輸中的特殊要求，在航空貨物運輸中將活體動物分為八大類。

　　（1）寵物、家畜類。其是指由人類飼養馴化，且可以人為控制其繁殖的動物，如貓、狗、豬、牛、馬等。

　　（2）鳥、家禽類。其是指體表被覆羽毛的卵生脊椎動物，身體呈流線型，大多數飛翔生活，體溫恒定，消化系統發達，如鳥、鷗、雀、燕、鴿、雞、鴨、鵝等。

　　（3）靈長類。其在生物學中屬哺乳綱的靈長目動物，是目前動物界最高等的類群，具有手和足，如猴、狐猴、猿、猩猩等。

（4）爬行類。爬行類是指適應陸棲生活的變溫脊椎動物，身體表面具有鱗或者甲，趾端具爪，適於爬行，體溫隨氣溫高低變化，用肺呼吸，卵生或者卵胎生的動物，如蛇、蜥蜴、龜、鱉、玳瑁等。

（5）兩棲類。其是指表面沒有鱗片、甲以及毛髮等覆蓋，只有趾而沒有爪的動物，其幼體在水中生活，用鰓進行呼吸，長大後用肺兼皮膚呼吸，體溫隨氣溫高低變化，能在水中和陸地生活，如青蛙、蟾蜍等。

（6）魚類。其是指體被骨鱗、以鰓呼吸、用鰭作為運動器官和憑上下頜攝食的變溫水生脊椎活體動物，屬於脊索動物門中的脊椎動物亞門，在海洋、江河、湖泊、池塘中出產的水生動物，如魚、泥鰍、黃鱔等。

（7）昆蟲類。其屬於無脊椎動物中的節肢動物，身體分為頭、胸、腹，在動物界中種類最多，數量最大，對農業生產和人類健康造成重大影響，如蝗蟲、蝴蝶、蜜蜂、蜻蜓、蒼蠅、草蜢、蟑螂、蠍子、蠶等。

（8）未馴化的哺乳動物類。其是指某些哺乳動物由於先天的本能行為而未對其進行人工馴化的動物，如象、虎、獅、熊等。

2.1.2 活體動物習性

活體動物在航空運輸期間對所遇到的陌生環境會本能地感到恐懼，這種恐懼如果得不到釋放，就會產生刺激性反應，使活體動物在航空運輸過程中感到不適，嚴重時甚至會威脅到活體動物的生命。為了活體動物的安全運輸，有必要瞭解各種動物的生理習性和生活習性，根據動物的習性有針對性的採取相應的運輸措施和營運程序。

活體動物的習性主要涉及以下方面：

（1）消化行為。對於食肉動物，託運人應在航空運輸之前的一段時間內主動減少動物進食，在接近發運前再對動物進行餵食。牛、馬等動物，在裝到運輸設備前不少於 2 小時給動物餵水。某些爬行動物在託運前應當使其處於饑餓狀態。

（2）排泄行為。由於運輸過程中，動物會排泄糞便和尿液，因此運輸容器底部必須是防漏型的，並墊上適當的吸附材料。當運輸牛馬等動物時，運輸容器底部還應為防濺型的。

（3）發情行為。成年雄性動物與處於發情期的雌性動物處於同一場合時會出現煩躁的情緒，在運輸中應盡量避免運輸處於發情期的動物。如果必須一起運輸成年的雌性和雄性動物，在航空運輸過程中應盡量分開，越遠越好。

（4）保護幼仔行為。有些雌性動物在感受外來的危險時，會出現傷害自己所帶的幼小動物的現象。因此，通常情況下帶有幼仔的哺乳動物盡量不要運輸。

（5）合群行為。某些類型的幼小動物，在運輸中盡量安排同一物種一起運輸不要分開，否則會給這類動物造成一定的心理壓力。

（6）躲藏行為。食肉動物的自然本能會在運輸容器中出現躲藏的現象。

（7）逃跑行為。對運輸環境的不適應，蹄類動物會尋找逃跑的路徑，並嘗試從運輸容器中逃走。

第 2 章 活體動物航空運輸

（8）緊張行為。動物在運輸過程中會由於溫度、氣壓、高度以及氣流顛簸等各種原因，出現驚嚇緊張情緒而導致動物身體脫水。

（9）環境行為。極端溫度、氣壓等環境的變化會使動物受到影響。

表 2-1 給出了在儲運動物時建議設置的環境溫度。

表 2-1　　　　　　　　　　儲運動物環境溫度表

	動物種類	最低溫度（℃）	最高溫度（℃）	備註
家畜	貓	7	24	
	狗	10	27	
	狗	10	19	
	兔子	10	21	
	小牛	12	25	
	肉牛	-8~8*	25	*小型動物的最低溫度要高一些
	奶牛	-5	23	
	山羊	0	25	
	馬	10	19	
	豬（斷奶的幼畜）	20	26	
	豬（成豬）	12~16	22	
	雌豬（懷孕的）	15	22	
	綿羊	5~17*	20*	*羊毛被剪後溫度適當提高
	雞苗（一日齡）	14	23	紙板箱溫度為 28℃~37℃
	雞	0	21*	*75%的相對濕度。相對濕度高的話，最高溫度相應低些
	小鴨	15	23	紙板箱內溫度為 29℃~37℃
	鴨子	10	29	
	小鵝	15	23	紙板箱內溫度為 29℃~37℃
	鵝	10	29	
	野雞（一日齡）	15	24	
	小火雞	15	23	紙板箱內溫度為 29℃~37℃
	火雞	5	19	

表2-1(續)

動物種類		最低溫度(℃)	最高溫度(℃)	備註
野生動物	蜂雀	18	29	
	美洲野貓	4	18	
	澳洲野狗	7	29	
	山狗	2	29	
	浣熊	4	27	
	棕熊	4	29	
	小羊駝	7	24	
	獾	4	24	
	沙鼠	10	32	
	跳鼠	10	32	
	靈長類動物（成熟的）	21	32	
	靈長類動物（幼小的）	27	29	
	袋鼠（北美）	16	29	
	豪豬（北美）	4	24	

註：最低與最高溫度將隨動物的年齡、品種、地板種類、空氣流動速度、動物數量、裝載密度、吸氧量、代謝水準、相對濕度、皮膚濕度的不同而不同。適宜的溫度範圍應依據其適應環境溫度的能力。

2.1.3 活體動物規則介紹

為了保證在航空運輸各個階段，活體動物都處於一個良好的環境，保證活體動物安全到達目的地，國際航空運輸協會出版了《活體動物規則》（Live Animal Regulations，LAR），LAR 的封面如圖 2-1 所示。該規則給出了活體動物航空運輸的最低標準，對活體動物在運輸之前的準備工作、包裝、標記標籤、收運檢查、運輸文件管理、裝載、存儲、健康標準以及衛生條件等運輸各個環節和各個程序都作了詳細的規定與解釋，必須按此規定進行活體動物運輸辦理和操作。

《活體動物規則》（LAR）是由國際航空運輸協會（IATA）動物委員會與國際動物流行病組織（法語：Office international des épizooties，OIE）以及瀕危野生動植物國際貿易公約（Convention on International Trade in Endangered Species of Wild Fauna and Flora，CITES）聯合出版的，對活體動物航空運輸所涉及的各個方面都給出了詳細的標準和規定。活體動物規則每年出版一次，有效期為 10 月 1 日至次年的 9 月 30 日。《活體動物規則》共十三章，具體如表 2-2 所示。

圖 2-1　IATA LAR 封面

表 2-2　　　　　　　　　　LAR 中英文對照目錄

章節號	英文	中文
第一章	Application of These Regulations	適用性

表2-2(續)

章節號	英文	中文
第二章	Covernment Regulations	政府規定
第三章	Carrier Regulations	承運人規定
第四章	Reservations and Advance Arrangements	預訂艙位及預先安排
第五章	Animal Behaviour	動物行為
第六章	Listing, Description and Sizes of Species	動物名稱表，動物種類尺寸及描述
第七章	Documentation	文件
第八章	Container Requirements	包裝容器要求
第九章	Marking and Labeling	標記和標籤
第十章	Handling Procedures	操作程序
第十一章	Convention on International Trade in Endangered Species of Wild Fauna and Flora	瀕危野生動植物種國際貿易公約
第十二章	Life Science Logistics for Laboratory Animals	關於試驗用動物的生命科學物流
第十三章	World Organisation for Animal Health (OIE)	世界動物衛生組織
附錄A	List of IATA Members	IATA會員清單
附錄B	Questions and Answers for Shipping Live Animals by Air	航空運輸活體動物問題與回答
附錄C	Examples of Acceptable Ambient Temperature Ranges for Live Animals	對於可接受的活體動物環境溫度範圍
附錄D	Calculation of Animal Heat and Moisture Load During Transport	運輸活體動物的熱、濕度的計算
附錄E	Live Animals in Airmail	航空郵件中的活體動物
附錄F	Live Animals Statistics	活體動物統計
附錄G	CITES Guidelines for the Non-Air Transport of Live Wild Animals and Plants	非航空運輸的活體野生動植物的CITES指南

2.1.4 活體動物名稱表

當活體動物進行航空運輸時，必須依據LAR準確填寫所運輸活體動物的名稱。活體動物的名稱可以通過查閱LAR中的活體動物名稱表獲取，LAR中公布的動物名稱表有兩種，一種是按照動物普通名稱的英文字母排列順序列出的動物名稱表，另一種是按照動物學名的拉丁字母順序列出的動物名稱表，兩表內容相同，只是排列方式不同。本書按照動物普通名稱的英文字母排列順序進行介紹，具體如表2-3所示。

表2-3　　　　　　　　　　　　動物名稱表節選

Common Name	Type	Container Requirement	Scientific Name	CITES Appendix
Cuckoo	B	11F	Scythrops spp.	
Cuckoo	B	11F	Sumiculus spp.	

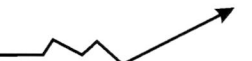

表2-3(續)

Common Name	Type	Container Requirement	Scientific Name	CITES Appendix
Cuckoo	B	11F	Taccocua spp.	
Cuckoo	B	11F	Tapera spp.	
Cuckoo	B	11F	Urodynamis spp.	
Cuckoo	B	11F	Zanclostomus spp.	
Cuckoo shrike	B	11F	Pericrocotus spp.	
Cui-ui	F	51	Chasmistes cujus	I
Curassow	B	16	Nothocrax spp.	
Curlew	B	11H	Numenius spp.	I / III
Cuscus	M	83	Phatanger spp.	II / III
Cutthroat finch	B	11A	Amadina hypocherina	
Cuvier's Gazelle	M	73	Gazella cuvieri	I
Cyprian mouflon	M	73	Ovis orientalis ophion	I
Dalmatian pelican	B	21	Pelecanus crspus	I
Dama gazelle	M	73	Gazella dama	I
Dark coloured soft-shell turtle	R	43	Trionyx nigricans	I
Dark-handed gibbon	M	33	Hylobates agilis	I
Daubenton's Curassow	B	16	Crax daubentoni	III
Day gecko	R	41	Phelsuma spp.	II
Day old chick	B	19	Gallinacea	
Deer	M	73	Capreolus spp.	
Deer	M	73	Elaphodus spp.	
Deer	M	73	Elaphurus spp.	
Deer	M	73	Hydropotes spp.	
Deer	M	73	Cervus spp.	II / I
Deer	M	73	Mazama americana cerasina	III
Deer	M	73	Odocoileus virginianus	III
Deppe's squirrel	M	79	Sciurus deppei	III
Desert monitor	R	41	Varanus griseus	I
Desert rat-kangaroo	M	83	Caloprymnus campestris	I
Desman	M	79	Desmana spp.	
Desman	M	79	Galemys spp.	
Dhole	M	82	Cuon alpinus	II
Diademed sifaka	M	31	Propithecus diadema	I

表2-3(續)

Common Name	Type	Container Requirement	Scientific Name	CITES Appendix
Diana monkey	M	31	Cercopithecus diana	I
Dik-dik	M	73	Madoqua spp.	
Dingo	M	82	Canis spp.	
Dipper	B	11F	Cinclus spp.	
Diver	B	21	Cavia spp.	
Dog	M	82	Lycaon spp.	
Dog	M	82	Canis spp.	II / I
Dog	M	82	Cuon spp.	II / III
Dog (domestic)	M	1	Canis familiaris	
Dog (fighting)	M	82	Canis familiaris (ferox)	
Dog (wild)	M	82	Nyctereutes spp.	
Dog fox	M	79	Vulpes cana	II
Dog wild	M	82	Canis aureus	III
Dog-faced Water Snake	R	44	Cerberus rhynchops	III
Dolphin	M	55	Peponocephala spp.	
Dolphin	M	55	Tursiops spp.	
Dolphin	M	55	Cephalorhynchus spp.	II
Dolphin	M	55	Delphinus spp.	II
Dolphin	M	55	Grampus spp.	II
Dolphin	M	55	Inia spp.	II
Dolphin	M	55	Lagenodelphis spp.	II
Dolphin	M	55	Lagenorhynchus spp.	II
Dolphin	M	55	Lissodelphis spp.	II
Dolphin	M	55	Orcaella spp.	II
Dolphin	M	55	Pontoporia spp.	II
Dolphin	M	55	Stenella spp.	II
Dolphin	M	55	Steno spp.	II

LAR活體動物名稱表各欄的具體含義說明如下：
（1）「Common Name」欄，動物普通名稱（以英文形式公布的動物名稱）。
（2）「Type」欄，動物種類字母代碼。每個字母代碼的具體含義為：

- A——AMPHIBIAN（兩棲綱），如青蛙、蟾蜍、蠑螈等。
- B——BIRD（鳥綱），如鴿子、鸚鵡、鴕鳥等。
- C——CRUSTACEAN（甲殼綱），如貝、蝦、蟹等。

· F——FISH（魚綱），如各種魚等。
· I——INVERTEBRATE（無脊椎動物綱），如蜜蜂、蠶等。
· M——MAMMAL（哺乳綱），如貓、馬、老虎等。
· R——REPTILE（爬行綱），如蛇、巨蜥、鱷魚等。

（3）「Container Requirement」欄，動物包裝容器具體要求。可以在 LAR 第 8 章相應包裝容器要求中查閱詳細內容。

（4）「Scientific Name」欄，動物學名（以拉丁文形式公布的動物名稱）。

（5）「CITES Appendix」欄，瀕危野生動植物種國際貿易公約附錄。

CITES：英文全稱 Convention on International Species in Endangered Species of wild faunaand flora，中文全稱為《瀕危野生動植物種國際貿易公約》。此公約於 1975 年 3 在華盛頓制定，7月1日生效。中國 1980 年 12 月 25 日加入該公約，1981 年 4 月 8 日對中國正式生效。

附錄Ⅰ：表示禁止進行任何商業貿易的瀕危物種。需要進出口許可證。

附錄Ⅰ/Ⅲ：列在附錄Ⅰ中的一組物種（屬）中，有些是被列在附錄Ⅲ中或者未列入附錄中。

附錄Ⅱ：目前尚未受到瀕危的危險，如果對該物種的貿易不加以限制，就會成為瀕危動物。需要進出口許可證。

附錄Ⅱ/Ⅰ：列在附錄Ⅱ的物種，也列在附錄Ⅰ中。

附錄Ⅱ/Ⅲ：列在附錄Ⅱ的物種，也列在附錄Ⅲ中，或未列入附錄中。

附錄Ⅲ：國家法律已生效要求保護的物種，且該國報國際公約秘書處通知各締約國要求給予配合。

附錄Ⅲ/O：一些物種或次物種列入附錄Ⅲ中，其餘的未列入附錄。

例如：

Dog，wild——動物普通名稱：野生犬。

M——動物種類：哺乳動物。

82——包裝容器要求：包裝容器 82。

Canis aureus——學名：Canis aureus

Ⅲ——CITES 附錄：附錄Ⅲ

2.2　託運人要求

為了保證將活體動物安全高效的運達目的地，需要託運人配合經營人開展活體動物的運輸工作，為此對託運人提出了託運活體動物的一些要求和規定。主要內容涉及活體動物託運人的一般規定、活體動物包裝規定以及運輸文件管理規定。

2.2.1 活體動物託運人的一般規定

活體動物在航空運輸過程中由於各種各樣的原因，會出現活體動物發生意外的問題，

為此對託運人提出了運輸活體動物的一般規定，主要內容有：

託運人必須保證託運的活體動物健康情況良好，無傳染性疾病。

當所託運動物需要衛生檢疫時，託運人應提供當地檢疫部門的免疫注射證明和動物檢疫證。

當託運屬於國家保護的動物時，必須提供國家有關部門出具的準運證明。

當託運瀕危動物時，應提供國家有關部門出具的準運證明。

如果託運的動物屬於需要進行市場管理時，必須提供市場管理部門出具的證明。

託運人在準備航空運輸一票活體動物前,必須備齊進出口、過境的動物運輸許可證、健康證、CITES 附錄的動物出口許可證和一份 CITES 進口許可證（如果需要的話）、獸醫證明、檢疫證明、中轉要求或禁止限制要求，還包括為動物提供的食物。由於這些規則經常變化以及運輸動物的種類不同，所以託運人必須從當地領事館或國家主管部門得到正確的要求。

託運人有責任知道目的站國家、飛越國和始發站國家航空運輸動物時保護動物的法律和規定。託運人必須提供一個 24 小時電話號碼，萬一發生緊急事件時，經營人可以從託運人或其代理人處得到指示，這個電話號碼要填寫在航空貨運單上。

託運人必須根據所託運的活體動物是國際還是國內，分別填寫「活體動物國內運輸託運證明書」或者「活體動物國際運輸託運證明書」。

當運輸處於發情期的雌性動物時，應通知經營人。

假如是哺乳動物，應通知經營人動物的性別。

託運人必須聲明託運的哺乳動物是否懷孕或者在 48 小時前分娩過。

應預先訂妥航班、日期、噸位、確定航線，如果有特殊運輸要求，應做好運輸前的準備。

必須提供符合 IATA 活體動物運輸規則的有效包裝，提供動物適當的草墊和食物，不能違反任何規定。

託運人必須向經營人提供動物喂食、飲水、清掃以及操作時間的指示說明，並將有關文件與動物包裝件一起隨附運輸。

記錄任何對動物用藥的情況，比如麻醉藥名稱、劑量、用藥時間和途徑。這些信息必須標註在文件上，複印件附在包裝上。

託運人應按與經營人約定的時間、地點辦理託運手續，並負責通知收貨人前往目的站機場等候提貨。

託運人如果違反了活體動物 LAR 的有關規定以及政府法令而觸犯法律，將承擔相應的法律責任。

2.2.2　活體動物包裝規定

在航空運輸中對活體動物進行包裝，是保證活體動物運輸安全的重要舉措。在航空貨物運輸中，由於託運人沒有遵守活體動物運輸包裝要求進行活體動物託運，經營人違反活體動物包裝要求進行活體動物收運，導致動物逃逸或者死亡的事故時有發生。這些事故輕的會讓經營人陷入經濟和法律糾紛，嚴重的會影響經營人航班的不能正常營運，甚至產生安全事故或者隱患。因此，活體動物的運輸包裝，必須針對每一種活體動物的特性進行特

定的包裝，符合 LAR 活體動物的包裝要求，既不能因任何原因也不能以任何方式降低包裝要求。具體如下：

（1）包裝容器乾淨整潔，防逃逸與滲漏，便於安全操作

活體動物的包裝必須能夠防止動物破壞、逃逸或者接觸外界。例如，凶猛的動物，獅、虎、豹、熊、狼、蟒等應用鐵籠盛裝，外加雙層鐵網，並有便於裝卸的把環。

為防止動物糞便、尿液散溢，包裝底部必須設置有相應的設施設備，對於運輸大象、牛、馬等大型動物，必須在包裝底部加放托盤和足夠的吸濕物（禁止用稻草作為吸濕物）。

當運輸經營人無法提供照料動物的特殊設備以及裝卸大型動物的人力和設備時，都應由託運人提供，這必須在收運活體動物之前向託運人重點強調。

需要特殊照料的動物，託運人應在包裝上註明注意事項。

活體動物運輸過程需要的動物飼料，由託運人自備。

（2）包裝結構合理、通風良好，使動物安全舒適

活體動物的包裝尺寸應適合所運輸動物機型的貨艙門大小和貨艙容積，並與所運輸動物的習性相適應，特別注意要為動物留有適當的活動餘地，如圖 2-2 所示。

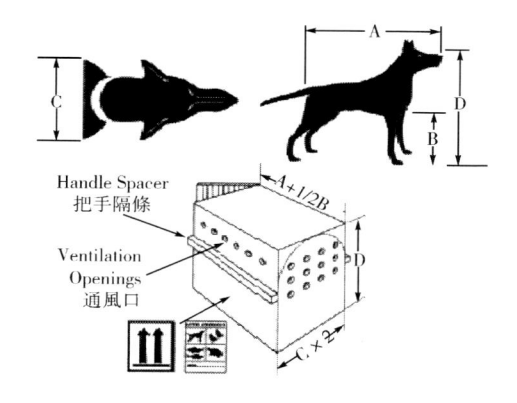

圖 2-2 活體動物籠舍的尺寸要求

當所運輸的活體動物需要由外界提供氧氣時，應該至少在包裝的三面設置足夠的通氣孔，防止運輸過程中動物出現窒息的現象。

在運輸過程中需要進食的動物，其包裝上應具備或者附帶有飼餵動物的設施。

（3）經經營人同意不用密閉容器盛裝的動物

馬、牛、羊等動物，通常由經營人使用專用的集裝設備運輸，而不需託運人提供單獨的容器，但是必須有防止動物走動的系留設備，如分隔欄杆、繩網、腰帶、鼻環等，以免因動物走動而影響飛機平衡，且所使用的專用集裝設備必須符合適航規定的要求。

含水的動物包裝，應有防止液體漏溢的措施，避免運輸中造成動物死亡或液體洩露污染飛機地板或機載設備。

（4）包裝舉例說明

針對各類活體動物的運輸所使用的包裝容器，LAR 中都提供了相應的具體要求，內容

第 2 章 活體動物航空運輸

涉及動物所適宜的包裝容器、包裝容器的設計和構造、運輸前需要完成的準備工作、對動物餵食和餵水的要求，以及裝載等運輸的各個環節的工作程序都作出了非常詳細的規定與說明。下面以兩種動物包裝容器為例加以說明。

例 1　適用於運輸家養貓和狗的容器，這類容器通常由纖維玻璃、金屬、硬塑膠、焊接的金屬網、堅固的木板或夾板等材料製成。如圖 2-3 所示。

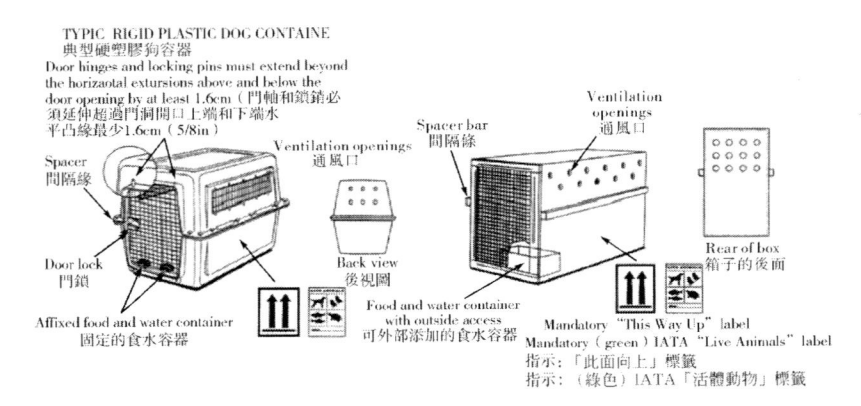

圖 2-3　適於家養貓和狗的包裝容器

例 2　適用於運輸章魚、海馬、魚類（除非特殊包裝）、熱帶魚、金魚、水生蝸牛等的容器，這類容器採用防水纖維板、絕緣材料、塑膠或木材、膨化聚苯乙烯或聚苯乙烯泡沫塑膠等材料製成。如圖 2-4 所示。

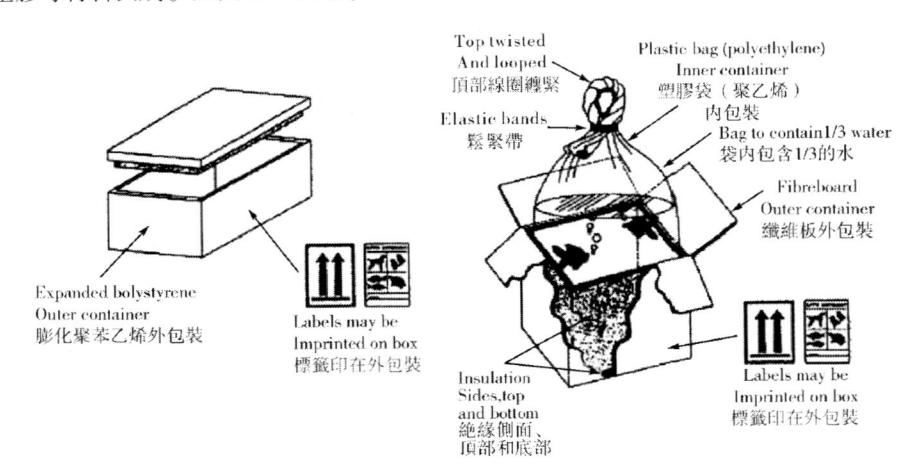

圖 2-4　適於魚類的包裝容器

2.2.3　活體動物運輸文件管理規定

在活體動物航空運輸中，為了保證活體動物運輸不會傳播病菌，以及保護珍貴瀕危動

物，需要託運人準備完整的活體動物航空運輸文件。

當運輸屬於檢疫範圍的活體動物時，託運人應該提供檢疫機關的檢疫證明。

託運人或者其授權的代理人在託運活體動物時應該準備填寫準確完整的活體動物託運人證明書、貨運單。

當託運運輸屬於國家活體動物或者在 CITES 附錄中列出的活體動物時，託運人應該提供政府主管部門簽發的進出口許可證明。

經營人在接受和運輸活體動物時，應當填寫活體動物收運檢查單和特種貨物機長通知單等運輸文件。

（1）動物衛生證書（檢疫證書）

①國際運輸

託運人託運活體動物時，必須提供由始發站國家動物檢驗檢疫部門出具的動物衛生證書（也就是通常所說的檢疫證書），中國是由中華人民共和國出入境檢驗檢疫局簽發動物衛生證書。動物衛生證書列明了動物種類、動物品種、動物學名、起運和到達國家（地區）、簽證地點和日期等內容。如圖 2-5 所示。

```
┌─────────────────────────────────────────────────────────────┐
│                     出入境檢驗檢疫                            │
│             ENTRY-EXIT INSPECTION AND QUARANTIN              │
│                                                              │
│                動物衛生證書        編號 No.                   │
│              ANIMAL HEALTH CERTIFICATE                       │
│  發貨人名稱及地址                                              │
│  Name and Address of Shipper _____ │
│  收貨人名稱及地址                                              │
│  Name and Address of Consignee _____ │
│  動物種類                        動物學名                      │
│  Species of Animal _____       Scientific Name of Animals __│
│  動物品種                        產地                          │
│  Breed of Animal _____       Place of Origin _____ │
│  報檢數量                        檢驗日期                      │
│  Quantity Declared _____       Date of Inspection _____ │
│  起運地                          發貨日期                      │
│  Place of Despatch _____       Date of Despatch _____ │
│  到達國家/地區                   運輸工具                      │
│  Country/Region of Destination __  Means of Conveyance _____ │
│  印章          簽證地點 Place of Issue ____                   │
│  Office Stamp                    簽證日期 Date of Issue ____ │
│                官方獸醫 Official Veterinarian ____            │
│                                  簽名 Signature ____          │
│  出入境檢驗檢疫機關及其官員或代表不承擔簽發本證書的任何財經責任 │
└─────────────────────────────────────────────────────────────┘
```

圖 2-5　動物衛生證書

②國內運輸

當在國內運輸活體動物時，託運人必須提供縣級以上動物衛生監督的官方獸醫出具的「動物檢疫合格證明」。按照活體動物是否跨省運輸，需要分別填寫跨省境運輸和省內「動物檢疫合格證明」，具體格式要求和填寫內容如圖 2-6 和圖 2-7 所示。

動物檢疫合格證明（動物 A）

編號：

貨主		聯繫電話	
動物種類		數量及單位	
啓運地點	省 市（州） 縣（市、區） 鄉（鎮） 村 （養殖場、交易市場）		
到達地點	省 市（州） 縣（市、區） 鄉（鎮） 村（養殖場、屠宰場、交易市場）		
用 途		承 運 人		聯繫電話	
運載方式	□公路 □鐵路 □水路 □航空	運載工具牌號	
運載工具消毒情況	裝運前經_____消毒		
本批動物經檢疫合格，應於_____日內到達有效。 官方獸醫簽字：_____ 簽發日期： 年 月 日 （動物衛生監督所檢疫專用章）			
牲畜 耳標號			
動物衛生監督 檢查站簽章			
備 註			

第 聯 共 聯

註：1. 本證書一式兩聯，第一聯隨貨同行，第二聯由動物衛生監督所留存。
2. 跨省調運動物到達目的地後，貨主或承運人應在 24 小時內向輸入地動物衛生監督機構報告。
3. 牲畜耳標號只需填寫後 3 位，可另附紙填寫，需註明本檢疫證明編號，同時加蓋動物衛生監督機構檢疫專用章。
4. 動物衛生監督所聯繫電話：

圖 2-6　跨省境運輸動物「動物檢疫合格證明」

動物檢疫合格證明（動物B）

（監製章：全國統一動物衛生組織　中華人民共和國農業部）

編號：

貨主			聯繫電話	
動物種類		數量及單位		用途	
啟運地點	市（州）　縣（市、區）　鄉（鎮）　村（養殖場、交易市場）
到達地點	市（州）　縣（市、區）　鄉（鎮）　村（養殖場、屠宰場、交易市場）
牲畜耳標號	
本批動物經檢疫合格，應於當日內到達有效。 　　　　　　　　　　　官方獸醫簽字：_____ 　　　　　　　　　　　簽發日期：　　年　　月　　日 　　　　　　　　　　　（動物衛生監督所檢疫專用章）

第　聯　共　聯

註：1. 本證書一式兩聯，第一聯隨貨同行，第二聯由動物衛生監督所留存。
2. 本證書限省內使用。
3. 牲畜耳標號只需填寫後3位，可另附紙填寫，並註明本檢疫證明編號，同時加蓋動物衛生監督所檢疫專用章。

圖 2-7　省內運輸動物「動物檢疫合格證明」

（2）活體動物運輸託運證明書

當託運人託運活體動物時，託運人或其授權的代理人必須準確、完整、如實地填寫活體動物運輸託運證明書，活體動物運輸託運證明書要求最少一式兩份，營運人保留一份已經簽署的文本，另外一份隨附貨運單和活體動物一起運輸。

活體動物運輸託運證明書分為正反兩面，正面為託運人聲明，背面為託運人責任。

①託運人聲明

在活體動物運輸時，託運人聲明的內容有：

託運人已經做好所有預先安排，並且對所運輸的動物已經作出正確描述，包括動物種類、學名、普通名稱。

活體動物的包裝符合航空運輸的相關規定，以及經營人和政府主管當局的規定。

所運輸的動物健康狀況良好，適於航空運輸，貨物中不含有受國家保護的野生動物。

當運輸受到國家保護的野生動物時，必須辦理政府部門簽發的運輸許可證，許可證附在貨運單後。

②託運人責任

在活體動物運輸時，託運人的責任有：

託運人應表明由於自然原因造成的動物死亡或由於動物本身的或與其他動物相互間的

行為，如咬、踢、抵、牙刺或者窒息造成的動物死亡或者傷害以及由此產生的一切費用，經營人不承擔責任。

由於動物自身原因或者其行為造成的動物押運人員死亡或者傷害，經營人不承擔責任。

託運人如果違反了國際航協《活體動物規則》的有關規定以及政府法令而觸犯法律，將承擔相應的法律責任等。

託運的動物應符合國家的有關法令和民航局的有關規定，動物在託運前已經辦妥檢疫手續，託運野生動物要提供政府部門所簽發的許可證，所有有關證明隨附在貨運單後面。

對所託運的動物已經作出正確的分類及包裝，動物名稱準確，標籤和標記完好。

已經根據經營人的各項要求做好空運前的準備工作。

收貨人已經獲悉有關航班的資訊，並已做好提取貨物的準備。

活體動物運輸託運證明書正、背面內容如圖 2-8 和圖 2-9 所示。

（3）進、出口許可證明和 CITES 文件

屬於國家保護動物或者在 CTTES 附錄中列出的動物，託運人應出具政府主管部門簽發的進、出口許可證明，例如瀕危野生動植物種允許進出口、再出口證明書以及有關國際組織或者國家規定需要辦理的進出口證書，如圖 2-10 所示。

運輸任何列入 CITES 附錄中的物種，均應出具 CITES 文件。需要注意的是，所託運的動物物種應與在有效期之內的 CITES 文件相符，並且 CITES 文件上應有官方徽標和簽發機構的名稱及地址。

2.3 經營人要求

作為活體動物運輸主體的經營人，在運輸活體動物時，必須按照國際航協 LAR 的規定和國家的要求，履行活體動物運輸的相關規定和責任。

2.3.1 活體動物收運規定

檢查運輸文件是否齊備，包括貨運單、託運證明、進出口許可證、動物健康證明等。

接收前，充分考慮貨物包裝、機型、貨艙空間、貨艙通風情況、天氣、裝載位置、影響動物的其他貨物、押運員、地面存儲設施等因素，並向託運人作出說明。

包裝容器的符合性，託運人應確保包裝容器適合動物的航空運輸，經營人在收運時應對其進行必要的檢查。

收運檢查，經營人以填製活體動物收運檢查單的方式對貨物進行檢查、驗收。

動物福利，經營人有責任確保動物得到足夠的保護，免受因自然環境、惡劣天氣等造成的傷害。

國家和經營人規定，充分瞭解運輸過程中有關經營人關於動物運輸的規定，並向託運人作出說明。

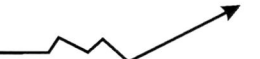

SHIPPER'S CERTIFICATION EXAMPLE (Front)

IATA

SHIPPER'S CERTIFICATION FOR LIVE ANIMALS
(to be completed in duplicate)

This is to certify that (check appropriate box):

- ☐ In addition to having completed all advance arrangements, this consignment is properly described and packed, and is in proper condition for carriage by air according to the current edition of the IATA Live Animals Regulations and all applicable carrier and governmental regulations. The animal(s) of this consignment is (are) in good health and condition.
- ☐ Animals taken from the wild for shipment have been appropriately acclimatised.
- ☐ This consignment includes species as described in the Convention on International Trade in Endangered Species of Wild Fauna and Flora (CITES). Applicable permits/certificaties are attached to the Air Waybill.
- ☐ This consignmentincludes species as described in other applicable national legislation.
- ☐ In the case of reptiles and amphibians, the animals contained in this shipment are healthy and they have been examined prior to shipment and are free of any apparent injury and readily recognizable diseases. They are also free of external parasitic infestation, including mites, ticks and leeches that can readily be seen under normal lighting conditions.

The shipper accepts that carriers will not be liable for any loss, damage or expense arising from death due to natural causes, or death or injury of any animal caused by the conduct or acts of the live animal itself or of other animals, such as biting, kicking, goring or smothering, nor for that caused or contributed to by the conditions, nature or propensities of the animals. In no event will carrier be liable for death or injury to an animal attendant caused or contributed to by the condition, conduct or acts of animals.

Number of Package(s)	Specific Container Requirement Number (see IATA Live Animals Regulations)	Species (description and names-scientific and common) and Quantity of Animals

Name and address of shipper ············ ········· ·········
················
······. ········..
Signature of shipper.························· ····················
··················
Date ······ ··
············
Year/Month/Day   (See reverse side for special conditions)

Shippers failure to comply in all respects with the applicable IATA Live Animals Regulations and any other international and/or national government regulations, may be in breach of applicable law and subject to legal penalties. (Refer to Chapter 1, Section 1.2.)

Air Waybill No.	Airport of Departure	Airport of Destination

Note: Recommended size: ISO Standard A4.

圖 2-8 「活體動物運輸託運證明書」正面

SHIPPER'S CERTIFICATION EXAMPLE　（Back）

SHIPPER'S RESPONSIBILITIES

Instructions for the shippers are given in Chapters 1, 7, 8, 9, 10 and 11 of the IATA Live Animals Regulations. Before any package containing live animals is tendered for transport by air, the shipper must ensure that:

　　the animals being tendered for transportation are not prohibited by governments;

　　all the required export, import, and/or transit health certificates, licenses or permits, etc. are accompanying the shipment;

　　the animal shipments are properly classified, described, packed, marked and labelled;

　　the IATA Shipper's Certification for Live Animals has been properly completed in duplicate;

　　pregnant animals must not be tendered for transportation without official veterinary certificate certifying that the animals are fit to travel and that there is no risk of birth occuring during the entire journey;

　　(*Note*: *Pregnant monkeys, nursing females with suckling young and unweaned animals are not accepted for air transport.*)

　　no animals are to be tendered for transportation having given birth in the last 48 hours before the start of the journey;

　　the animals have been properly prepared for transportation (see specific container requirements for further information);

　　the animal is not tranquilised without veterinary approval and supervision;

　　the consignee has been advised of the flight details in order to arrange immediate collection on arrival;

　　a 24-hour phone number that the air carrier can obtain instruction from the shipper or his agent in the event of an emergency, and such information is written on the Air Waybill.

圖 2-9　「活體動物運輸託運證明書」背面

倉儲和裝載，熟悉活體動物在倉儲和裝載時的隔離要求。

培訓，包括對經營人相關操作人員的業務培訓，以及銷售代理人的業務培訓，如果有必要還應包括相關託運人的業務培訓。

2.3.2　活體動物收運文件

活體動物航空運輸過程中，作為運輸主體的經營人在收運活體動物時，必須對活體動物進行收運檢查，同時在航空貨運單上填寫活體動物運輸的所有資訊，同時通過機長通知單告知機長。

（1）活體動物運輸收運檢查單

當收運活體動物運輸時，始發站貨物收運部門必須根據活體動物運輸收運檢查單中列明的項目，對所收運的活體動物進行逐項詳細檢查，任何一項的檢查結果為否時，整票貨物都不得收運。

CONVENTION ON INTERNATIONAL TRADE IN ENDANGERED SPECIES OF WILD FAUNA AND FLORA
瀕危野生動植物種國際貿易公約

CERTIFICATE FOR PERMIT
TO IMPORT EXPORT AND REEXPORT

　　　　進口　　　　　　　□——IMPORT（進口）
允許　　出口　　證明書　　□——EXPORT（出口）
　　　　再出口　　　　　　□——REEXPORT（再出口）

PERMIT NO.（證號）：

VALID UNTIL 有效期：

Consignee (name、address、country) 收貨人	Permittee (name、address、country) 發貨人
Special conditions 特殊條件	THE PEOPLE'S REPUBLIC OF CHINA ENDANGERED SPECIES OF WILD FAUNA AND FLORA IMPORT & EXPORT ADMINISTRATIVE OFFICE 中華人民共和國瀕危物種進出口管理辦公室 地址：北京和平里國家林業部 Address: State Forestry Administration Hepingli Beijing　　TELEX：_____

NO. 序號	Species (Chinese & Scientific) Name 種名（中名、學名）	Appendix No. 附錄號	Description 貨物類型	Quantity or Weight (kg) 數量或淨重（公斤）	Origin of Country 原產國	
					Country 國家	Permit No. 證號

□—The specimens taken from wild　野外獲得
□—The specimens taken from bred in captivity　人工繁殖
□—The specimens taken from artificially propagated　人工培植
□—The specimens taken from pre-convention　公約前獲得

Place 地點	Date 日期	Signature 簽名	Official stamp（公章）

圖 2-10　CITES 進出口、再出口證明書

　　活體動物收運檢查單內容涉及六條內容，分別是：收運檢查（5 條）、文件符合性檢查（6 條）、包裝檢查（1 條 8 點）、標籤和標記檢查（6 條）、喂食和喂水檢查（2 條）以及處理意見，具體如表 2-4 所示。

表 2-4　　　　　　　　　　活體動物運輸收運檢查單

貨運單號碼：_____　　始發站：_____　　目的站：_____

收運	是	無	否
01 是否與有關航空公司及中轉站聯繫作好相應的安排？	☐	☐	☐
02 是否已通知收貨人在目的站作好接貨準備？	☐		☐
03 是否已訂妥全程艙位？	☐		☐
04 活體動物的數量是否符合該機型的裝載限制？	☐		☐
05 是否有動物押運員？押運員是否明確其職責？	☐	☐	☐

文件			
06 託運人按規定填寫完備的動物託運證明書一式二份，並由其本人簽字。	☐		☐
07 動物託運證明書上是否註明特殊的儲運注意事項？	☐	☐	☐
08 貨運單上是否註明託運人、收貨人的姓名、詳細地址和聯繫電話？	☐		☐
09 該活體動物是否按其實際價值申報並投保？	☐		☐
10 是否隨附有效的動物檢疫證明？			☐
11 交運野生動物，是否持有政府部門出具的準運證明？	☐		☐

包裝			
12 該種動物的容器是否符合國際航協現行《活體動物規則》的包裝規定？	☐		☐
容器的大小是否適合於該種動物？	☐		☐
容器上是否有足夠的、合適的通風孔？	☐		☐
容器結構是否堅固？	☐		☐
容器上是否已安裝便於搬運的把手？	☐	☐	☐
容器是否設有防漏溢及防逃逸裝置？	☐		☐
容器是否清潔？	☐		☐
容器內是否有足夠的襯墊、吸附材料？	☐		☐
容器內是否有合適的喂食、飲水裝置？	☐		☐

標籤和標記			
13 每個容器上是否清楚地標明託運人和收貨人的姓名、詳細地址和聯繫電話？	☐		☐

14 每件容器上是否貼有「活體動物」標籤並在標籤上註明該動物名稱？是否貼有「向上」標籤？	☐	☐	
15 對做實驗用的無特定病原體的動物，容器上是否貼有「實驗用動物」標籤？	☐	☐	
16 對能咬或蜇的有毒動物，容器上是否清楚標出「有毒」字樣？	☐	☐	☐
17 對於凶猛的、有攻擊性的動物，容器上是否清楚地標出「危險動物」字樣？	☐	☐	☐
18 如果使用了鎮靜劑，動物容器上是否標明詳細情況，如：使用鎮靜劑的時間、種類、劑量和有效時間等？	☐	☐	☐

餵食與餵水

19 如果要求在中途站餵食、餵水，託運人是否用書面形式同有關航空公司做好了安排？	☐	☐	☐
20 餵食注意事項是否已貼在容器外部的頂面上。	☐	☐	☐

註：1. 此單一式一份。
2. 對任一問題的答案為「否」時，即不能接收此貨物。
3. 在所有項目核查完之前，不要拒絕收運。
4. 如果接收此貨物將此單正本附在貨單上，並將副本存檔。
5. 如果拒收此貨，將此單交主管負責人，並註明託運人或代理人姓名。
6.「是」表示符合活體動物航空運輸條件，「否」表示不相符合，「無」表示本項不適於本批運輸的貨物。
處理意見：
　　　　　☐接受　　　　　　☐不接受
檢查人：　　　　　（簽字）　　　　　　（機場）
日期：　　　　　　時間：
託運人/代理人：（簽字）

（2）航空貨運單

當運輸活體動物時，貨運單必須嚴格按照國際航協出版的航空貨物運價及規定手冊（The Air Cargo Tariff and Rules，縮寫 TACT Rules）中的規定填寫。

除隨活體動物一起運輸的飼料、設備外，動物不得與其他貨物共用一份貨運單運輸。

在貨運單操作注意事項「Handling Information」欄內，註明「SHIPPER'S CERTIFICATION FOR LIVE ANIMALS ATTACHED」以及隨附相關文件的名稱，包括國家、地區區號等信息及 24 小時應急電話。

在貨運單貨物品名「Nature and Quantity of Goods」欄內，應用英文註明動物的普通名稱和準確數量，如果有必要，還應註明 LAR 中給出的動物分類代號。

航空貨運單的具體填寫內容如表 2-5 所示。

表 2-5　　　　　　　　　　　　　　航空運貨單

No. of Pieces RCP	Gross Weight	Kg/ lb	Rate Class		Chargeable Weight	Rate/ Charge	Total	Nature and Quanrity of Goods (incl. Dimensions or Volume)
			Commodity Item No.					
4	48.0	K	S	N150	96.0	22.20	2,131.20	LIVE DOG DIMS：60cm×80cm×120cm×1

HandlingInormation
SHIPPER』S CERTIFICATION FOR LIVE ANMALS ATTACHED
DO NOT FEED BUT FRESH WATER TO BEPROVIDED

（3）特種貨物機長通知單（NOTOC）

當通過航空運輸的方式運輸活體動物時，必須通過特種貨物機長通知單告知機長飛機上裝載的活體動物資訊，涉及飛機上所載活體動物的名稱及種類、件數、重量、集裝器的識別代碼、裝機位置、特種貨物三字代碼以及附加資訊等內容。

2.3.3　活體動物運輸安排

所有活體動物航空運輸時，必須預先訂好艙位方可收運。預訂艙位時需要考慮航線、機場設施、存儲條件、聯運等因素。

（1）航線

應盡可能地為活體動物運輸選擇直達航班，以避免由於中轉對活體動物的多次搬運及環境溫度的變化，可能對活體動物造成的傷害。

由於後續經營人可以不承擔第一經營人的責任，活體動物運輸應盡可能避免在不同航空公司之間聯運。當聯運不可避免發生時，應查閱後續運輸經營人的有關規定。

在確定活體動物運輸路線時，需要考慮的重要因素就是活體動物運輸時間，應保證用最短的時間完成整個活體動物運輸。例如當運輸剛孵出一天的小雞時，必須安排小雞在孵出後最多72小時就應該到達目的地。因此，對活體動物運輸時間進行精確計算是十分必要的。

（2）機場裝卸設備和儲存設施

當運輸活體動物時，要保證始發站機場、中轉站機場及到達站機場具有適合活體動物的裝卸設備和儲存設施。對於裝運活體動物的容器，當需要特殊的裝卸設備時，查閱有關規定，以保證機場能夠提供有效的裝卸設備，同時容器上應有便於搬運的把手，對於大型動物容器還必須準備叉車進行裝卸。

當海關和獸醫不能在週末和節假日提供活體動物檢驗檢疫時，避免活體動物在此期間進行中轉或運達目的地。

保證活體動物運輸中都要有足夠的通風，尤其在空運活體動物較多時，以免活體動物窒息而亡。當運輸中有需要喂養的動物時，應將其放在易接近方便照料的位置，保證通風

空間不會被堵塞。

陌生環境、噪音、搬運會引起大多數馴順的家養寵物產生劇烈反應。因此，應為這些動物開闢專門的儲藏區，並保持環境的乾燥、安靜、通風。

通常情況下，野生動物（除了鳥類）相對喜歡黑暗或較暗的地方，馴養動物和大多數鳥則喜歡較亮的地方，這有助於它們更好的休息。

為避免活體動物所產的環境滋生病菌，應當對飼養動物的房屋或區域每隔 24 小時消毒一次，需要注意在消毒過程中，不可對動物進行飼養。

當需要對中轉動物添加食物和水時，託運人有責任做好事先安排，並且在將動物交付給經營人時已將要求在貨運單中明確註明。

(3) 預先訂艙

活體動物航空運輸涉及的規則程序和操作要求較多，有必要制訂詳細的運輸計劃。因此，在活體動物運輸之前，託運人必須訂好整個艙位並得到確認。

當活體動物運輸的整個航程涉及兩家以上經營人時，應明確每家經營人都可以接收該活體動物運輸。當預定艙位得到確認後，託運人必須確定辦理活體動物交運手續的最晚時間，以便將活體動物的整個運輸時間壓縮到最低要求。

(4) 到達通知

當活體動物運輸的各項工作都已事先安排好，特別是艙位已訂妥後，託運人應通知收貨人準備安排活體動物到達目的地的各項工作，以便盡快地辦理通關手續和進行衛生檢疫。

(5) 檢疫

在活體動物進口前，收貨人必須明確活體動物是否需要檢疫，如需要進行檢疫應做好事先安排，所產生的費用由託運人或收貨人支付。

2.3.4 活體動物運輸中經營人的責任

由於自然原因造成活體動物的受傷和死亡，由此給託運人產生的其他損失時，經營人不承擔相應的法律責任，無賠償責任。所涉及的自然原因有：

(1) 動物自然死亡；
(2) 動物自身行為造成的死亡；
(3) 動物之間撕咬、踢、抵、牙刺、抓傷或者窒息等所造成的傷亡及傷害；
(4) 動物自身的習性造成的傷害；
(5) 動物包裝不合理造成的損傷、死亡；
(6) 動物自身不能抵禦運輸過程中環境變化造成的死亡；
(7) 經營人對押運員傷亡也不負責任；
(8) 由以上產生的一切費用和後果，經營人不承擔責任。

若是由於工作人員引起或者由於運輸條件、運輸過程管理不善等發生動物損失、受傷和死亡，經營人應該承擔責任。

2.4 標記與標籤

2.4.1 活體動物運輸標記

活體動物運輸的標記是活體動物運輸過程中，為便於經營人開展活體動物的運輸工作，在活體動物包裝件外表面書寫的有關運輸各種事項的資訊內容。活體動物運輸中主要涉及的運輸標記有：

託運人和收貨人的姓名和詳細地址以及 24 小時可以聯繫的電話，必須與貨運單上的訊息保持一致。

動物的學科名稱、普通名稱以及每一包裝件內動物的數量，其中動物的學科名稱、普通名稱必須與活體動物託運證明書上的資訊保持一致。

「POISONOUS」（有毒）標記，當運輸的活體動物通過叮、咬或接觸時使人類能感染上毒素時，必須在包裝件外表面上註明。

「THIS ANIMAL BITE」標記，當託運對人具有攻擊性的凶猛動物，如凶猛的禽鳥、獸類時，必須在包裝件外表面上註明。

藥物使用信息標記，當活體動物運輸中需要使用藥物時，必須將藥物名稱、劑量、用藥時間和藥效時間等資訊在包裝上註明。

標記餵食餵水說明資訊，當活體動物運輸需進行餵食餵水時，必須在包裝件上面註明。

如果活體動物運輸中還有其他需要特殊照料的情況，託運人還應將相關注意事項在包裝上註明。

在活體動物包裝件外表面進行資訊標記時，一定要將相關資訊標記仔細完整，並保持標註字跡的清晰與持久，以利於運輸過程中工作人員閱讀使用。

2.4.2 活體動物運輸標籤

活體動物運輸的標籤是在活體動物航空運輸過程中，為便於工作人員操作，所提供的運輸工作指導用的資訊標註。活體動物運輸標籤分為兩類：活體動物標籤和操作標籤。

當所運輸活體動物為非實驗用動物時，在活體動物包裝件外表面黏貼或者拴掛一個「活體動物」標籤，否則在外表面黏貼或者拴掛「實驗用動物」標籤，標籤的具體圖樣如圖 2-11 所示。

在運輸活體動物時，至少在包裝件外表面的兩個相對側面黏貼「向上」標籤或者標註「向上」方向的標示，如有必要，應在包裝件的四面都貼上「向上」標籤，如圖 2-12 所示。

活體動物運輸中，任何標籤都不能貼在包裝件的通氣孔上，特別是小動物的包裝，以防氧氣不足而導致動物窒息而亡。

在動物整個運輸過程中，如果出現標籤脫落、分開或難以識別，經營人必須重新黏貼

或恢復原貌。

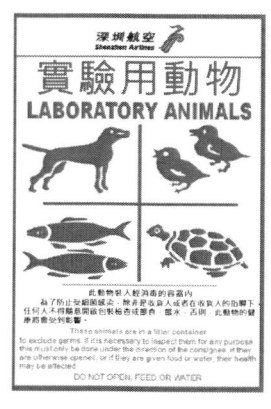

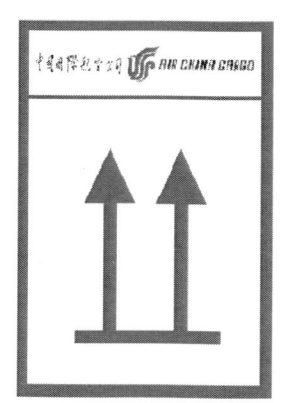

圖 2-11　活體動物和實驗用動物標籤　　　　圖 2-12　向上標籤

2.5　活體動物的存儲和隔離

2.5.1　存儲

環境的舒適性有利於減少動物的壓力，進而降低動物的死亡率及受到傷害的程度。

受地理位置和氣溫變化的影響，可能出現動物生病或者死亡，經營人應根據託運人的要求對動物進行倉儲，尤其注意對存儲環境的要求。例如，當動物屬於怕冷和怕風的，應將其放置在避風處或者保暖的地方；當動物屬於怕光、怕曬以及怕熱的，應將其置於安靜陰涼處，避免過度的光線和噪音對動物的影響。考慮動物的習性，例如野生動物包括哺乳動物和爬行動物，對黑暗或者光線暗淡的環境比較適應，應將其放置於安靜陰涼的地方；家禽或者鳥類通常對於喜歡明亮的地方，應將其放置在敞亮的地方。

在高溫、寒冷、降雨等惡劣天氣時，不可露天存放活體動物。

在整個航空運輸期間，如果託運人沒有特別的要求，經營人不負責對動物進行餵食與餵水。

為了保證動物有一個較好的衛生條件，經營人應該定期清掃存放動物的區域，並在清掃時應將動物移開。

通常情況下不收運妊娠期的哺乳動物。如果當一級或者相當於一級的獸醫部門出具證明文件，說明其在運輸過程中不存在分娩可能性時，經營人方可收運。但經營人必須對此類動物採取有效的防範措施。

在活體動物倉儲的過程中，經營人必須禁止對活體動物進行圍觀、驚擾、戲逗，以免發生意外事故。

2.5.2 隔離

在活體動物航空運輸時，必須在活體動物容器之間、容器與其他貨物之間要留有適當的間隙，以保證空氣的流通。

在整個航空運輸過程中，絕對禁止將活體動物與食品、有毒物質、傳染性物質、放射性物質、靈柩、乾冰等裝入同一集裝器中或者同一貨艙內。

互為天敵的動物、來自不同地區的動物、發情期的動物絕對不能一起存放，裝機時嚴禁裝在同一貨艙內。

為了避免交叉感染，嚴禁將實驗用動物與其他動物放置在一起。

對於進口的動物，在到達口岸前的整個運輸過程中，嚴禁與不同種類、不同產地、不同託運人或收貨人的活體動物相互接觸或使用同一運輸工具。

在活體動物倉儲時，同樣遵循以上的隔離要求。

2.5.3 活體動物的集裝器組裝

冷血動物除外，嚴禁使用貨櫃運輸活體動物，除非是專用貨櫃，如馬廄。

當用集裝板運輸活體動物時，嚴禁用塑膠布對活體動物進行直接覆蓋；如果雨天使用防雨器材覆蓋時，蓋布與活體動物包裝之間必須留有足夠的空間，保證空氣的流通，以免出現動物窒息而亡的現象，裝機時應該去掉蓋布。

裝在集裝板上運輸的活體動物，應與其他貨物分開碼放，不得混裝，貨物之間應保留足夠的距離，以保證空氣流通。

為了防止活體動物的排泄物污染或者腐蝕貨艙、飛機設備及貨櫃和集裝板，在集裝板上應該加墊塑膠等防水材料。

為了避免集裝板滑動對活體動物造成的傷害，在航空運輸中應使用保護限動裝置對活體動物容器進行固定，如用集裝板網罩固定動物容器。

2.5.4 裝載注意事項

當運輸帶有不良氣味的小動物，以及僅限於實驗用的猴子、兔子、豚鼠以及會發出叫聲的初生家禽、小狗等少量的活體動物時，只能採用飛機下貨艙運輸。

嚴禁所承運的動物數量超過該航班貨艙所能允許裝載的最大限制，同時應將活體動物裝在適合其運輸條件的貨艙內。

當運輸具有政治意義的活體動物時，如國家領導人互送的動物，必須報經營人相關部門領導批准，並事先通知飛行部門準好運輸工作。

在活體動物運輸作業時，必須妥善做好各項運輸工作，以確保動物和人的健康與安全。在運輸過程中，當活體動物出現生病、受傷或死亡，除非能夠證明是由於經營人原因造成的，否則經營人將不負責任。如果由於託運人的過失或違反經營人的運輸規定，導致活體動物在運輸過程中造成對經營人或第三方的傷害或損失時，託運人應負全部責任。活體動物在運輸途中或到達目的地後死亡，應由託運人或收貨人承擔全部處理費用（除經營

人的責任事故外）。

2.6 活體動物的運輸要求

2.6.1 雛禽類動物運輸

在航空運輸中的雛禽類動物，是指一日齡的雛雞、雛鴨、雛鵝、雛雉、雛火雞等禽類動物，包括家禽類和雉類的雛鳥。

（1）運輸要求

對於雛禽類動物，要求孵化後 72 小時內運達目的地，這期間不需要餵食和飲水，因此對於可能超出 72 小時才能運達目的地的雛禽類動物不予承運。

（2）包裝要求

運輸雛禽動物的包裝必須具有一定抗壓強度，保證在正常運輸過程中不致變形或損壞，通常採用瓦楞紙箱、硬塑膠、纖維玻璃和合成材料等進行運輸包裝。

如果使用單層壁的瓦楞紙箱對雛禽動物進行運輸包裝時，應當分為 2 個或 4 個箱格進行包裝。

為了保證雛禽動物有良好的運輸生存環境，包裝件上必須有足夠數量的通風孔，通風孔開口的直徑不小於 1 厘米。通風孔應位於包裝箱的 4 個側面和頂部。

當運輸雛禽動物時，一只標準的包裝箱（66cm×51cm×14cm）可以裝運一日齡到 72 小時齡的雛雞 50~100 只，但是在裝運雛火雞、雛鴨和雛鵝等雛禽動物時，所裝運的雛禽動物數量按比例減少 20%。

如果在氣溫較高的季節或地區運輸雛禽動物時，為了保證雛禽動物有更好的通風環境，應該相應減少包裝件中雛禽的數量。

（3）貨物標記標籤

雛禽動物運輸只能使用栓掛式貨物運輸標記和標籤，禁止使用黏貼式的標記和標籤。

雛禽動物運輸必須使用「向上標籤」，黏貼時不能堵塞通氣孔。

包裝件外表面不要求使用活體動物標籤。

（4）裝載

由於雛禽動物對環境溫度的要求為 28℃，因此在地面或空中飛行中要盡可能適應雛禽動物對環境溫度的要求。當環境溫度過高時，應停止對雛禽動物運輸。同時雛禽動物對氧氣的消耗極大，為此雛禽動物周圍的堆物不宜過密，保持雛禽動物周圍的空氣流通，為活體動物創造一個良好的運輸環境，防止雛禽動物窒息而亡的事件發生。

當運輸雛禽動物時，由於受不同機型的裝載限制，所運輸的雛禽動物數量必須與所運輸的機型相匹配，同時裝機時應在包裝箱之間留有不少於 20 公分的間隙，保持空氣流通。

雛禽動物運輸的其他要求必須按照活體動物運輸的一般規定執行。

2.6.2 蛇類動物運輸

絕大多數經營人原則上都不接受蛇類動物運輸，特殊情況下需經單位主管領導批准，方可託運蛇類動物。託運人必須提供相關文件，包括省級以上林業主管部門簽發的動物準運證明、動植物檢疫部門出具的動物檢疫證明，才可予以承運。其包裝要求：

（1）使用堅固的膠合板或膨化的聚苯乙烯、泡沫苯乙烯包裝，或者用孔徑不超過0.5厘米的網狀鐵籠盛裝，外加麻袋包裝。將袋口封好，然後吊放在膠合板製的外包裝裡。

（2）膠合板箱應堅固，並應有足夠的通氣孔，通氣孔應有羅紗或鐵紗保護，防蛇逃逸。

（3）箱蓋應能抽動，箱底和周圍應用金屬片加固，箱外再用木條加固。

（4）在內、外包裝上，都應設有比動物體型小的通風孔。外包裝上的通風孔應當用一定強度的雙層細密金屬網遮蓋住，防止其逃逸。

（5）如果運輸時間超過72小時，為保持濕度需要採用潮濕的吸附材料，但此種吸附材料的使用不會造成動物的體溫下降。

2.6.3 鼠類動物運輸

絕大多數經營人原則上都不接受鼠類動物運輸，特殊情況下需經單位主管領導批准，方可承運實驗鼠類動物，但必須符合經營人運輸條件和國際航協《活體動物規則》的要求。其包裝要求：

（1）包裝應由木材或具有類似強度的材料製成，以確保其具有可以安全裝運並能經受運輸途中任何搬運的強度。

（2）包裝內外應有雙層足以防止鼠類逃逸的孔徑不超過0.5公分金屬絲網，包裝接縫處必須密封。

（3）包裝的底板不能透水，底部應放置足夠的吸附材料；容器內加底墊；外包裝需有便於裝卸的把手。

（4）包裝內至少應提供能夠維持動物48小時需要的食物和水。

（5）包裝應有足夠的通風孔。

2.6.4 鳥類動物運輸

經營人原則上都接受鳥類動物運輸，但必須符合經營人運輸條件和國際航協《活體動物規則》的要求。其包裝要求為：

（1）運輸鳥類動物的容器大小，應根據鳥類動物的生活習性，保證其在容器內有足夠自由活動的空間。

（2）包裝內放置供鳥類動物使用的飼料和飲水容器。為防止鳥跌落水槽溺死，可在水槽裡放置小浮板。

（3）必須將愛爭鬥的鳥類動物分裝於不同的包裝件。

（4）用於鳥類動物的包裝，必須開有足夠的通氣孔，以免產生鳥類動物窒息而亡。如

果運輸鳥類動物需要用鐵紗罩時，必須處理好，以免傷害鳥類。

（5）為了避免出現鳥類動物中毒，嚴禁使用錫焊的器皿盛裝飼料和飲水。

2.6.5 凶猛類動物

凶猛類動物主要有熊、山貓、野狗、狼、虎、豹、獅等。其在航空運輸中的要求有：

（1）運輸凶猛類動物的容器必須堅固、安全。通常採用堅硬木料製作，容器前部應用粗鋼絲網或鐵欄杆製成；門上欄杆的距離，應能防止動物前爪外伸；容器後部應有一活門，活門必須有安全開關，以防動物逃逸而發生事故。

（2）容器地板應做成鐵框形，使動物的排泄物能落到下面的托盤上。如不能做成鐵框形，則地板必須防漏，並應有吸濕物，保證動物的排泄物不外溢。

（3）容器必須保證空氣流通，不致使動物窒息。容器的兩側，必須留有足夠的通風孔，容器後面的滑門，應從上到下都有通風孔。通風孔的直徑約為 2.5cm，通風孔外面應有稀麻布或鐵砂保護。

（4）為了地面運輸工作人員的安全，動物容器上應有便於搬運的裝置。

（5）容器的大小，除應適應機門的大小外，還應根據動物的大小和數量而定，並應留有空間，保證動物能自由活動及站立。

（6）容器應裝有供動物飲水的裝置。

（7）此種容器亦適應運輸狒狒和各種猩猩。

（8）對於有銳利爪子的動物，如熊、狗、狼等凶猛動物，容器四面應襯以金屬板，以防止動物抓破容器。

2.6.6 一般類動物

一般類動物主要包括駝羊、羚羊、小駱駝、鹿、家畜、駱馬、斑馬等，其航空運輸要求主要有：

（1）運輸一般類動物的容器通常採用木質或輕金屬材質，容器的兩側和頂部可用刨光的木料製作，或用麻布或帆布（內塞刨花或纖維）作襯墊。

（2）容器兩側的木板不能低於動物站立時兩肩的高度，肩以上可用木條板。兩邊條板之間的間隔應能足以防止動物的頭腳伸出去。

（3）容器的後部應設一滑門或合頁門，門上應備有安全插銷，防止動物逃逸。

（4）容器的地板應做成條板式的，以防止動物滑倒。地板應能防止糞便溢漏，並應有吸濕物。

（5）必要時容器上應設有食槽，可從外面放置飼料。

（6）裝帶角動物的容器，它的高度和寬度應保證不會傷及動物的角，且動物的角不致刺穿容器頂部。

（7）容器的大小，應能對動物的活動有所限制，限制動物不能完全轉身，以免動物活動時自身擠傷。容器下部四壁護板應堅固合適，使動物在活動時不致損傷動物腿蹄。

（8）當收運長頸鹿時，年齡超過 6 個月的禁止收運。因為成年長頸鹿站立時由頭至腳

可達 6~8 米，體重約 700~2,000 千克，已經超過了航空器的裝載限制。

2.6.7 甲魚

甲魚是航空運輸中常見的活體動物，其運輸要求有：

（1）運輸甲魚的包裝必須用牢固的木箱包裝，每個木箱不高於 25cm，強度可承受同類包裝、同類重量和體積的八層堆積壓力。

（2）為避免甲魚的排泄物溢出污染飛機和其他貨物，運輸甲魚的木箱底部必須放置相應的吸濕物作為襯墊。

練習思考題

1. 活體動物航空運輸時，託運人需要提供哪些文件？
2. 航空運輸活體動物的包裝有哪些要求？
3. 簡述活體動物裝機時的隔離要求。
4. 簡述雛禽類動物航空運輸的包裝要求。

第 3 章　鮮活易腐貨物航空運輸

隨著社會經濟的發展，人民生活水準的提高，對新鮮水果、蔬菜、海產品等鮮活易腐產品的需求日益增多。在航空運輸中由於鮮活易腐產品包裝不善，產生類似如液體泄漏、水果蔬菜腐爛等事件時有發生，使得飛機、其他貨物和行李遭到不同程度的污染，嚴重的甚至導致飛機停場清潔、後續航班延誤等嚴重後果。如果鮮活易腐貨物發生泄漏、腐爛等事件，不僅會給託運人帶來取消運輸或產生經濟賠償的後果，也會給經營人造成重大的經濟損失，同時給航空公司帶來生產組織營運的困境。出現這些問題的主要原因在於，一是託運人漠視鮮活易腐貨物運輸的相關規定和要求，降低了包裝標準或者使用了不符合要求的包裝材料；二是經營人收運貨物時，有章不循，放鬆標準，把關不嚴，在裝載貨物時經常出現側放、倒置等導致包裝破損，出現液體泄漏。

為了安全準時運輸鮮活易腐貨物，必須針對鮮活易腐貨物運輸的各個環節制定嚴格的規章制度和運行程序，為此國際航空運輸協會（IATA）專門編製了《鮮活易腐貨物規則》(Perishable Cargo Regulations)，同時各國政府和經營人也分別根據自身的實際情況制定了關於鮮活易腐貨物運輸的相關規定和要求。

3.1　概述

3.1.1　鮮活易腐物定義

鮮活易腐貨物是指在一般運輸條件下，由於受到氣候、溫度、濕度、氣壓變化或者運輸時間以及航班延誤等的影響，容易引起變質、腐爛、死亡或者失去原有價值的物品。例如肉類、水果類、蔬菜類等植物類、水產品類，以及需要低溫保存的食品、藥品、人體器官、試劑、疫苗等生物製品，在航空運輸中都歸屬於鮮活易腐貨物，此外，活的魚、蟹、貝類、沙蠶等活體動物不僅屬於活體動物，同時也屬於鮮活易腐貨物，其航空運輸中既要遵守活體動物運輸的規定，也要遵守鮮活易腐貨物運輸的規定。魚苗、蟹苗、人體蛋白等價值較高的鮮活易腐貨物，託運人聲明價值符合貴重物品價值標準的，還應遵守貴重物品運輸的規定。當在鮮活易腐貨物運輸中使用乾冰（固體二氧化碳）、液氮等作為致冷劑時，還應遵守危險品運輸的規定。

鮮活易腐貨物的三字代碼是 PER，其中種蛋的三字代碼是 HEG，食品的三字代碼是 EAT。

3.1.2 鮮活易腐貨物分類

在航空運輸中，由於鮮活易腐貨物類型較多，不同的鮮活易腐貨物的性質各異，對運輸的要求也不一樣，因此需要對鮮活易腐貨物進行分類。

（1）鮮花（Fresh Flowers）；
（2）植物（Live Plants）；
（3）新鮮水果（Fresh Fruits）；
（4）新鮮蔬菜（Fresh Vegetables）；
（5）新鮮的肉類（Fresh Meats）；
（6）海鮮（Fresh Seafood）；
（7）正在孵化的禽蛋（Hatching Eggs）；
（8）疫苗和醫療設施（Vaccines and Medical Supplies）。

3.1.3 鮮活易腐貨物的特點

鮮活易腐貨物受到地域、季節以及貨物性質等的影響，具有自身的一些特點。主要表現在：

（1）運輸量受到季節性影響強，變化大

水果蔬菜大量上市的季節、沿海漁場的汛期等，運量會隨著季節的變化而變化。

（2）對運輸時間要求緊急

大部分鮮活易腐貨物都極易產生變質，要求運輸時間盡可能的短，以最短的時間、最快的速度到達目的地。

（3）整個運輸期間需要特殊照料

在鮮活易腐貨物中，牲畜、家禽、蜜蜂、花木秧苗等貨物的運輸，必須配備專用設備，運輸途中需要給予這些貨物專門照料。

3.1.4 鮮活易腐貨物運輸注意事項

在鮮活易腐貨物航空運輸中，除了少數部分貨物確因途中照料或運輸工具不適造成死亡外，其中大多數貨物都是因為發生腐爛變質而產生貨物損壞及滅失的。

不同類型的鮮活易腐貨物發生腐爛變質的原因有所不同，主要表現在：

①對於動物性食物而言，主要是由於微生物的生命活動和食品中的酶所進行的生物化學反應造成的。因為動物性食品沒有生命力，如禽、畜、魚等動物性食品，在貯藏時它們的生物體與構成它們的細胞都死亡了，故不能控制引起食品變質的酶的作用，也不能抵抗引起食品腐敗的微生物的作用，一旦細菌、黴菌和酵母在食品內的繁殖，使蛋白質和脂肪分解，變成氨、遊離氮、硫化醛、硫化酮、二氧化碳等簡單物質，就會產生臭氣和有毒物質。同時還會對食品裡面的維生素產生破壞，通過有機酸分解使食物腐敗變質不能食用。

②對於植物性食物來說，主要是呼吸作用所導致的。對於水果、蔬菜等易腐貨物，在運輸過程中其植物原生質還活著，能夠進行呼吸作用來維持其生命。然而儘管植物的呼吸

作用能夠抵抗細菌入侵，但同時也不斷消耗植物體內的養分，並且隨著體內各種養分的消耗，植物體內抗病性逐漸減弱，到了一定程度細菌就會乘虛而入，加速各種營養成分的分解，植物體內營養物質消耗完畢後，就不能再維持其生命，此時，細菌的繁殖速度增強，使水果、蔬菜很快腐爛變質。

③自然界中的化學作用。運輸過程中無論是動物性食物還是植物性食物，一旦被碰傷後，食物會被迅速氧化，其呼吸作用就會加強，也就加快了腐爛變質的進程。

在鮮活易腐貨物運輸中，只要抑制微生物的繁殖，控制呼吸作用和化學作用的強度，就能防止或推遲貨物腐爛變質的過程。

因此，在鮮活易腐貨物運輸中需要注意以下幾個方面。

（1）保持適宜的溫度條件

在運輸過程中為了防止鮮活易腐貨物變質腐爛，必須保持在一定的溫度。該溫度通常稱為運輸溫度。不同類型的鮮活易腐貨物對運輸溫度的要求是不同的，即使是同一貨物，由於運輸時間、貨物的凍結狀態以及成熟程度的不同，對運輸溫度的要求也不一樣。

運輸溫度對微生物的生存和繁殖以及鮮活易腐貨物的呼吸作用都有非常大的影響。隨著溫度降低，微生物的繁殖能力就會減弱，當降低到一定溫度，微生物的繁殖能力停止，貨物會保持較長時間不會腐壞。當降低溫度，果蔬類貨物的呼吸也隨之減弱，其營養物的消耗與分解也相應減慢，從而增加了它們的保鮮時間。

運輸中，當外界氣溫大大高於物品所要求的運輸溫度時，就應使用冷藏運輸。冷藏貨大致分為冷凍貨和低溫貨兩種。冷凍貨是指貨物在凍結狀態下進行運輸的貨物，運輸溫度的範圍一般在$-20℃\sim-10℃$；低溫貨是指貨物在還未凍結或貨物表面有一層薄薄的凍結層的狀態下進行運輸的貨物，一般允許的溫度調整範圍在$-1℃\sim16℃$。

對於鮮活易腐貨物，並非溫度越低越好，如水果、蔬菜保藏的溫度過低，會因凍結破壞其呼吸機能而失去抗菌力，解凍時會迅速腐爛；動物性食物，凍結溫度過低也會使其營養品質大大降低。

（2）提供合適的濕度

通過冷藏方法來儲藏或者運輸鮮活易腐貨物時，除了溫度是第一考慮的因素之外，鮮活易腐貨物所處環境的濕度高低對貨物的腐爛變質也會產生直接的影響。

濕度對鮮活易腐貨物的影響其大，濕度增大會使貨物表面「發汗」，便於微生物滋長；濕度過低貨物蒸發加強，貨物易於乾縮枯萎，失去新鮮狀態，而且破壞維生素和其他營養物質，降低貨物品質。

在實際運輸過程中，溫度與濕度可以相互配合，冷凍食物為減少乾耗，濕度可以大些；水果、蔬菜溫度不能太低，濕度可適當小些。

（3）保持適當的通風

蔬菜、水果以及動物性食物在運輸過程中，都需要保持一定的通風，目的是排除呼吸時放出的二氧化碳、水蒸氣和熱量，同時換入新鮮空氣。但通風對溫度、濕度又有直接影響，如外界溫度高，通風會提高車內溫度和濕度；反之，就會下降。通風的時間也要適當，時間過短達不到換氣目的，時間過長又要影響車內的溫度和濕度。

（4）保持良好的衛生條件

在運輸鮮活易腐貨物時，保持良好的衛生條件，鮮活易腐貨物沾染微生物的機會就少，能夠保證貨物的鮮活度，腐爛變質的概率就會大大降低。

可見，溫度、濕度、通風、衛生四個運輸條件之間既有互相配合，又有互相矛盾的關係，只有充分瞭解其作用機理，妥善處理好它們相互之間的關係，才能保證鮮活易腐貨物的運輸質量。

3.1.5　IATA《鮮活易腐貨物規則》介紹

為了安全運輸鮮活易腐貨物，國際航空運輸協會 IATA 出版發行了 Perishable Cargo Regulations，簡稱 PCR，中文名為《鮮活易腐貨物規則》，是專門針對航空運輸鮮活易腐貨物編寫的運輸規則，也是整個航空運輸界公認的鮮活易腐貨物運輸行業標準。IATA PCR 的 2018 年版本封面如圖 3-1 所示。

IATA 每年出版《鮮活易腐貨物規則》一期，每一期的有效時間為當年的 1 月 1 日–12 月 31 日。2018 年 17 版 PCR 共分為 11 章和 4 個附錄，具體內容如表 3-1 所示。

3.1.6　鮮活易腐貨物品名表

為了嚴格鮮活易腐貨物的運輸，IATA 在《鮮活易腐貨物規則》中給出了每一種鮮活易腐貨物的運輸品名，同時給出了每一種鮮活易腐貨物在航空運輸中所需的最佳環境狀態。

圖 3-1　IATA PCR 封面

表 3-1　《鮮活易腐貨物規則》目錄

章節	英文	中文
Chapter 1	Application of these Regulations	適用性
Chapter 2	Government Regulations	政府規定
Chapter 3	Carrier Regulations	經營人規定
Chapter 4	Perishables Facts and Types	鮮活易腐貨物的現狀和類型
Chapter 5	Perishables Classification	分類
Chapter 6	Packaging	包裝
Chapter 7	Perishables Operations	鮮活易腐貨物營運
Chapter 8	Traceability and Tracking	可追溯性和追蹤
Chapter 9	Claims	投訴賠償

表3-1(續)

章節	英文	中文
Chapter 10	CITES	瀕危野生動植物種國際貿易公約
Chapter 11	Air Transport of Cut Flowers	鮮切花的航空運輸
Appendix A	Ventilation, Heating and Cooling Capability of Airbus and Boeing Aircraft	空中巴士和波音飛機的通風、加熱、冷藏能力
Appendix B	General Design Requirements for Thermal, Insulated and Refrigerated Containers	保溫、隔熱、冷藏集裝器的設計要求
Appendix C	Picture Series	圖片
Appendix D	Cargo Handling Codes	貨運代碼

從IATA PCR中節選了部分鮮活易腐貨物的運輸品名表，如表3-2所示。

表3-2　　　　　　　　　　鮮活易腐貨物名稱表節選

Commodity (presentation)	Cat.	Group	Tamp	min T	max T	min RH	max RH	SLF	CDPR	RBDR	EB	EPR	CS	Pck. Sec.	Pck. Flg.	Tab. 5.3 Cot.
A	B	C	D	E	F	G	H	I	J	K	L	M	N	O	P	Q
Accacla	OR	CUTF	COOL	4	4			SS						6.3.6		
African violet	OR	PFLP	COOL	10	15								10	6.3.6		
Aglaonema, cv. Fransher	OR	POFP	COOL	13	16	80	90							6.3.6		
Aglaonema, cv. Silver queen	OR	POFP	AMBT	16	18	80	90							6.3.6		
Alfaifa sprout	VG		COLD	0	2	90	98							6.3.1		
Alstroemeria	OR	CUTF	COOL	4	4			SS						6.3.6		
Amaranth	VG		COLD	0	2	90	98							6.3.1		
Amaryllis	OR	PFLP	COOL	2	5									6.3.6		
Anemone coronaria	OR	BCRT	COOL	7	13									6.3.6		
Anemone windflower	OR	CUTF	COLD	0	1			SS						6.3.6		
Anise	VG		COLD	0	2	90	98							6.3.1		
Anthurium	OR	CUTF	COOL	13	13								10	6.3.6		
Apple	FR		COLD	-1	2	90	95		L	C	P	H		6.3.1	6.3.B 6.3.C 6.3.D	C E F
Apricol	FR		COLD	-0.5	2	90	95		L	C	P	M		6.3.1	6.3.B 6.3.C	F
Ardlsia crispa	OR	POFP	COOL	10	13	80	90							6.3.6		
Artichoke	VG		COLD	0	4	95	100		VH			VL		6.3.1		F
Arugula	VG		COLD	0	2	90	98							6.3.1		
Asparagus	VG		COLD	1	4	95	100		EH		S	VL	0	6.3.1	6.3.F	F
Asparagus rhizomes	OR	NUST	COLD	-1	0									6.3.6		
Asparagus plumosa	OR	FLGR	COOL	2	4									6.3.6		
Asparagus sprenger	OR	FLGR	COOL	2	4									6.3.6		
Asparagus elatior	OR	POFP	COOL	10	13	80	90							6.3.6		
Aster China	OR	CUTF	COLD	0	4									6.3.6		

表3-2(續)

Commodity (presentation)	Cat.	Group	Tamp	min T	max T	min RH	max RH	SLF	CDPR	RBDR	EB	EPR	CS	Pck. Sec.	Pck. Flg.	Tab. 5.3 Cot.
Atemoya	FR		AMBT	13	18	85	95			C				6.3.1		
Avocado	FR		COOL	5	13	85	90		H	C	P	H [r]	5	6.3.1	6.3.B	D E
Azalea (un-rooted)	OR	PFLP	COOL	2	5									6.3.6		
Azalea, un-rooted	OR	CUSC	COLD	-0.5	4									6.3.6		
Banana	FR		AMBT	13	18	85	95			C	P [r]	M [r]	12	6.3.1	6.3.D 6.3.E	C D
Banana	FR		AMBT	13	18	85	95			C	S [u]		12	6.3.1	6.3.D 6.3.E	C D
Banana	FR		AMBT	13	18	85	95			C		L [g]	12	6.3.1	6.3.D 6.3.E	C D
Barbados cherry	FR		COLD	0	2	90	98							6.3.1		
Basil	VG		COOL	7	10	85	95							6.3.1		
Bean	VG													6.3.1		
Bean sprout	VG		COLD	0	0	95	100	SS		VH				6.3.1		
Bedding plants	OR	NUST	COOL	4	13									6.3.6		
Beef	MP		COLD	0	1									6.3.4	6.3.K	C
Beef (carcass)	MP		COLD	0	1									6.3.4	6.3.K	C
Beet	VG		COLD	0	4	98	100	S		M				6.3.1		F
Beetroot	VG										VL			6.3.1		
Begonia, luberous	OR	BCRT	COOL	2	7									6.3.6		
Begonia-elatior	OR	PFLP	COOL	10	15								10	6.3.6		
Belgian endive	VG		COLD	0	4	95	100			S	VL			6.3.1		
Bell pepper	VG		COOL	7	10	85	95				L			6.3.1		
Blrd of paradlse	OR	CUTF	COOL	7	8								10	6.3.6		
Blriba	FR									C						
Bltter melon	VG		AMBT	13	18	85	95			C				6.3.1		
Blackberry	FR		COLD	-0.5	2	90	95	SS	H	NC	L			6.3.1		F
Blueberry	FR		COLD	-0.5	2	90	95	S	M	C	L			6.3.1		F
Blueberry wood (un-rooted)	OR	CUSC	COLD	-1	0									6.3.6		
Bok choy	VG		COLD	0	2	90	98							6.3.1		
Bontato	VG		AMBT	13	18	85	95							6.3.1		
Bougainvillea	OR	PFLP	COOL	10	15								10	6.3.6		
Bouvardia	OR	CUTF	COLD	0	2			SS						6.3.6		

表中：A欄（Commodlty（presentation））表示鮮活易腐貨物名稱。其以英文字母順序排列。

B欄（Cat.）表示種類。

（1）DA=奶製品

（2）EG=蛋類

（3）FR=水果

（4）CF=鮮切水果

（5）CV=鮮切蔬菜

（6）MP=肉及肉類產品

（7）OR＝觀賞植物

（8）SF＝海產品及魚類

（9）VG＝蔬菜

C欄（Group）表示組。列出了在一個類別下使用的分組。

（·）BCRT＝球莖、穀類、根莖、根和塊莖

（·）CHEZ＝乳酪

（·）CREM＝奶油

（·）CUSC＝切片和幼芽

（·）CUTF＝鮮切花

（·）FISH＝魚類

（·）FLGR＝觀葉植物

（·）MILK＝牛奶

（·）NUST＝苗木

（10）PFLP＝盆栽花卉植物

（11）POFP＝盆栽觀葉植物

（12）SHFI＝貝類

D欄（Tamp）表示溫度。列出了產品的攝氏溫度適用範圍。

（1）室溫　Ambient（AMBT）＝15 to 20（℃）

（2）保鮮　Cool（COOL）＝2 to 15（℃）

（3）冷凍/冷藏　Cold（COLD）＝－9 to 2（℃）（國內標準將冷凍定為－10 to －2（℃））

（4）冰凍　Frozen（FROZ）＝＜－10（℃）

E～F欄（MinT、MaxT）表示最低和最高溫度（℃）。
列出了貨物保存的最適宜溫度範圍。

G～H欄（Min RH、Max RH）表示最低和最高相對濕度（%）。以百分數列出了對貨物適用的相對濕度範圍。

I欄（SLF）表示最短保質期限。對時間特別敏感的貨物上的標記和分級如下：

（1）S＝保存時限不超過14天

（2）SS＝保存時限不超過7天

J欄（CDPR）表示產生二氧化碳等級。貨物的二氧化碳產生率的標記和分級如下：

（1）EH＝非常高

（2）VH＝很高

（3）H＝高

（4）M＝中等

（5）L＝低

（6）L［r］＝低（成熟的）

（7）VL＝很低

K欄（RBDR）表示成熟時的呼吸行為。貨物呼吸行為標記，貨物有呼吸峰或無呼

吸峰。

（1）C＝有呼吸峰

（2）NC＝無呼吸峰

L欄（EB）表示乙烯行為。產生乙烯或是對乙烯敏感的貨物，貨物的乙烯特性的標記和分級如下：

（1）S＝對乙烯敏感

（2）S［u］＝對乙烯敏感（未成熟的）

（3）P＝產生乙烯

（4）P［r］＝產生乙烯（成熟的）

M欄（EPR）表示產生乙烯的量。產生乙烯的貨物的標記和分級如下：

（1）H＝高

（2）H［r］＝高（成熟的）

（3）L＝低

（4）L［g］＝低（未成熟的）

（5）L［m］＝低（成熟的）

（6）M＝中等的

（7）M［r］＝中等的（成熟的）

（8）［m］＝成熟的

（9）［r］＝成熟的

（10）VH＝很高

（11）VH［r］＝很高（成熟的）

（12）VL＝很低

N欄（CS）表示最低冷藏溫度（℃）。列出了低溫敏感性貨物的最低安全儲藏攝氏溫度。每一種貨物顯示的數值為不應超出的最優值。

O欄和P欄（Pck. Sec. 和 Pck. Fig.）表示相應包裝和圖例。列出了貨物適用的包裝章節和圖的編號。

Q欄（Tab. 5.3Col.）表示隔離。與表中的其他貨物不相容或需要按照IATA PCR進行隔離。

3.1.7　有關政府組織和國際組織的鮮活易腐貨物運輸規定

由於來自不同地域的鮮活易腐貨物可能給其他地區或者國家帶來生態環境、人的健康以及宗教信仰等問題和困擾，為此有關政府組織和國際組織都制定了鮮活易腐貨物的運輸規定。

（1）有關地區或者國家的鮮活易腐貨物運輸規定

世界上大多數地區或者國家，對包括食品在內的某些鮮活易腐貨物進行限制或禁止進口，還有一些對鮮活易腐貨物的轉運也有嚴格限制，而許多地區或者國家針對初級產品的出口進行嚴格控制。託運人可以通過諮詢當地有關地區或國家的使領館，來獲取這些地區

或者國家關於鮮活易腐貨物運輸的詳細規定（世界各政府組織有關限制或者禁止鮮活易腐貨物運輸的法律條款可參閱 TACT RULES 中的規定，也可以查詢 IATA 出版的《鮮活易腐貨物規則》的規定）。

凡屬於《瀕危野生動植物種國際貿易公約》內的瀕危動植物及其產品或者地區或者國家保護的動植物，在航空貨物運輸中都必須提供所在地區或者國家林業主管部門或者瀕危動植物管理部門出具的野生動植物瀕危物種進出口許可。在航空運輸中常見的列入《瀕危野生動植物種國際貿易公約》內的瀕危植物及其產品，可查閱 IATA 出版的《鮮活易腐貨物規則》的規定。

在航空運輸過程中，對於運輸鮮活易腐貨物，必須帶有始發站地區或者國家有關主管當局出具的檢驗檢疫證明及其他相關文件。

當託運鮮活易腐貨物時，託運人有責任遵守貨物運輸過程中有關地區或者國家的各種法規，經營人在接收鮮活易腐貨物前，應該盡可能查驗其是否符合有關政府的規定。

例如，IATA PCR 中公布了中國進口的植物及植物產品時的規定，要求託運人必須出具 Health Certificate（健康證明書），如表 3-3 所示。

表 3-3　　　　　IATA PCR 公布的中國關於進口植物及植物產品的資訊

```
2. 2. 5   People's Republic of China
The Ministry of Public Health exercises overall responsibility for the implementation of national policies on food safety.
The Public Health Administration of the State Council is the statutory authority responsible of the Food Hygiene Law CH1042 that governs hygiene for all food, food additives, food containers, packaging materials, instruments, equipment, detergents and disinfectants, as well as food production and marketing operation, locations and facilities.
TheImport-export Food Labelling Management Regulation-CH1044-Provides more severe verification and inspection for the enforcement of import and export food product labelling than the Food labelling standard-CH1043-that governs food labelling for all food related items for sale in China's dometic market.
China Inspection and Quarantine
(http://www.ciq.gov.cn/doc/english)
Law of the People's Republic of China on Import and Export Commodity Inspection
(http://www.ciq.gov.cn/doc/english/)
Procedures for Administration of Registration of Imported Food and Food Additives Directive No. 38 of the Ministry of Agriculture of the People's Republic of China
(http://202.127.45.180/english/ord38e.htm)
```

（2）有關國際組織的鮮活易腐貨物運輸規定

針對鮮活易腐貨物運輸，除了一些地區或者國家制定了管理法規之外，有些地域或者經濟上的共同體，例如歐盟專門就鮮活易腐貨物運輸制定了法規，主要內容涉及如下：

①凡是通過航空運輸方式進入歐共體的動物產品，必須在入境口岸接受獸醫檢查。這種檢查是由國家獸醫部門或者其指定的機構在規定的邊境檢查站進行，檢查內容包括文件證明檢查、身分檢查、生理檢查。如果目的地口岸是指定的口岸檢疫站，生理檢查也可以在目的口岸進行。

②文件檢查是對動物產品的產地及目的地和動物檢疫證明等文件進行核實。

③身分檢查是為了檢查產品和它的各種證明文件以及戳號、標記是否一致。

④生理檢查是對產品本身的檢查，可能包括當場取樣進行實驗室測試。生理檢查在指定的邊境檢查站進行，動物航空運輸的邊境檢查站名稱見IATA PCR。

⑤歐盟檢查中包含的動物產品。肉和肉類製品，涉及馬、牛、豬、羊、兔、家禽、野禽、奇偶蹄類野生動物等。其他動物產品，如奶製品、蛋製品、魚產品、種蛋、蝸牛、蜂蜜、蛇、獵獲物、豬或者魚的精液、牛胚胎、軟體動物等。歐共體指定經營人為進口商，經營人須在貨物到達目的港前將有關貨物的詳細資訊通知邊境檢查站。進入歐盟境內的動物產品檢疫費用，應由經營人、地面代理人、收貨人或其代表向歐盟成員國的有關機構支付。

⑥關於植物和植物製品的管理規定，歐共體也正在編制中。鮮活易腐物品的管理規定一直在不斷進行修訂。

3.2　託運人要求

3.2.1　託運人的責任

（1）根據始發地、中轉地、目的地的需要，詳細申報貨物的所有相關信息。

（2）在貨物訂艙前，確定並提供經託運人和經營人雙方同意的詳細的運輸書面說明，包括可能會影響貨物本身和其他貨物的特別操作要求、條件或環境。

（3）事先獲得相關的進口、出口、轉運、檢疫或健康需要的許可證或證明書，並在提出要求時能夠出示。

（4）提交運輸的貨物應經過檢查並妥善地包裝，不能對在正常運輸或操作條件下的操作人員、機組人員的安全造成危險。

（5）在貨物包裝件上正確黏貼標記、標籤和填製運輸文件。

（6）確定並提供主要聯繫人，該聯繫人對貨物的全程運輸負責，並保證運輸過程中所有相關各方在指定的時間、地點能夠與其取得聯繫，以獲得貨物的相關資訊。

（7）在遇到緊急情況、延誤、改變運輸路線或任何其他事件時的處理程序和對策。

（8）告知和訓練員工應負的責任以及應盡的義務。

（9）確定當所運貨物停止時的聯繫辦法，或在什麼時候開始轉移以及轉移給哪一方。

（10）託運人除遵守鮮貨易腐貨物運輸的以上責任外，還要遵守貨物運輸的一般責任。

3.2.2　託運人的義務

（1）託運人託運鮮活易腐貨物應當遵守國際公約、國際慣例、貨物出發地和運輸過程中有關地區或者國家的法律和規定。

（2）託運人託運鮮活易腐貨物應當遵守經營人的運輸規定。

（3）為保證貨物運輸安全，託運人應當根據貨物性質、重量、形狀、體積，採用適合航空運輸的內、外包裝材料和包裝形式，對貨物進行妥善包裝。

（4）因託運人違反國際公約、國家法律以及經營人的有關規定託運貨物，給經營人或

者經營人對之負責的其他人造成的損失，託運人應當承擔責任，並對經營人運輸此種鮮活易腐貨物而造成的損失給予賠償。

（5）託運人應當支付由於以下原因造成的經營人的損失或產生的費用：

①託運的鮮活易腐貨物中含有法律禁止運輸或者限制運輸的物品；

②貨物的標示、數量、地址、包裝或者貨物品名不正確、不合法、不完整；

③進、出口許可證明缺失、延滯或者錯誤；

④貨物重量、體積不符；

⑤託運人沒有及時辦理進出口檢驗、檢疫、海關等政府手續。

（6）由於鮮活易腐貨物的自然屬性或者因包裝不良等情況可能危及飛機、人員和財產的安全，經營人可以在不預先通知的情況下中止運輸並按照有關規定進行處理。

（7）由於運輸過程中溫度、濕度和飛行高度變化產生壓力差，會導致液體的滲漏和不良氣體的散發，因此，鮮活易腐貨物的包裝必須符合貨物特性和經營人的要求。

（8）凡需要檢驗檢疫證明的鮮活易腐貨物，託運人託運貨物前必須到檢驗檢疫部門辦理有關文件。另外，還要符合運輸過程中有關國家的貨物進出口及過境規定，具體可參閱 TACT PCR 中的相關規定，也可直接向有關政府部門、經營人諮詢。

（9）屬於活體動物的鮮活易腐貨物，還應符合國際航協《活體動物規則》的有關要求。

（10）託運人託運鮮活易腐貨物前，應書面提出在運輸中需要注意的事項以及允許的最長運輸時間。如果經營人無法滿足其要求的，可以拒絕收運。

（11）除另有約定外，鮮活易腐貨物不辦理運費到付。

（12）只有當整票貨物全部由性質相近的鮮活易腐貨物組成時，才能作為混載貨物運輸。當鮮活易腐貨物作為混載貨物運輸時，不應包括活龍蝦、螃蟹、甲魚、活沙蠶以及貝類等活體動物。

（13）為減少鮮活易腐貨物在地面停留的時間，應要求託運人或者收貨人直接到機場辦理託運或者提取手續。

3.2.3 鮮活易腐貨物的包裝

由於鮮活易腐貨物類型眾多，貨物特性各異，一些貨物特別容易腐爛變質，另一些貨物對運輸時間和溫度要求較高，因此不同的鮮活易腐貨物對包裝的設計和結構的要求是不同的，同時包裝也決定了貨物是否能成功空運和經營人交付貨物的狀態是否完好。鮮活易腐貨物的包裝不僅要符合普通貨物的包裝要求，同時還要按照 PCR 的要求對貨物進行包裝。

3.2.3.1 一般包裝要求

（1）鮮活易腐貨物的包裝首先必須考慮的就是如何保持貨物的品質，需要將運輸時間和環境因素（包括溫度和濕度等）對貨物的影響降到最低。貨物的特性決定了貨物的包裝方式。

（2）鮮活易腐貨物的包裝都必須能夠為內裝物提供足夠的保護，防止其中液體的滲漏或溢出以及對其他貨物和飛機的污染。

（3）鮮活易腐貨物的包裝方式和包裝結構必須能夠經受住運輸全過程中的正常操作。

（4）含有活體動物的鮮活易腐貨物的包裝要同時滿足 PCR 和 LAR 的要求。

（5）鮮活易腐貨物的包裝一定要有足夠的強度，經受住經營人規定的堆碼高度。

（6）鮮活易腐貨物在包裝時應當考慮在運輸過程中可能出現的溫度、高度、角度和方向上發生的變化以及始發站、目的站、中轉站地面氣候的變化。

（7）通常用於鮮活易腐貨物的包裝材料有聚苯乙烯泡沫箱、聚乙烯袋、打蠟的紙板箱、經處理的纖維板箱、木桶/木箱、板條箱、塑料箱、金屬罐、聚乙烯布、聚苯乙烯泡沫絕緣材料、吸濕紙等。

（8）許多鮮活易腐貨物要求內外包裝能夠對貨物起到足夠的保護作用，冷凍的物品通常採用組合包裝方式對貨物進行包裝。

3.2.3.2 製冷

大多數鮮活易腐貨物運輸中，為了保證貨物的品質，需要採用低溫的方式運輸。通常在鮮活易腐貨物運輸中使用制冷劑、製冷系統、隔熱方法等方式將貨物保持於低溫狀態。

（1）製冷劑

為了提供足夠的保護，許多鮮活易腐貨物既要求有外包裝又要求有內包裝，在這種混合包裝中，經常使用製冷劑。最常用的製冷方法是在貨物的包裝內或者在裝有貨物的貨櫃箱內放入一定數量的濕冰、乾冰、膠冰以及深冷液化氣體。

① 濕冰

濕冰使用的時間有限，而且所需要的溫度很低時，濕冰是無效的。同時，由於濕冰融化會產生水，而多數包裝內帶有冰的鮮活易腐貨物又屬於濕貨，因此，必須採用更為嚴格的包裝標準。

② 乾冰

乾冰使用過量或者直接接觸貨物，會對某些鮮活易腐貨物產生損害。

乾冰屬於危險品，其有關的運輸文件、貨物標籤、標記以及裝卸操作必須遵守 DGR 規定。如果在運輸過程中需要添加乾冰，必須預先通知有關航站。

乾冰不適合作為新鮮水果和蔬菜以及諸如藥品和人體物質的製冷劑。

③ 膠冰

膠冰（也稱凍膠、藍冰）是一種預先包裝好的化合物。通常使用的膠冰有兩種：一種是裝在塑膠袋中的粉末，這種膠冰需要另加水；另一種是裝在型料袋中的片狀物。

膠冰使用前應冷凍成膠狀體，膠冰的製冷強度比濕冰高，但比乾冰低。

膠冰耐用並且可以重複使用。膠冰在使用過程中不滲漏，對食品沒有危害，因此，建議在運輸鮮活易腐貨物時，以膠冰作為首選的製冷劑。

④深冷液化氣體

使用深冷液化氣體作為製冷劑僅限於高度專業化的領域，通常只在運輸人體組織、人體器官和動物精液時使用。

深冷液化氣體屬於危險品，使用深冷液化氣體作為鮮活易腐貨物的製冷劑時，應遵守 DGR 規定。

（2）製冷系統

可通過使用乾冰等製冷劑，製造為可控制的製冷系統，保持鮮活易腐貨物處於低溫狀態，這也是運輸鮮活易腐貨物最適宜的方式之一。

（3）隔熱方法

在鮮活易腐貨物運輸中，可採用隔熱方法保持貨物的低溫，避免貨物受外界溫度的影響。對經過預冷處理的貨物使用塑膠布圍裹可以減少空氣的流動，保持貨物處於相對較長的低溫狀態。對貨物使用具有反光性能的外罩可以減少因陽光照射產生的熱量。

3.2.3.3 鮮活易腐貨物的包裝類型

基於鮮活易腐貨物的特性，在 IATA PCR 中規定，不同類型的鮮活易腐貨物有不同的包裝方式。

鮮活易腐貨物的主要包裝類型有：
①水果蔬菜類包裝；
②鮮魚和海鮮產品類包裝；
③肉類包裝；
④冷凍和冰凍類產品包裝；
⑤切花和植物類包裝；
⑥藥品和人類器官或血液包裝；
⑦奶酪和奶酪產品包裝。

下面以水果蔬菜類與冰凍類產品包裝為例，簡單介紹鮮活易腐貨物的包裝要求，其他類型詳見 IATA PCR。

（1）水果蔬菜類包裝要求（以紙箱為例）

紙箱一般是單層、雙層或者三層的瓦楞紙箱，使用經過蠟浸或者未蠟浸的瓦楞紙製成，並根據需要可以製作成多種規格的包裝箱。如圖 3-2 所示。

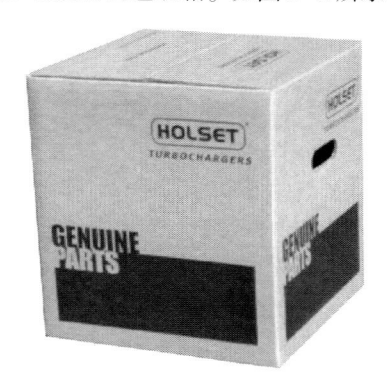

圖 3-2 紙箱

蠟浸紙箱具有較強的抗水能力，通常用來包裝使用濕冰作為製冷劑或者水分較大的鮮活易腐貨物。瓦楞紙箱的四周通常打有通氣孔，以利於冷氣或者冷水進入紙箱冷卻貨物。使用壓縮氣體或者濕冰進行冷卻的，開孔應在紙箱側面；使用冷水冷卻的，開孔應在紙箱上面。

為了保證貨物處於良好的環境條件下運輸，對於一些抗寒的產品，如甜玉米、小蘿蔔、胡蘿蔔、鮮洋蔥、花椰菜等可在紙箱中加上適量的濕冰。

由於濕冰融化後產生的水可能導致泄漏或者浸濕紙箱，因此，裝有濕冰的紙箱除應按規定使用吸水材料外，紙箱的外面應註明「濕貨（WET）」字樣。

紙箱包裝適用於絕大多數鮮活易腐貨物的運輸。

（2）冰凍類產品的包裝要求

冰凍類產品包裝箱主要由運輸包裝和製冷系統兩部分組成。

冷凍類產品通常採用浸蠟的纖維板箱包裝，裝入絕熱、製冷或溫度可控集裝器內運輸。塗蠟纖維板不能承受長時間的潮濕環境，因此不能在冷凍易腐貨物中使用。乾冰通常用在冷凍產品的內包裝中。

運輸需要穩定和控制溫度的冷凍類產品時，應滿足如下包裝要求：

①包裝箱主要由運輸包裝和製冷系統組成。運輸包裝包括外包裝和內包裝，外包裝箱是纖維板箱；製冷系統包括雙層鋁箔袋、隔熱材料和製冷劑。所有的組成部分都必須是防滲漏的，箱體應有雙層邊和防漏角，箱體的底部必須進行防滑處理；可以使用不同類型的隔熱材料為產品提供隔熱以及防碰撞的保護。如圖3-3所示。

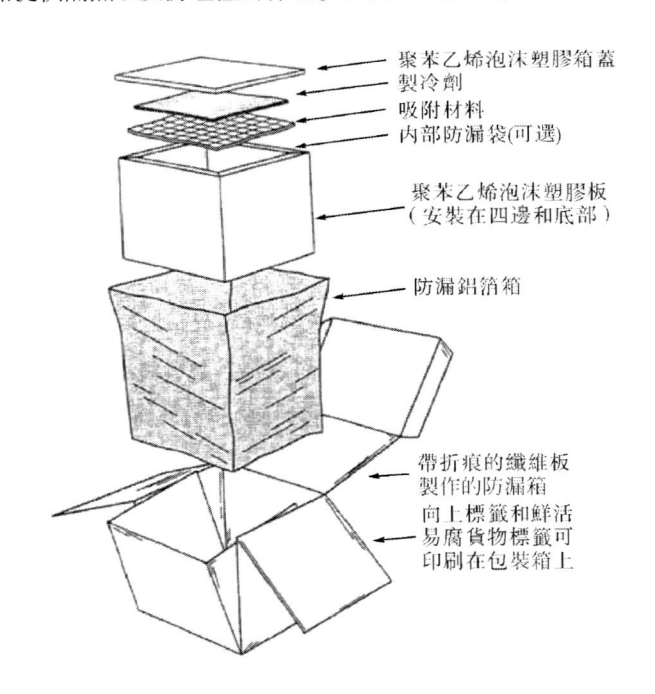

圖3-3 冷凍和冰凍品的包裝

②使用聚乙烯袋裝濕冰、乾冰或者膠冰等製冷劑，以保持包裝箱內的低溫，乾冰被歸類為危險品，必須遵守國際航協《危險品規則》的規定。由於膠冰對環境影響小且製冷效

力高，通常使用膠冰作為製冷劑。所有內裝製冷劑的包裝必須是防滲漏的。使用濕冰作為製冷劑時，包裝內必須有足夠的吸濕材料。

③需要冷凍的貨物包裝前必須冷凍至所需要的溫度。可以採用預冷方法：將膠冰冷凍至-20℃（冷凍品）或者-30℃（冰凍品）；用一層泡沫或類似材料包裝冷藏或者冷凍產品以減少熱源的影響。

④貨物裝箱時，底部必須放平確保碼放安全。碼放濕貨前應先鋪墊吸附材料。

⑤貨物不能放在露天風吹雨淋或者放在陽光下曝曬。

3.2.4 鮮活易腐貨物運輸文件管理

（1）貨運單

貨運單的填開應按照 TACT 的規定，必須在貨物品名欄內註明「鮮活易腐貨物」（Perishable）。

在貨運單的託運人和收貨人欄目中，一定要註明其全稱和詳細地址，最好註明其電話。

在貨運單的儲運注意事項（Handling Information）欄內，填寫經營人認可的儲運注意事項。填寫內容必須簡明、清楚，易於理解，使用三字代碼來描述貨物，如表3-4所示。

表 3-4　　　　　　　　　　　　貨運三字代碼

三字代碼	中文含義
ACT	溫度控制系統
AVI	活體動物
COL	冷藏物品
EAT	食品
FRI	做動植物檢疫的冷凍物品
FRO	冷凍物品
HEG	種蛋
ICE	乾冰
LHO	活的人體器官或血液
PEA	獵獲物、毛皮、皮革以及由《瀕危野生動植物種國際貿易公約》（CITES）中列明的物種為原料製成的或者含有物種部分組織的所有產品。
PEF	鮮花
PEM	肉類
PEP	水果和蔬菜
PER	鮮活易腐貨物（統稱）
PES	新鮮的魚或海產品
PIL	藥品
WET	未裝在防滲漏包裝內的濕貨

貨運單上不得填寫超出經營人能力的儲運要求或者特定的溫度要求，如「任何時候都保持冷凍狀態（Keep Under Refrigeration at all Times）」「保持5℃以下（Maintain at below 5℃）」等，除非經營人同意。

如果貨物附帶有衛生合格證或者其他官方許可證，應在貨運單儲運注意事項欄（Handling Information）內列明。上述文件應牢固地隨附在貨運單後，不能裝在貨物包裝件內。

在貨物品名欄（Nature and Quantity of Goods）內，應準確描述貨物的品名，如凍羊肉（Chilled Meat-Lamb）或者凍魚（Fish-Frozen）。

使用乾冰作為鮮活易腐貨物的製冷劑時，應按國際航協《危險品規則》中規定的標準格式在貨運單上註明：UN編號、運輸專用名稱、包裝件的數量以及每個包裝件中乾冰的淨重。如在操作注意事項欄內註明「DANGEROUS GOODS-SHIPPER'S DECLARATION NOT REQUIRED」字樣，在品名欄內註明圖3-4的內容。

圖3-4 乾冰標記
FROZEN FISH
DRY ICE
UN1845
2×40KG

需要充氧的水產品，所充氧氣的消耗量國內運輸不應少於24小時，國際運輸不應少於48小時。填製貨運單時，應在「Handling Information」內註明充氧結束時間及包裝內所含氧氣能夠維持動物生存的最低時限（從充氧時間開始計算）。樣式如下：

國際貨物：「THE LAST TIME OF OXYGEN INFLATION FOR THE SHIPMENT IS 8：00AM（OR 08：00）27 FEB, THE MINIMUM TIME LIMIT FOR THE ANIMALS SURVIVAL DUE THE INFLATED OXYGEN IS 48 HOURS.」

國內貨物：「最後充氧的時間是2月27日早8點，所充氧氣只能供活體動物耗氧24小時。」

（2）其他文件

託運人負責提供目的地國家權利機構所要求的有效證明或許可證。這些文件連同貨物一同發運時，應將相關有效證明或許可證安全地附在航空貨運單上。其主要有：

①始發站國家檢驗檢疫部門出具的檢驗檢疫證明。

②始發站政府規定的瀕危動植物及其產品和國家保護動植物，必須提供所在國家主管部門或者國家瀕危野生動植物管理部門出具的允許進出口的證明。

3.3　經營人要求

3.3.1　經營人責任

（1）鮮活易腐貨物的運輸必須考慮貨物從始發到交付所需時間的長短，應盡量選擇直達航班運輸。如果貨物必須中轉運輸，則須預先訂妥全程艙位。對於有溫度要求的貨物，則應考慮中轉站是否有存放鮮活易腐貨物的設備或者設施。

（2）接收有特殊儲運要求的鮮活易腐貨物時，應考慮始發站、中轉站、目的站的儲運條件，如冷藏設施。接收有特殊操作要求的貨物應考慮在飛行途中是否需要提供相應設施，如寬體飛機上可以使用專用的冷藏貨櫃。

（3）鮮活易腐貨物運輸所經歷的溫度變化範圍主要是由始發站、中轉站和目的站地面裝卸時的氣候狀況，以及飛行過程中貨艙溫度（飛機巡航時貨艙內溫度相對較低，一般約為 5℃~7℃）決定的。因此，接收貨物時應考慮始發站、中轉站和目的站地面裝卸時的氣候狀況，並採取相應的保護措施。

（4）有下列情況之一的鮮活易腐貨物，應拒絕收運：
①貨物已腐爛變質；
②包裝不適合航空運輸；
③託運人提出的運輸條件超出經營人的能力；
④經營人認為無法按照託運人提供的收貨人的地址和名稱交付貨物。

（5）自中國始發的屬於鮮活易腐貨物的活體動物，沒有指定商品運價的，一律按照活體動物運價計收貨物運費。

（6）需要特殊裝運操作要求的，要考慮能否滿足，並通知所有的相關各方。

（7）對不相容的貨物要考慮貨物之間的隔離。

（8）託運人及其代理人是否取得政府主管部門的許可證或其他的文件。

（9）是否所有有關貨物的保安措施均遵守了始發地/中轉地/目的地政府規定。

（10）延誤或者延遲運輸、更改航線或航班取消時，要有其他的備選程序。

（11）貨物收運時還應當考慮有關國家、地區或航線的禁運情況。

3.3.2 鮮活易腐貨物收運規定

（1）收運條件
①鮮活易腐貨物的包裝質量優良或經過檢查合格。
②包裝要適合貨物的特性。對怕壓的貨物，必須有堅固而抗壓力大的包裝，每件重量不宜超過 25 公斤；對需要通風的貨物，其包裝必須有通風孔，冷凍貨物的包裝要嚴密，便於保溫及使冰水不外流。
③包裝嚴密不致污損飛機和其他物件。客機不載運有不良氣味的鮮活易腐貨物。
④當運輸鮮活易腐貨物需要保持一定溫度的設備時，由託運人自備。

（2）收運規定
①託運人應當提供最長允許運輸時限和儲運注意事項。除另有約定外，鮮活易腐物品的運輸時限不應少於 24 小時（從預定航班的預計起飛時間前 2 小時計算）。
②託運人必須先向經營人訂妥航班、日期、噸位，按與經營人約定的時間、地點辦理貨物託運手續，並負責通知收貨人到目的站機場等候提貨。
③政府規定需要進行檢疫的鮮活易腐物品，託運人應當出具有關部門的檢疫證明。如農業、衛生檢疫或市場管理等部門的有效證明（動植物檢疫證書）。
④使用乾冰作為冷凍的鮮活易腐物品，貨運單貨物品名欄內及貨物外包裝上應註明「乾冰」字樣以及乾冰的淨重。
⑤在貨運單儲運注意事項欄內應註明「鮮活易腐物品」字樣及運輸中應注意的事項。
⑥需特殊照料的鮮活易腐物品應由託運人提供必要的設施，必要時由託運人派人

押運。

3.3.3 鮮活易腐貨物運輸安排

（1）預訂艙位

運輸鮮活易腐貨物一般需花較長時間去做運輸計劃，因此託運人在交運鮮活易腐貨物之前必須預訂所需的艙位。

運輸鮮活易腐貨物應安排直達航班。如果一定要有多個航班轉運時，必須獲得所有參加運輸的經營人關於訂妥艙位及選擇運輸路線的確認；否則，不可接受非直達航班運輸鮮活易腐物品。

託運人託運鮮活易腐貨物時，應提前向始發站艙位控制部門預訂航班、艙位。訂艙人訂艙時除提供一般信息外，還應提供儲運要求和申請運輸的航班與日期。

（2）航線選擇

當運輸鮮活易腐貨物時，選擇運輸路線需要考慮以下因素：

鮮活易腐貨物應該首選直達航班進行運輸，把運輸時間盡可能壓縮至最短。

如果需要中轉運輸時，應考慮中轉銜接時間、中轉站的倉庫條件、航班密度、續程航班的機型運力等。

必須考慮中轉站所在國家或地區的氣候、災情、疫情等可能對鮮活易腐貨物運輸帶來的不良影響。

考慮中轉的鮮活易腐貨物是否符合中轉站所在國家或地區的法律和規定。

整集裝器中轉的鮮活易腐貨物，在選擇運輸路線時，應注意續程航班的機型對集裝器類型、重量以及裝載的限制。

（3）機場設施與儲存

由於每一種鮮活易腐貨物都有特殊的操作與儲存（如溫度、濕度等）規範，託運人應對特別要求作書面指示，如冷藏等，應在貨運單上註明。

通過查閱 IATA TACT，可以確認在始發地、中轉地、目的地能提供的操作設備。

考慮週末和節假日海關休息，應避免在該時間運至目的地。

食品的儲存應遠離有毒物品和傳染性物品、活體動物和屍體、骨灰。

（4）到達通知

當已做好事先運輸安排，必須馬上通知收貨人有關託運的細節，以便其迅速做好提取貨物的準備。

3.4　標記與標籤

3.4.1　標記

每個鮮活易腐貨物的包裝件上都應標註以下內容：託運人、收貨人的姓名、地址及聯繫電話，如圖 3-5 所示。

上海市長寧區中山西路435號	200003
上海市交通委員會指揮交通中心	王偉 021-62286978
西南化工研究設計院	孔浩 028-85678928
四川省成都市雙流區機場路近都段393號	610225

圖 3-5 標記

根據貨物的性質註明特殊注意事項，確認貨物的具體名稱。如冷凍海產品和活的海產品，操作注意事項完全不同。運輸過程中需要冷藏的，註明溫度範圍。

當乾冰作為製冷劑時，要按照危險品規定填寫。

3.4.2 標籤

每個鮮活易腐貨物的包裝件上必須黏貼或者拴掛「鮮活易腐物品」標籤，如圖 3-6 所示。如果有必要，鮮活易腐貨物的包裝上面還應黏貼「向上」標籤，如圖 3-7 所示。

圖 3-6 鮮活易腐物品　　　　　圖 3-7 向上標籤

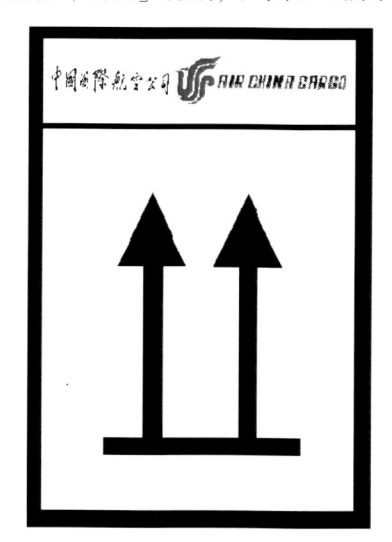

對於濕貨，必須黏貼「向上」標籤。

經航空公司同意，託運人關於鮮活易腐貨物在運輸過程中的溫度要求，應當註明在貨運單上，並在貨物包裝上黏貼「溫度限制」標籤，如圖 3-8 所示。

當用乾冰作為鮮活易腐貨物的製冷劑時，貨物包裝上應黏貼相應的危險品標籤。

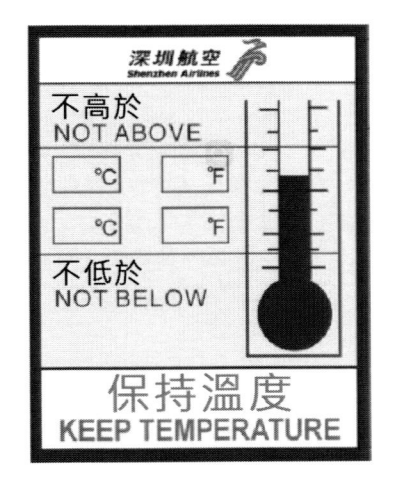

圖 3-8　溫度限制標籤

3.5 隔離原則

受貨物性質的限制，在收運與存儲過程中必須注意不同類別的鮮活易腐貨物之間的隔離要求：

①乾冰不能與種蛋或者活體動物相鄰放置；

②食品不能與靈柩或者活體動物相鄰放置；

③種蛋不能與乾冰或者深冷液化氣體製冷劑相鄰放置；

④嚴禁將食品與有毒物質、傳染性物質裝在同一貨櫃集裝板內。

當水果蔬菜裝在同一集裝器時，考慮其特性和運輸條件是非常重要的。對於混運的貨物，最佳條件應該是預先確定如何倉儲和運輸。對於不相容的水果蔬菜，即使運輸或倉儲的時間較短，也會在顏色、味道、質地等方面產生不良的影響。所以，對於混運的水果蔬菜必須要在溫度、濕度、產品和對乙烯的敏感性等方面兼容。例如，成熟的香蕉不能和萵筍、生菜、苦菜以及胡蘿蔔等蔬菜放在一起運輸和存儲，因為成熟的香蕉需要在15℃左右保存，而萵筍、生菜、苦菜和胡蘿蔔等要在0℃左右保存；此外，香蕉會產生大量的乙烯，使萵筍、生菜、苦菜等綠葉蔬菜的綠葉變黃（也會使黃瓜變黃）。

由於水果和蔬菜在運輸過程中會產生大量的乙烯氣體，並且有些水果在運輸前使用了催熟劑，乙烯氣體或者催熟劑會導致鮮花早熟或者腐爛。因此，鮮花不能與水果或者蔬菜裝在同一貨櫃或者集裝板內。

受到貨物性質的抵觸與限制，在貨物收運、存儲、裝機過程中必須注意不同類別的鮮活易腐貨物之間的隔離要求，為此 IATA 在 PCR 中給出了不同類別鮮活易腐貨物的隔離表，通過查詢該表，可以有針對性的對不同鮮活易腐貨物採取合適的隔離措施。表 3-5 給

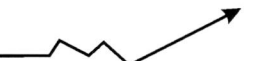

出了幾種鮮活易腐貨物與其他鮮活易腐貨物之間的不相容或隔離要求。

表 3-5　　　　　　　　　　　鮮活易腐貨物隔離表節選

Commodity paris		Inco	Segregation		
A	B	C	D	E	F
Apple	Apple			R	R
Apple	Banana	×			
Apple	Beef	HR			
Apple	Cabbage	SR			
Apple	Cheese	×			
Apple	Pork	×			
Apple	Potato	SR			
Apricot	Apple				R
Apricot	Apricot				R
Artichoke	Apple				L
Artichoke	Apricot				L
Asparagus	Apple				S
Asparagus	Apricot				S
Avocado	Apple		R		
Avocado	Avocado		R	R	
Banana	Apple	×			
Banana	Avacado		R		
Banana	Banana		R		
Banana	Cabbage	×			
Banana	Orange	×			
Banana	Peach	×			
Banana	Plum	×			
Banana	Potato	×			
Beef	Apple	HR			
Beef	Cabbage	×			
Beef	Cheese	SR			
Beef	Orange	×			
Beef	Potato	SR			
Beef	Apple				L
Beef	Apricot				L
Blackberry	Apple				L
Blackberry	Apricot				L
Blueberry	Apple				R
Blueberry	Apricot				R

表3-5(續)

Commodity paris		Inco	Segregation		
A	B	C	D	E	F
Blueberry	Artichoke				L
Blueberry	Asparagus				S
Blueberry	Beet				L
Blueberry	Blackberry				L
Blueberry	Blueberry				R
Broccoll	Apple				×
Broccoll	Apricot				×
Broccoll	Blueberry				×
Brussels sprout	Apple				×
Brussels sprout	Apricot				×
Brussels sprout	Blueberry				×
Cabbage	Apple	SR			×
Cabbage	Apricot				×
Cabbage	Banana	×			
Cabbage	Beef	×			
Cabbage	Cheese	×			
Cabbage	Grange	SR			
Cabbage	Orange	×			
Cabbage	Peach	SR			
Cabbage	Plum	SR			
Cabbage	Pork	×			
Cabbage	Potato	SR			
Cantaloupe	Apricot				R
Cantaloupe	Artichoke				L
Cantaloupe	Asparagus				S

表中：A 和 B 欄表示不相容或需要隔離的貨物對。

C 欄表示不相容的貨物。

（1） HR＝近鄰裝載有嚴重污染的危險。例如蘋果和牛肉。

（2） SR＝近鄰裝載有輕微污染的危險。例如蘋果和卷心菜。

（3） ×＝禁止在一起放置。例如蘋果和豬肉。

D 欄表示在 7℃～16℃ 產生乙烯需要隔離。

E 欄表示在 2℃～7℃ 產生乙烯需要隔離。

F 欄表示在 0～2℃ 產生乙烯需要隔離。

根據如下字母確定存儲要求：

（1）L＝適合長期存儲。例如在 0～2℃ 下蘋果適合長期存儲。

（2）R＝已熟果實可導致未成熟果實的成熟。例如在 0～2℃ 下，已成熟的杏和蘋果可導致未成熟果實的成熟。

（·）S＝適合短期存儲（不超過 24 小時）。例如在 0～2℃ 下蘆筍和蘋果適合短期存儲。

（·）×＝不適合在一起存儲（嚴禁一同放置）。

3.6 存儲和組裝

鮮活易腐貨物在地面存儲和組裝集裝器時，應嚴格執行各類鮮活易腐貨物間的隔離標準，嚴禁將鮮活易腐貨物放在烈日下曝曬或者放在露天風吹雨淋，在運輸過程中只要出現液體滲漏的情況，必須立即停止操作，採取合適的補救措施與程序。

由於鮮活易腐貨物的性質各異，不同類型的鮮活易腐貨物其存儲和組裝的要求不同，下面介紹幾種常見鮮活易腐貨物的存儲和組裝要求。

3.6.1 含水的鮮活易腐貨物

含水的鮮活易腐貨物主要是指活的魚、蝦、魚苗、泥鰍、鰻魚等水產品，通常用塑膠袋盛裝，為了保證水產品的鮮活度，將氧氣和水充於塑膠袋中。

在航空貨物運輸中，為了防止含水的鮮活易腐貨物包裝件破損時液體溢出或者滲漏，污損飛機和設備以及其他貨物，裝載鮮活易腐貨物時，不得將鮮活易腐貨物與集裝器地板直接接觸，必須先在集裝器地板上鋪設一定面積大小的塑膠布，其大小以能夠將貨物包裹住為宜，同時在塑膠布與貨物之間加墊足夠的吸水材料。

裝載含水的鮮活易腐貨物時，嚴格遵循貨物包裝上的操作標籤進行作業，保持貨物朝上，嚴禁倒置。

當使用泡沫塑膠箱和紙箱作為外包裝組裝在集裝器上時，不能與其他貨物混裝。

為了防止底層貨物可能被壓壞，貨物碼放的層數通常一般不超過 4 層。

貨物裝載完成後，必須將塑膠布的四周向上折起，將貨物完全包裹，同時使用封口膠帶或者繩索將封口扎住，以防貨物一旦發生破損時，液體溢出或者滲漏。

3.6.2 螃蟹與甲魚類貨物

當運輸螃蟹、甲魚類貨物時，為了防止包裝件破損時液體溢出或者滲漏，污損飛機和設備以及其他貨物，必須在貨物底部鋪設適量的塑膠布或者吸水材料。

當鮮活易腐貨物中混有活體動物時，例如活龍蝦、螃蟹、甲魚等，不能裝入密封的硬門貨櫃中運輸，貨物之間應留有適當的空隙，保證良好的通風，以免出現活體動物窒息而亡。

當用集裝器裝載螃蟹、甲魚類貨物時，不能與其他貨物混合碼放，不能使用塑膠布覆蓋。地面存放時嚴禁放在露天或者陽光下曝曬，需放置在陰涼的地方。

3.6.3 植物和鮮花

植物和鮮花類貨物可以直接裝在貨櫃中運輸。裝在集裝板上的植物或者鮮花盡量不要使用塑膠布覆蓋。

為了避免底層的貨物被壓壞，使用集裝器運輸植物或者鮮花時，碼放的層數不宜過多。當與普貨混裝運輸時，植物鮮花類貨物應放在其他貨物的上面。

裝在集裝器上的植物或者鮮花，貨物之間應留有適當的空間以保證通風良好，避免貨物在運輸過程中由於發熱而導致腐爛。

當植物或者鮮花在集裝器上組裝完畢後，應存放在溫度和濕度都比較適宜的環境中，嚴禁在陽光下曝曬，冬季應注意保溫，避免因氣溫過低植物和鮮花被凍壞。

3.6.4 水果和蔬菜

當運輸水果和蔬菜類貨物時，必須嚴格執行與其他貨物的隔離要求。

當使用集裝板運輸水果和蔬菜類貨物時，可以使用塑膠布覆蓋貨物，其他裝載要求與植物和鮮花類貨物是一樣的。

3.6.5 肉類和肉類製品

當運輸肉類和肉類製品（包括鮮肉和凍肉）的整個過程中，運輸環境都必須處於清潔衛生的狀況，用於裝載肉類和肉類製品的集裝器必須保持乾淨。

肉類和肉類製品在地面存儲和運輸過程中，如果條件許可，盡量應該使用冷藏或冷凍設備。

使用集裝板裝載肉類和肉類製品時，應先在集裝板底部按一般貨物裝載規定鋪設一定尺寸的塑膠布，待貨物裝完後，用塑膠布將其完全包裹住，再用膠帶將塑膠布黏住封好。裝載肉類和肉類製品的集裝板上最好不要裝載其他貨物，確實需要裝載其他貨物時，應注意隔離限制要求，同時應將肉類和肉類製品集中裝在集裝板的一個區域，上面不能裝載其他貨物。

3.6.6 保鮮和冷藏以及冷凍的魚及其他海產品

為了防止保鮮、冷藏和冷凍的魚及其他海產品的腐爛，存儲時應注意其對溫度的要求。通常情況下，冰鮮魚類溫度應維持在5℃以下，凍海鮮應保持在-12℃以下。

為避免海水或者鹽水泄漏對飛機和設備造成的腐蝕和損害，海產品採用集裝器組裝運輸時，必須在集裝器地板上面鋪墊塑膠布，對海產品進行封口包紮。禁止海產品與其他貨物混合裝運。

3.6.7 奶製品和種蛋

在奶製品和種蛋運輸過程中，收運、存儲、裝載以及運輸等各個環節都必須嚴格按照貨物操作標籤指示進行操作。禁止種蛋與乾冰和低溫液體相鄰存放，同時必須遠離放射性

物質。

3.6.8 疫苗和醫藥用品

疫苗和醫藥用品運輸常採用專用包裝，如冰瓶、冷藏箱等。疫苗和醫藥用品在整個運輸過程中，裝載與卸貨時必須注意輕拿輕放，運輸中採取相應的固定措施，以防貨物損壞。

疫苗和醫藥用品類的貨物中可能有些屬於危險品，還應按照危險品運輸的規定進行運輸操作。當採用乾冰做制冷劑時，必須遵守關於乾冰運輸的有關規定。

3.6.9 人體器官和血液

當運輸人體器官和血液採用乾冰作製冷劑時，必須遵守乾冰運輸的相關規定。如果人體器官或者血液是作為醫學診斷用的標本，必須遵守危險品運輸的相關規定。

人體器官或者血液在運輸時必須與靈柩和傳染性物質保持規定的隔離距離。

3.6.10 冷凍胚胎

冷凍胚胎在存儲及運輸過程中通常採用低溫液氮進行包裝，而低溫液氮屬於危險品，必須嚴格按照 IATA DGR 規定操作。

冷凍胚胎屬於性質特殊的貨物，運輸過程中必須特別注意輕拿輕放。裝卸過程中應始終注意保持貨物向上，禁止將冷凍胚胎貨物傾斜或者倒置。

練習思考題

1. 請說明鮮活易腐貨物的定義。
2. 請說明鮮活易腐貨物、種蛋和食品的三字代碼。
3. 航空運輸鮮活易腐貨物時的包裝、標記和標籤有哪些要求？
4. 簡述鮮活易腐貨物的隔離原則。
5. 對鮮活易腐貨物的包裝有哪些要求？
6. 簡述含水的鮮活易腐貨物的存儲和組裝要求。

第 4 章　貴重物品和緊急航材航空運輸

在航空貨物運輸中，特種貨物除了活體動物、鮮活易腐貨物兩大類以外，涉及較多的還有貴重物品和緊急航材，這兩種特種貨物在航空運輸中同樣提出了特別的運輸要求，本章將介紹貴重物品和緊急航材的航空運輸規則。

4.1　重貴重物品航空運輸

4.1.1　國際航空貨物運輸中營運人的責任

按照《華沙公約》和《海牙議定書》的相關規定，從事國際航空貨物運輸的航空營運人，必須保證所受託運貨物的安全和正常運輸。當貨物在營運人的整個運輸期間，無論是在機場內外或者空中與地面，當貨物出現毀滅、遺失、損壞或者延誤而產生損失時，除非營運人及其代理人能被證明已採取措施防止損害，或確實無法進行損害防範，否則營運人必須承擔相應的賠償責任。營運人的最高賠償限額為每公斤貨物 19 特別提款權 (Special Drawing Right，縮寫為 SDR。2009 年 12 月 30 日起航空運輸國際貨物賠償的責任限額由 17SDR 提高至 19SDR。2017 年 12 月 31 日中國人民銀行公布 1 特別提款權單位折合人民幣 9.325,6 元。）或者等值的貨幣。

對於貨物價值超過最高限額部分，營運人不予賠償，除非託運人在向營運人交付貨物時，特別聲明在目的地交付時的價值（即聲明價值），並為此支付了貨物的聲明價值附加費。在此種情況下，除經營人證明託運人聲明的金額高於在目的地點交付時託運人的實際利益外，經營人在聲明金額範圍內承擔責任。

在航空貨物運輸中，通常情況下當所運輸的貨物比較貴重時，才有必要對貨物進行聲明價值，並繳納聲明價值附加費，以免貨物在運輸中出現意外使得貨主蒙受損失。

4.1.2　貨物運輸聲明價值

貨物運輸聲明價值（簡稱聲明價值）是指託運人向經營人特別聲明的其所託運貨物在目的地交付時的價值。聲明價值附加費是託運人辦理貨物聲明價值時，按照規定向營運人支付的專項費用。

目前中國對航空貨物運輸聲明價值的規定是，當國內航空貨物運輸每公斤（毛重）超過 100 元人民幣或其等值貨幣，或者國際航空貨物運輸每公斤（毛重）超過 20 美元或其等值貨幣時，託運人可辦理貨物聲明價值，如運輸中貨物發生丟失、損壞等情況時，經營

人的賠償額以聲明價值為限。

為此，託運人需要支付貨物的聲明價值附加費，其金額計算公式為：

聲明價值附加費＝〔貨物的聲明價值－（XX 元/公斤×貨物的毛重）〕×YY‰

其中，XX 取值：在國內貨物運輸為 100 元人民幣，國際貨物運輸為 20 美元。YY 取值：在國內貨物運輸為 0.5%，國際貨物運輸為 0.75%。

例外：從以色列運進或者運出鑽石或者毛鑽，按照毛重每公斤超出 19 個特別提款權部分的價值的 0.10%計算聲明價值附加費。

當託運人託運貨物時所辦理的貨物運輸聲明價值，可以是一個具體的金額，也可以無聲明價值。如果貨運單已經營運人簽字生效，託運貨物的安全責任已由營運人承擔，託運人不得再補報或更改已申報的聲明價值。

當託運人託運的貨物實際毛重每公斤價值超過相關規定時可以辦理貨物運輸聲明價值。貨物實際毛重不包括營運人的集裝器重量。託運人辦理貨物運輸聲明價值必須是一票貨運單上的全部貨物，不得分批或者部分辦理。辦理聲明價值時，託運人需在貨運單「Declared Value for Carriage」欄內註明聲明價值的金額；否則，註明「NVD」，表明不辦理貨物運輸聲明價值。除另有約定外，國際貨物每票貨運單的貨物聲明價值的最高限額不超過 10 萬美元或者其等值貨幣，國內貨物每票貨運單的貨物聲明價值的最高限額不超過 50 萬元人民幣。

當一票貨運單的貨物聲明價值超過以上金額或其等值貨幣時，託運人可以用幾份貨運單託運貨物，由此產生的費用差額由託運人承擔，也可以經營運人批准後，託運人使用一份貨運單託運貨物。

由於貨物聲明價值的申報並不是強制性規定，當託運人不申報貨物聲明價值時，中國規定無運輸聲明價值的貨物，其賠償的標準是：國際貨物按貨物毛重每公斤 20 美元，國內貨物按毛重每公斤 100 元人民幣或其等值貨幣折算貨物的價值。

4.1.3 貴重物品定義與類別

貴重物品是指在國內航空貨物運輸中每公斤的聲明價值等於或者超過 2,000 元人民幣，國際貨物運輸中等於或者超過 1,000 美元或等值貨幣的貨物，以及黃金、鉑金、現鈔、寶石等較易辨別的物品，都視為貴重物品。

貴重物品的三字貨運代碼為：VAL。

根據貴重物品的定義，可以從兩方面來判斷貨物是否為貴重物品。一方面是從貨物所具有的價值屬性來判斷，另一方面是從貨物的具體名稱進行判斷。

只要含有下列一種或多種物質的貨物，在航空貨物運輸中都視為貴重物品。

（1）金錠（包括提煉或未提煉過的）、混合金、金幣和各種形狀的黃金製品，包括金粒、片、粉、綿、線、條、管、環以及其他黃金的鑄造物。

（2）各種形狀的白（鉑）金或白金類稀貴金屬（如銀、銥、釕、鋨、銠等）的白金製品，如鉑粒、錦、棒、錠、片、條、網、管、帶等形狀。

但上述金屬和合金的放射性同位素不包括在內，而屬於危險品，應該按照有關危險物品運輸的規定進行運輸辦理。

（3）現金、旅行支票、有價證券、股票、債券、郵票以及銀行發行的兌現卡和信用卡等有價值的票券和金融卡。

（4）鑽石（包括工業鑽石）、紅寶石、藍寶石、綠寶石、蛋白石、珍珠（包括養殖珍珠）等。

（5）鑲有翡翠、藍寶石、蛋白石、珍珠（包括養殖珍珠）的珠寶類飾品。

（6）由白銀、黃金、白（鉑）金制成的物品及手錶，但不包括鍍金製品。

（7）對於國際航空貨物運輸任何商品只要其每公斤的聲明價值大於或等於 1,000 美元（或者 450 英鎊），國內航空貨物運輸任何商品只要其每公斤的聲明價值大於或等於 2,000 元人民幣，該商品即被視為貴重物品。

4.1.4 貴重物品的包裝

凡是需要通過航空運輸的貴重物品，其包裝的外形尺寸不得小於 30 公分×20 公分×10 公分，如果外包裝的任何一面尺寸小於 10 公分時，託運人應該加大包裝尺寸。

貴重物品（除按聲明價值判定為貴重物品外）的外包裝必須採用質地堅硬、完好的木箱、鐵箱、硬質塑膠箱。外包裝必須使用鐵質包裝帶呈「井」字形捆紮。包裝的接縫處、包裝帶的結合部位要有託運人的鉛封或火漆封蠟，封蠟上應有託運人的特別印記。

成批託運且有人押運的貨幣金融債券等貴重貨物可以使用結實的布袋作為包裝。包裝的封口必須嚴密，包裝袋的袋體必須整潔、乾淨，無任何破損，袋體上不得出現任何黏貼物。

名人字畫、珍貴文物必須使用木箱或鐵箱作為貨物的外包裝，是否使用鉛封由託運人根據貨物性質或價值決定。包裝尺寸不應超過航線機型的貨艙門尺寸或集裝器最大裝載尺寸的限制。

運輸聲明價值符合貴重物品限制的其他貨物時，可以根據託運人的要求確定包裝材料。包裝尺寸不應超過航線機型的貨艙門尺寸或集裝器最大裝載尺寸的限制。

貴重物品包裝箱內必須放置足夠的襯墊物，保證箱內物品不至於移動和相互碰撞

包裝上應有託運人的封誌，如蠟封、鉛封或者火漆封等。如可能封誌的數量應該足夠。

封誌上託運人的名稱、地址必須與航空貨運單上的資訊保持一致。

4.1.5 標記/標籤

託運人應在外包裝上清楚地寫明貨運單號碼、件數、重量、收貨人和託運人的姓名、地址、電話。

除了航空公司的識別標籤和操作標籤外，貴重物品外包裝上不得出現任何與貨物性質相關的任何標誌，貴重物品外包裝只允許使用掛簽，不得使用貼簽。

4.1.6 運輸文件

（1）航空貨運單

在航空貨運單上書寫詳細的託運人、另請通知人和收貨人的名稱、地址、聯繫電話。

註明已訂妥的各航段的航班號及日期。

在航空貨運單貨物品名欄（Nature and Quantity of Goods）內詳細填寫貴重物品的具體名稱、淨重以及包裝件的尺寸，並註明「VALUABLE CARGO」（或 VAL）字樣。

貴重物品與其他貨物使用同一份航空貨運單託運時，整票貨物按貴重物品處理。

收運貴重物品時，託運人必須出具能證明該貨物的文件和裝箱單。例如：發票、簽字證明等。貨物裝箱單隨附在航空貨運單後，並在航空貨運單上註明。

（2）其他文件

託運人有責任提供有關國家權力機構所要求的其他證明文件。附在航空貨運單上的文件和任何其他處理資訊，應在貨運單的操作資訊「Handling Information」欄中註明。

當這些文件同貨物一起發運時，文件應安全地附在航空貨運單後，有些貨物（如商品）需要進口許可證書。為了保證運輸，需事先查閱有關國家的相關規定，以便順利完成運輸。

4.1.7 貴重物品的保管與運輸

（1）貴重物品的保管

當貴重物品由經營人的保險庫房到裝載上飛機，或者從飛機上卸載到經營人的保險庫的整個過程中，貴重物品都必須貯存在有特別安全控制功能的貯存裝置中（例如容器或箱子）或放置在經營人指定的飛機機艙區域。這些裝置由被授權的經營人工作人員專門負責管理。如果條件具備，包裝件較小的貴重物品可以裝在保險櫃裡，這些櫃子通常放在飛機的客艙中。任何貴重物品進出庫房，都必須由專門的管理人員負責登記並簽字。此外，還需瞭解始發、中轉、目的站機場是否具有存儲貴重物品的保險箱或保險庫（貴重物品庫）。

當在始發地、目的地沒有此類設施時，必須確保貴重物品的保管操作是安全的。

在整個航空運輸過程中，無論在中轉還是過境以及目的站都要檢查貴重物品包裝件的封條數，貴重物品卸前必須檢查封數條並且必須注意任何可疑之處。任何一件貴重物品有破損或丟失的跡象，都應立刻考慮到貨物存在已被偷竊的可能性，必須迅速採取行動，檢查並確定包裝件破損範圍與位置，將現場的貨物情況向上級匯報。

當發現貴重物品包裝存在破損或封誌有異時，應會同收貨人進行複查，並按規定作出貨物不正常運輸事故記錄。必要時應請商檢和公安部門介入調查。

（2）貴重物品的運輸

①航線

在為貴重物品選擇航線運輸時，盡可能地選擇直達航班以避免在運輸中由於中轉搬運產生的風險。

貴重物品運輸時盡量避免不同經營人之間的中轉，因為後續經營人可以不承擔第一經營人的責任。

如果中轉不可避免，要保證核實後續經營人的要求。選擇距託運人位置最近的始發站機場和距離收貨人最近的具有相應處理貴重貨物設施的海關機場作為目的站機場。

②訂艙

託運人必須為貴重物品運輸預先訂妥全程航班、日期、艙位。

如果需要將貴重物品裝在飛機下貨艙或者需要採取特別安全措施時，始發站應通知卸機站，經卸機站同意並證實後，方可運輸。因採取特別安全措施產生的費用由託運人承擔，如果託運人拒絕支付上述費用，則不予收運。如果航班有經停站，應拍發電報通知經停站；如果經停站有航空公司代表，還應拍發電報通知航空公司代表監護，防止發生錯卸或其他事故。

對於貴重物品的運輸，有些航空公司要求預訂艙位。當某些航空公司不需要預訂艙位時，為了安全起見，最好與航空公司取得聯繫，提前預訂貴重物品運輸艙位並確認已被接受。當運輸中涉及多個經營人時，一般不會接收由貴重物品組成的貨物。除非預先已做好安排，並證實所有經營人都同意參與運輸該批貨物。

③到達資訊

當事先已安排好貴重物品的運輸並且得到了各方航空公司的確認，必須馬上通知收貨人關於貨物的詳細情況。

④交付貨物

在目的地應做好接貨準備，同海關當局和航空公司合作，飛機到港後立即清關並將貨物放行。保證報關手續的所有文件是有效和準確的，當從飛機上卸下貨物時，要檢查貴重物品包裝件是否完整，有無盜竊跡象，根據收貨人的要求，應做好安排迅速辦理交貨手續。在交付貨物之前，應確保已經採取了必要的安全措施。

4.2　緊急航材運輸

AOG 是英文「AIRCRAFT ON THE GROUND」的簡稱，按照國際慣例屬於飛機停場待修所急需的零配件都屬於緊急航材，AOG 是特別緊急的貨物，要求在 24 小時內運到目的地。其貨物標籤如圖 4-1 所示。

圖 4-1　AOG 標籤

貨物外包裝上貼（掛）「AOG」標籤。

「AOG」航材屬於優先運輸的貨物。一般使用最早的直達航班運輸，盡量避免中轉運輸。

為使 AOG 航材及時、安全、準確地運輸到達目的地，保證飛機正常運行，對 AOG 的運輸特作如下規定：

（1）各航空公司或者機場應指定專人負責 AOG 運輸工作，在倉庫內劃出適當區域存放 AOG 航材，不得與其他貨物混放。

（2）各地對 AOG 航材必須優先收運，不得以任何借口拒絕承運或中途拉卸。

（3）收到 AOG 航材後應及時認真地核對，做到貨、單相符，發現差錯要及時向有關航站追查。凡屬本站的 AOG 航材，應及時電話通知收貨人提取，凡屬外站的應盡早安排轉運至目的站，如目的站無海關機構，應及時發電通知收貨人前來提取。

（4）國外發來的 AOG 航材、商業發票一般都同貨運單附在一起。商業發票是海關徵（減、免）稅放行的憑證，須妥善保管，不得遺失。凡因發票遺失，造成過關不及時而壓庫，不得向收貨人收取倉庫保管費，並應考慮收貨人的方便，允許從包裝袋中取出發票報關，如由於收貨人不及時提取而壓庫，則按規定核收倉庫保管費。

（5）AOG 航材價格昂貴，應嚴格把好運輸、裝卸、交接、倉儲環節，防止破損、丟失、短缺等事故發生，如確系民航運輸原因造成損失，應按實際價值賠償，並追究當事人責任。

（6）為便於及時、準確地收到或查到 AOG 航材，各地可發給航材部門有關人員進入倉庫的通行證件，憑證進出倉庫，在倉庫保管員的陪同下查找貨物。

練習思考題

1. 請說明貴重物品的涵義及類別。
2. 請說明 AOG 運輸的注意事項。

第 5 章　危險品運輸

5.1　概論

5.1.1　危險品的一般定義

一般來說，危險品是指那些可能會明顯地對人、物、環境和運輸工具造成損害的物質和物品。而航空危險品是指具有爆炸性、可燃性、腐蝕性和放射性的物質，即在航空運輸過程中可能明顯地危害人體健康、人身安全或者財產安全的物質或物品。

這個定義包含三層含義：

第一，危險品具有爆炸、燃燒、毒害、腐蝕、放射性等特殊性質，容易造成運輸中發生火災、爆炸、中毒等事故。

第二，危險品容易造成人身傷亡和財產損毀。在一定條件下發生的危險反應具有的負面效果，不僅是貨物受損，還會危及環境、人員、設備和建築等。

第三，危險品在運輸裝載和存儲過程中需要特別防護。

5.1.2　基於法規的危險品定義

在實際工作中，危險品的認定不能僅靠一般性的定義。各種運輸方式中，主管部門都會根據運輸本身的特點，在遵守國際和國家有關標準和規則的前提下，頒布適用的危險品法規。在法律和法規的框架內，危險品的界定有了更精確的劃分。在瞭解危險品相關的法律和法規的基礎上，再繼續對運輸中受到規則限制的危險品進行定義。

5.1.2.1　危險品相關法律和法規

聯合國危險品專家委員會（United Nation Committee of Experts，COE）制定了除放射性物質之外的所有類型危險物品進行運輸的建議程序，即《危險品運輸專家委員會建議措施》，因封面為橙色，所以常被稱為橙皮書。

國際原子能機構（International Atomic Energy Agency，IAEA）制定了安全運輸放射性物質的建議程序。放射性危險品是指放射性比活度值大於 70kBq/kg 的物質或物品，國際原子能機構（IAEA）是國際原子能領域的政府間科學技術合作組織，同時兼管地區原子安全及測量檢查，於 1954 年 12 月由第 9 屆聯合國大會通過決議設立並於 1957 年 7 月成立，屬於聯合國的一個專門機構，總部設在維也納。國際原子能機構（IAEA）自 1957 年成立以來制定了許多有關放射性物質運輸的文件，其中最主要、最核心的文件是《放射性物質安全運輸條例》。自 1996 年開始 IAEA 正式將該文件編入其安全標準叢書，即 6 號叢

書。目前，IAEA 的運輸安全標準已被幾乎所有相關國際組織的眾多成員國採用，成為這些組織和各個國家制定放射性物質運輸管理法規和安全標準的準則和基礎。

國際民航組織在上述兩個文件基礎上制定了航空運輸危險品安全規則，並被編入《國際民用航空公約》附件 18 及其《航空運輸危險物品安全技術細則》（Technical Instructions for the safe transport of dangerous goods by air）（簡稱《技術細則》或「TI」）中。《國際民用航空公約》是 1944 年 11 月 1 日至 12 月 7 日，52 個國家在美國芝加哥舉行國際民用航空會議所簽署的協議，該協議的簽署也標誌著國際民航組織（ICAO）的建立，1947 年 4 月該公約生效，將安全規則編入該條約的附件以及《航空運輸危險物品安全技術細則》中凸顯危險品航空運輸的重要性。

國際航空運輸協會，簡稱國際航協，是世界航空運輸企業自願聯合組織的非政府性的國際組織，本質上是一個航空企業的行業聯盟。在國際民航組織發布《技術細則》時，也頒布了一份規則即《危險品規則》（Dangerous Goods Regualtions，縮寫為 DGR），DGR 是依據營運和行業標準實踐方面的考慮所制定的，並且具有更強的約束性，這一規則每年都要進行修訂。

中國民航局於 2004 年 9 月頒布了《中國民用航空危險品運輸管理規定》。這部法規依據《中華人民共和國民用航空法》和《國務院對確需保留的行政審批項目設定行政許可的決定》制定，適用於在中國登記的民用航空器和在中國境內運行的外國民用航空器，共有 12 章和一個附錄，規章編號為 CCAR-276。2013 年 9 月，民航局修訂了《中國民用航空危險品運輸管理規定》，規章編號為 CCAR-276-R1，共 13 章。修訂的重點內容包括對危險品航空運輸的許可模式的變化，加強對從事危險品航空運輸的代理人的管理，加強對危險品培訓大綱的管理，增加對培訓機構和教員管理等相關要求。

5.1.2.2　法規下的危險品定義

國際民航公約附件 18 第 1 章中，對危險品的定義為：危險品是指那些能對健康、安全、財產或環境構成危險，並在《技術細則》進行分類的物品或物質。

DGR 定義的危險品是指能危害健康、危及安全、造成財產損失或環境污染，且在 DGR 危險品表中列明，或依據 DGR 分類的物品或物質。而 DGR 的危險品表和分類標準都是按照 ICAO 的技術細則制定的。

所以，在運輸 DGR 中具體列名的危險品貨物時，必須嚴格按照規則的要求辦理；對於未列名但性質屬於危險貨物，必須根據危險品分類和分項的試驗標準，由託運人提供技術鑒定書（必須是專業實驗室提供的試驗報告）並經過有關主管部門審核或認可後才能確認為危險品。

5.1.3　《危險品規則》適用範圍

5.1.3.1　《危險品規則》適用的對象

（1）所有國際航協（IATA）的會員或者準會員航空公司。中國有多個航空公司成為國際航協（IATA）的會員航空公司，截至 2018 年 10 月，國際航協會員航空公司約 290 個，遍布 110 多個國家。在世界航空運輸業務量中，會員航空公司約占 82%。

（2）國際航協（IATA）多邊聯運協議所有成員航空公司。多邊聯運協議（Multilateral Interline Traffic Agreement，MITA）的主要職能是為成員航空公司進行旅客、行李、貨物的接收、中轉、更改航程及其他相關程序提供統一的標準，成員航空公司間可互相銷售而不必再簽雙邊聯運協議。這一協議使成員公司相互接受運輸憑證，使用標準的國際航空運輸協會客票和貨單，將世界各航空公司各自獨立的航線，結合成為有機的全球性航空運輸網絡。全球共有 300 家航空公司加入該協議。

（3）向上述航空公司交運危險品的所有託運人及代理人。

5.1.3.2 《危險品規則》與《技術細則》的關係

國際民航組織（ICAO）的芝加哥公約附件 18 和《技術細則》適用於進口、出口或者經過 ICAO 成員國的危險物品航空運輸。ICAO 是聯合國組織之一，其附件 18 和《技術細則》屬於國際性公約，所有聯合國的締約國都必須執行，並可在公約的基礎上制定適合本國情況的更嚴格的法律法規。所以，《技術細則》是需要強制執行的法律性文件，每 2 年更新一次。

而《危險品規則》是在 ICAO 的《技術細則》基礎上以 IATA 的附加要求和有關文件的細節作為補充建立的。《危險品規則》每年都會更新發行一次，適用於當年的 1 月 1 日至 12 月 31 日。規則內容變動較大的年份一般都是《技術細則》更新的年份。基於營運和行業標準方面的考慮，增加了比 ICAO 的《技術細則》更具約束力的要求，所以兩個規則會出現有差別的情況。這些差別會在《危險品規則》中用手形符號「☞」表示。

5.1.3.3 規則的例外

並不是所有航空器載運的危險物品都必須遵守《危險品規則》，《危險品規則》不適用於航空器在裝載以下危險物品時：

（1）用於在飛行中向病人提供醫療救護的，經經營人批准後裝入機上的危險品，以及為特殊用途而改裝後成為機上固定設施設備的器具，包括用於裝載特殊氣體的氣瓶以及含有濕電池的器械。

（2）飛行過程中向動物提供獸醫救護或安樂死的器材和藥品。

（3）與農業、園藝、森林或者控制污染有關的空中投擲。

（4）飛行中提供的與搜尋救援活動相關的援助。

（5）符合相應要求，在設計或改裝用於車輛空運活動的航空器中載運的車輛。

（6）空運過程中，為運輸或特定設備（如冷卻系統）運轉的所需動力而提供的危險品，或者為達到營運標準（如滅火器）而配備的危險品。

（7）已滿足《危險品規則》規定且以貨物形式運輸的旅客逾重行李，但必須標明「以貨物運輸的逾重行李」。

5.1.4 託運人與經營人的責任

5.1.4.1 託運人的責任

根據 CCAR-276-R1 的定義，託運人是指為貨物運輸與經營人訂立合約交運貨物，並在航空貨運單或貨物記錄上署名的人。

託運人必須完全按照《危險品規則》的要求向國際航空運輸協會會員、準會員航空公司及其貨物聯運協議的航空公司交運危險物品；同時，託運人還必須遵守貨物始發地、過境地、目的地國家的有關規定。《危險品規則》也完全符合國際民航組織《技術細則》的要求。

在《危險品規則》中：「shall」和「must」表示「必須」，意味著強制性要求；「should」和「may」表示「應該」和「可以」，意味著優先選擇但不具備約束力。

託運人在將危險品包裝件或 Overpack 提交航空運輸前必須履行以下職責：
（1）向其雇員提供足以履行危險品運輸職責的相關資訊。
（2）確保所交運的物質或者物品不屬於航空運輸禁運物質或者物品。
（3）確保交運的物質或者物品必須按照《危險品規則》的要求準確識別、分類、包裝、加標記、標籤以及備好運輸文件，以符合航空運輸的條件。
（4）確保危險物品在交付空運前，參與準備工作的所有相關人員都必須接受過培訓，以便他們都按照《危險品規則》的培訓標準去履行職責。
（5）危險品的包裝必須符合所有適用的航空運輸要求，包括：
①內包裝和對每一個包裝件的最大允許淨含量；
②按包裝說明採用合適的包裝類型；
③在包裝說明中指明的其他適用要求，例如禁止單一包裝、只允許細則指明的內外包裝、內包裝基礎上還需要中層包裝、特定危險品還需要更高標準包裝等；
④適合內外包裝的封口流程要求；
⑤符合配裝要求；
⑥符合對包裝件襯墊及吸附材料的要求；
⑦符合內部壓力標準。

此外，對於集運貨物中的危險品，託運人還應該按照《危險品規則》的要求作出特殊安排。

託運人必須保存包括申報單在內的至少一套危險品運輸文件或其副本，最低保存期限為 3 個月，或遵守有關國家主管當局規定的保存期限。

除以上《危險品規則》對託運人責任所規定的一般性要求外，中國的《中國民用航空危險品運輸管理規定》（CCAR-276-R1）的第六章也對危險品運輸的託運人責任從人員資格要求、託運要求、運輸文件和使用語言等進行了明確。在所有條款都符合《危險品規則》要求的基礎上，還提出了一些更嚴格的要求。例如，在國際運輸時，除始發國要求的文字外，危險品航空運輸文件應加用英文；託運人保留危險品運輸文件、航空貨運單等補充資料的時間至少為二十四個月。

5.1.4.2 經營人的責任

經營人是指使用或提供航空器以從事旅客、行李、貨物、郵件運輸的人、組織或企業等。

《危險品規則》指出，經營人在從事危險品運輸過程中，必須按照其第 9 章的要求做好以下工作：

(1) 存儲；
(2) 裝載；
(3) 檢查；
(4) 包括應急反應資訊在內的資訊提供；
(5) 報告；
(6) 保留記錄；
(7) 培訓。

尤為注意的是，當經營人（或其附屬機構或經營人代理人）在交運航空運輸危險品時，該經營人（或其附屬機構或經營人代理人）即為託運人，並且必須遵循有關託運人責任的規定。這些相關規定在涉及對航空器處置時就特別重要。

除以上《危險品規則》對經營人責任所規定的一般性要求外，中國的《中國民用航空危險品運輸管理規定》（CCAR-276-R1）的第七章也對危險品運輸的經營人及其代理人的責任進行了規定。

5.1.5 培訓要求

危險品所具有的危險性使其在運輸、儲存過程中稍有不慎就容易導致嚴重事故，對財產和人員安全造成危害，為此就要求所有從事危險品運輸的相關人員能夠瞭解危險品的基本性質、特殊要求，並接受相應的安全培訓。為此，國際航協規定對於從事危險物品航空運輸的不同崗位的人員必須提供相應的培訓，並提出最低培訓要求，該培訓因各崗位性質不同而有不同要求。並且每次復訓間隔時間不得長於 24 個月，復訓需在有效期的最後 3 個月內完成。表 5-1 表示從事航空危險品運輸的所有相關人員所應接受的最低培訓要求。

表 5-1　　　　　　　　　　危險品培訓課程的最低要求

航空危險品運輸相關人員應培訓的最低要求	託運人和包裝人		貨物代理人			經營人和地面操作代理					安檢
	1	2	3	4	5	6	7	8	9	10	11	12
一般宗旨	×	×	×	×	×	×	×	×	×	×	×	×
限制	×	×	×	×	×	×	×	×	×	×	×	×
託運人的一般要求	×		×			×						
危險物品的分類	×	×				×						×
危險品表	×					×			×			
一般包裝要求	×					×						
包裝說明	×	×				×						
標籤和標記	×	×	×	×	×	×	×	×	×	×	×	×
申報單及其他有關文件	×					×	×					
危險品收運程序						×						
未申報危險物品的識別	×	×	×	×	×	×	×	×	×	×	×	×
裝載和儲存程序					×	×		×		×		

表5-1(續)

航空危險品運輸相關人員應培訓的最低要求	託運人和包裝人		貨物代理人			經營人和地面操作代理						安檢
	1	2	3	4	5	6	7	8	9	10	11	12
特種貨物機長通知單						×				×		
對旅客和機組的規定	×	×	×	×	×	×	×	×	×	×	×	×
應急程序	×	×	×	×	×	×	×	×	×	×	×	×

說明：×表示該內容應該掌握。

1. 託運人及承擔託運人責任之人員，包括作為託運人處理經營人資產（COMAT）中危險品的經營人職員。
2. 包裝人員。
3. 從事危險物品運輸操作的貨運代理機構員工。
4. 從事貨物、郵件及庫區（非危險品）操作工作的貨運代理機構員工。
5. 從事貨物、郵件及庫區操作、存儲以及裝載工作的貨運代理機構員工。
6. 經營人和地面操作代理機構的危險物品收運人員。
7. 經營人和地面操作代理機構中收運貨物、郵件的員工和庫區員工（非危險品）。
8. 經營人和地面操作代理機構中負責貨物、郵件和行李搬運、儲存和裝載工作的員工。
9. 旅客運輸服務人員。
10. 飛行機組、監裝主管、平衡配載人員和航班運行控制人員/簽派員。
11. 除飛行機組以外的機組成員。
12. 安檢人員，負責使用安檢機檢查旅客和機組人員及其行李和貨物或郵件、庫區的人員，例如安檢機操作員及其監督員和參與執行安檢程序的人員。

此外，不將危險品當作貨物、郵件或供應品載運的經營人必須保證其人員受到與他們職責相稱的培訓。其各類人員必須熟悉的內容如表5-2所示。

表5-2　　　　　　　非危險品經營人最低培訓要求

航空危險品運輸相關人員應熟悉的最低要求	不載運危險品的經營人和地面操作代理				
	13	14	15	16	17
一般宗旨	×	×	×	×	×
限制	×	×	×	×	×
標籤和標記	×	×	×	×	×
申報單及其他有關文件	×				
未申報危險物品的識別	×	×	×	×	×
對旅客和機組的規定	×	×	×	×	×
應急程序	×	×	×	×	×

說明：×表示該內容應該掌握。

1. 收運貨物或郵件（非危險品）的經營人和地面服務代理機構員工。
2. 貨物或郵件（非危險品）和行李搬運、儲存和裝載工作的經營人和地面服務代理機構員工。
3. 旅客運輸服務人員。
4. 飛行機組、監裝主管、平衡配載人員和航班運行控制人員/簽派員。
5. 除飛行機組以外的機組成員。

5.2 限制

5.2.1 禁止航空運輸的危險品

5.2.1.1 在任何情況下都禁止航空器運輸的危險品

任何物質或物品，只要在正常運輸條件下，容易爆炸、發生危險性反應、起火或產生導致危險的熱量、散發導致危險的毒性、腐蝕性或易燃性氣體或蒸氣，在任何情況下都應禁止航空運輸。

這些物質大多都屬於具有爆炸性或高敏感度的物質，如含有氯酸鹽和銨鹽的爆炸物、對機械震動非常敏感的固體和液體爆炸物等。由於航空運輸的特殊性，飛行過程中會不可避免地產生一定範圍內溫度、壓力的變化以及機械震動，這些容易在變化中出現危險反應的物質禁止航空器運輸。

雖然不可能列出所有的在任何情況下都禁止航空器運輸的危險物品的名稱，《危險品規則》還是盡可能在其「危險物品品名表」中列出了已知符合要求的危險品名稱，如表5-3所示。這些物品或物質的運輸專用名稱（B欄）用輕細體字表示，且沒有UN代號（A欄），在表示各種特定運輸條件下數量和包裝要求的G/H、I/J和K/L欄中，都標為「Forbidden」，即「禁止」，這表示客機和貨機均禁止運輸。

表 5-3　　任何情況下禁止空運的危險品品名表條目示例

UN/ID No.	Proper Shipping Name/Description	Class or Div. (sub Risk)	Hazard Labels	PG	Passenger and Cargo Aircraft EQ See 2.6	Passenger and Cargo Aircraft Ltd Qty Pkg Inst	Passenger and Cargo Aircraft Ltd Qty Max Net Qty/Pkg	Passenger and Cargo Aircraft Pkg Inst	Passenger and Cargo Aircraft Max Net Qty/Pkg	Cargo Aircraft Only Pkg Inst	Cargo Aircraft Only Max Net Qty/Pkg	S.P. See 4.4	ERG Code
A	B	C	D	E	F	G	H	I	J	K	L	M	N
	Copper acetylide					Forbidden	Forbidden	Forbidden	Forbidden	Forbidden	Forbidden		
	Copper amine azide												
1586	**Copper arsenite**	6.1	Toxic	II	E4	Y644	1kg	669	25kg	676	100kg		6L

除此之外，還包括一種特例，即因安全原因作為缺陷產品被廠家回收的鋰電池，也屬於航空禁運物品。

5.2.1.2 經豁免可以航空運輸的危險品

《危險品規則》中明確了一些存在豁免的情況，即在非常緊急的情況下，或者其他運輸方式均不適合時，或者按照所規定的要求違背公眾利益時，危險物品經過有關國家（貨物運輸的始發國、中轉國、飛越領空國、到達國和經營人註冊國）的主管當局預先批准且根據《國際民航公約》附件18中的規定提供安全運輸方案的條件下，可以選用航空運輸方式。這些危險品一般包括：

（1）具有下列性質的放射性物質：

①帶通氣設施的B（M）型物質包裝件；

②需要輔助冷卻系統進行外部冷卻的放射性物質包裝件；
③在運輸過程中需要操作控制的放射性物質包裝件；
④爆炸性的；
⑤可自燃的放射性液體。

（2）除非另有規定，在《危險品規則》的危險物品品名表中帶有 UN 代號，且標明禁運的物質和物品（包括被註明為「not otherwise specified」的物品）。

（3）被感染的活體動物。

（4）需要 I 級包裝且具有蒸氣吸入毒性的液體。

（5）交運溫度等於或者超過 100℃（212℉）的液體物質，或者溫度等於或高於 240℃（464℉）的固態物質。

（6）國家有關當局指定的任何其他物品或物質。

5.2.2　隱含的危險品

根據《危險品規則》，經營人的收運人員必須進行適當培訓，以幫助他們確定和發現作為普通貨物交運的危險品。

按一般情況申報的貨物可能含有不明顯的危險物品，這些物品可能也在行李中被發現。這些不明顯的危險物品被稱為「隱含的危險品（Hidden dangerous goods）」，或「潛在的危險品」。為了防止未申報的危險品裝載在航空器中，同時防止旅客在行李中攜帶這些未經允許的危險品登機，貨物收運人員和辦理乘機手續人員應從託運人和旅客那裡確認每件貨物或行李中所裝運的物品中是否含有危險物品。

一些物品的包裝件上的 GHS 菱形象形圖標表示包裝件內可能含有危險品。GHS 是 Globally Harmonized System of Classification and Labeling of Chemicals 的縮寫，意思是「全球化學品統一分類和標籤制度」。在這一思想框架下，聯合國於 2003 年出版了指導各國建立統一化學品分類和標籤制度的規範性文件，也被稱為聯合國「紫皮書」。文件根據不同的危險性對化學品進行分類，並提出統一的危險資訊要素，包括標籤和安全數據表。

圖 5-1 和圖 5-2 中的象形圖標是 GHS 制度所使用的圖標。其中，圖 5-1 用於表明物質含有的危險性，物質僅在供應和使用中存在危險。圖 5-2 所示的另一些 GHS 象形圖含有的符號大致相當於運輸使用的危險性標籤中的符號，可依此分類為危險品。

相關國家和主管部門以及經營人通過參考 GHS 資訊，可以制定有關這些隱含一定危險性的物品的接收。例如，2017 年開始，中國民航局和多個經營人開始重視自熱食品在旅客行李中的運輸問題，在管理規定的制定過程中，自熱食品包裝上的 GHS 圖標成為重要的參考資訊和立法依據。

對於隱含的危險品，除了對貨物收運人員和辦理旅客登機手續的員工進行 DGR 規定的培訓，還必須向這些員工和貨運訂艙、銷售以及旅客訂座和銷售人員提供資訊。在適當的時候，需要為這些員工提供的資訊有：

（1）貨物和旅客行李中可能含有危險品的常用物品的一般說明；

（2）可能含有危險品的其他跡象（例如：標籤、標記）；

象形圖	 ⚠	 ☣
圖標名稱	有害	健康危害
標示於	對皮膚、口服、吸入有害的	呼吸致敏、致癌、有毒、影響生育
	皮膚刺激、眼部刺激	特異性靶器官系統毒性一次性暴露
	呼吸刺激，產生麻醉效果	特異性靶器官系統毒性重複性暴露
	皮膚過敏	吸入性危害生殖細胞基因突變

圖 5-1　GHS 危險象形符號圖標和其標準：供應和使用中有危險的物品

象形圖	 💥	 🎁	 🔥	 🔥	 ☠	 🧪	 🌿
圖標名稱	爆炸	壓力氣體	易燃	氧化物和有機過氧化物	有毒	腐蝕	環境危害
識別於	爆炸品		氣體 氣膠 液體 固體	氧化性氣體 氧化物液體 氧化物固體	急性中毒 皮膚 口服 吸入	腐蝕金屬 腐蝕皮膚 嚴重眼損傷	急性 慢性
	自反應物質及混合物		自反應物質及混和物，自燃液體和固體	有機過氧化物			
	有機過氧化物		自發熱物質和混和物				
			遇水釋放易燃氣體的物質和混合物				

圖 5-2　GHS 圖標其標準：運輸中存在危險品的物品

（3）可能由旅客根據 DGR 攜帶的某些危險品。

5.2.3　旅客和機組人員攜帶的危險品

為了不妨礙各國航空保安的限制，DGR 的規定並不適用於由旅客或機組成員攜帶、在轉運過程中已與物主分離的行李（如丟失的行李或錯運的行李），或在 DGR 中允許作為貨物運輸的逾重行李。

根據 DGR 的要求，在旅客和機組人員登機時常見的個人用品中，只有少量非常危險的物品完全禁止攜帶，其他物品則根據其風險程度，需要滿足一定數量、性質或許可條

件，能夠以交運行李、手提行李等方式登機。

5.2.3.1 禁止攜帶的危險品

（1）保險公文箱、現金箱/現金袋。
（2）使人喪失能力的裝置。
（3）液氧裝置。
（4）電擊武器。

5.2.3.2 由經營人許可，僅作為交運行李的危險品

有些危險物品，在獲得經營人批准後，只可作為交運行李用航空器運輸。這些物品包括：

（1）彈藥。
（2）裝有非密封性濕電池或符合特殊規定電池的輪椅/助行器。

①其密封性電池必須遵守特殊規定或經過包裝說明的振動和壓力差試驗。
②經營人必須確認：電池兩極已做好防止短路保護，例如裝在電池容器內；電池牢固地固定在輪椅或助行器上；電路已斷開。
③輪椅或其他電動助行器必須能夠避免在貨艙內移動，並且在行李、郵件或貨物移動時受到損壞。
④專門設計的可以由用戶取下的電池驅動或其他類似助行器（例如可拆卸的）。

（3）裝有鋰電池的輪椅/助行器。

裝有鋰離子電池的輪椅或其他類型的助行器受以下條件限制：

①電池必須是符合聯合國測試與標準手冊第Ⅲ部分每個試驗要求的類型。
②經營人必須確認：電池兩極已做好防止短路保護，例如裝在電池容器內。電池牢固地固定在輪椅或助行器上。電路已斷開。
③助行器能夠避免在行李、郵件或貨物移動時受到損壞。
④專門設計的可以由用戶取下的電池驅動或其他類似助行器（例如可拆卸的）。
⑤必須通知機長安裝電池的助行器裝載的位置，或取下的且放在客艙內的鋰電池位置。

（4）野營爐以及裝有易燃液體燃料的燃料容器。

在獲得經營人批准的情況下，野營爐以及用於野營爐的裝有易燃液體燃料的燃料容器僅能作為交運行李託運，但前提是，野營爐的燃料罐或燃料容器必須完全排空了所有液體燃料，並採取相應措施消除了危險。為了消除危險，空燃料罐或容器必須清空至少1小時，然後在開口的情況下將空燃料罐或容器放置至少6小時，使得殘餘燃料徹底揮發。也可採取替代方式，如將烹調油加到燃料罐或容器中，將殘餘液體的閃點提升到易燃液體閃點之上，然後清空燃料罐或容器。隨後，必須將燃料罐或容器的蓋子上緊，用諸如紙巾等吸附材料包裹，並將其放到聚乙烯袋或等效袋中。隨後，必須密封袋的頂部，或用鬆緊帶或細繩扎緊。其實，按這種清潔方法處理過的燃料爐或容器已經可以歸為非危險品類。但是為了控制這類物品的運輸，DGR將它們作為受限制的危險品看待。

（5）保安型設備。

諸如公文箱、現金箱、現金袋等將危險品作為設備的一部分，如內裝鋰電池或打火機料等的保安型設備，只可以作為交運行李，但必須滿足下列要求：

①必須能夠有效防止其意外啓動的。

②若設備裝有爆炸性物質或發火物質或物品，該物質或物品必須被生產國有關當局根據《危除品規則》排除在第1類爆炸物品之外。

③若設備含有鋰電池或鋰電池芯，則鋰電池或電池芯必需滿足下列規定：對於鋰金屬電池芯，鋰含量不得超過1g；對於鋰金屬電池，總鋰含量不得超過2g；對於鋰離子電池芯，其額定瓦特小時不得超過20Wh；對於鋰離子電池，其額定瓦特小時不得超過100Wh；每一個電池芯或電池的型號證明符合聯合國測試與標準手冊第Ⅲ部分每個測試要求。

④若設備含有去除顏料或墨水的氣體，只有盛裝氣體容量不超過50ml的受DGR限制的成分的氣盒和小型氣罐是允許的。放出的氣體不會造成機組人員的極端煩燥或不舒適而妨礙其正確履行職責。在意外發生時，所有危險的影響必須限制在設備之內且不得產生極端的噪音。

⑤有缺陷或損壞的保安型設備不得運輸。

5.2.3.3　由經營人許可，僅作為手提行李的危險品

（1）水銀氣壓計或水銀溫度計。

（2）備用鋰電池。

含有鋰金屬或鋰離子電池芯或電池的備用鋰電池及物品，主要用於為其他裝置供電，如移動電源，在以下情況可放置於手提行李中：

①便攜醫療電子設備（PMED）、體外心臟自動除顫器（AED）、便攜式集氧器（POC）和持續陽壓呼吸輔助器（CPAP）。

②輕便電子設備，如電動工具、攝像機和筆記本電腦。

5.2.3.4　由經營人許可，可以作為手提或交運行李攜帶的危險品

以下列於《危險品規則》的物品在獲得經營人的批准後，可作為交運行李或手提行李用航空器裝運：

（1）醫用氧氣。

（2）安裝在設備上的小型非易燃氣罐。

①為自動充氣安全設備如救生衣或救生背心配備的小型氣罐。

②其他設備：每人攜帶不超過4個裝有二氧化碳或其他無次要危險性氣體的小型氣罐；每個氣罐的水容量不超過50mL（水容量50mL的二氧化碳氣罐相當於28g的氣罐）。

（3）雪崩救援背包。

每人可攜帶一件內裝無次要危險性壓縮氣體氣罐的雪崩救援背包。這種雪崩救援背包的包裝方式必須保證不意外啓動，背包內的空氣袋必須安裝減壓閥。

（4）化學品監視設備。

含有放射性物質的儀器，不超過DGR中規定的放射性活度限制，即化學品監視器或者迅速報警和識別裝置監視器。

（5）固體二氧化碳（乾冰）。

用於包裝不受DGR限制的易腐物的乾冰，每人攜帶不得超過2.5kg，並且包裝件可以釋放二氧化碳氣體。

（6）產生熱量的物品。

（7）鋰電池供電的電子設備。

由經營人批准，符合 DGR 規定的鋰電池供電的電子設備允許放入交運行李或手提行李中：

①裝有鋰金屬或鋰離子電池芯或電池的輕便醫療電子設備（PMED）、體外心臟自動除顫器（AED）、便攜式集氧器（POC）和持續性陽壓呼吸輔助器（CPAP）。

②對於含有鋰離子電池的輕便電子設備，如電動工具、小型攝像機和筆記本電腦，有如下要求：鋰離子電池額定瓦特小時值超過 100Wh，但不超過 160Wh；電池必須是符合聯合國試驗與標準手冊第Ⅲ部分要求的型號。

③如果設備在交運行李中，旅客或機組人員必須採取防止意外啓動的措施。

5.2.3.5 無需經營人批准可接收的物品

以下列於《危險品規則》的危險品，無需經營人允許可就可作為行李用航空器運輸。

（1）藥用或梳妝物品。

（2）屬於 DGR 規定的氣溶膠。

對以上物品，《危險品規則》同時也規定每一名旅客或機組成員攜帶這類物品的總淨數重量不得超過 2kg 或 2L，且每一單件物品淨重量不得超過 0.5kg 或 0.5L。氣溶膠釋放閥必須由蓋子或其他適當的手段加以保護以防因疏忽而釋放內裝物。

（3）用於機械假肢的氣瓶。

（4）心臟起搏器/放射性藥劑。

（5）醫用/臨床溫度計。

（6）安全火柴或打火機。

（7）酒精飲料。

以零售包裝的酒精飲料，其體積濃度在 24% 以上，但不超過 70%，盛裝於不超過 5L 容器中的含酒精飲料，每人攜帶的總淨重量不超過 5L。含酒精體積濃度低於 24% 的酒精飲料不受任何規則的限制。

（8）卷發器。

（9）內含電池的便攜式電子裝置（包括醫療設備）。

鋰電池必須符合下列條件：

①每個安裝的或備用的電池不得超過：對於鋰金屬或鋰合金電池，鋰含量不超過 2g；對於鋰離子電池，瓦時額定值不超過 100Wh。

②電池和電池芯必須是符合聯合國實驗與標準手冊第Ⅲ部分要求的類型。

③含鋰金屬或鋰離子電池或電池芯或電池的物品，其主要用途是對另一裝置提供能源，如移動電源，只允許放在手提行李中。

④含鋰電池的電子香菸只允許放置在手提行李中。

⑤如果設備作為交運行李，旅客/機組人員必須採取防止意外啓動的措施。

（10）輕便電子設備中的燃料電池。

為輕便電子設備（如照相機、手機、手提電腦以及便攜攝像機等）提供電力的燃料電池系統，以及備用燃料盒，但必須滿足以下條件：

①燃料電池和燃料電池盒只可以含易燃液體、腐蝕性物質、液化易燃氣體、水反應物

质或金屬氫化物形式的氫。

②不允許在飛機上給燃料電池盒充裝燃料，除非安裝備用燃料電池盒是允許的。

③任何燃料電池或燃料電池盒中燃料的最大數量不得超過：對於液體，200mL；對於固體，200g；對於液化氣，非金屬燃料電池盒 120mL，金屬燃料電池或燃料電池盒 200mL；對於金屬氫化物中的氫，燃料電池盒必須等於或小於 120mL 的水容量。

④每個燃料電池和每個燃料電池盒必須符合 IEC 的規定。

⑤每一旅客可以在手提行李、交運行李或隨身攜帶不超過 2 個備用燃料電池盒。

⑥含有燃料的燃料電池盒或燃料電池只能在手提行李中運輸。

⑦燃料電池與設備中集成電池組之間的相互作用必須符合 IEC 的規定。

⑧燃料電池的設計必須使其在輕便電子設備不使用的時候不能為電池組充電，且生產商必須有牢固的標示：「只允許在客艙內攜帶（APPROVED FOR CARRIAGE IN AIRCRAFT CABIN ONLY）」。

⑨上述標示除了以始發國要求的文字標註外，還應該以英文標註。

（11）節能燈。

（12）含冷凍液氮的隔熱包裝（液氮乾裝）。

隔熱包裝含有的液氮全部被多孔的材料吸附，並且用於在低溫下運輸非危險品。只要隔熱包裝的設計能確保該隔熱包裝不會因放置的方向性而導致容器內壓力增加和冷凍液氮逸出，則不受 DGR 規則的限制。

（13）含密封性電池的輕便電子裝置。

在交運行李或手提行李中符合特殊規定的含密封型電池的輕便電子設備，可最多攜帶 2 個備用的密封型電池。但需滿足下列要求：

①每個電池的電壓不超過 12V 且瓦特小時值不得超過 100Wh；

②裝置必須防止意外啟動，或電池必須與設備斷開且電極絕緣保護；

③每個電池必須採用電極絕緣的方法做短路保護。

（14）與少量易燃液體一起包裝的非感染性樣本。

（15）內燃機或燃料電池發動機。

僅限在交運行李中，單獨運輸或安裝在機器或其他設備上的內燃機或燃料電池發動機。

（16）滲透裝置。

僅限在交運行李中，校準空氣質量監測設備的滲透裝置。

（17）含電池的電子香菸。

旅客或機組人員攜帶的個人自用的含電池電子香菸包括電子雪茄和其他個人使用的氣化器，必須僅限在手提行李中。不允許在飛機上對這些設備或電池充電。並且旅客或機組人員必須採取防止意外啟動的措施。備用電池必須放入原商品包裝中或使電極絕緣單獨做好防短路保護，例如用膠帶纏好暴露出的電極，把每塊電池放在單獨的塑膠袋或保護袋內，並且僅能在手提行李中攜帶。另外，鋰電池必須符合下列條件：

①每個安裝的或備用的電池不得超過：對於鋰金屬或鋰合金電池，鋰含量不超過 2g；對於鋰離子電池，瓦時額定值不超過 100Wh。

②電池和電池芯必須是符合聯合國實驗與標準手冊第Ⅲ部分要求的類型。

5.2.3.6　旅客和機組人員攜帶危險品的規定匯總表

為使用和查閱方便，《危險品規則》匯總了所有旅客和機組人員攜帶各類物品的要求，如表5-4和表5-5所示。

表 5-4　　　　　　　　　　　旅客或機組攜帶危險品的規定

危險品不得由旅客或機組人員放入或作為交運行李或手提行李攜帶，下列情況例外。除另有規定外，允許放入手提行李中的危險品也允許帶在身上。

物品	允許在託運行李中或作為託運行李	允許在手提行李中或作為手提行李	須由經營人批准	必須通知機長裝載位置
酒精飲料　在零售包裝內體積濃度在24%以上但不超過70%的酒精飲料，裝於5L的容器內，每個人攜帶的總淨數量不超過5L	否	是	是	否
安全包裝的彈藥（武器彈藥筒、彈匣）（只限1.4S UN0012和UN0014）僅限本人自用，每人攜帶毛重不超過5kg。一人以上攜帶的彈藥不得合併成一個或數個包裝件。	是	否	是	否
雪崩救援包　每人允許攜帶1個。含有2.2項壓縮氣體的氣瓶。裝備有淨重不大於200mg1.4S項物質的焰火引發裝置。這種背包的包裝方式必須保證不會意外開啟。背包中的氣囊必須裝有減壓閥。	是	是	否	否
電池，備用/零散的，包括鋰金屬鋰離子電池芯或電池　輕便電子裝置所用電池只允許旅客在手提行李中攜帶。鋰金屬電池中的鋰金屬含量不得超過2g，鋰離子電池的瓦特小時數不得超過100wh。以提供電力為主要目的的產品，如行動電源，應被視作備用電池。這些電池必須單獨保護以防止短路。每位旅客攜帶備用電池的數量限制為20塊。 注：經營人可以批准20塊以上的攜帶數量。	否	是	是	否
露營爐具和裝有易燃液體燃料的燃料罐　帶有空燃料罐和/或燃料容器詳見DGR2.3.2.5	是	是	否	否
化學品監視設備　由禁止化學武器組織（OPCW）的官方人員公務旅行攜帶的（詳見DGR2.3.4.4）	是	是	否	否
使人喪失行為能力的裝置　含有刺激性和使人喪失能力的物質，如催淚瓦斯、胡椒噴霧劑等，禁止隨身、放入託運行李和手提行李中攜帶。	禁止			
乾冰（固體二氧化碳）　用於不受本規則限制的鮮活易腐食品保鮮的乾冰，每位旅客攜帶不超過2.5kg，可以做為手提或託運行李，但包裝留有釋放二氧化碳氣體的通氣孔。託運的行李必須標註「乾冰」或「固體二氧化碳」及其重量，或註明乾冰小於或等於2.5kg。	是	是	是	否
電子香菸　含有電池的（包括電子雪茄、電子菸斗、其他私人用汽化器）必須單獨保護以防止意外啟動。	否	是	否	否
電擊武器（如泰瑟槍）含有諸如爆炸品、壓縮氣體、鋰電池等危險品，禁止放入手提行李或託運行李或隨身攜帶。	禁止			
燃料電池及備用燃料罐　為輕便電子裝置供電（如：照相機、手機、筆記型電腦及小型錄影機等）（詳見DGR2.3.5.10）	否	是	否	否
小型非易燃氣罐　安裝在自動充氣安全設備，如救生衣或背心上的裝有二氧化碳或其他2.2項氣體的小型氣罐，每個設備攜帶不超過2個氣罐。每位旅客攜帶不超過1個設備和不超過2個備用小型氣罐。不超過4個其他設備用的水容量不超過50ml的氣罐（見DGR2.3.4.2）	是	是	否	否
非易燃無毒氣體氣瓶　用於操作機械手臂的氣瓶。以及，為保證旅途中的使用而攜帶的同樣大小的備用氣瓶。	否	是	是	否
含有烴類氣體的捲髮器　如果捲髮器的加熱器上裝有嚴密的安全蓋，則每名旅客或機組人員做多可帶一個。在飛機上禁止使用捲髮器，其充氣罐不准在手提行李或託運行李中攜帶。	否	是	否	否
產生熱量的物品　如水下電筒（潛水燈）和電烙鐵（詳見DGR2.3.4.6）	是	是	是	否
含有冷凍液態氮的隔熱包裝（液態氮乾裝）液態氮完全吸附於多孔物質中，內容物僅為非危險品。	是	是	否	否
內燃機或燃料電池發動機　必須符合A70（詳見DGR2.5.5.15）	否	否	否	否
省電燈泡　個人或家庭使用的裝在零售包裝內的省電燈泡。	否	是	否	否

表 5-5　　　　　　　　　　旅客或機組攜帶危險品的規定

品項	需由經營人批准	允許在託運行李中或作為託運行李	允許在手提行李中或作為手提行李	必須通知機長裝載位置
鋰電池：裝有鋰電池的保安型設備（詳見DGR2.3.2.6）	是	否	否	
鋰電池：含有鋰金屬或鋰離子電池芯或電池的輕便電子裝置（PED）包括醫療裝置如旅客或機組人員攜帶的供個人使用的便攜式集氧器（POC）和消費電子產品，如照相機、行動電話、筆記型電腦、平板電腦（見DGR2.3.5.9）。鋰金屬電池的鋰含量不超過2g，鋰離子電池的瓦特數不超過100Wh。託運行李中的設備必須完全關機並加以保護防止破損。每位旅客攜帶裝置的數量限制為15個。 註：經營人可以批准15塊以上的攜帶數量。	否	是	是	否
鋰電池：備用／零散的　消費電子裝置和輕便電子裝置（PMED）使用的瓦特小時大於100Wh，但不大於160Wh的鋰離子電池，或僅輕便醫用電子裝置（PMED）使用的鋰含量超過2g但不超過8g的鋰金屬電池最多2個備用電池僅限在手提行李中攜帶。這些電池必須單獨保護以防短路。	是	否	是	否
鋰電池供電的電子裝置　輕便電子裝置（包括醫用）使用的瓦特小時大於100Wh，但不大於160Wh的鋰離子電池。鋰含量超過2g但不超過8g的僅醫用電子裝置專用鋰金屬電池。	是	是	是	否
安全火柴（一小盒）或一個小型香菸打火機　個人使用在身上的不含未經吸附的液體燃料且非液化氣體的打火機。打火機燃料或燃料充裝罐不允許隨身攜帶，也不允許放入託運行李或手提行李中。 註：「火柴」、「藍焰」或「雪茄」打火機禁止航空運輸。	否	否	否	帶在身上禁止
助行器：裝有密封型電池或符合特殊規定A123和A199電池的電動輪椅或其他類似的助行器（見DGR2.3.2.2）	是	是	否	是
助行器：裝有非密封型電池或鋰電池的輪椅或其他類似的電動助行器（見DGR2.3.2.3和12.3.2.4）。	是	是	否	是
助行器：裝有鋰離子電池（可拆卸的）電動助行器，鋰離子電池必須拆卸下來，且在客艙內攜帶（見DGR2.3.2.4）	是	是	否	是
非放射性藥品或化妝品（包括氣膠）如髮膠、香水、古龍水以及含有酒精的藥品。 2.2項非易燃無毒的氣膠　無次要危險性，體育運動用或家用。其中非放射性藥品和2.2項中非易燃無毒氣膠的總淨數量不得超過2kg或2L，每單個物品的淨數量不得超過0.5kg或0.5L。 氣膠的閥門必須有蓋子或用其他的方法保護，以防止意外打開閥門釋放內容物。	否	是	是	否
氧氣或空氣氣瓶　用於醫學用途，氣瓶毛重不得超過5kg。 註：液態氧氣裝置禁止航空運輸。	是	是	是	是
滲透裝置　必須符合A41（見DGR2.3.5.16）	否	是	否	否
含有密封型電池的輕便電子裝置　電池必須符合A67且等於或小於12V和等於或小於100Wh。 最多可攜帶2個備用電池（見DGR2.3.5.13）	否	是	是	否
放射性同位素心律調節器或其他裝置　包括那些植入體內或體外安裝的以鋰電池為動力的裝置或作為醫療手段植入體內的放射性藥劑。	否	否	否	帶在身上禁止
保險型公文箱、現金箱、現金袋　除DGR2.3.2.6節以外，裝有鋰電池和／或煙火材料等危險品，是完全禁運的。見DGR4.2危險品名表中的條目。				
非感染性樣本　與少量易燃液體包裝在一起，必須符合A180（見DGR2.3.5.14）。	否	是	是	否
醫療或臨床用溫度計　含汞，個人使用時每人允許攜帶一支，但還要存放在保護盒內。	否	是	否	否
水銀氣壓計或水銀溫度計　由政府氣象局或其他官方機構攜帶的（見DGR2.3.3.1）。	是	否	否	是

5.2.4 危險品的郵政運輸

除 DGR 規定的幾種危險品外，《萬國郵政聯盟公約》禁止採用航空運輸形式運送含有危險物品的郵件，有關國家當局應確保在危險品航空運輸方面遵守《萬國郵政聯盟公約》的規定。

在 DGR 中列出的幾種危險品可作為航空郵件收運，不過應按照有關國家郵政當局的規定及 DGR 有關規定進行處理。這些物品包括：

（1）感染性物質。此類感染性物質僅限於生物物質，且按照包裝說明的要求進行包裝和用作感染性物質致冷劑的固體二氧化碳（乾冰）。

（2）病患標本。病患標本是指為了研究、診斷、調查活動和疾病治療與預防等目的，採用航空方式運輸的直接從人或動物身上採集的人體或動物體物質，包括但不限於排泄物、分泌物、血液及其成分、組織和組織液拭子以及肌體部分。

病菌存在的可能性很低的病患標本，如滿足下列條件，則可以採用郵政運輸：

①標本必須裝在能夠防止洩露的包裝中並且包裝件上標註「感染排除的人體標本」或「感染排除的動物標本」。

②包裝必須由下列三個部分組成：防洩露的主容器；防洩露的次容器；根據樣本的容積、質量和使用的目的，要求外包裝要有足夠的強度，並且至少其中一面的最小尺寸是 100mm×100mm。

③對於液體，必須在主容器和次容器之間填充吸附材料，吸附材料必須充足，能夠吸收主容器中的所有內裝物。這樣在運輸過程中，液體物質的任何釋放或泄漏都不可能到達外包裝，不會影響襯墊材料的完整性。

④當多個易碎的主容器裝入一個次容器時，必須將它們分別包裹或隔離，以防止彼此接觸。

（3）放射性物質。放射性物質作為航空運輸郵件，其活度不得超過 DGR 所規定標準的十分之一，並且不符合 DGR 第 3 章規定的除第 7 類之外的分類或分項標準。其包裝件必須標註託運人和收貨人的姓名，包裝件必須標記「Radioactive material—quantities permitted for movement by post（放射性物質——郵政允許數量）」並且貼有放射性物質例外包裝件標籤。

註：中國不允許在航空郵件中夾帶以上任何危險品。

（4）安裝在設備中的鋰離子電池。符合包裝說明規定不超過 4 個電池芯或 2 個電池，可以在任何單個包裝件中郵寄。

（5）安裝在設備中的鋰金屬電池。符合包裝說明規定不超過 4 個電池芯或 2 個電池，可以在任何單個包裝件中郵寄。

5.2.5 經營人資產中的危險品

經營人的資產，又稱航空公司的資產，英文名稱是「Company Materials」或「Company-owned Materials」，所以常縮寫為「COMAT」。經營人資產中的某些物品也可能

具有危險特性，在飛機上運載時，有些例外情況是不被看作危險貨物的，因而不需要按照 DGR 的要求運輸；也有一部分危險品被看作危險貨物的，需要按照 DGR 的要求來運輸。

（1）例外情況

DGR 中關於危險物品的規定並不適用於某些航空運輸經營人資產中的危險物品。根據 DGR 的規定，這些物品包括：

①航空器設備。根據分類，某些航空器設備雖然屬於危險品，但它們是按照有關適航要求及經營人所在國家為符合特殊要求而頒布的運行規定或由其授權而裝載於航空器內的物品，所以不受 DGR 的限制。

②消費品。飛行中或連續飛行中，在經營人的航空器上使用或者出售的氣溶膠、酒精飲料、香水、古龍水、安全火柴及液化氣體打火機和含有符合 DGR 規定的鋰離子或鋰金屬電池芯或電池的輕便電子設備等，不受 DGR 的限制。但是，一次性氣體打火機和減壓條件下易泄漏的打火機仍須受 DGR 的限制。

③固體二氧化碳（乾冰）。在航空器內，用於冷藏在機上服務用飲料或食品的二氧化碳不受 DGR 的限制。

④電池供電的電子設備。符合 DGR 規定的經營人帶上航空器在航班或一系列航班飛行中使用的含有鋰金屬或鋰離子電池芯或電池的諸如飛行數據包、個人娛樂設備、信用卡讀卡機等電子裝置及其備用鋰電池。未使用的備用鋰電池必須單獨做好防短路保護。這些電子裝置的運輸及使用條件必須寫入經營人手冊或其他適用的手冊以便飛行機組、乘務及其他雇員履行其職責。

（2）受 DGR 規則限制的 COMAT

航空器零部件。除非經營人所屬國家另有授權，否則 DGR 在上述例外情況中列出的「航空器設備」這一條目所指物品的替換件，或已經被替換下的該類物品，都必須遵守 DGR 的規定。但經營人使用專門設計的容器運輸上述物品和物質可以例外，條件是容器至少能夠滿足 DGR 中對於此種物品包裝的要求。

另外，除非經營人所在國特別批准，否則 DGR 在例外情況中列出的替換品也必須遵守本規則的規定。

5.2.6 例外數量的危險品

某些類型的危險品當運輸量很小時，危險性也較小，這時這些危險品除了應該符合 DGR 中有關危險貨物的定義、分類要求、必要的裝載限制以及危險品事故處理要求以外，可以不受 DGR 中其他規定的限制，這種危險品被稱為例外數量（Excepted Quantities）的危險品。

並不是所有的危險品都可以以例外數量的形式進行航空運輸。作為託運人，有責任確保以「例外數量」形式運輸的該危險品的類別、包裝要求、數量限制以及標誌要求等符合 DGR 相關規定，貨運代理人和經營人、貨物收運人員也必須遵守有關「例外數量」危險品的分類、包裝和標誌的要求等，同時應該仔細檢查，確保所有包裝件均正確使用各種標誌、正確進行包裝和填寫相關運輸文件。

DGR 規定了適用於例外數量形式運輸的危險品的相關要求。除了在標記和運輸文件方面有所例外，例外數量的危險品在運輸時應遵守的要求包括：

（1）培訓要求；
（2）航空郵件中的危險品；
（3）分類和包裝等級標準；
（4）包裝要求；
（5）裝載限制；
（6）危險品事故、事件和其他情況的報告；
（7）如屬放射性物質，關於放射性物質例外包裝件的要求；
（8）DGR 中附錄 A 中的定義。

另外，DGR 還規定，交運行李、手提行李和航空郵件中不允許含有例外數量的危險品。

5.2.6.1 允許以例外數量危險品運輸的危險物品

只有允許客機運輸且符合如下類別或項別及包裝等級標準（詳見 DGR 分類規則和包裝要求）的危險品，才可以按照例外數量的危險品規定進行運輸。

（1）不具有次要危險性的 2.2 項危險物品，但不包括 UN1043、UN1044、UN1950、UN2037、UN2073、UN2857 和 UN3164、UN3500 和 UN3511；

（2）第 3 類危險物品的所有包裝等級，除包裝等級為 I 級且有次要危險性的，以及 UN1204、UN2059 和 UN3473；

（3）第 4 類危險物品，II 級和 III 級包裝，且不包括所有自反應物質以及 UN2555、UN2556、UN2557、UN2907、UN3292 和 UN3476；

（4）II 級和 III 級包裝的第 5.1 項危險物品；

（5）裝在化學物品箱、急救箱或聚酯樹脂箱中的 5.2 項危險物品；

（6）除了 I 級包裝中具有吸入毒性的危險物品之外的所有 6.1 項危險物品；

（7）屬於 II 級和 III 級包裝但不含有 UN1774、UN2794、UN2795、UN2800、UN2803、UN2809、UN3028、UN3477 和 UN3506 的第 8 類危險物品；

（8）除固體二氧化碳、轉基因生物、轉基因微生物以外的所有第 9 類危險物品。

5.2.6.2 數量限制

例外數量的危險品的分類同其他類型的危險品一樣，需要按照《危險品規則》第 3 章「分類」的標準進行分類，以確定其在 9 種類別危險品中的屬性。

判斷某危險品是否符合例外數量運輸要求，以及確定符合要求的危險品使用方式運輸的具體數量限制，可以在 DGR 的「危險物品品名表」的 F 欄中得以確認。該欄用 E0、E1、E2、E3、E4、E5 六種代號表示某一具體危險品的例外數量運輸要求。而 DGR 詳細標明了六種代號所對應的含義，包括是否允許例外數量運輸，以及允許運輸時的內包裝及每個包裝件的最大允許淨數量限制。如表 5-6 所示。

表 5-6 「危險物品品名表」F 欄例外數量危險品代碼含義

代號	每一內包裝最大數量	每一外包裝最大數量
E0	不允許做為例外數量運輸	
E1	30g/30mL	1kg/1L
E2	30g/30mL	500g/500mL
E3	30g/30mL	300g/300mL
E4	1g/1mL	500g/500mL
E5	1g/1mL	300g/300mL

5.2.6.3 包裝性能試驗要求

例外數量的危險物品所用的包裝要求堅固耐用。雖然因數量較少而不需採用危險品專用的 UN 規格包裝（UN 規格包裝的相關知識見本章第 5 節），但例外數量的危險品包裝也應滿足指定的試驗標準。

準備運輸的整個包裝件，其內包裝裝入不少於容量 95% 的固體或不少於容量 98% 的液體，完成下列試驗後，任何內包裝無破損或泄漏且效能無明顯削弱，才可用於例外數量危險品的包裝：

（1）自 1.8m 的高度自由跌落至一個堅硬、無彈性的水平衝擊板上，當試樣為箱形或桶形等不同類型時，還應以不同方向對應的平面或不同姿態跌落。

（2）頂面施加等於同樣包裝件 3m 高時的總重量的外力，持續 24 小時。

5.2.6.4 標記與文件

（1）標記

按照 DGR 的規定，例外數量危險品的包裝件必須耐久和清晰地標以「Excepted quantities（例外數量）」標記，在包裝件中的每一危險品的主要類型或項別必須顯示在標記中。當託運人或收件人的名字沒有顯示在包裝件上的其他地方時，此資訊則必須包括在標記內。

例外數量標記必須是正方形，影格線和符號必須在白色或合適背景上使用同一顏色（黑色或紅色）。標記的最小尺寸為 100mm×100mm 以便識別。如圖 5-3 所示。

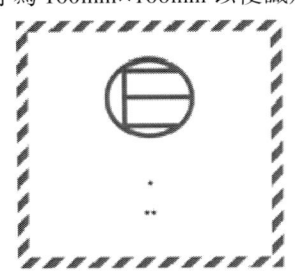

圖 5-3 例外數量危險品標記

註：＊—此處需標明危險品所屬的主要危險性的類別/項別代號。

＊＊—若包裝件其他位置未註明危險品的託運人或收貨人姓名，則需在此處標明。

（2）文件要求

例外數量危險品不需要託運人危險品申報單。

如果有航空貨運單（Airway Bill）或其他文件（如裝運單）伴隨例外數量危險品運輸，則應在相應位置註明例外數量危險品的資訊。例如，在航空貨運單的「貨物品名與數量（Nature and quantity of goods）」欄中註明「例外數量的危險品（Dangerous goods in excepted quantity）」字樣並標明件數。

5.2.7 有限數量的危險品

只有符合 DGR 中相關要求和規定，並按照危險品品名表和包裝說明有關要求，才可以作為「有限數量」的危險品進行載運。有限數量的危險品的數量和規定同樣適用於客機和貨機。

5.2.7.1 允許以有限數量運輸的危險品

僅被允許由客機載運並符合下列類別/項別和包裝等級（詳見 DGR 分類規則和包裝要求）的危險品，可按照限制數量的危險品進行載運。

（1）第 2 類：僅限於 2.1 項和 2.2 項的 UN1950（氣溶膠），無次要危險性的 2.1 項和 2.2 項的 UN2037、UN3478（燃料電池罐，含液化易燃氣體）和 UN3479（燃料電池罐，含儲氫氫化金屬）。

（2）第 3 類：包裝等級Ⅱ級和Ⅲ級的易燃液體和 UN3473（燃料電池罐，含易燃液體）。

（3）第 4 類：4.1 項中屬於Ⅱ級和Ⅲ級包裝的易燃固體，自身反應物質除外（不考慮包裝等級）；4.3 項中屬於包裝等級Ⅱ級和Ⅲ級的物體，只限固體和 UN3476（燃料電池罐，含遇水反應物質）。

（4）第 5 類：5.1 項中屬於包裝等級Ⅱ級和Ⅲ級的氧化劑；5.2 項中僅限包裝在化學品箱或急救箱內的有機過氧化物。

（5）第 6 類：6.1 項中屬於包裝等級Ⅱ級和Ⅲ級的毒性物質。

（6）第 8 類：屬於包裝等級Ⅱ級和Ⅲ級的第 8 類腐蝕性物質和 UN3477（燃料電池罐，含腐蝕性物質），但不包括 UN2794、UN2795、UN2803、UN2809、UN3028 和 UN3506。

（7）第 9 類：僅限第 9 類中的 UN1941（二氟二溴甲烷）、UN1990（苯甲醛）、UN2071（硝酸銨肥料）、UN3077（環境危害物質）、UN3082（環境危害物質）、UN3316（化學品箱或急救箱）、UN3334（航空限制的液體）、UN3335（航空限制的固體）和 ID8000（日用消費品）。

5.2.7.2 數量限制

判斷某一具體的危險品是否可以採用有限數量方式運輸，可以在 DGR 危險物品品名表中找到該危險品運輸專用名稱所對應的條目，並在其「Ltd Qty」欄的子欄 G 欄「Pkg Inst」和 H 欄「Max Net Qty/Pkg」中找到對應的要求。若兩欄均標為「Forbidden」，則表明該危險品不允許使用有限數量方式運輸。在不是「Forbidden」的情況下，這兩欄將顯示採用有限數量形式運輸時應遵守的包裝說明要求和數量限制。

另外，G 欄中的包裝說明數字序號前均有英文大寫字母「Y」，表示針對有限數量危

險品的包裝說明代號，如表 5-7 所示。與 UN 包裝相比，此類包裝的數量會受到更嚴格的限制。

表 5-7　　　　　　　　　　限制數量的危險品品名表例

UN/ID No.	Proper Shipping Name/Description	Class or Div. (sub Risk)	Hazard Labels	PG	EQ See 2.6	Ltd Qty Pkg Inst	Ltd Qty Max Net Qty/Pkg	Pkg Inst	Max Net Qty/Pkg	Pkg Inst	Max Net Qty/Pkg	S.P. See 4.4	ERG Code
A	B	C	D	E	F	G	H	I	J	K	L	M	N
1218	**Isoprene, stabilized**	3	Flamm. liquid	I	E3	Forbidden		351	1L	361	30L		*3H*
2528	**Isobutyl isobutyrate**	3	Flamm. liquid	III	E1	Y344	10L	355	60L	366	220L		*10L*

上方兩列：Passenger and Cargo Aircraft；第三列：Cargo Aircraft Only

5.2.7.3　包裝要求與標記

對於有限數量的包裝，必須符合以下要求：

（1）有限數量的危險品必須使用組合包裝；
（2）不允許使用單一包裝，包括複合包裝；
（3）內包裝必須符合 DGR 的一般包裝要求的標準；
（4）外包裝必須經嚴格設計製造以達到 DGR 的結構性要求；
（5）有限數量包裝件的毛重不能超過 30 公斤；
（6）有限數量包裝件必須標有 DGR 所示的「有限數量」標記，見圖 5-4。

圖 5-4　「有限數量」包裝標記

5.2.7.4　包裝性能測試

有限數量的運輸包裝必須通過如下試驗：

（1）跌落試驗：準備載運的包裝件，必須能夠承受在堅硬光滑的水準衝擊板上完成的高度為 1.2m 的跌落試驗。試驗時要求以最易造成最大損壞的位置進行跌落。試驗後，外包裝不得有任何會在運輸過程中影響安全的損壞，內包裝亦不得有泄漏跡象。

（2）堆碼試驗：交運的每一包裝件，必須能夠承受對其頂面施加的壓力等同於同樣包裝件堆碼 3m 高時的總重量產生的外力，持續 24 小時。試驗後，任何內包裝無破損或泄漏且其效能無明顯削弱。

5.2.8　國家及經營人差異

按照 IATA 的規定，託運人除了要遵守國際航協頒布的 DGR 所規定的一般性要求外，還必須遵守有關國家及經營人的差異性規定；經營人或經營人的貨運代理人的貨物接收人員應確保有關國家及經營人的差異規定均得到滿足。

任何國家或經營人都可以向 DGR 提交差異性條款。

5.2.8.1　國家差異

為了區分和查找方便，DGR 對所有條款按國家進行編號，列成一個清單。每個差異條款都有一個代碼。

（1）國家差異條款代碼構成。

國家的差異規定代碼由 3 個英文字母和兩位阿拉伯數字組成。英文字母的前兩位為國家的二字代碼，第三個字母為「G」，是「Government」的第一個字母。阿拉伯數字是按嚴格順序排列的兩個數字，以「01」開始，如：CNG-01（中國的差異規定 01 號條款）、ITG-02（義大利國家差異規定 02 號條款）。表 5-8 所示為部分國家差異代碼表。

表 5-8　　　　　　　　頒布了國家差異的部分國家及其差異代碼

Code（代碼）	State（國家）	
	英文	中文
AUG	Australia	澳洲
BEG	Belgium	比利時
BNG	Brunei Darussalam	汶萊
CAG	Canada	加拿大
DKG	Denmark	丹麥
FRG	France	法國
DEG	Germany	德國
IRG	Islamic Republic of Iran	伊朗
ITG	Italy	義大利
JPG	Japan	日本
MYG	Malaysia	馬來西亞
NLG	Netherlands	荷蘭
NZG	New Zealand	紐西蘭
PKG	Pakistan	巴基斯坦
RUG	Russian Federation	俄羅斯
SAG	Saudi Arabia	沙烏地阿拉伯
SGG	Singapore	新加坡
ZAG	South Africa	南非
ESG	Spain	西班牙
VCG	Sri Lanka	斯里蘭卡
CHG	Switzerland	瑞士
UKG	Ukraine	烏克蘭
AEG	United Arab Emirates	阿拉伯聯合大公國
GBG	United Kingdom	英國
USG	United States	美國
VUG	Vanuatu	萬那杜

（2）大部分情況下，國家的差異規定比 DGR 的規定限制更嚴格。此時，國家差異適用於以下情況：

①所有經營人運進、運出或通過申報國擁有主權的所有領土的危險品航空運輸；

②當經營人所在國即申報國時，適用於該國領土以外的全部申報國所屬經營人的危險品的航空運輸。

簡單地講，這些規定適用於始發國、中轉國、目的站以及該國經營人。

例如，MYG-01 是馬來西亞的國家差異規定 01 號條款。它適用於以下所有危險品：

①從馬來西亞出發的危險物品；

②經馬來西亞中轉的危險物品；

③到達馬來西亞的危險物品；

④在馬來西亞境內註冊的各經營人承運的危險物品。

MYG-01 的具體規定為：經營人需要載運所有類別的危險物品運至、始發其境內或飛經馬來西亞領土必須事先經馬來西亞民航局長書面同意。

個別情況下，國家差異規定的限制不如 DGR 的規定嚴格，則所列出的差異條款僅作為參考資料，只適用於申報國的經營人在該國領土內的運輸。

(3) 國家差異規定實例

【例 5-1】2018 年 DGR（第 59 版）中，中國香港特別行政區的差異規定。

HKG（Hong Kong Special Administrative Region, China）

HKG（香港特別行政區，中國）

HKG-01 Operators wishing to carry dangerous goods in aircraft to, from or over the Territory of Hong Kong must obtain prior written permission from the Director-General of Civil Aviation. Applications must include details of dangerous goods training programmes. Further information may be obtained from：

Director-General of Civil Aviation

Dangerous Goods Office

Airport Standards Division

Civil Aviation Department

Civil Aviation Department Headquarters

1 Tai Fung Road, HongKong International Airport Lantau

HONG KONG

Tel：+852, 2910, 6980/6981/6982

Fax：+852（2）795, 8469

HKG-01 經營人需要載運危險物品運至、始發其境內或飛經香港領土必須事先經香港民航處處長書面批准。其申請函中必須包括進行危險品培訓項目的細節。獲取進一步資訊可由以下聯繫方式進行諮詢：

民航處處長

危險品辦公室

機場安全標準部

民用航空部

民用航空總署

東輝路1號，香港國際機場，大嶼山，香港

電話：+852，2910，6980/6981/6982

傳真：+852（2）795，8469

HKG-02 English must be used in addition to the language which may be required by the State of origin, and each language must be given equal prominence.

HKG-02 除貨物始發國所要求使用的語言外，必須用英文另加註明，且每種語言都同等重要。

HKG-03 The shipment by air from Hong Kong of explosive articles and substances originating in HongKong is prohibited. Explosives previously imported may exported by air providing that the classification has been approved by the appropriate authority of the State of origin or manufacture.

HKG-03 禁止由香港始發空運的爆炸性物品和物質。之前轉運進入香港的爆炸品只可在其分類被始發國或製造國批准的情況下，才可以經空運運出香港。

5.2.8.2 經營人差異

經營人差異規定與國家差異規定一樣，為了區分和查找方便，對所有條款按經營人進行編號，列成一個清單。每個差異條款都有一個代碼。

（1）經營人差異規定代碼構成

經營人差異規定由經營人的兩字代碼加兩位數字組成。如AF-01、AF-02表示法航差異規定01、02號；CA（Air China，中國國際航空公司）、CI（China Airlines Ltd，中華航空公司（臺灣））。例如AF-01規定：Dangerous Goods as defined in these Regulation will not be accepted in air mail（在航空郵件中不收《危險品規則》中指定的危險品）。

經營人不得低於《危險品規則》的要求，僅適用於該經營人所從事的業務範圍。經營人應該將其差異規定向國際航空運輸協會申報，國際航空運輸協會據此進行登記並記入《危險品規則》。主要的航空公司代碼如表5-9所示。

表5-9　　　　　　部分申報了差異的經營人及其代碼

Airline	Code（二字代碼）	
	英文	中文
Adria Airways	JP	亞德里亞航空公司（南斯拉夫）
Aerolineas Argentinas	AR	阿根廷航空公司
AeroPeru	PL	秘魯航空公司
Air Austral	UU	南方航空公司
Air Canada	AC	加拿大航空公司
Air China	CA	中國國際航空公司
Air France	AF	法國航空公司
Air Hong Kong	LD	香港航空公司
Air Namibia	SW	納米比亞航空公司
Air Niugini	PX	紐幾內亞航空公司
Air Wisconsin	ZW	威斯康辛航空公司（美國）

表5-9(續)

Airline	Code（二字代碼）	
	英文	中文
Alaska Airlines Inc.	AS	阿拉斯加航空公司（美國）
Alitalia	AZ	義大利航空公司
All Nippon Airways	NH	全日本空輸航空公司
American Airlines Inc.	AA	美國航空公司
Austrian Airlines	OS	奧地利航空公司
Asiana	OZ	韓亞航空
Biman Bangladesh Airlines	BG	孟加拉比曼航空公司
British Airways	BA	英國航空公司
Cameroon Airlines	UY	喀麥隆航空公司
Cathay Pacific Airways Limited	CX	香港國泰航空公司
China Airlines	CI	中華航空公司
Delta Air Lines	DL	達美航空公司（美國）
Deutsche Lufthansa A. G. (Lufthansa)	LH	德國漢莎航空公司
El Al Israel Airlines	LY	以色列航空公司
Era Aviation	7H	時代航空公司（美國）
European Air Transport, Leipzig GmbH- DHL	QY	歐洲貨運航空運輸公司
Federal Express	FX	聯邦快遞公司（美國）
Gulf Air	GF	海灣航空公司（中東地區海灣四國）
Hawaiian Airlines	HA	夏威夷航空公司
Hong Kong Dragon Airlines (Dragonair)	KA	港龍航空公司（中國香港）
IBERIA, Lineas Areas de Espana	IB	西班牙伊比利航空公司
Iran Air	IR	伊朗航空公司
Japan Airlines	JL	日本航空公司
KLM-Royal Dutch Airlines/KLM Cityhopper B. V.	KL	荷蘭皇家航空公司
Korean Airlines	KE	大韓航空公司
Luxair	LG	盧森堡航空公司
Lufthansa Cargo Airlines	LH	德國漢莎貨運航空公司
Martinair Holland	MP	馬丁荷蘭航空公司
Middle East Airlines	ME	中東航空公司
Nippon Cargo Airlines	KZ	日本貨運航空公司
Philippine Airlines, Inc	PR	菲律賓航空公司
Qantas Airways	QF	澳洲航空公司
Royal Jordanian	RJ	皇家約旦航空公司
Saudi Arabian Airlines	SV	沙烏地阿拉伯航空公司
Singapore Airlines/ Singapore Airlines Cargo	SQ	新加坡航空貨運公司

表5-9(續)

Airline	Code (二字代碼) 英文	中文
Southern Air Transport	SJ	南方航空運輸公司（美國）
Swiss International	LX	瑞士國際航空有限責任公司
Thai Airways International	TG	泰國國際航空公司
Tunis Air	TU	突尼西亞航空公司
Turkish Airlines	TK	土耳其航空公司
Transavia Airlines C. V.	HV	荷蘭泛航航空公司
United Airlines	UA	聯合航空公司（美國）
United Parcel Service	5X	優比速公司公司 　　（美國）
Virgin Atlantic	VS	維珍大西洋航空公司
Virgin Australia	VA	維珍澳洲航空公司
Vietnam Airlines	VN	越南航空公司
Yemen Airways	IY	葉門航空公司

（2）經營人差異實例

國際航空運輸協會的DGR是航空危險品運輸的最低要求，各經營人還可以根據自己的要求作出特別的規定。這些規定列於《危險品規則》的《經營人差異》列表》（List of Operator Variations 中，託運人在具體操作中可在此查閱。

【例5-2】2018年DGR（第59版）中，阿聯酋航空公司的經營人差異規定。

EK（Emirates）

EK（阿聯酋航空公司）

EK-01 An emergency response contact number provided by the shipper must be inserted in the Additional Handling Information box of the Shipper's Declaration for Dangerous Goods.

EK-01 託運人必須在託運人危險物品申報單上的附加操作資訊欄內提供一個用於緊急回應時聯繫的電話號碼。

EK-02 The following dangerous goods will not be accepted for carriage as cargo on Emirates：
- UN3090–Lithium metal cells and batteries, including lithium alloy cells and batteries, prepared in accordance with Section IA, IB and II of Packing Instruction 968. This prohibition includes lithium metal batteries shipped under an approval in accordance with Special Provision A88 and A99 and exemption in accordance with Special Provision A201.
- UN3480—Lithium ion cells and batteries, including lithium polymer cells and batteries, prepared in accordance with Section IA, IB and II of Packing Instruction 965. This prohibition includes lithium ionbatteries shipped under an approval in accordance with Special Provision A88 and A99.

Note：*The prohibitions for lithium batteries do not apply to Lithium batteries (rechargeable and non-rechargeable) covered by the Provisions for Dangerous Goods carried by Passengers or Crew.*

- UN 2809—Mercury.

EK-02 阿聯酋航空公司不接受以下危險品貨物的航空運輸：
- UN3090——按照包裝說明968第IA、IB和第Ⅱ部分準備的鋰金屬電池芯與電池，包括鋰合金電池芯和電池。此禁令也包括滿足特殊規定A88和A99的鋰金屬電池，以及本已獲得豁免的符合特殊規定A201的電池。
- UN3480——按照包裝說明965第IA、IB和第Ⅱ部分準備的鋰離子電池芯與電池，包括鋰聚合物電池芯和電池。此禁令也包括滿足特殊規定A88和A99的鋰金屬電池。

註：對鋰電池的禁令不適用於滿足旅客與機組人員攜帶危險品規定中的鋰電池（可充電或不可充電）。
- UN2809——水銀。

當接受危險品時，可使用如圖5-5所示的下列程序以確保國家或經營人的差異規定得以認真執行。

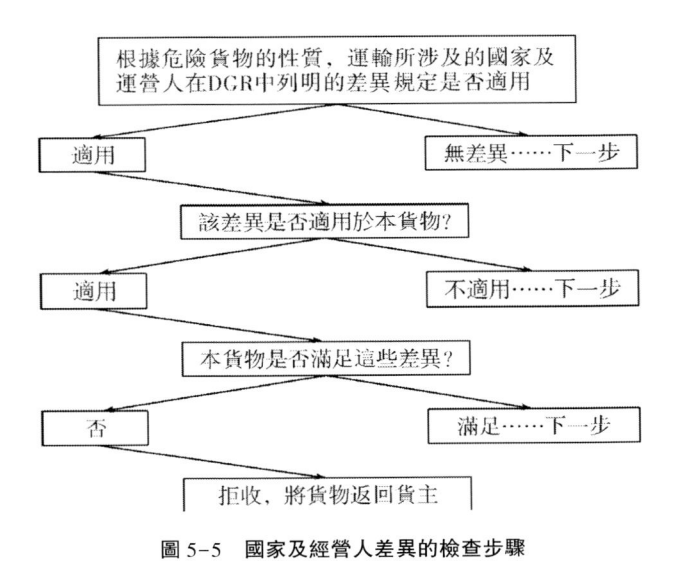

圖5-5 國家及經營人差異的檢查步驟

5.3 危險品分類

為了儲運安全和管理方便，《危險品規則》根據危險品的危險性質差異，將危險品劃分為9大類，有些類別如第1、2、4、5、6類的危險品因其各自包括的範圍比較廣，進行了進一步的細分，分為不同的項別。根據不同的危險性類型，9類危險品的類別與項別為：

第1類：爆炸品（Explosives），分為6項。

1.1項——有整體爆炸危險的物質和物品。

1.2 項——有迸射危險，但無整體爆炸危險的物質或物品。

1.3 項——有燃燒危險，並兼有局部爆炸危險，或局部迸射危險之一，或兼有這兩種危險，但無整體爆炸危險的物質和物品。

1.4 項——不呈現重大危險的物質和物品。

1.5 項——有整體爆炸危險的非常不敏感物質。

1.6 項——沒有整體爆炸危險的極端不敏感物品。

第 2 類：氣體（Gases），分為 3 項。

2.1 項——易燃氣體（Flammable gases）。

2.2 項——非易燃無毒氣體（Non-flammable and non-toxic gases）。

2.3 項——毒性氣體（Toxic gases）。

第 3 類：易燃液體（Flammable liquid）。

第 4 類：易燃固體、易於自燃物質及遇水放出易燃氣體的物質，分為 3 項。

4.1 項——易燃固體（Flammable solid）。

4.2 項——易於自燃的物質（Spontaneously combustible）。

4.3 項——遇水放出易燃氣體的物質（Dangerous when wet）。

第 5 類：氧化性物質和有機過氧化物，分為 2 項。

5.1 項——氧化性物質（Oxidizer）。

5.2 項——有機過氧化物（Organic peroxide）。

第 6 類：毒性物質與感染性物質，分為 2 項。

6.1 項——毒性物質（Toxic substance）。

6.2 項——感染性物質（Infectious substance）。

第 7 類：放射性物質（Radioactive material）。

第 8 類：腐蝕性物質（Corrosive）。

第 9 類：雜項危險物質和物品（Miscellaneous）。

許多情況下，某一危險品的危險性不止一個，除具有據以分類的主要危險特性外，還具有一些其他危險性質。例如有些易燃液體還具腐蝕性。這類物質或物品就具有多重危險性。作為分類依據的主要危險特性為該危險品的主要危險性，其他一種或多種危險特性則為次要危險性。

需要說明的是，以上 1 至 9 的分類編號順序只是為了方便，並非表明其相對的危險程度。為了表明其危險程度，IATA 採用包裝等級的概念來區分。這 3 種不同的包裝等級為：

I 級包裝：適用於有較大危險性的危險品（有時也表述為：Packing Group I 或 PG I）

II 級包裝：適用於有中等危險性的危險品（有時也表述為：Packing Group II 或 PG II）

III 級包裝：適用於有較小危險性的危險品（有時也表述為：Packing Group III 或 PG III）

此外，並非所有的類別或項別都有包裝等級。包裝等級僅適用於第 3、4、8、9 類和 5.1 項、6.1 項的危險品。

託運人按照 DGR 負責對準備空運的全部危險品進行識別、分類。特別是對任何需要空運的危險品進行包裝前，託運人必須做到：

（1）正確並全面地識別託運貨物中所有滿足危險品標準的物品和物質；

（2）確定每一危險品的類別、項別，需要時還需指出其次要危險性；

（3）在確定每一危險品的類別、項別後，需要時還要劃定其相應的包裝等級。

5.3.1　第1類：爆炸品

爆炸品的實質就是固體和液體的混合物，其自身能夠通過化學反應產生氣體，並使溫度、壓力和速度高到能對周圍造成破壞。其定義包括三個方面的內容：

（1）爆炸性物質（物質本身不是爆炸品，但能形成氣體、蒸氣或粉塵爆炸的不包括在第1類內）。其不包括那些太危險以致不能運輸或那些主要危險性符合其他類危險品定義的物質。

（2）爆炸性物品，不包括下述裝置：其中所含爆炸性物質的數量或特性，不會使其在運輸過程中偶然或意外被點燃或引發後因迸射、發火、冒煙、發熱或巨響而在裝置外部產生任何影響。

（3）上述未提到的，為產生爆炸或煙火實用效果而製造的上文未提及的物質或物品 。

需要說明的是，煙火物質是用來產生熱、光、電、氣或煙的效果的一種物質或物質的混合物，但即便不產生氣體，也包括在爆炸性物質中。另外，爆炸品是指含有一種或一種以上的爆炸性物質的物品。

5.3.1.1　項別

爆炸品按其危險性程度的不同被劃分為如下6個項別：

1.1項——有整體爆炸①危險的物質和物品。

1.2項——有迸射危險，但無整體爆炸危險的物質或物品。

1.3項——有燃燒危險，並兼有局部爆炸危險，或局部迸射危險之一，或兼有這兩種危險，但無整體爆炸危險的物質和物品。本項包括可產生大量的輻射熱的物品和物質，或相繼燃燒並產生輕度爆炸和（或）噴射效應或兼有兩種效應的物品和物質。

1.4項——不呈現重大危險的物質和物品。此項物品或物質在運輸過程中被引燃或引發時僅出現較小的危險性，其影響基本被限制在包裝件內部，並預計射出的碎片不大，射程也不遠，外部明火也不會引起包裝件內裝物品的瞬間爆炸。

1.5項——有整體爆炸危險的非常不敏感物質。此項物質在正常運輸條件下極為不敏感，被火引爆的可能性極小，其最低要求是在燃燒實驗中不發生爆炸。

1.6項——沒有整體爆炸危險的極端不敏感物品。此項物品只包括敏感度極低的爆轟炸藥。經驗證，其被意外引爆或傳播爆炸的可能性極小。其危險性只限於單一物品的爆炸。

5.3.1.2　配裝組

不同的爆炸品能否混裝在一起安全運輸，取決於它們所屬的配裝組。爆炸品按所含的物質不同，可以劃分為13個配裝組，以英文大寫字母 A、B、C、D……表示，每一項內

---

① 註：整體爆炸是指實際上瞬間影響到幾乎全部載荷的爆炸。

不同爆炸品被指定為其中的一個配裝組。除 S 項外，屬於同一配裝組的爆炸品可以放在一起運輸，反之則不能放在一起運輸。

需要注意，其中 1.4S 的爆炸品是非常特殊的，S 配裝組的「S」的含意是「Safety」，即「安全」，只有屬於該項別和配裝組組合的爆炸品可以與任意配裝組進行混裝運輸，而且只有該類爆炸品才可以被民航客機所收運。

DGR 中列出了關於每一個配裝組的說明及其所包含危險物品或物質的危險性項別，如表 5-10 所示。可以查閱此表來判斷不同的爆炸品是否可以混裝運輸。

表 5-10　　　　　　　　　　　　爆炸品配裝組的劃分

配裝組	危險項別	物品或物質的分類
A	1.1	初級炸藥。
B	1.1；1.2；1.4	含有初級炸藥，未安裝有兩個或兩個以上有效保險裝置的製品。
C	1.1；1.2；1.3；1.4	發射藥或其他爆燃性物質，或含有這些物質的製品。
D	1.1；1.2；1.4；1.5	初級爆炸物質、黑火藥或含有次級爆炸物質的物品，無引發裝置和發射裝藥，或含有初級爆炸物質和兩個或兩個以上的有效保護裝置。
E	1.1；1.2；1.4	含有次級爆炸物質的物品，無引發裝置，有發射裝藥（含易燃液體或膠體或自燃液體除外）。
F	1.1；1.2；1.3；1.4	含有次級爆炸物質的物品，自帶引發裝置，有或無推進裝藥（含易燃液體或膠體或自燃液體除外）。
G	1.1；1.2；1.3；1.4	自燃物質或含自燃物質的物品，或同時含有一種爆炸物質和一種照明、燃燒、催淚或發煙物質的物品。
H	1.2；1.3	含有炸藥和白磷的製品。
J	1.1；1.2；1.3	含有炸藥或易燃液體或凝膠的製品。
K	1.2；1.3	含有炸藥和化學毒劑的製品。
L	1.1；1.2；1.3	爆炸物質或含一種爆炸物質的物品，呈現出特殊危險，需要彼此隔離的物品。
N	1.6	只含極不敏感爆炸物質的物品。
S	1.4	經如此包裝或設計的物質或物品，因事故引起的危險作用僅限於包件內部，當包件被燒壞時，一切爆炸或迸射效應不會嚴重影響在包件附近救火或採取其他措施。

5.3.1.3　運輸要求

由於危險性太大，絕大多數的爆炸品都是禁止航空器運輸的。只有 1.4S 的爆炸品才可能被民航的客機所收運。僅有如下所示的爆炸品可以由貨機運輸：

（1）1.3 項，配裝組 C、G；

（2）1.4 項，配裝組 B、C、D、E、G、S。

在運輸爆炸品之前，任何一種新型爆炸性物質和製品的分類、配裝組及運輸專用名稱的確定必須經過生產國的主管部門批准，如有必要，還必須經過運輸的主管部門批准。

例如，爆炸性物品或物質在沒有得到美國交通部（US-DOT）批准之前，不得運入美

國（美國國家差異 USG-05 規定）。

下列任一情況必須按照上述規定經過批准：

①與已經批准的爆炸性物質或混合物有重大區別的新的爆炸性物質、組合物或混合物；

②新設計的爆炸性製品，或含有新型爆炸性物質、組合物或混合物的製品；

③為一種爆炸性物質或製品而新設計的包裝件（包括新型的內包裝）。

另外，某些分類為 1.4S 的爆炸品，還需要按照聯合國《實驗與標準手冊》第一部分中的實驗系列要求進行試驗以證明其危險效果被限制在包裝件內部，通過試驗的才能由客機運輸。

5.3.1.4 常見爆炸品

（1）硝化甘油。純淨的硝化甘油是淡黃色稠厚的液體，在低溫下易凍結，對機械震動的敏感性極高。凍結的硝化甘油機械感度比液體的要高，處於半凍結狀態時，機械感度更高。故受暴冷暴熱、撞擊、摩擦、遇明火、高熱時，均有引起爆炸的危險。與強酸接觸能發生強烈反應，引起燃燒或爆炸。有害燃燒產物包括氧化氮、二氧化碳、一氧化碳。

存儲硝化甘油時，應將其儲存於陰涼、乾燥、通風的專用爆炸品庫房，遠離火種、熱源，庫溫不宜超過 30℃；保持容器密封；應與氧化劑、活性金屬粉末、酸類、食用化學品分開存放，切忌混儲；採用防爆型照明、通風設施，禁止使用易產生火花的機械設備和工具；儲區應備有泄漏應急處理設備和合適的收容材料；禁止震動、撞擊和摩擦。

如果發生燃燒，消防人員須戴好防毒面具，在安全距離以外，在上風向滅火。

（2）TNT 炸藥。TNT 又稱三硝基甲苯，由 J·維爾勃蘭德於 1863 年發明，是一種無色或淡黃色晶體，溶點為 80.9℃。它帶有爆炸性，由甲苯經過硝化而制成。

（3）苦味酸。其學名為三硝基苯酚，呈無色至黃色針狀結晶或大塊固體，具有強烈的苦味。乾燥的苦味酸的爆炸敏感度較低，僅略高於 TNT，儲存和運輸都比較安全。但是某些苦味酸生成鹽後的較為敏感，因此儲存苦味酸必須用非金屬容器；裝於彈體中的苦味酸必須經過嚴格的乾燥，以阻止苦味酸腐蝕金屬，生成高感度的鹽。

5.3.2 第 2 類：氣體

5.3.2.1 定義

氣體是指具有下列性質的物質：在 50℃（122℉）時具有大於 300kPa 蒸氣壓的物質，或在溫度 20℃（68℉）大氣壓 101.3Kpa（即 1.01 個標準大氣壓）時完全處於氣態的物質。

5.3.2.2 運輸狀態的氣體

根據物理狀態的不同，處在運輸中的氣體大致有以下幾種狀態：

（1）壓縮氣體，指在-50℃（-58℉）加壓裝於壓力容器運輸時，完全是氣態的。包括臨界溫度低於或等於-50℃（-58℉）的所有氣體，如氧、氮或天然氣等。

（2）液化氣體，指在溫度高於-50℃（-58℉）加壓包裝供運輸時，其部分呈現液體的氣體，如丙烷、丁烷、液化石油氣及二氧化碳等。

液化氣體又可分為高壓液化氣體和低壓液化氣體。高壓液化氣體指臨界溫度在-50℃（-58℉）與 65℃（-149℉）之間的所有氣體。低壓液化氣體是指臨界溫度在 65℃ 以上的所有氣體。

(3) 深冷液化氣體，指由於自身的低溫而在運輸包裝內部分呈現液態的氣體，如液氫和液氮。

(4) 溶解氣體，指在加壓的情況下溶解於某種溶劑中並且能夠被多孔物質吸收的氣體，如乙炔和氨氣等。

(5) 吸附氣體，指包裝供運輸時吸附到固體多孔材料導致內部容器壓力在 20℃ 時低於 101.3Kpa 和在 50℃ 時低於 300kPa 的氣體。

此外，該類危險品還包括氣體混合物、氣體和其他蒸氣的混合物、充氣的物品和氣溶膠等。

5.3.2.3　本類包含內容

第 2 類危險品氣體包含壓縮氣體、液化氣體、深冷液化氣體、溶解氣體、一種或幾種氣體與一種或多種其他類別物質的蒸氣的混合物、充氣製品和氣溶膠。

5.3.2.4　項別

根據運輸中氣體的危險性，氣體分為 3 項。

(1) 2.1 項——易燃氣體

該項危險品是指在 20℃ 和一個標準大氣壓下，與空氣混合，其體積百分比不超過 13% 時可以點燃的氣體，或燃燒上限與下限之差不小於 12% 的氣體。

眾所周知，燃燒必不可少的條件之一是氧氣，空氣中含有 20% 的氧氣便可助燃。某種可燃氣體散發在空氣中，與空氣混合，如果可燃氣體濃度太低，燃燒無法進行；反之，如果可燃氣體的濃度太高，氧氣的比例過低也無法使燃燒發生。

可燃性氣體或可燃液體的蒸氣與空氣混合後遇火花引起燃燒爆炸的濃度範圍，稱為該物質的爆炸極限。爆炸極限用可燃物占全部混合物的百分比濃度來表示，混合氣體能發生燃燒爆炸的最低濃度為爆炸下限，最高濃度為爆炸上限。在上、下限之間的混合氣體叫做爆炸性混合氣體。爆炸上限與爆炸下限之差為燃燒範圍（Flammable Range），如圖 5-6 所示。

所以，易燃氣體的定義可以表示為爆炸下限<13% 或燃燒範圍≥12% 的氣體。

常見的易燃氣體有氫氣（H_2）、甲烷（CH_4）、乙烯（C_2H_4）、乙炔（C_2H_2）等。

(2) 2.2 項——非易燃無毒氣體

該項危險品指具有如下三條中任一性質的氣體：

①窒息性氣體——通常會稀釋或取代空氣中的氧氣的氣體，如二氧化碳氣體、氮氣。

②氧化性氣體——一般能提供氧氣，可比空氣更容易引起或促進其他材料燃燒的氣體。

③不包括在第 2 類其他項別中的氣體。

常見的非易燃無毒氣體主要包括惰性氣體、氟氯烷類的製冷劑和滅火劑。這類氣體直接吸入人體，無毒、無刺激性、無腐蝕性，但濃度高時具有窒息性。這類氣體運輸時常常

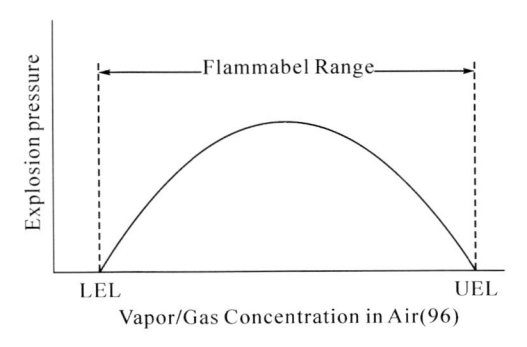

圖 5-6　氣體的爆炸極限或燃燒範圍

以壓縮氣體或深冷液化氣體的形式，如液氧、液氨等。

需要注意的是，非易燃無毒氣體的「非易燃」性也只是相對而言。有些氣體雖然非「易燃」，但還是「可燃」，當溫度升高到一定程度，遇到明火也會發生燃燒，只是還沒有達到劃分為 2.1 項的實驗標準。

（3）2.3 項——毒性氣體

該項危險品是指已知其毒性或腐蝕性有害於人體健康的氣體，或根據吸入毒性試驗，其 LC_{50}（半數致死濃度①）的數值小於或等於 $5,000mL/m^3$，其毒性或腐蝕性對人體健康有害的氣體。

有些氣體因其腐蝕性而符合上述標準的氣體，將被劃分為具有腐蝕性次要危險性的毒性氣體。

2.3 項毒性氣體洩露時，對人畜有強烈的毒害、窒息、灼傷、刺激等作用，其中有些可能還具有易燃性或氧化性，儲運時還要遵守第 6 類毒性物質的有關規定。

常見的毒性氣體包括一氧化碳、氨氣、氯氣等。

5.3.2.5　氣體的混合物

氣體的混合物（包括其他類危險品的蒸氣）項別的確定，必須遵照有關氣體混合物的易燃性、毒性、腐蝕性、氧化性指標測定和計算的相關原則，具體可參考 DGR 相關內容。

具有兩個項別以上危險性的氣體和氣體的混合物，其危險性的主次順序應為：2.3 項優先於其他所有項別，2.1 項優先於 2.2 項。

5.3.2.6　氣溶膠製品

第 2 類危險品也包括氣溶膠製品。

氣溶膠製品是指裝有壓縮氣體、液化氣體或溶解氣體的一次性使用的金屬、玻璃或塑膠製成的容器，無論裡面是否裝有液體、糊狀物或粉末，這樣的容器都有可以自動關閉的釋放裝置，當該裝置開啟時，可以噴出懸浮固體或液體小顆粒的氣體，或噴出泡沫、糊狀物或粉末、液體或氣體。如圖 5-7 所示。

---

① 註：半數致死濃度的定義參見 5.3.6.1 節中 6.1 項危險品毒性物質相關內容。

圖 5-7　噴出的氣溶膠

氣溶膠項別或次要危險性的確定，依據在於氣溶膠製品中所含物質的性質。DGR 做了以下規定：

（1）氣溶膠所含的易燃成分在 85%（質量）以上且化學燃燒熱量大於或等於 30kJ/g，該氣溶膠應歸於 2.1 項。

（2）氣溶膠所含的易燃成分在 1%（質量）以下且化學燃燒熱量小於 20kJ/g，該氣溶膠應歸於 2.2 項。

（3）不符合上述要求的氣溶膠，必須根據《聯合國實驗標準手冊》列明的實驗結果進行分類。極度易燃與易燃的氣溶膠必須歸入 2.1 項，不可燃的氣溶膠歸入 2.2 項。

（4）2.3 項氣體不可用作氣溶膠噴霧劑中的推動劑。

（5）如果氣溶膠噴霧劑內裝物中除推進劑外的部分劃歸為 6.1 項 II 級、III 級包裝等級或第 8 類 II 級、III 級包裝等級，該氣溶膠必須指定 6.1 項或第 8 類為次要危險性。

5.3.3　第 3 類：易燃液體

5.3.3.1　定義

易燃液體是指閉杯閃點試驗中，不超過 60℃ 或在開杯閃點試驗中溫度不超過 65.6℃ 時，放出易燃蒸氣的液體、液體混合物、含有固體的溶液或懸濁液。

閃點是指當試驗容器內的液體產生的易燃性蒸氣在空氣中達到某種濃度而遇火源發生瞬時閃光時的最低溫度。這個溫度不同於液體自燃和燃燒的溫度。根據化學知識，可燃液體燃燒是由於其蒸氣被點燃，而非液體本身的燃燒。所以閃點與燃燒極限也有著密切的聯繫。可以從燃燒極限的角度理解閃點，當液體受熱迅速揮發時，若液面附近的蒸氣濃度正好達到其爆炸下限的濃度時，此時的溫度就是閃點。

由於閃點描述的是發生瞬時閃光的最低溫度，而自燃和燃燒是發生持續反應的最低溫度，所以後者被稱為自燃點和燃點。

對於燃點，有以下的技術定義：在極低的溫度下的一種液體放出一定量的氣霧，當在空氣中被點燃時，該液體將繼續燃燒。通常情況下閃點會低於燃點。

測定閃點時可以使用封閉式容器或開放式容器，從而得到兩種不同的閃點值——閉杯閃點與開杯閃點。封閉式容器做試驗時與外界的熱交換較小，所以同一易燃液體在閉杯實

驗中測得的閃點值較低；而開放式容器與外界有較多的熱交換，故同一易燃液體在開杯實驗中測得的閃點值相對校高。一般認為閉杯實驗測得的閃點更精確，在應用方面，閉杯實驗較多地用於測定閃點低的易燃液體，而開杯實驗較多用於測定閃點較高的液體。世界各國的各種危險品規定在評測閃點時，如未加特別說明，均指閉杯閃點。圖 5-8 所示即為一閉杯閃點測定儀。

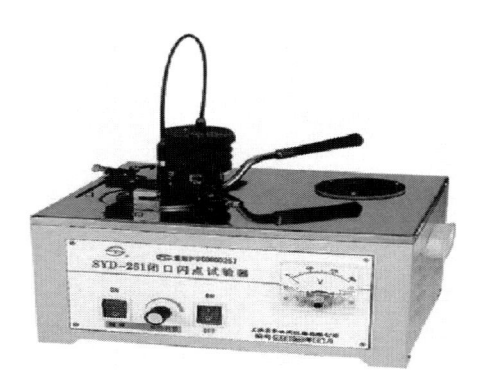

圖 5-8　閉杯閃點測定儀

第 3 類易燃液體還包括液態的減敏爆炸物。減敏的液態爆炸物是指溶解或懸浮在水中或其他液態物質，形成一種均勻的液態混合物，以抑制其爆炸性的物質。

此外，《危險品規則》特別規定，如果某種液體在交運時，處於等於或高於其閃點溫度的狀態，也應視為易燃液體。而且處於高溫以液態運輸或交運，在達到或低於最高運輸溫度（即該物質在運輸中可能遇到的最高溫度）時釋放出易燃蒸氣的物質，也屬於易燃液體。

5.3.3.2　包裝等級

包裝等級的劃分主要根據其危險性程度的大小，不同的包裝等級對應了品名表中不同的包裝說明及每個包裝件內的貨物最大數量限制。第 3 類危險品使用實驗標準進行包裝等級的劃分。具體說來，易燃液體的包裝等級是根據其閃點和初始沸點來確定的。

所謂初始沸點，就是試驗中的液體最初沸騰時的最低溫度。初始沸點低的液體很容易氣化，因此液面附近的蒸氣壓和蒸氣濃度容易達到爆炸極限的範圍，與空氣易形成爆炸混合物。初始沸點低的易燃液體，其閃點也低，反之亦然。

DGR 中用於確定易燃液體的包裝等級，如表 5-11 所示。

表 5-11　　　　　　　　　　易燃液體包裝等級的劃分表

包裝等級	閉杯閃點	初始沸點
I	-	≤35℃
II	<23℃	>35℃
III	≥23℃，但≤60℃	>35℃

根據表5-11，沸點低於35℃的易燃液體，不管其閃點是多少，都應劃分為Ⅰ級包裝等級。沸點高於35℃的易燃液體，根據閃點的高低確定為Ⅱ級或Ⅲ級包裝等級。事實上，沸點低的液體，閃點也低。例如某一液體的閃點為34℃，初始沸點為56℃，則根據表5-11可判斷為Ⅲ級包裝。

需要說明一點，使用表5-11斷定包裝等級的前提是液體已經根據實驗標準劃定為第3類危險品。例如，若某種可燃液體的閃點為61℃，初始沸點無論為多少，都不應視作第3類危險品，沒有包裝等級。

5.3.3.3 黏稠物質

閃點低於23℃的易燃黏稠液體一般都被劃歸為Ⅱ級包裝，如油漆、瓷漆、真漆、黏合劑和上光劑。但是，《危險品規則》根據《聯合國實驗和標準手冊》相關要求，考慮閉杯閃點、流動時間（以秒計，表明其黏度）、溶劑分離實驗和容器大小等因素，也可以劃為Ⅲ級包裝。

具體來講，列入Ⅲ級包裝的標準是，如果閃點低於23℃的易燃黏稠液體，如油漆、清漆、真漆、黏合劑和上光劑，在滿足以下要求時可以劃分為Ⅲ級包裝。

（1）黏度和閃點與表5-12中的數據一致；
（2）在溶劑分離實驗中，分層後的澄清溶劑層在3%以下；
（3）所用容器的容積不超過30L；
（4）該混合物或任何分離出的溶劑不符合6.1項或第8類的標準。

表5-12　　　　　　　　　　　　黏稠物質級包裝的標準

流動時間（秒）	開口直徑（mm）	閃點（℃，閉杯）
20 <t≤60	4	高於17
60 <t≤100	4	高於10
20 <t≤32	6	高於5
32 <t≤44	6	高於-1
44 <t≤100	6	高於-5
100 <t	6	低於或等於-5

由於在高溫下運輸或交運而被劃為易燃液體的物質歸入了Ⅲ級包裝，高溫液體通常禁止航空運輸。而Ⅲ級包裝會允許更多的航空運量，所以黏稠物質劃分為Ⅲ級包裝是更為經濟的。

DGR中還列明了一些國家進行閃點測定的機構和其頒布的實驗文件，如法國、德國、美國等。這些文件規定了對第3類危險品的閃點測定方法。

5.3.3.4 常見易燃液體

易燃液體是危險貨物中品種最多、運輸量最大的一類，此類絕大多數為有機化合物。

乙醇是一種常見的無色透明、易揮發的易燃液體，閃點低至13℃，沸點79℃，爆炸極限為4.3%~19%。乙醇能以無限比例溶於水，白酒的乙醇含量為50%~60%，閃點為22.5℃~25.5℃。但一些濃度較低的食用酒未被列入危險品的範圍。另外，乙醚、二硫化

碳、苯和汽油等也是常見的易燃液體。其中，乙醚、二硫化碳和苯等不僅屬於易燃性液體，還具有毒性的次要危險性。

5.3.4　第 4 類：易燃固體、自燃物質和遇水釋放易燃氣體的物質

第 4 類危險品分為 3 個不同項別的危險品：
（1） 4.1 項——易燃固體；
（2） 4.2 項——易於自燃物質；
（3） 4.3 項——遇水釋放出易燃氣體的物質。

5.3.4.1　4.1 項——易燃固體

4.1 項易燃固體是指在正常運輸情況下容易燃燒或可能因摩擦而引燃或助燃的固體；可能發生強烈放熱反應的自反應物質和有關物質；不充分稀釋可能爆炸的經減敏處理的爆炸品，即易燃固體、自身反應物質、減敏的固態爆炸物和聚合物物質。

（1）易燃固體是指容易燃燒或摩擦起火的固體。易燃固體包括金屬粉末；除金屬粉末外的粉末、顆粒狀或糊狀物質；摩擦可能起火的固體。這些物質一般呈現粉狀、顆粒狀或糊狀，其危險性不僅來自於燃燒，還可能來自於它們的毒性燃燒產物。屬於這類的易燃金屬粉末特別危險，一旦著火很難撲滅，因為常用的滅火劑如二氧化碳或水只能增加危險性。易燃固體的包裝等級可以根據 DGR 中的國際實驗標準來確定。

（2）自身反應物質是指在沒有氧（空氣）的參與下，易發生強烈的放熱分解反應的物質。自身反應物質是遇熱不穩定的物質。任何顯示自身反應特性的物質必須劃為自身反應物質。自身反應物質可因熱、與催化性雜質（酸、鹼、重金屬化合物等）接觸、摩擦或碰撞而分解。分解可能產生有毒的氣體或蒸氣，尤其在沒有明火的情況下，這種可能性更大。此類物質中有些可以猛烈燃燒，有些可能會發生爆炸性分解，特別是在極封閉的情況下。自身反應物質的這種特性可以通過加入稀釋性物質或採用合適的包裝來改變，而有些則必須進行溫度控制。

由於這些高危性質，自身反應物質在運輸時受到很多限制。DGR 附錄中列出了允許裝入包裝件被收運的自身反應物質，未收錄的條目一般不允許空運，除非得到相關國家危險品主管機構的批准。在實際收運操作中，自身反應物質的包裝件一定要避免陽光直射，遠離熱源，並且放置於通風良好的地方。在外包裝上還要黏貼「遠離熱源（Keep away from heat）」的操作標籤，並在託運人申報單上進行說明。

（3）減敏的固態爆炸品是指被水或酒精浸濕，或被其他物質稀釋而抑制其爆炸性的物質，即經過減敏處理的固態爆炸物。這種物質不充分稀釋就可能發生爆炸。

（4）聚合物質是指在不添加穩定劑的情況下，在正常運輸條件下可能發生強烈放熱反應，生成較大分子或形成聚合物的物質。劃定為 4.1 項中聚合物質有如下標準：
①在添加或未添加化學穩定劑交運的條件下，在運輸該物質或混合物使用的容器、中

型散貨箱或便攜式罐體中，物質的自加速聚合溫度①（SAPT）≤75℃；

②顯示反應溫度為300J/g以上；

③不符合列入第1至第8類的任何其他標準。

值得注意的是，滿足聚合物質標準的混合物，也需按第4.1項聚合物質分類。

常見的4.1項易燃固體物質包括金屬類的易燃固體和非金屬的易燃固體。

金屬類的易燃固體一般是一些粉狀可燃類金屬，如鎂粉、鎂合金、鈦粒、鋁粉等。

非金屬類的易燃固體種類較多，包括紅磷（赤磷）、硫磺、磷與硫的化合物、萘等。

紅磷是磷的幾種同素異形體之一，常溫常壓下為紫紅色的粉末，容易發生燃燒，但不易發生自燃。在空氣中，紅磷可與氧氣發生緩慢的氧化，氧化的產物易潮解。紅磷與氯酸鉀、過氧化鈉等氧化性物質接觸都易爆炸。

硫磺的化學式為S，又簡稱硫。在室溫下的硫磺是無味的淡黃色固體，不溶於水。遇到高溫後，硫磺會先熔化再燃燒。粉狀或蒸氣態的硫非常容易被點燃，並可以與空氣形成爆炸性混合物。硫粉與氧化劑以及金屬混合都易形成爆炸性物質，其產物也多具有毒性。

5.3.4.2　4.2項——易於自燃物質

4.2項易於自燃物質是指在正常運輸條件下，能自發放熱，或接觸空氣能夠放熱，並隨後起火的物質。該項物質包括發火物質（液態與固態）和自發放熱物質兩種不同類型。二者在發生自燃的條件和激烈程度上有差別。

（1）發火物質是指即使數量極少，與空氣接觸也可在5分鐘內起火的物質，包括混合物和溶液。這種物質最易自動燃燒。詳細的分類標準需參照《聯合國試驗和標準手冊》中描述的試驗進行確定。

（2）自發放熱物質是指在無外部能量供應的情況下，與空氣接觸可以放熱的物質。自發放熱物質是因為與空氣中的氧氣反應而產生的熱量不能及時散發到空氣中，而導致自燃。當放熱速度大於散熱速度而達到自燃點溫度時，就會發生自燃。這種物質只有在量大、時間較長的情況下才能發生燃燒。

所有的發火物質，包括發火液體和發火固體都必須劃歸為包裝等級Ⅰ級。而自發放熱物質的包裝等級劃分須以DGR中所述的試驗標準為依據進行確定。

常見的4.2項易於自燃物質包括易於自燃的金屬和非金屬。易於自燃的金屬一般是自燃點低、乾燥、粉狀的金屬，如鈣粉、鈦粉、鋯粉。易於自燃的非金屬常見的有黃磷（白磷）和活性炭。其中，黃磷性質十分活潑，自燃點僅為30℃，在常溫下的空氣中只需1～2分鐘就會立即自燃。所以，一般情況下黃磷被浸泡在冷水中保存，如果包裝破損，水有滲漏，黃磷偶有露出水面，就會立即自燃，造成危險事故。如果發生此類危險事故，需用霧狀水滅火，同時由於黃磷有劇毒，所以施救人員應配戴防毒的服裝和面罩，以免發生中毒。霧狀水有黑色粉末或顆粒狀兩種形態，內部為多孔狀，對氣體或液體的溶質等有較強的吸附力。活性碳的粉末接觸明火會有輕度爆炸性；在空氣中易緩慢發熱，因而易積聚熱

---

① 自加速聚合溫度（SAPT，即Self-accelating Polymerization Temperature）是指與容器、中型散貨箱和便攜式罐體內的物質可能發生聚合反應的最低溫度。自加速聚合溫度應根據聯合國《試驗和標準手冊》第Ⅱ部分第28節確定自反應物質自加速分解溫度所規定的試驗程序確定。

量，從而引起自燃。活性碳應存儲於乾燥通風的地方，並遠離火種和熱源，不可與氧化劑共同運輸。

5.3.4.3 4.3項——遇水釋放出易燃氣體的物質

4.3項遇水釋放出易燃氣體的物質是指這種物質與水反應會發生自燃或產生足以構成危險數量的易燃氣體。

有些物質與水接觸後可以自燃或釋放出易燃氣體，這些氣體與空氣能夠形成爆炸性的混合物。這種混合物很容易被所有平常的火源點燃，如無燈罩的燈、產生火花的手工工具或無防護的燈，其所產生的衝擊波和火焰可能對人和環境造成危害。

按照《聯合國試驗與標準手冊》第Ⅲ部分中所述試驗對遇水放出易燃氣體的物質進行測試：

（1）試驗程序任何一個步驟中發生自燃，則該物質直接歸於第4.3項物質；

（2）試驗中產生了易燃氣體，且達到每小時每公斤該物質釋放出 1L 以上者，也歸為第4.3項物質。

對該項物質的包裝等級劃分標準為：

任何物質如在環境溫度下遇水起劇烈反應並且所產生的氣體通常顯示自燃的傾向，或在環境溫度下遇水容易起反應，每分鐘釋放易燃氣體的速度等於或大於10L/kg，必須劃為包裝等級Ⅰ級。

任何物質如在環境溫度下遇水容易起反應，每小時釋放易燃氣體的最大速度等於或大於20L/kg，並且不符合包裝等級Ⅰ級的標準，須劃為包裝等級Ⅱ級。

任何物質如在環境溫度下遇水反應緩慢，每小時釋放易燃氣體的最大速度等於或大於2L/kg，並且不符合包裝等級Ⅰ級或Ⅱ級的標準，須劃為包裝等級Ⅲ級。

該項物質中最常見的物品包括金屬中的鈉、鉀等鹼金屬和非金屬中的碳化鈣（俗稱電石）。鈉與水接觸，將發生劇烈的反應，釋放出氫氣；而碳化鈣遇水放出極易燃燒的乙炔氣體。所以，在保存和收運此類物質時，一定要注意防水和防潮。對鈉而言，一般保存在不含水的礦物油中，如煤油；對碳化鈣，則可以保存在密封充氮的包裝中，並設置放氣孔，隔一段時間釋放出包裝中可能產生的乙炔氣體。

此外，4.3項危險品都是遇到水就會發生反應，即使吸收了空氣中的水蒸氣或受潮，很多物質就能發生反應，放出可燃氣體和熱量，所以這類物質往往包裝也需要非常謹慎。

在遇到4.3項物品引起的火災和事故時，嚴禁使用水、酸鹼類滅火器以及泡沫滅火劑撲救，可以根據物品的性質採取合適的乾粉滅火劑來滅火 。

5.3.5 第5類：氧化性物質和有機過氧化物

第5類危險品被細分為2項：

（1）5.1項——氧化性物質；

（2）5.2項——有機過氧化物。

5.3.5.1　5.1項——氧化性物質

（1）氧化性物質的定義和分類標準

氧化性物質是指本身未必可燃，但通常因為放出氧可能引起或促使其他物質燃燒的物質。這類物質可能含在物品內。

詳細的分類標準在DGR中分為固體氧化劑和液體氧化劑兩種不同類型。

（2）氧化性物質的危險

該項物質主要可能存在以下幾種危險特性中的一種或幾種：

①化學性質活潑，可以與其他物質發生危險的化學反應。例如某些氧化劑與有機物品、易燃物品、醚等會發生劇烈反應，甚至引起燃燒和爆炸。有時，反應中伴隨大量的熱量產生，也可能點燃周圍的可燃物質。所以存放和運輸氧化劑的運輸工具及倉庫，應清掃乾淨，並注意與其他化學物品的隔離，以免發生事故。

②不穩定，受熱易分解。很多氧化劑性質極不穩定，在受熱後會發生燃燒或爆炸，或分解釋放出原子態的氧或氧氣，一旦周圍有明火可燃物質的存在，會進一步造成危險。所以這類物質應避免受熱，避免陽光直接照射，儲存氧化劑的庫房玻璃應塗上顏色。

③吸水性。有些氧化劑（如過氧化鈉）遇水後會釋放出原子態的氧，而這類氧原子極不穩定，容易兩兩結合形成氧氣（O_2），若遇到有機物和可燃物質，極易發生燃燒。

④毒性和腐蝕性。氧化劑一般都具有不同程度的毒性，有的還具有腐蝕性，人吸入或接觸時可能發生中毒和燒傷等現象。

（3）典型的氧化性物質

常見的氧化性物質危險品有過氧化氫（又稱雙氧水）和過氧化鈉等。

過氧化氫的化學式為H_2O_2，是除水外的另一種氫的氧化物。純過氧化氫是淡藍色的黏稠液體，黏性比水稍微高，化學性質不穩定，一般以30%或60%的水溶液形式存放。過氧化氫有很強的氧化性，且具弱酸性，可任意比例與水混合，是一種強氧化劑，水溶液俗稱雙氧水，為無色透明液體。其水溶液適用於醫用傷口消毒及環境消毒和食品消毒。在一般情況下會分解成水和氧氣。過氧化氫的危險性主要體現在：第一，吸入雙氧水的蒸氣或霧會對呼吸道產生強烈刺激；眼直接接觸液體可致不可逆損傷甚至失明；口服會出現腹痛、胸口痛、呼吸困難、嘔吐、一時性運動和感覺障礙、體溫升高等情況，甚至中毒；長期接觸本品可致接觸性皮炎。第二，本身不燃，但能與可燃物反應放出大量熱量和氧氣而引起著火爆炸。過氧化氫在鹼性溶液中極易分解，在遇強光，特別是短波射線照射時也能發生分解。當加熱到100℃以上時，開始急遽分解。它與許多有機物如糖、澱粉、醇類、石油產品等形成爆炸性混合物，在撞擊、受熱或電火花作用下能發生爆炸。

過氧化鈉的化學式為Na_2O_2，為白至淡黃色的粉末狀固體。該物質易吸潮，容易與乙醇、水和酸反應。過氧化鈉是強氧化劑，可以用於消毒、殺菌和漂白等，在工業上常用做漂白劑、殺菌劑、消毒劑、去臭劑、氧化劑等。在熔融狀態時，過氧化鈉遇到棉花、碳粉、鋁粉等還原性物質會發生爆炸。因此存放時應注意安全，不能與易燃物接觸。它易吸潮，有強腐蝕性，會引起燒傷。

此外，航空運輸經營人資產中的機上化學氧氣發生器也是一種常見的5.1項危險品。

化學氧氣發生器的原理是氧化性物質在化學還原劑的的作用下分解產生氧氣。由於反應過程中還會釋放出高熱，而氧氣具有助燃性，因而對運輸安全也有風險，需要按照危險品的要求運輸。

5.3.5.2　5.2 項——有機過氧化物

有機過氧化物是指含有二價過氧基結構的有機物，或看作一個或兩個氫原子被有機原子團取代的過氧化氫的衍生物。有機過氧化物需要採用特殊的存儲方法。

過氧化物遇熱極不穩定，它可以放熱因而加速自身分解。此外，它們還可以具有以下一種或多種危險性質：

（1）易於爆炸性分解；
（2）迅速燃燒；
（3）對碰撞或摩擦敏感；
（4）與其他物質起危險性反應；
（5）損害眼睛。

有機過氧化物的氧化性更加強烈，既具有 5.1 項氧化劑的特點，又是有機物，因此有機過氧化物比無機氧化劑更為危險。有機過氧化物絕大多數是可燃物質，有的甚至是易燃物質。其分解產生的氧氣往往能引起自身燃燒，燃燒時放出的熱量又加速分解，循環往復，難於撲救。

在運輸有機過氧化物的過程中，需要溫度控制的有機過氧化物是禁止航空運輸的，除非經過豁免。而列入 DGR 的附錄中的有機過氧化物是允許運輸的。

5.2 項物質在收運時必須避免陽光直射，遠離熱源，並且放置於通風良好的地方，貼上「遠離熱源」標籤。

由於危險性較高，5.2 項物質在運輸時受到較多限制，航空運量也較小。

5.3.6　第 6 類：毒性與感染性物質

第 6 類危險品又細分為 2 個項別：

（1）6.1 項——毒性物質；
（2）6.2 項——感染性物質。

5.3.6.1　6.1 項——毒性物質

毒性物質也稱毒害品，是指在吞食、吸入或與皮膚接觸後，可能造成死亡，或嚴重受傷，或損害人的健康的物質。

由於毒性物質可以通過吞食、吸入或與皮膚接觸三種方式進入機體，從而對應三種不同的毒性衡量途徑：

（1）吞食，進入消化道。對應的毒性衡量途徑為口服毒性，或入口毒性。
（2）吸入，進入呼吸道。對應的毒性衡量途徑為吸入毒性。
（3）皮膚接觸。對應的毒性衡量途徑為皮膚接觸毒性。

毒性物質的包裝等級劃分標準是依據動物試驗中得出的半數致死量（又稱致死中量，英文 Lethal Dose 50%，簡稱 LD_{50}）或半數致死濃度（Lethal Concentration，簡稱 LC_{50}）的數據

而定的。其中，LD_{50}針對口服毒性和皮膚接觸毒性，指通過服用或與裸露皮膚接觸，14天內致使口服該物質的年輕成年白鼠的50%死亡的一次性入口或接觸的毒物的劑量（單位用每千克體重的毒物用量來表示，即mg/kg）；而LC_{50}針對吸入毒性，指通過吸入有毒的粉塵、氣霧或蒸氣，14天內致使連續吸入一小時後的成年白鼠半數死亡的吸入物質的濃度值（用每單位體積的空氣的毒物用量來表示，即對粉塵和氣霧的mg/L和對蒸氣的ml/m^3）。

毒性物質的包裝等級劃分，是參考人們在意外中毒事件中所取得的經驗以及每種毒性物質的特性作為依據的。例如，液體、易揮發性、任何滲透的特殊可能性和特殊的生物效應。在缺少經驗時，通過動物實驗的可靠數據來確定毒性物質的包裝等級。

DGR中列出了口服、皮膚接觸及吸入的粉塵和氣霧毒性與包裝等級對應的標準，如表5-13所示。

表5-13　　　口服、皮膚接觸及吸入粉塵、氣霧的毒性包裝等級標準

包裝等級	口服毒性 （LD_{50} mg/kg）	皮膚接觸毒性 （LD_{50} mg/kg）	吸入粉塵、氣霧的毒性 （LC_{50} mg/L）
Ⅰ	$LD_{50} \leqslant 5.0$	$LD_{50} \leqslant 50$	$LC_{50} \leqslant 0.2$
Ⅱ	$5.0 < LD_{50} \leqslant 50$	$50 < LD_{50} \leqslant 200$	$0.2 < LC_{50} \leqslant 2.0$
Ⅲ [a]	$50 < LC_{50} \leqslant 300$	$200 < LD_{50} \leqslant 1,000$	$2.0 < LC_{50} \leqslant 4.0$

註：[a] 催淚性氣體物質即使毒性數據為Ⅲ級包裝也要求必須歸為Ⅱ級包裝。

需要注意的是，當具有某一毒性物質的多種途徑的毒性數據，在經過表5-13的判斷後，如果得出的包裝等級不一致，則必須以最嚴格的包裝等級（即毒性較高、更危險的那個包裝等級）為最終的包裝等級。

符合第8類標準，並且吸入粉波塵和煙霧的毒性（LC_{50}）只有在口服或皮膚接觸毒性至少是Ⅰ級或Ⅱ級包裝時，才被認可劃入6.1項。否則，酌情劃入第8類腐蝕性物質。

如果給出了的蒸氣吸入值，則根據DGR的規定確定包裝等級，如表5-14所示。

表5-14　　　　　　吸入蒸氣的毒性包裝等級標準

包裝等級	蒸氣吸入毒性
Ⅰ	$V \geqslant 10 \times LC_{50}$且$LC_{50} \leqslant 1,000$ ml/m^3
Ⅱ	$V \geqslant LC_{50}$和$LC_{50} \leqslant 3,000$ ml/m^3且不符合Ⅰ級包裝標準
Ⅲ	$V \geqslant 0.2 \times LC_{50}$和$LC_{50} \leqslant 5,000$ ml/m^3且不符合Ⅰ級和Ⅱ級包裝標準

注意，表5-14中的V是指在20℃和標準大氣壓下在空氣中飽和蒸氣的濃度，單位用ml/m^3。如果已知20℃時的蒸氣壓，$V = p/P \ 10^6 ml/m^3$。其中，p = 20℃時的蒸氣壓，P = 標準大氣壓。

催淚性氣體物質即使毒性數據為Ⅲ級包裝要求也必須歸為Ⅱ級包裝。

在表5-13和表5-14中，如果某一毒害品在侵入人體的不同途徑中表現出不同程度的毒性，則必須根據其中最高的毒性來確定它的包裝等級。例如，某一毒害品，如果吸入其蒸氣

與吸入其塵霧所產生的毒性大小不同，則利用兩種情況中毒性較高的那一項來確定其包裝等級。

5.3.6.2　6.2項——感染性物質

（1）範圍

《危險品規則》規定，這一項危險品所包含的物質和物品包括：

①感染性物質（Infectious substances），指已知含有或有理由認為含有病原體的物質。病原體定義為可對人類和動物引起傳染性疾病的微生物（包括病菌、病毒、克羅次氏病原體、寄生蟲、真菌）和如朊毒體（感染性蛋白質）的其他介質。

取自植物、動物或不含有感染性物質的細菌源的毒素，或不包含在感染性物質中的毒素，應該被劃分為6.1項，且指定其為UN3172號危險品。

由於6.2項所包括的方面較多，在提到感染性物質時，也需要區分作為整體項別名稱的「感染性物質」和這裡所指「感染性物質」的區別。前者是將項別內某一種具有代表性的物質名稱作為了整個項別的統稱。

②生物製品（Biological products），指來源於活體生物的製品，根據國家政府部門的要求生產和配送，需要具備特殊執照。它用於人類和動物疾病預防、治療或診斷，或與之相關的開發、實驗或研究目的。其包括但不限於已製成或未製成產品，例如疫苗。

③培養物（Cultures），指病原體被有意繁殖處理的結果，一般由實驗室繁殖。

④患者標本（Patient specimens），指直接取自人或動物，包括但不限於運用於研究、診斷、調查、疾病治療和預防目的的排泄物、分泌物、血液或其成分、組織、組織液棉簽、肢體部分。

⑤醫療或臨床廢棄物（Medical or clinical wastes），指來源於人或動物醫療或生物研究的廢棄物。

（2）歸屬與級別劃分

6.2項物質與其他類項相比，很大的一點不同是UN/IATA僅指定了極其有限的幾個UN/ID代號和相應的運輸專用名稱，且均為泛指名稱，適用於成組的物質。適用的UN/ID代號如下：

UN2814　　Infectious Substance, affecting humans (liquid) / (solid)

UN2900　　Infectious Substance, affecting animals only (liquid) / (solid)

UN3291　　Biomedical waste, n.o.s.

　　　　　　Clinical waste, unspecified, n.o.s.

　　　　　　Medical waste, n.o.s.

　　　　　　Regulated medical waste, n.o.s.

UN3373　　Biological substance, Category B

①感染性物質（Infectious substance）用以下級別來表示：

A級：當運輸感染性物質時，一旦發生泄漏①，可以造成其他健康人或動物永久性傷

---

①　註：IATA對此處的「泄漏」（DGR原文為「exposure」）有特別說明：指感染性物質溢出了保護性包裝外，與人或動物發生了物理接觸。

殘，危及生命或致命疾病。符合 A 級標準並可導致人或動物共患的感染性物質，必須劃分為 UN2814（感染性物質，感染人體的液體/固體）；只導致動物疾病的感染性物質須劃分到 UN2900（感染性物質，僅感染動物的液體/固體）。

如屬於 UN2814 的炭疽桿菌（Bacillus anthraces）、登革熱病毒（Dengue virus）、伊波拉病毒（Ebola virus）等，以及屬於 UN2900 的口蹄疫病毒（Foot and mouth disease virus）、牛瘟病毒（Rinderpest virus）、綿羊痘病毒（Sheep-pox virus）、山羊痘病毒（Goat pox virus）等。符合這些標準的全部物質名稱都列於 DGR 中見表 5-15。

表 5-15　　　　除另有指明，以任何形式包含在 A 級的感染性物質示例

UN 編號和運輸專用名稱	微生物
UN2814（感染性物質，感染人體的液體/固體）	Bacillus anthracis（cultures only）炭疽桿菌（僅限培養菌種） Brucella abortus（cultures only）流產布魯氏菌（僅限培養菌種） Brucella melitensis（cultures only）牛養布魯氏菌（僅限培養菌種） Brucella suis（cultures only）布氏桿菌（僅限培養菌種） Burkholderia mallei - Pseudomonas mallei - Glanders（cultures only）鼻疽伯克霍爾德氏菌（僅限培養菌種） Burkholderia pseudomallei - Pseudomonas pseudomallei（cultures only）類鼻疽伯克霍爾德氏菌（僅限培養菌種） Chlamydia psittaci - avian strains（cultures only）鸚鵡熱衣原體（僅限培養菌種）Clostridium botulinum（cultures only）肉毒桿菌（僅限培養菌種） Coccidioides immitis（cultures only）粗球孢子菌（僅限培養菌種） Coxiella burnetii（cultures only）伯氏考克斯衣原體（僅限培養菌種） Crimean-Congo hemorrhagic fever virus 克里米亞-剛果出血熱病毒（僅限培養菌種）Dengue virus（cultures only）登革熱病毒（僅限培養菌種） Eastern equine encephalitis virus（cultures only）東方馬腦炎病毒（僅限培養菌種）Escherichia coli, verotoxigenic（cultures only）埃希氏大腸桿菌（僅限培養菌種）Ebola virus 伊波拉病毒 Flexal virus 屈擾病毒 Francisella tularensis（cultures only）兔熱病病原體（僅限培養菌種） Guanarito virus 委內瑞拉出血熱病毒 Hantaan virus 漢他病毒 Hantavirus causing hemorrhagic fever with renal syndrome 引起漢他病毒肺綜合症的漢他病毒 Hendra virus 亨德拉病毒 Hepatitis B virus（cultures only）B 肝病毒（僅限培養菌種） Herpes B virus（cultures onl virus（cultures only）B 型疱疹病毒（僅限培養菌種）Human immunodeficiency virus（cultures only）人類免疫缺陷（愛滋）病毒（僅限培養菌種） Highly pathogenic avian influenza virus（cultures only）高致病禽流感病毒（僅限培養菌種）

表5-15(續)

UN 編號和運輸專用名稱	微生物
UN2814 (感染性物質，感染人體的液體/固體)	Japanese Encephalitis virus（cultures only）日本腦炎病毒（僅限培養菌種） Junin virus 胡寧病毒 Kyasanur Forest disease virus 科薩努爾森林病毒 Lassa virus 拉薩熱病毒 Machupo virus 馬丘皮病毒 Marburg virus 馬爾堡病毒 Monkeypox virus 猴天花病毒 Mycobacterium tuberculosis（cultures only）結核分枝桿菌（僅限培養菌種） Nipah virus 尼帕病毒 Omsk hemorrhagic fever virus 鄂木斯克出血熱病毒 Poliovirus（cultures only）脊髓灰質炎病毒（僅限培養菌種） Rabies virus（cultures only）狂犬病毒（僅限培養菌種） Rickettsia prowazekii（cultures only）斑疹傷寒立氏立克次體（僅限培養菌種） Rickettsia rickettsii（cultures only）斑疹傷寒普氏立克次體（僅限培養菌種） Rift Valley fever virus（cultures only）裂谷熱病毒（僅限培養菌種） Russian spring-summer encephalitis virus（cultures only）俄羅斯春夏腦炎病毒（僅限培養菌種） Sabia virus 巴西出血熱病毒 Shigella dysenteriae type 1（cultures only）I 型痢疾志賀菌（僅限培養菌種） Tick-borne encephalitis virus（cultures only）蜱媒腦炎病毒（僅限培養菌種） Variola virus 天花病毒 Venezuelan equine encephalitis virus（cultures only）委內瑞拉馬腦炎病毒（僅限培養菌種） West Nile virus（cultures only）西尼羅河病毒（僅限培養菌種） Yellow fever virus（cultures only）黃熱病毒（僅限培養菌種） Yersinia pestis（cultures only）鼠疫桿菌（僅限培養菌種）
UN2900 (感染性物質，僅感染動物的液體/固體)	African swine fever virus（cultures only）非洲豬瘟病毒（僅限培養菌種） Avian paramyxovirus Type 1 - Velogenic Newcastle disease virus（cultures only）I 型禽副傷寒病毒-新城疫病毒（僅限培養菌種） Classical swine fever virus（cultures only）典型豬瘟病毒（僅限培養菌種） Foot and mouth disease virus（cultures only）口蹄疫病毒（僅限培養菌種） Lumpy skin disease virus（cultures only）結節性皮炎病毒（僅限培養菌種） Mycoplasma mycoides - Contagious bovine pleuropneumonia（cultures only）絲狀支原體——傳染性牛胸膜肺炎（僅限培養菌種） Peste des petits ruminants virus（cultures only）小反芻獸疫病毒（僅限培養菌種）Rinderpest virus（cultures only）牛瘟病毒（僅限培養菌種） Sheep-pox virus（cultures only）綿羊痘病毒（僅限培養菌種） Goatpox virus（cultures only）山羊痘病毒（僅限培養菌種） Swine vesicular disease virus（cultures only）豬水疱病病毒（僅限培養菌種） Vesicular stomatitis virus（cultures only）水疱性口炎病毒（僅限培養菌種）

B 級：未達到 A 級標準中的感染性物質則劃為 B 級。該級別有專屬的 UN/ID 代號條

目，即 UN3373。

有意使之感染的和已知或懷疑攜帶感染性物質的活體動物絕對不能空運，除非所含的感染性物質不能由其他方式運輸。由 DGR 可知，感染性活體動物屬於經豁免可以空運的物品，但必須獲得相關國家或主管部門的批准。

如果感染性物質不能由其他方式運輸，絕對不能使用活體動物來攜帶。

感染了 A 級致病菌或劃分為 A 級培養菌的致病菌的動物畜體必須根據條件劃分為 UN2814 或 UN2900。其他感染了 B 級致病菌的動物畜體必須遵照主管部門確定的條件運輸。

此外，還有一些例外情況不屬於感染性物質的，可以參考 DGR。其列出了例外情況，只要滿足這些例外情況中任何一種，就不可將其視為感染性物質。例如，為輸血目的或為配製血液製品以進行輸血或移植而採集的血液或血液成分和用於移植的任何組織或器官不受 DGR 規則限制，不視為危險品。

以上內容是為 6.2 項中的感染性物質的分級，對於該項中其他幾種形式的危險品，如生物製品、轉基因微生物和生物、醫療臨床廢棄物、感染性動物等，DGR 有如下說明。

②生物製品（biological products）

根據國家政府衛生部門要求生產和包裝並為了最後包裝或分售而運輸的生物製品，用於醫療專業人員或個人對人員健康的護理時，不受危險品規則的限制。

不屬於以上情況且已知或有理由認為含有符合 A 級或 B 級標準的感染性物質，必須劃分為 UN2814、UN2900 或 UN3373。

注意，某些得到許可的生物製品只在世界部分地區可能有生物公害。在這種情況下，主管當局可要求這種生物製品遵守感染性物質的要求或強制執行其他限制。

③轉基因微生物和生物（genetically modified micro-organisms or organisms）

這些微生物或生物體的遺傳基因通過遺傳工程有目的地進行了改變而非自然生成。不符合感染性物質定義的轉基因微生物和生物必須劃為第 9 類危險品。

受污染的動物或攜帶變異基因的動物及基因變異的生物體，已知或被認為對人類、動物或環境具有危險性則必須按照 DGR 進行運輸。

④醫學或臨床廢棄物（medical or clinical wastes）

在培養物中含有 A 類感染性物質或含有 B 類感染性物質的醫療或臨床廢棄物，應根據情況劃分為 UN2814 或 UN2900。含有 B 類感染性物質但非培養物的醫療或臨床廢棄物，應劃為 UN3291。

原先含有感染性物質而經過消毒的醫療或臨床廢棄物，不受危險品規則限制，除非它們符合其他類別的危險品的標準。

⑤感染性活體動物（infected animals）

有意使其感染和已知或懷疑帶有感染性物質的活體動物，不得空運。感染性動物僅可以按照國家主管當局批准的豁免條款和條件運輸。

⑥患者標本（patient specimens）

除非滿足 DGR 中的例外情況之一，否則患者標本必須視合適情況劃入 UN2814、UN2900 或 UN3373。

5.3.7 第 7 類：放射性物質

放射性物質是能夠自發和連續地放射出來某種類型的輻射（電離輻射）的物質，這種輻射對健康有害，可使照相底片或 X 光片感光。這種輻射不能被人體的任何感官（視覺、聽覺、嗅覺、觸覺）所覺察，但可以用特殊的儀器來探測和測量。儀器能夠測量出遠低於影響到健康水準的非常小的輻射水準。

由於放射性物質有較大的特殊性，有關放射性物質的詳細要求可參閱 DGR 第 10 章中規定。

5.3.8 第 8 類：腐蝕品

5.3.8.1 定義

腐蝕性物質是指在發生洩露的情況下，由於產生了化學反應而能夠嚴重損傷與之接觸的生物組織或嚴重損壞其他貨物及運輸工具的物質。常見的如氫氟酸、氫氧化鈉和含有酸性或鹼性物質的電池都是腐蝕性物質的例子。

5.3.8.2 包裝等級

根據在動物皮膚、鋼、鋁上試驗的結果，腐蝕品的包裝等級 Ⅰ、Ⅱ、Ⅲ 級分別對應腐蝕性強、中等和弱三種不同程度。

表 5-16 為第 8 類危險品腐蝕性物質的包裝等級劃分標準。另外，DGR 在該表附註，在用鋼和鋁的試驗數據進行包裝等級的判斷時，只要在二者中選擇的任意一種金屬初次實驗就已經表現出了腐蝕特性，則不需要對另一種金屬再進行實驗。

表 5-16　　　　　　　　第 8 類危險品包裝等級劃分標準

包裝等級	接觸時間	觀察時間	效果
Ⅰ	≤3 分鐘	≤60 分鐘	完整皮膚的全部壞死
Ⅱ	>3 分鐘，≤60 分鐘	≤14 天	完整皮膚的全部壞死
Ⅲ	>60 分鐘，≤4 小時	≤14 天	完整皮膚的全部壞死
Ⅲ	-	-	55℃ 實驗條件下對鋼、鋁的腐蝕速度大於 6.25 毫米

舉一個本類危險品確定包裝等級的例子，如氯化鍺在 13 天的觀察期內，使接觸 40 分鐘時間的動物皮膚組織深度壞死，而且此物質不易燃、無毒性。根據表 5-16 可知，接觸時間少於 60 分鐘，觀察時間少於 14 天，符合包裝等級Ⅱ級，則液體氯化鍺包裝等級為Ⅱ級。

常見的腐蝕性物質有硫酸、硝酸、鹽酸、乙酸、氫氧化鈉、肼、甲醛等。僅試舉幾例說明典型的腐蝕品。

鹽酸是氯化氫（化學式 HCl）氣體的水溶液，屬於一元無機強酸，工業用途廣泛。鹽酸的為無色透明的液體，有強烈的刺鼻氣味，具有較高的腐蝕性。濃鹽酸（質量分數約為 37%）具有極強的揮發性，因此盛有濃鹽酸的容器打開後氯化氫氣體會揮發，與空氣中的

水蒸氣結合產生酸霧。鹽酸本身和酸霧都會腐蝕人體組織，可能會不可逆地損傷呼吸器官、眼部、皮膚和胃腸等。

氫氧化鈉化學式為 NaOH，俗稱燒鹼、火鹼、苛性鈉，為一種具有強腐蝕性的強鹼，一般為片狀或塊狀形態，易溶於水並形成鹼性溶液，另有潮解性，易吸取空氣中的水蒸氣（潮解）和二氧化碳。此物質有強烈刺激和腐蝕性。其粉塵或煙霧會刺激眼和呼吸道，腐蝕鼻中隔，皮膚和眼與 NaOH 直接接觸會引起灼傷，誤服可造成消化道灼傷、黏膜糜爛、出血和休克。

甲醛的化學式為 HCHO 或 CH_2O，又稱蟻醛，是有特殊刺激氣味的無色氣體，對人眼、鼻等有刺激作用。氣體易溶於水和乙醇。水溶液俗稱福馬林（formalin），是有刺激氣味的無色液體。甲醛的主要危害表現為對皮膚黏膜的刺激作用。由於甲醛是原漿毒物質，能與蛋白質結合，高濃度吸入時出現呼吸道嚴重的刺激和水腫、眼刺激、頭痛。甲醛在室內達到一定濃度時，人就有不適感。大於 $0.08m^3$ 的甲醛濃度可引起眼紅、眼癢、咽喉不適或疼痛、聲音嘶啞、噴嚏、胸悶、氣喘、皮炎等。新裝修的房間甲醛含量較高，是眾多疾病的主要誘因。

5.3.9 第 9 類：雜項危險品

對於航空運輸而言，有些物質和物品不具備前 8 類危險性貨物的任一特性，但可能會危及航空運輸安全。為此聯合國及國際民航組織在危險貨物運輸規則中專門設立了第 9 大類：雜項危險物品。

5.3.9.1 定義

凡不屬於前 8 類任何一類危物品，但是在航空運輸中確有危險性的物品，被列為第 9 類雜項危險品。這一類物質主要包括但不限於以下幾種物質或物品：

（1）航空限制的固體或液體。具有麻醉性、有害性、刺激性或其他性質的物質，一旦在航空器上溢出或洩漏，能引起機組人員極度煩躁或不適，以至不能正常履行職責的任何物質。DGR 品名表中有兩個相關的指定條目：

UN3334，Aviation regulated liquid，n.o.s.

UN3335，Aviation regulated solid，n.o.s.

（2）磁性物質。為航空運輸而包裝好的任何物質，如距離組裝好的包裝件外表面任意一點 2.1m 處的最大磁場強度使羅盤偏轉大於 2 度的，即為磁性物質。使羅盤偏轉 2 度的磁場強度為 0.418A/m（0.005,25 高斯）。磁性物質對飛機的導航、通訊設備有一定干擾，嚴重時可能危及航空安全。DGR 品名表中的指定條目為：

UN2807，Magnetized material

大部分鐵磁性金屬，例如機動車、機動車零部件、金屬柵欄、管子和金屬結構材料等，即使未達到磁性物質標準，由於可能影響飛行儀表，尤其是羅盤，也應遵守經營人的特殊裝載要求。此外，單個未達到磁性物質磁場強度標準的物質在累積後可能屬於磁性物質。

（3）高溫物質。它是指運輸或交運時，在液態下溫度等於或超過 100℃ 或在固態下溫度等於或超過 240℃ 進行運輸或交付運輸的物品。DGR 品名表中有兩個相關的指定條目：

UN3257，Elevated temperature liquid, n.o.s.

UN3258，Elevated temperature solid, n.o.s.

（4）危害環境的物質。它是指對水域環境有污染的液態或固體物質及其溶劑和混合物（包括製劑和廢料）。DGR品名表中有兩個相關的指定條目：

UN3077，Environmentally hazardous substance solid, n.o.s.

UN3082，Environmentally hazardous substance liquid, n.o.s.

（5）轉基因生物（GMOs）和轉基因微生物（GMMOs）。這類物質是指通過遺傳工程以非自然的方式有意將遺傳物質改變了的微生物和生物。如果得到始發國、中轉國和目的地國家的批准，則不受DGR的限制。DGR品名表中的指定條目為：

UN3245，Genetically modified micro-organisms

UN3245，Genetically modified organisms

（6）鋰電池。含有任何形式鋰元素的電池芯和電池，安裝在設備中的或與設備包裝在一起的電池芯和電池，必須恰當地劃歸為適合的雜項危險品條目。這種電池主要可分為可反覆充電的鋰離子電池和不可反覆充電的鋰金屬電池。在受到高溫、震動、擠壓或其他原因導致短路時，鋰電池可能會有燃燒或爆炸的危險，因此必須滿足聯合國的試驗標準並符合相關的質量管理程序，才能按照要求進行航空運輸。鋰電池在DGR品名表中有4個相關的指定條目：

UN3090，Lithium metal batteries

UN3091，Lithium metal batteries contained in equipment 或者 Lithium metal batteries packed with equipment

UN3480，Lithium ion batteries

UN3481，Lithium ion batteries contained in equipment 或者 Lithium ion batteries packed with equipment

其中UN3091和UN3481都有兩個運輸專用名稱，分別對應安裝在設備中的鋰金屬（或鋰離子）電池以及與設備包裝在一起的鋰金屬（或鋰離子）電池。由於近年鋰電池的航空運輸量較大，事故頻出，ICAO、IATA和各國主管部門都非常重視鋰電池的運輸，通過法規頒布了大量詳細的製造、包裝、標記標籤和文件等要求。

（7）吸入微塵後危害健康的物質。本類主要指石棉類物質。DGR品名表中的指定條目有兩個：

UN2212，Asbestos, amphibole（amosite, tremolite, actinolite, anthophyllite, crocidolite）

UN2590，Asbestos, chrysotile

（8）電容器。DGR品名表中的指定條目有兩個：

UN3499，Capacitor, electric double layer

UN3508，Capacitor, asymmetric

（9）釋放易燃蒸氣的物質。其DGR品名表條目為：

UN2211，Polymeric beads, expandable

UN3314，Plastics moulding compound

（10）救生設備。其 DGR 品名表條目為：

UN2990，Life-saving appliances，self-inflating

UN3072，Life-saving appliances，not self-inflating

UN3268，Safety devices

（11）著火後形成戴奧辛的物品或物質。其 DGR 品名表條目有：

UN2315 Polychlorinated biphenyls，liquid

UN3432 Polychlorinated biphenyls，solid

另外，其品名表條目還有 UN3151 和 UN3152，由於這兩個代號對應了較多的運輸專用名稱，具體內容可以參考 DGR 相關章節。

（12）其他雜項物品和物質。本類包含的實例和其對應的品名表條目有：

UN1841，Acetaldehyde ammonia

UN1845，Carbon dioxide，solid 或 Dry ice

UN1931，Zinc dithionite 或 Zinc hydrosulphite

UN2216，Fish meal，stabilized 或 Fish scrap，stabilized

還有一些雜項物品和物質因限於篇幅不再一一列出。

5.3.9.2　常見實例與危害

以下的幾種物質和物品屬於比較典型且常見的雜項危險品，它們通過不同的方式對航空的安全發生威脅或危害：

大蒜油等物質或物品，屬於該類危險品中受到航空限制的固體或液體，它們本身屬於或內部含有具有刺激性、有害性的物質，一旦溢出或洩露，能引起機組人員極度煩躁或不適，甚至不能正常履行職責。

聚合物顆粒是這類危險品中另一種典型物質。注入易燃氣本或液體作為發泡劑的半成品聚合物物品會放出少量的易燃氣體，如聚乙烯顆粒等。

固體二氧化碳（又稱乾冰）也是非常典型的雜項危險品。在一些冷凍的蔬菜、水果和冰盒等物品中，乾冰被廣泛地作為製冷劑使用。乾冰的危害主要是極度低溫，而且會在常溫下發生昇華，釋放出大量比空氣重的二氧化碳氣體，排開氧氣，對活體動物或人有窒息的威脅。

磁電管、未屏蔽的永久磁鐵和釹磁鐵等屬於磁性物質，會產生很強的磁場，從而干擾航空器的導航系統，對航空安全造成威脅。

5.3.10　多重危險性物質和物品的分類

在介紹各類危險物品的特性時，很容易發現某一種類的危險物品除具有據以分類的主要特性之外，還具有一些其他性質，如易燃液體除具有易燃性外，有些還具有毒性；腐蝕性物質除具有腐蝕性外，有的還具有毒性，或易燃性。這就出現了一個問題——在某一危險物品具有多種分類的屬性時，如何確認其危險類別？

正如本章開頭所述，危險物品具有多種分類的屬性時，稱為該危險品具有多重危險性，確定為分類特性的危險性為主要危險性，其他的特性為次要危險性。所以，問題的關鍵在於如何在多種危險特性中確定主要危險性。

為此，聯合國的專家委員會推薦的《危險貨物運輸》及 IATA 的《危險品規則》提出了幾項確立主要危險性的原則。

在兩種危險性出現在第 3、4、8 類及 5.1 項、6.1 項時，必須使用 DGR 的相關規定來確定主要及次要危險性。在表 5-17 中行列交叉處是主要危險性的類或項，其餘的類或項為次要危險性。行、列交叉處在主要危險性對應的位置上，同時列出了該物質正確的包裝等級（兩種危險性中最嚴格的包裝等級來作為該危險品的包裝等級）。

除表 5-17 中所列，IATA 的《危險品規則》規定了例外情況，某些具有多重危險性的物品或物質，如果其中一種危險性符合下列各類、項的標準，則這些類、項永遠作為主要危險性，因此它們不在表 5-17 中出現，其包括以下幾類：

（1）第 1 類、第 2 類和第 7 類（放射性物質的例外包裝件除外）。
（2）第 5.2 項和第 6.2 項。
（3）第 4.1 項的自身反應物質及相關的物質和減敏的固體爆炸物。
（4）第 4.2 項中的發火物質。
（5）具有吸入毒性包裝等級 I 級的 6.1 項物質。符合第 8 類標準的某些物質，如果其吸入塵霧的毒性（LC_{50}）為 I 級包裝等級的物質應劃歸 6.1 項，但其口服或皮膚接觸毒性（LD_{50}）為 III 級包裝等級的物質應歸劃為第 8 類。
（6）第 3 類的減敏液體爆炸物。

表 5-17　　　　　　　　　　　　主次危險性順序表

Class or Division	Packing Group	4.2 II	4.2 III	4.3 I	4.3 II	4.3 III	5.1 I	5.1 II	5.1 III	6.1 (d) I	6.1 (o) I	6.1 II	6.1 III	8 (l) I	8 (s) I	8 (l) II	8 (s) II	8 (l) III	8 (s) III
3	I*			4.3, I	4.3, I	4.3, I	—	—	—	3, I	3, I	3, I	—	3, I		3, I			
3	II*			4.3, II	4.3, II	4.3, II	—	—	—	3, I	3, I	3, I	—	3, I		3, I			
3	III*			4.3, II	4.3, II	4.3, III				6.1, I	6.1, I	6.1, II	3, III**	8, I		3, III			
4.1	II*	4.2, I	4.2, I	4.3, II	4.3, II	4.3, II	5.1, I	4.1, II	4.1, II	6.1, I	6.1, I	4.1, II	4.1, II	—	8, I	—	4.1, II	—	4.1, II
4.1	III*	4.2, II	4.2, III	4.3, II	4.3, II	4.3, III	5.1, I	4.1, II	4.1, II	6.1, I	6.1, I	4.1, II	4.1, III	—	8, I	—	8, II	—	4.1, III
4.2	II			4.3, I	4.3, I	4.3, II	5.1, I	4.2, II	4.2, II	6.1, I	6.1, I	4.2, II	4.2, II	8, I		4.2, II	4.2, II	4.2, II	4.2, II
4.2	III			4.3, I	4.3, I	4.3, III	5.1, I	5.1, II	4.2, III	6.1, I	6.1, I	4.2, II	4.2, III	8, I		8, II		4.2, III	4.2, III
4.3	I				4.3, I	4.3, I	5.1, I	4.3, I	4.3, I	6.1, I	4.3, I	4.3, I	4.3, I	4.3, I	4.3, I	4.3, I	4.3, I	4.3, I	4.3, I
4.3	II					4.3, II	5.1, I	4.3, II	4.3, II	6.1, I	6.1, I	4.3, II	4.3, II	4.3, II	4.3, II	4.3, II	4.3, II	4.3, II	4.3, II
4.3	III						5.1, I	5.1, II	4.3, III	6.1, I	6.1, I	4.3, III	4.3, III	8, I	8, I	4.3, III	4.3, III	4.3, III	4.3, III
5.1	I									5.1, I	5.1, I	5.1, I	5.1, I	5.1, I	5.1, I	5.1, I	5.1, I	5.1, I	5.1, I
5.1	II									6.1, I	5.1, II	5.1, II	5.1, II	8, I	8, I	5.1, II	5.1, II	5.1, II	5.1, II
5.1	III									6.1, I	6.1, I	5.1, III	5.1, III	8, I	8, I	8, II	8, II	5.1, III	5.1, III
6.1 (d)	I													8, I	6.1, I	6.1, I	6.1, I	6.1, I	6.1, I
6.1 (o)	I													8, I	6.1, I	6.1, I	6.1, I	6.1, I	6.1, I
6.1 (i)	II													8, I	6.1, I	6.1, I	6.1, I	6.1, I	6.1, I
6.1 (d)	II													8, I	6.1, II	6.1, II	6.1, II	6.1, II	6.1, II
6.1 (o)	II													8, I	6.1, II	6.1, II	6.1, II	6.1, II	6.1, II
6.1	III													8, I	8, I	8, II	8, II	8, III	8, III

說明：(l) = 液體；(s) = 固體；(i) = 吸入；(d) = 皮膚接觸；(o) = 口服；— = 不可能的組合。
* 指不包括自身反應物質的 4.1 項物質、減敏固態爆炸物和除減敏液態爆炸物以外的 3 類物質。
** 僅指殺蟲劑，主要危險性必須是 6.1 項。
注意：本表依據聯合國的危險性主次判斷表制成。

關於具有多重危險性的危險品的包裝等級，在不同的危險性所對應的包裝等級中，須選取最嚴格的包裝等級作為該危險品的包裝等級。

此外，具有其他危險性的放射性物質必須劃為第 7 類，並且還必須標明它的最大次要危險性。對於放射物質例外包裝件，其他危險性為主要危險性。

具有其他危險性同時也符合磁性物質標準的物品，除了作為磁性物質外，還必須根據上述原則進行鑑別。

具有其他危險性的感染性物質必須劃為第 6.2 項，並且還應驗明它的最大次要危險性。

而具有 3 種或更多種危險性時，其分類必須經貨物始發站國家主管部門確定。

【例 5-3】某物質具有第 3 類Ⅲ級和 6.1 項Ⅱ級的雙重危險性。確定主要和次要危險性及其包裝等級。

在表 5-17 中，找到第 3 行，即第 3 類Ⅲ級那一行和 6.1 項Ⅱ級的那一列，交叉點標示為「6.1，Ⅱ」也就是說，主要危險性是第 6.1 項，次要危險性是 3 類，需要使用的包裝等級為Ⅱ級。

5.4 識別

根據上節所述，聯合國整理了上千種危險品的危險特性並分門別類，形成了 9 個分類，並對每類危險品設置了標準，為航空運輸中正確操作和處理危險品提供了基礎。但危險物品種類繁多，在實際運輸管理工作中，如果僅憑所屬大類來進行判斷和操作，並不可行。運輸時還必須考慮每一個危險品的具體性質進行操作，也就是需要識別每個危險品項目的「身分」和具體屬性。IATA 頒布的《危險品規則》是通過建立危險物品品名表來提供危險品的識別信息的。

5.4.1 品名表和品名設置

品名表位於 DGR 的 4.2 節。在 IATA 發行的 DGR 紙質版本中，該節用藍色頁面印刷以方便查找。4.2 節以表格形式列出運輸中可能出現的幾千多種危險品，這就像為危險品設立了一份檔案。本節因篇幅所限，只能按單個條目列出某種危險品的品名表信息。

在這份檔案中，危險品按照運輸專用名稱（Proper shipping name）進行排列，每一條記錄包括危險品的 UN 代號、運輸專用名稱、包裝等級、類別或項別、標籤、例外數量運輸要求以及由客、貨機運載時的包裝件數量限制等詳細的操作信息。學會使用品名表來掌握特定危險品的危險特性及運輸時的操作信息，是正確空運危險品的基礎。

在 DGR 危險品表中，包含以下自 A 至 N 的 14 欄的相關內容，如表 5-18 所示。

表 5-18　　　　　　　　　　　　　　品名表例

UN/ID No.	Proper Shipping Name/Description	Class or Div. (sub Risk)	Hazard Labels	PG	EQ See 2.6	Ltd Qty Pkg Inst	Ltd Qty Max Net Qty/Pkg	Passenger and Cargo Aircraft Pkg Inst	Passenger and Cargo Aircraft Max Net Qty/Pkg	Cargo Aircraft Only Pkg Inst	Cargo Aircraft Only Max Net Qty/Pkg	S.P. See 4.4	ERG Code
A	B	C	D	E	F	G	H	I	J	K	L	M	N
2528	Isobutyl isobutylate	3	Flamm. Liquid	III	E1	Y344	10L	355	60L	366	220L		3L

表 5-18 中，B 欄為危險品的運輸專用名稱（Proper shipping name）。上千種危險品的排列和使用時對危險品的查找均要依照運輸專用名稱。運輸專用名稱和 A 欄所示的 UN 代碼是由聯合國的危險品專家指定的。個別沒有被指定 UN 代碼的危險品由 IATA 指定一個以 8000 開始的 ID 系列編號。例如，運輸專用名稱為「消費品（consumer commodity）」的危險品的代號就是 ID8000。

品名表明確列出的具有危險成分並有可能用航空運輸的物品或物質的名稱有 3,000 多種。隨著 DGR 每年一次的修訂，品名表也會有相應的變動，例如在當年更新的版本中加入近年出現的新物質的名稱及相關信息。

雖然此表已經收錄了上千種危險品的名稱並作定期修改，在實際的交運工作中還是會遇到當年品名表中沒有收錄的物品，為了將這些危險品包括進去並得到適當的處理，品名表特別設置了一系列未特指的廣義名稱，即泛指名稱或 n.o.s（not otherwise specified，即未作特殊規定的）名稱。所以，當遇到一種在品名表中未作收錄的危險品時，不能認為其一定不受 DGR 限制。一般要通過一定的方法將其指定為適當的泛指名稱下。

為了更好地指定物質適用的運輸專用名稱，DGR 總結了品名表中列出的 4 種類型的運輸專用名稱條目，並有明確的優先順序。該優先序有利於確定那些品名表未指定名稱的物質，特別是（c）類和（d）類的條目。其順序為：

（a）單一條目/single entries，具有明確的定義的一種物質或物品，如：

Kerosene 煤油——UN1223（優於 UN1993，易燃液體）

Isopropyl butyrate 丁酸異丙酯——UN2405

（b）屬性條目/generic entries，具有明確定義的一組物質或物品，如：

Adhesive 黏合劑——UN1133

Organic peroxide，Type C，liquid 液態 C 型有機過氧化物——UN3103

Paint related material 塗料的相關材料——UN1263

Triazyne pesticide, liquid, toxic 液態三嗪農藥，毒性——UN2998

（c）特定的泛指條目/specific n.o.s. entries，包括一組具有某一特定化學性質或技術性質的物質或物品，如：

Refrigerant gas, n.o.s.製冷氣體，泛指——UN1078

Selenium compound, solid, n.o.s 硒化合物，固態，泛指——UN3283

（d）屬性泛指條目/general n.o.s. entries，包括符合一種或多種類別或項別的一組物質或物品，如：

Corrosive solid, n.o.s 腐蝕性固體，泛指——UN1759

Toxic liquid, organic, n.o.s 有機毒性液體，泛指——UN2810

5.4.2 品名表的結構

DGR 中的危險品品名表按照危險品的運輸專用名稱的英文字母順序排列，表中列明危險品的類別/項別、次要危險性、危險品標籤、包裝等級、包裝說明代碼及在客/貨機運輸時的數量限制和特殊規定等。

運輸專用名稱是用來識別危險性物品或物質的標準名稱，在包裝件表面、託運人申報單及機長通知單上都需用運輸專用名稱來識別危險物品或物質。

從圖 5-9 的品名表結構圖上可知，品名表共有 14 欄的資訊。

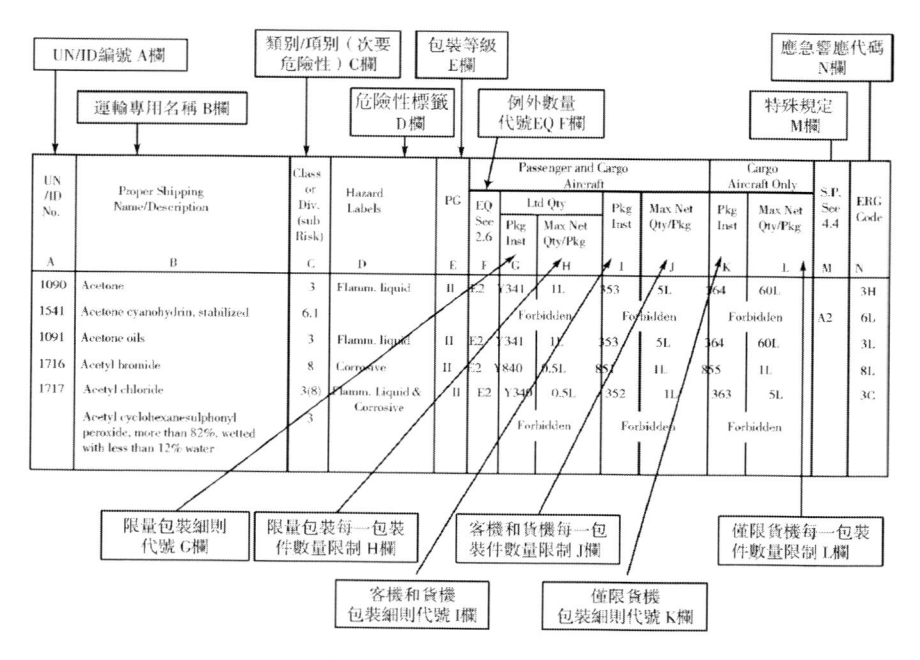

圖 5-9 品名表各欄說明圖

A 欄——UN/ID 代號。即聯合國編號或識別編號。如果危險物品或物質採用聯合國分類系統劃定的系列號碼，使用時必須冠以字母「UN」。如聯合國編號為 1950 的危險品必須表示為 UN1950，不能表示為 1950。如果物質在聯合國分類系統中沒有編號，可以在 8000 系統中指定一個臨時的適用編號，並冠以字母「ID」。如 ID8000 Consumer commodity，8000 和 UN8000 都是錯誤的表示方法，ID8000 才是正確的表示方法。

B 欄——Proper Shipping Name Description。即運輸專用名稱與描述。本欄包括了運輸專用名稱及對危險品的定性描述文字。其中運輸專用名稱用粗體字印刷，描述其含量、狀態和其他限制的說明用細體字印刷，可以用於對運輸專用名稱的補充。

各條目按照用粗體字印刷的運輸名稱的字母順序排列，但是名稱的以下部分在排序時

不予考慮：

①數字；

②單個字母，如 a-、b-、m-、N-、O-、o-、p-；

③前綴，如 alpha-、beta-、meta-、omega-、sec-、tert-；

④術語 n.o.s.（n.o.s._ not other specified，表明該運輸名稱是泛指名稱）。

例如，在查找 2-Methylbutanal 時，不考慮 2-，直接在以「M」開頭的物質中查找；同樣 n-Decane 和 alpha-Methlbenzyl alcohol, solid 也不考慮 n-和 alpha-。

另外，如果在欄目中出現以下符號，意義如下（這些符號不是運輸名稱的一部分，在填寫運輸名稱時可以省略）：

★表示使用該運輸名稱時應在括號內附加技術名稱；

†表示在 DGR 附錄 A 當中有對該條目的附加說明。

C 欄——Class or Div.（Sub risk）。即類別或項別（次要危險性）。按照 DGR 第 3 章描述的聯合國危險品分類標準給出每一種危險品分配的類別或項別。對於第 1 類爆炸物品還給出了相應的配裝組。如 1.1D、1.4S。對於具有多重危險性的物品，其次要危險性將在緊跟的括號中註明，多個次要危險性按數字順序排列。如該欄內為「3（8）」指危險品為第 3 類易燃液體，具有次要危險性即第 8 類腐蝕性物質的性質。

D 欄——Hazard Label（s）。即危險性標籤，指該物品運輸時在其包裝件或 Overpack 外部必須貼上的危險性標籤。首先列出主要危險性標籤，次要危險標籤緊隨其後。本欄還有可能在危險性標籤以外列出操作標籤，如某些特定條目列出了需要黏貼的「磁性物質（Magnetized material）」或「遠離熱源（Keep away from heat）」操作標籤。

E 欄——PG。即包裝等級，PG 是 Packing Group 的縮寫。該欄列出的是危險品對應的聯合國包裝等級：Ⅰ級包裝、Ⅱ級包裝或Ⅲ級包裝。某些物質沒有包裝等級的說法，則這一欄為空。

F 欄——EQ。例外數量代號欄，EQ 是 Excepted Quantities 的縮寫。該欄列出的是危險品若採用例外數量形式運輸的要求。E0 到 E5 共 6 個代號等級分別顯示了所對應危險品是否可以採用例外數量以及可以採用例外數量運輸時的內外包裝數量限制。

G 欄——Passenger and Cargo Aircraft/Ltd Qty/Pkg inst。Ltd Qty/Pkg inst 的全稱為 Limited Quantity/Packing Instructions。即客機和貨機採用「有限數量」方式運輸時危險品的包裝說明代碼。包裝說明詳細規定了危險品包裝使用的包裝材料、包裝方式等。給出了包裝說明的代碼，由於是採用「有限數量」方式運輸，所有的包裝說明編號前必須加上字母「Y」，如 Y344、Y641 等，如果是「Forbidden」則表示該危險品不允許使用有限數量方式運輸。具體的包裝說明信息在 DGR 第五章。

H 欄——Passenger and Cargo Aircraft/Ltd Qty/Max Net Qty Pkg。Ltd Qty/Max Net Qty Rkg 的全稱為 Limited Quantity/Maximum Net Quantity per Package，即當客機或貨機採用限制數量方式運送危險品時每一個包裝件內的物質的最大數量（體積或重量）。該欄中提供的數字表明淨重，除非包裝件運送時參照的毛重，此時以字母 G 表示。這一欄若顯示為「No limit」，則危險品的淨數量或每一包裝件的物品的毛重應在託運人申報單上列明。

I欄——Passenger and Cargo Aircraft/Pkg inst。利用客機或貨機採用一般方式（非「限制數量」）運送危險品時參照的聯合國的包裝說明代碼。欄目中列出包裝說明的代碼，因為不是有限數量包裝，所以沒有前綴「Y」。

J欄——Passenger and Cargo Aircraft/ Max Net Qty Pkg。Max Net Qty Pkg 的全稱為 Maximum Net Quantity per Package，即利用客機或貨機採用一般方式（非「限制數量」）運送危險品時，每一個包裝件內的物質的最大數量（體積或重量）。提供的數字表明淨重，除非包裝件運送時參照的毛重另外以字母 G 表示。這一欄顯示為「Not limit」，則危險品的淨數量或每一包裝件的物品的毛重應在託運人申報單上列明。

K欄——Cargo Aircraft Only/Pkg Inst。當危險品採用僅限貨機運送時，此時的包裝說明代碼。例如用僅限貨機運輸的 Acetal 時，採用的包裝說明代號為 364。

L欄——Cargo Aircraft Only/ Max Net Qty Pkg。Max Net Qty Pkg 的全稱為 Maximum Net Quantity per Package，即僅限貨機運輸的危險品每個包裝件內最大淨數量。例如危險品 Acetal 只能採用貨機運送的時候，每個包裝件內的最大淨數量為 60L。

M欄——S. P. see 4.4，S. P. 全稱是 Special Provisions，即特殊規定。它是以字母 A 開頭，後面跟 1~3 個阿拉伯數字，例如 A1、A2、A3、A9、A51、A70、A81、A130、A802 等。通常用於說明對某些危險品航空運輸的特殊規定。這些特殊規定可能是允許某些具體條件下取得政府批准即可運輸某些禁運物品的規定，如 A1、A2 和 A109 等；也可能是對運輸某些危險品的附加要求，如 A9。託運人在託運貨物時，必須在 DGR 中查詢這些特殊規定，檢查自己的貨物和準備的文件是否滿足規定。

N欄——ERG Code。其全稱是 Emergency Response Drill Code，即應急訓練代碼，可以在國際民航組織的 ICAO 的文件《涉及危險品航空器事件應急指南》（國際民航組織文件 9481，也稱「紅皮書」）中查閱。應急代碼由數字和字母組成，表示對應的危險品危險性和溢出、滲漏或救火的應急反應措施，如表 5-19 所示。

表 5-19　　　　　　　航空器應急回應操作數字和字母的含義

操作方法代號	固有的危險性	對飛機的危險	對乘員的危險	溢出或滲漏處理程序	救火措施	其他考慮因素
1	爆炸可能引起飛機結構破損	起火或爆炸	參照有關措施字母	使用 100% 氧氣，禁止吸菸	梭魚使用的滅火劑；使用標準滅火程序	可能突然失去增壓
2	氣體、非易燃性、壓力可能在起火情況下產生危險	最小	參照有關措施字母	使用 100% 氧氣，對於操作字母「A」「i」或「P」的物品，打開並保持最大限度的通風	使用所有用的滅火劑；使用標準滅火程序	可能突然失去增壓

表5-19(續)

操作方法代號	固有的危險性	對飛機的危險	對乘員的危險	溢出或滲漏處理程序	救火措施	其他考慮因素
3	易燃液體或固體	起火或爆炸	煙、煙霧和高溫，以及如有關措施字母所述	使用 100% 氧氣，打開並保持最大限度的通風；禁止吸菸，盡可能最少地使用電氣設備	使用所有可用的滅火劑；對於字母「W」不得使用水作為滅火劑	可能突然失去增壓
4	暴露空氣中時，可自動燃燒或起火	起火或爆炸	煙、煙霧和高溫，以及如有關措施字母所述	使用 100% 氧氣，打開並保持最大限度的餓通風	使用所有適用的滅火劑；歲於字母「W」不得使用水作為滅火劑	可能突然失去增壓；對於操作字母「F」或「H」盡可能最少地使用電氣設備
5	氧化性物質，可能引燃其他物質，可能在火的高溫中受熱爆炸	起火或爆炸，可能造成腐蝕性破壞	刺激眼、鼻和咽喉；與皮膚接觸造成損害	使用 100% 氧氣，打開並保持最大限度通風	使用所有適用的滅火劑；對於字母「W」不得使用水作為滅火劑	可能突然減壓
6	有毒物品，吸入、攝取或被皮膚吸收可能致命	被有毒液體或固體污染	劇烈中毒，後果可能會延遲發作	使用 100% 氧氣，打開並保持最大限度的通風；沒有手套不得接觸	使用所有適用的滅火劑；對於字母「W」不得使用水作為滅火劑	可能突然失去增壓；對於操作字母「F」或「H」盡可能最少地使用電氣設備
7	破損或未加防護的包裝發出輻射	被溢出的放射性材料污染	暴露於輻射中，並對人員造成污染	不得移動包裝件；避免接觸	使用所有適用的滅火劑	通知專業人員接機處理
8	腐蝕性物質或煙霧，吸入或與皮膚接觸可能致殘	腐蝕性破壞	刺激眼、鼻和咽喉；與皮膚接觸造成損害	使用 100% 氧氣，打開並保持最大限度通風；沒有手套不得接觸	使用所有適用的滅火劑；對於字母「W」不得使用水作為滅火劑	可能突然失去增壓；對於操作字母「F」或「H」盡可能最少地使用電氣設備
9	無通常固有的危險	見有關操作字母所述	見有關操作字母所述	使用 100% 氧氣，對於操作字母「A」打開並保持最大限度的通風	使用所有適用的滅火劑；對於字母「W」不得使用水作為滅火劑	無
10	易燃氣體，如果有任何火源，極易著火	起火或爆炸	煙、煙霧和高溫，以及如措施字母所述	使用 100% 氧氣，打開並保持最大限度的通風；禁止吸菸；盡可能最少地使用電氣設備	使用所適用的滅火劑	可能突然失去增壓

表5-19(續)

操作方法代號	固有的危險性	對飛機的危險	對乘員的危險	溢出或滲漏處理程序	救火措施	其他考慮因素
11	感染性物質，如果通過黏膜或外露的傷口吸入、攝取或吸收，可能會對人或動物造成影響	被感染性物質污染	對人或動物延遲發作的感染	不要接觸。在受影響區域保持最低程度的再循環和通風	使用所有可用的滅火劑。對於操作方法字母「Y」的物品，禁止使用水	通知專業人員接機處理

處置方案字母	附加的危險性	處置方案字母	附加的危險性
A	麻醉的	M	磁性的
C	腐蝕的	N	有害的
E	爆炸的	P	有毒性的＊（毒性物質）
F	易燃	S	自動燃燒或發火
H	高度可燃	W	遇濕釋放有毒或易燃氣體
i	有刺激性的/催淚的	X	氧化性物質
L	其他較低或無危險性	Y	根據感染性物質的類別而定，有關國家主管當局可能需要對人員、動物、貨物和航空器進行隔離

＊註：作為毒性物質來說意味著具有毒性

5.4.3 品名表的使用

5.4.3.1 在品名表中列出名稱的危險品

當危險品的運輸專用名稱出現在品名表中時，可按以下的方法來直接查閱各欄的內容。

第一步，查找運輸專用名稱和 UN/ID 代號，對應品名表的 B、A 欄。

第二步，確定危險品的類別/項別及次要危險性，對應品名表的 C 欄。

第三步，確定危險性標籤，對應品名表的 D 欄。

第四步，確定包裝等級，對應品名表的 E 欄。

第五步，確定例外數量包裝要求，對應品名表的 F 欄。

第六步，確定包裝說明代碼及每一包裝件的最大淨數量限制，對應品名表的 G、H、I、J、K、L 欄。

第七步，檢查是否有特殊規定？對應品名表 M 欄，如有，則參閱 DGR 相關規定。

第八步，查找 ERG 代碼，對應於品名表的 N 欄，經營人可將此代號填寫在機長通知單上，供機組使用的機上應急措施代號。

現舉例詳細說明品名表使用的每一步驟。

第一步，確定運輸專用名稱和 UN/ID 代號。

在危險品運輸過程中，必須指定危險品的 UN/ID 代號和一個標準的名稱作為運輸專用名稱，用於識別該危險品。

託運人在危險品包裝件、貨運單及託運人危險品申報單中均應使用適合的 UN 編號和運輸專用名稱。運輸專用名稱已經列入 DGR 品名表中的危險品，可以直接查閱品名表使用 B 欄中列明的名稱。

還有一些情況，除了在包裝件、貨運單和申報單中使用品名表 B 欄查到的運輸專用名稱外，還需作適當補充。例如，第 1 類爆炸品，在運輸專用名稱後面可以加上它的軍用名稱或商業名稱作補充。

由於物質存在不同的物理狀態，在本欄中可能指明為液態、固態，作為運輸專用名稱時，必須表明相應的狀態。例如，UN2814，感染性物質，對人傳染（液態），即 infectious substance, affecting humans (liquid)。

當危險品廢料（放射性物質除外）為了處理的目的或為了處理加工的目的而被運輸時，在運輸專用名稱後應加上「Waste（廢料）」的字樣。

運輸專用名稱和 UN 代碼之間可能出現幾種不同的對應關係，現舉例說明：

【例 5-4】一個運輸專用名稱對應一個 UN 代碼。

表 5-20 中 UN1654 的運輸專用名稱為 Nicotine。

表 5-20　　　　　　　　　　危險品品名表例

UN/ID No.	Proper Shipping Name/Description	Class or Div. (sub Risk)	Hazard Labels	PG	EQ See 2.6	Ltd Qty Pkg Inst	Ltd Qty Max Net Qty/Pkg	Pkg Inst	Max Net Qty/Pkg	Pkg Inst	Max Net Qty/Pkg	S.P. See 4.4	ERG Code
A	B	C	D	E	F	G	H	I	J	K	L	M	N
1654	Nicotine	6.1	Toxic	II	E4	Y641	1L	654	5L	662	60L		6L

【例 5-5】一個運輸專用名稱對應一個 ID 代碼。

表 5-21 中 ID8000 的運輸專用名稱為 Consumer commodity。

表 5-21　　　　　　　　　　危險品品名表例

UN/ID No.	Proper Shipping Name/Description	Class or Div. (sub Risk)	Hazard Labels	PG	EQ See 2.6	Ltd Qty Pkg Inst	Ltd Qty Max Net Qty/Pkg	Pkg Inst	Max Net Qty/Pkg	Pkg Inst	Max Net Qty/Pkg	S.P. See 4.4	ERG Code
A	B	C	D	E	F	G	H	I	J	K	L	M	N
8000	Consumer Commodity	9	Miscellaneous		E0	Y963	30kg G	Y963	30kg G	Y963	30kg G		9L

【例 5-6】一個 UN/ID 代碼對應兩個或兩個以上的運輸專用名稱。

表 5-22 中 UN1203 對應 3 個運輸專用名稱：Gasoline，Motor spirit，Petrol。

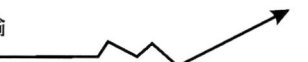

表 5-22　　　　　　　　　　　　　　　危險品品名表例

UN/ID No.	Proper Shipping Name/Description	Class or Div. (sub Risk)	Hazard Labels	PG	EQ See 2.6	Ltd Qty Pkg Inst	Ltd Qty Max Net Qty/Pkg	Passenger and Cargo Aircraft Pkg Inst	Passenger and Cargo Aircraft Max Net Qty/Pkg	Cargo Aircraft Only Pkg Inst	Cargo Aircraft Only Max Net Qty/Pkg	S.P. See 4.4	ERG Code
A	B	C	D	E	F	G	H	I	J	K	L	M	N
1203	Gasoline	3	Flamm. Liquid	II	E2	Y341	1L	353	5L	364	60L	A100	3H
1203	Motor Spirit	3	Flamm. Liquid	II	E2	Y341	1L	353	5L	364	60L	A100	3H
1203	Petrol	3	Flamm. Liquid	II	E2	Y341	1L	353	5L	364	60L	A100	3H

【例 5-7】當 B 欄中列出的名稱是細體字時，該名稱不是運輸專用名稱。

當品名表的 B 欄中出現細體字時，該細體字只是對運輸專用名稱的補充說明，並非運輸專用名稱的一部分。為了更好理解，用表 5-23 品名表中 UN1950 的有關資訊舉例說明。

UN1950 運輸專用名稱為 Aerosols, non-flammable，而括號內的細體字 tear gas devices 只是對運輸專用名稱 Aerosols, non-flammable 的補充說明。

表 5-23　　　　　　　　　　　　　　　危險品品名表例

UN/ID No.	Proper Shipping Name/Description	Class or Div. (sub Risk)	Hazard Labels	PG	EQ See 2.6	Ltd Qty Pkg Inst	Ltd Qty Max Net Qty/Pkg	Passenger and Cargo Aircraft Pkg Inst	Passenger and Cargo Aircraft Max Net Qty/Pkg	Cargo Aircraft Only Pkg Inst	Cargo Aircraft Only Max Net Qty/Pkg	S.P. See 4.4	ERG Code
A	B	C	D	E	F	G	H	I	J	K	L	M	N
1950	Aerosols, non-flammable (tear gas devices)	2.2 (6.1)	Non-flamm. Gas & Toxic		E0	Forbidden		Forbidden		212	50kg	A1 A45 A67	2P

除此之外，細體字還有可能是以下幾種情況之一：

（1）參考提示資訊。如表 5-24 中的 Filler, liquid 後面的 see Paint 指示要去查看 Paint。Paint 是該物質正確的運輸專用名稱，而 Filler, liquid 不是，只作為一個參考提示資訊。

表 5-24　　　　　　　　　　　　　　　危險品品名表例

UN/ID No.	Proper Shipping Name/Description	Class or Div. (sub Risk)	Hazard Labels	PG	EQ See 2.6	Ltd Qty Pkg Inst	Ltd Qty Max Net Qty/Pkg	Passenger and Cargo Aircraft Pkg Inst	Passenger and Cargo Aircraft Max Net Qty/Pkg	Cargo Aircraft Only Pkg Inst	Cargo Aircraft Only Max Net Qty/Pkg	S.P. See 4.4	ERG Code
A	B	C	D	E	F	G	H	I	J	K	L	M	N
	Filler, liquid, see Paint (UN1263)												

（2）表示該物品在任何情況下均禁止航空運輸（在品名表中沒有運輸專用名稱，也沒有 UN/ID 代碼），如表 5-25 的 Quebrachitol pentanitrate。

表 5-25　　　　　　　　　　危險品品名表例

UN/ID No.	Proper Shipping Name/Description	Class or Div. (sub Risk)	Hazard Labels	PG	Passenger and Cargo Aircraft			Cargo Aircraft Only		S.P. See 4.4	ERG Code
					EQ See 2.6	Ltd Qty Pkg Inst	Ltd Qty Max Net Qty/Pkg	Pkg Inst	Max Net Qty/Pkg		
A	B	C	D	E	F	G	H	I	J	K	L	M	N
	Quebrachitol pentanitrate					Forbidden		Forbidden			

（3）表示該物品在航空運輸條件下，不受任何限制，如表 5-26 中所示的物質條目。

表 5-26　　　　　　　　　　危險品品名表例

UN/ID No.	Proper Shipping Name/Description	Class or Div. (sub Risk)	Hazard Labels	PG	Passenger and Cargo Aircraft			Cargo Aircraft Only		S.P. See 4.4	ERG Code
					EQ See 2.6	Ltd Qty Pkg Inst	Ltd Qty Max Net Qty/Pkg	Pkg Inst	Max Net Qty/Pkg		
A	B	C	D	E	F	G	H	I	J	K	L	M	N
	R11, Trichlorofluoromethane					Not restricted		Not restricted			

【例 5-8】一個運輸專用名稱對應一個以上的 UN 代碼。

物質的一些性質如物理狀態（固、液、氣態）、濃度和純度等都有可能影響它的危險特性，進而影響到它的分類。這些描述經常以細體字出現在品名表中，它們不作為運輸專用名稱的一部分，但是是確定物質或物品的分類，決定運輸專用名稱、UN/ID 代碼及運輸要求的必要資訊。例如，表 5-27 中 Alkylsulphonic acids, liquid 對應二個 UN 編號：UN2586、UN2584。

UN2586 Alkylsulphonic acids, liquid with 5% or less free sulphuric acid

UN2584 Alkylsulphonic acids, liquid with more than 5% free sulphuric acid

表 5-27　　　　　　　　　　危險品品名表例

UN/ID No.	Proper Shipping Name/Description	Class or Div. (sub Risk)	Hazard Labels	PG	EQ See 2.6	Ltd Qty Pkg Inst	Ltd Qty Max Net Qty/Pkg	Pkg Inst	Max Net Qty/Pkg	Pkg Inst	Max Net Qty/Pkg	S.P. See 4.4	ERG Code
A	B	C	D	E	F	G	H	I	J	K	L	M	N
2586	Alkylsulphonic acids, liquid with 5% or less free sulphuric acid	8	Corrosive	III	E1	Y841	1L	852	5L	856	60L	A803	8L
2584	Alkylsulphonic acids, liquid with more than 5% free sulphuric acid	8	Corrosive	II	E2	Y840	0.5L	851	1L	855	30L		

第二步，決定危險品的類別/項別。

當找到 UN/ID 編號和運輸專用名稱後，便可在 C 欄確定其相應的危險品的類別/項別，以及可能存在的次要危險性。

【例5-9】在表5-28中顯示的是運輸專用名稱為 Carbamate pesticide, liquid, toxic, flammable 的危險物質的條目，試決定該物質的類別/項別和次要危險性。

在表5-28中查找C欄，可看到UN2991主要危險性為6.1項，即毒性物質，次要危險性為括號中顯示的第3類，即易燃液體。

表5-28　　　　　　　　　　　　　　危險品品名表例

UN/ID No.	Proper Shipping Name/Description	Class or Div. (sub Risk)	Hazard Labels	PG	Passenger and Cargo Aircraft				Cargo Aircraft Only		S.P. See 4.4	ERG Code
					EQ See 2.6	Ltd Qty		Pkg Inst	Max Net Qty/Pkg	Pkg Inst	Max Net Qty/Pkg		
						Pkg Inst	Max Net Qty/Pkg						
A	B	C	D	E	F	G	H	I	J	K	L	M	N
2991	Carbamate pesticide, liquid, toxic, flammable, ★ flash point 23℃ or more	6.1(3)	Toxic & Flamm. Liquid	I II III	E5 E4 E1	Forbidden Y641 Y641	1L 2L	652 654 655	1L 5L 60L	658 652 663	30L 60L 220L	A3 A4	6F 6F 6F

【例5-10】表5-29顯示的是運輸專用名稱為 Boroon trifuluoride dimethyl dtherate 的危險物質條目，試決定該物質的類別/項別和次要危險性。

該物質的C欄顯示為「4.3（3，8）」，可斷定此物質屬於4.3項危險品，次要危險性有2個，分別是第3類易燃液體和第8類腐蝕品。兩個次要危險性不再區分危險程度的大小，僅按危險特性所屬類項的數字順序排列。

表5-29　　　　　　　　　　　　　　危險品品名表例

UN/ID No.	Proper Shipping Name/Description	Class or Div. (sub Risk)	Hazard Labels	PG	Passenger and Cargo Aircraft				Cargo Aircraft Only		S.P. See 4.4	ERG Code
					EQ See 2.6	Ltd Qty		Pkg Inst	Max Net Qty/Pkg	Pkg Inst	Max Net Qty/Pkg		
						Pkg Inst	Max Net Qty/Pkg						
A	B	C	D	E	F	G	H	I	J	K	L	M	N
2965	Boron trifluoride dimethyl etherate	4.3(3,8)	Dang.when wet & Flamm. Liquid & Corrosive	I	E0	Forbidden		Forbidden		480	1L		4FW

第三步，確定危險性標籤。

運輸某一危險品所需使用的危險性標籤在品名表的D欄中顯示。如例5-9所對應的表5-27中，查閱D欄UN2991有2個危險性標籤，一是主要危險性標籤6.1項毒性物質，二是次要危險性標籤第3類易燃液體。本欄中的危險性標籤是物質具備的每個危險性所對應的標籤名稱。

【例5-11】表5-30顯示的是運輸專用名稱為 Bromoacetyl bromide 的危險物質的條目，試確定該物質的危險性標籤。

該物質的D欄所顯示的危險性標籤為腐蝕品（Corrosive），與C欄中的類項數字代號「8」對應。

表 5-30　　　　　　　　　　　　　　危險品品名表例

UN /ID No.	Proper Shipping Name/Description	Class or Div. (sub Risk)	Hazard Labels	PG	EQ See 2.6	Ltd Qty Pkg Inst	Ltd Qty Max Net Qty/Pkg	Passenger and Cargo Aircraft Pkg Inst	Passenger and Cargo Aircraft Max Net Qty/Pkg	Cargo Aircraft Only Pkg Inst	Cargo Aircraft Only Max Net Qty/Pkg	S.P. See 4.4	ERG Code
A	B	C	D	E	F	G	H	I	J	K	L	M	N
2513	Bromoacetyl bromide	8	Corrosive	II	E2	Y840	0.5L	851	1L	855	30L		8L

　　個別情況，在 D 欄中顯示的不一定是危險品的危險性標籤。如表 5-31 所示磁性物質，運輸專用名稱為 Magnetized material，D 欄所示的名稱是磁性物質操作標籤「Magnetized material」。實際操作中，磁性物質的包裝件可不用黏貼第 9 類雜項危險品的危險性標籤，但必須黏貼專屬的操作標籤。

表 5-31　　　　　　　　　　　　　　危險品品名表例

UN /ID No.	Proper Shipping Name/Description	Class or Div. (sub Risk)	Hazard Labels	PG	EQ See 2.6	Ltd Qty Pkg Inst	Ltd Qty Max Net Qty/Pkg	Passenger and Cargo Aircraft Pkg Inst	Passenger and Cargo Aircraft Max Net Qty/Pkg	Cargo Aircraft Only Pkg Inst	Cargo Aircraft Only Max Net Qty/Pkg	S.P. See 4.4	ERG Code
A	B	C	D	E	F	G	H	I	J	K	L	M	N
2807	Magnetized material †	9	Magnetized material		E0	Forbidden		953	No limit	953	No limit		9M

　　又如 4.1 項中的自身反應物質和 5.2 項危險品，D 欄中除顯示它們所屬的類項代號外，還會列明這兩種物質所要黏貼的操作標籤「遠離熱源」，以示提醒，如表 5-32 所示。

表 5-32　　　　　　　　　　　　　　危險品品名表例

UN /ID No.	Proper Shipping Name/Description	Class or Div. (sub Risk)	Hazard Labels	PG	EQ See 2.6	Ltd Qty Pkg Inst	Ltd Qty Max Net Qty/Pkg	Passenger and Cargo Aircraft Pkg Inst	Passenger and Cargo Aircraft Max Net Qty/Pkg	Cargo Aircraft Only Pkg Inst	Cargo Aircraft Only Max Net Qty/Pkg	S.P. See 4.4	ERG Code
A	B	C	D	E	F	G	H	I	J	K	L	M	N
3103	Organic peroxide type C, liquid ★ †	5.2	Organic peroxide & Keep away from heat		E0	Forbidden		570	5L	570	10L	A20 A150 A802	5L

　　第四步，確定包裝等級。

　　包裝等級用於判斷所裝物質的危險程度。聯合國的包裝標準有 3 個等級，分別表示為 Ⅰ、Ⅱ、Ⅲ級，用於對應大、中、小三個不同的危險程度。

　　品名表在 E 欄顯示物質的包裝等級。大多數物質一般只顯示一個包裝等級。但有一些物質 E 欄為空白，可能是由於禁止空運或此物質運輸時不採用聯合國危險品的包裝標準（即 UN 規格包裝）等原因；另有一些危險品出現不止一個包裝等級。這取決於此危險品的特性，多數情況下該物質的條目是泛指名稱，表示一類物質，因呈現不同的閃點、沸點、濃度、毒性、腐蝕性等而對應多個包裝等級。

　　【例 5-12】表 5-33 顯示的是運輸專用名稱為 Adhesives（黏合劑）的危險物質的條目，試確定包裝等級。

黏合劑屬於第 3 類易燃液體，對應三個不同的包裝等級，Ⅰ、Ⅱ、Ⅲ級。實際操作時，要根據物質試驗中的閃點和初始沸點數據，並結合 DGR 規定進行判斷，選擇正確的包裝等級，確定三條記錄中所屬的條目，再進一步判斷後幾欄的內容。

表 5-33　　　　　　　　　　　　危險品品名表例

UN /ID No.	Proper Shipping Name/Description	Class or Div. (sub Risk)	Hazard Labels	PG	EQ See 2.6	Ltd Qty Pkg Inst	Ltd Qty Max Net Qty/Pkg	Pkg Inst	Max Net Qty/Pkg	Pkg Inst	Max Net Qty/Pkg	S.P. See 4.4	ERG Code
A	B	C	D	E	F	G	H	I	J	K	L	M	N
1133	Adhesives Containing flammable liquid	3	Flamm. Liquid	Ⅰ Ⅱ Ⅲ	E3 E2 E1	Forbidden Y341 Y344	1L 10L	351 353 355	1L 5L 60L	361 364 366	30L 60L 220L	A3	3L 3L 3L

第五步，查看例外數量包裝代號和相關要求。

品名表的 F 欄顯示的是某一危險品的例外數量包裝代號。它有 E0、E1、E2、E3、E4、E5 共 6 種情況，對應該危險品的例外數量包裝運輸要求，如是否可以採用例外包裝、採用例外包裝時的內外包裝數量限制等。

【例 5-13】表 5-34 顯示的是運輸專用名稱為 Dichloroacetic acid（二氯乙酸）的危險物質的條目，請確定此物質是否有可能採用例外數量包裝運輸。如能採用，具體的包裝限制是什麼？

表 5-34　　　　　　　　　　　　危險品品名表例

UN /ID No.	Proper Shipping Name/Description	Class or Div. (sub Risk)	Hazard Labels	PG	EQ See 2.6	Ltd Qty Pkg Inst	Ltd Qty Max Net Qty/Pkg	Pkg Inst	Max Net Qty/Pkg	Pkg Inst	Max Net Qty/Pkg	S.P. See 4.4	ERG Code
A	B	C	D	E	F	G	H	I	J	K	L	M	N
1764	Dichloroacetic acid	8	Corrosive	Ⅱ	E2	Y840	0.5L	851	1L	855	30L		8i

根據 F 欄顯示，此物質可以採用例外數量形式運輸。而且，相應的內外包裝數量應遵守 DGR2.6 節中規定的代碼 E2 所對應的數量限制，即每一內包裝淨數量限制為 30mL，每一外包裝的淨數量限制為 500mL。

第六步，查找包裝說明代號和每個包裝件允許的最大淨數量。

品名表的 G 欄~L 欄顯示每種危險品的包裝說明代號和淨數量限制，但又分為三種不同情況。使用時應根據物質或物品的實際包裝情況或運輸要求對照選擇並查找。實際包裝情況必須同時滿足 G、H 欄或 I、J 欄的要求，即滿足包裝說明和每個包裝件的淨數量限制才可以在客機上運輸或在貨機上運輸，否則此處會標明「Forbidden」的字樣。K、L 欄是對僅限貨機的情況提出的要求，按這兩欄要求準備的包裝件禁止在客機裝載。如果物質太危險以致無法空運，則每兩欄都會標明「Forbidden」的字樣。

【例 5-14】表 5-35 顯示的物質是 Diketenen, stablilized，該物質是否允許空運？如允

許，在客機或貨機中的包裝件數量限制是怎樣？

表 5-35　　　　　　　　　　　危險品品名表例

UN /ID No.	Proper Shipping Name/Description	Class or Div. (sub Risk)	Hazard Labels	PG	\multicolumn{4}{c}{Passenger and Cargo Aircraft}	\multicolumn{2}{c}{Cargo Aircraft Only}	S.P. See 4.4	ERG Code
					EQ See 2.6	Ltd Qty Pkg Inst / Max Net Qty/Pkg	Pkg Inst	Max Net Qty/Pkg	Pkg Inst	Max Net Qty/Pkg		
A	B	C	D	E	F	G / H	I	J	K	L	M	N
2521	Diketene, stabilized	6.1(3)				Forbidden	Forbidden		Forbidden		A209	6F

根據 Diketenen, stablilized 在品名表 G 欄~L 欄的三個「Forbidden」可知由於該物質太危險，客機和貨機都無法接收，為禁運的物質。

【例 5-15】表 5-36 顯示的物質是 2,2-Dimethylpropane（二甲基丙烷），該物質是否允許空運？如允許，在客機或貨機中的包裝件數量限制是怎樣？

表 5-36　　　　　　　　　　　危險品品名表例

UN /ID No.	Proper Shipping Name/Description	Class or Div. (sub Risk)	Hazard Labels	PG	EQ See 2.6	Ltd Qty Pkg Inst / Max Net Qty/Pkg	Pkg Inst	Max Net Qty/Pkg	Pkg Inst	Max Net Qty/Pkg	S.P. See 4.4	ERG Code
A	B	C	D	E	F	G / H	I	J	K	L	M	N
2044	2,2-Dimethylpropane	2.1	Flamm. gas		E0	Forbidden	Forbidden		200	150kg	A1	10L

二甲基丙烷的 UN 代號為 UN2044，G 欄~J 欄顯示的兩個「Forbidden」表示該物質禁止客機運輸。如果按照 K 欄顯示的包裝說明 200 號的要求準備包裝件，單個包裝件內淨數量限制在 150kg 以內，則僅限貨機運輸。

【例 5-16】表 5-37 顯示了兩種不同的物質，分別是 Morpholine 和 Naphthalene, refined。請確認此兩種物質是否允許空運？如允許，在客機或貨機中的包裝件數量限制是怎樣？

表 5-37　　　　　　　　　　　危險品品名表例

UN /ID No.	Proper Shipping Name/Description	Class or Div. (sub Risk)	Hazard Labels	PG	EQ See 2.6	Ltd Qty Pkg Inst	Max Net Qty/Pkg	Pkg Inst	Max Net Qty/Pkg	Pkg Inst	Max Net Qty/Pkg	S.P. See 4.4	ERG Code
A	B	C	D	E	F	G	H	I	J	K	L	M	N
2054	Morpholine	8(3)	Corrosive & Flamm. liquid	I	E0	Forbidden		850	0.5L	854	2.5L		8F
1334	Naphthalene, refined	4.1	Flamm. solid	III	E1	Y443	10kg	446	25kg	449	100kg	A803	3L

根據 G 欄~J 欄顯示的內容，對危險品嗎啉（Morpholine），UN2054，I 級包裝，在客

機或貨機上不可採用有限數量的方式；而如果按照包裝說明 850 的要求並使單個包裝件淨數量限制為不超過 0.5L，可以在客機和貨機上運輸；採用包裝說明 854 的要求並使單個包裝件淨數量限制 2.5L 以內，僅限貨機運輸。

而對危險品 Naphthalene，refined，UN1334，Ⅲ級包裝。在客機或貨機上可以採用有限數量運輸，並遵守 Y443 號包裝說明的要求進行包裝，每一包裝件允許的最大淨數量為 10kg；採用客機或貨機並按 UN 規格包裝方式要遵守 446 號包裝說明，每一包裝件允許的最大淨數量為 25kg；僅用貨機運輸時，遵守 449 號包裝說明，每一包裝件允許的最大淨數量為 100kg。

第七步，檢查是否有特殊規定。

品名表的 M 欄為特殊規定欄。查閱此欄可知危險物質是否有特殊規定，以及特殊規定的代碼。代碼對應的具體條款需在 DGR4.4 節中查閱，本章 5.4.4 節中對 DGR4.4 節的設置有進一步說明。一般來說，特殊規定有下列幾種情況：

（1）經過主管部門的批准，在特定條件下準予某些禁運的危險品，如 A1 和 A2。
（2）規定了附加特殊的限制條件。
（3）規定某一危險品在滿足特定的條件下可視為非危險品。

此外，是否接收經政府和主管部門許可的危險品還取決於經營人。

【例 5-17】表 5-38 顯示的是物質 Naphthylthiourea 的品名表條目。試確定物質是否有特殊規定？

表 5-38　　　　　　　　　　危險品品名表例

UN /ID No.	Proper Shipping Name/Description	Class or Div. (sub Risk)	Hazard Labels	PG	EQ See 2.6	Ltd Qty Pkg Inst	Ltd Qty Max Net Qty/Pkg	Passenger and Cargo Aircraft Pkg Inst	Passenger and Cargo Aircraft Max Net Qty/Pkg	Cargo Aircraft Only Pkg Inst	Cargo Aircraft Only Max Net Qty/Pkg	S.P. See 4.4	ERG Code
A	B	C	D	E	F	G	H	I	J	K	L	M	N
1651	Naphthylthiourea	6.1	Toxic	II	E4	Y644	1kg	669	25kg	676	100kg	A6	6L

根據危險品 UN1651 即 Naphthylthiourea 條目的 M 欄，特殊規定代號為 A6。進一步查閱 DGR 可知 A6 的規定如下：當託運的貨物屬於殺蟲劑類時，這些物質必須按有關的殺蟲劑條目的要求，並且符合殺蟲劑的規定進行運輸。

第八步，查找 ERG 代號。

品名表 N 欄顯示的代號是應急回應代碼。應急回應代碼的具體含義需在國際民航組織的 ICAO 的文件《涉及危險品航空器事件應急指南》（國際民航組織文件 9481，也稱「紅皮書」）中查閱。

【例 5-18】表 5-39 顯示的是物質 chloromethyl chloromate 的品名表條目。試確定物質的緊急回應代碼和具體的應急回應措施。

表 5-39　　　　　　　　　　　危險品品名表例

UN/ID No.	Proper Shipping Name/Description	Class or Div. (sub Risk)	Hazard Labels	PG	EQ See 2.6	Passenger and Cargo Aircraft Ltd Qty Pkg Inst	Passenger and Cargo Aircraft Max Net Qty/Pkg	Pkg Inst	Max Net Qty/Pkg	Cargo Aircraft Only Pkg Inst	Cargo Aircraft Only Max Net Qty/Pkg	S.P. See 4.4	ERG Code
A	B	C	D	E	F	G	H	I	J	K	L	M	N
2745	Chloromethyl chloroformate	6.1(8)	Toxic & Corrosive	II	E4	Y640	0.5L	653	1L	660	30L		6C

根據此危險品 chloromethyl chloromate 的 N 欄顯示代號 6C，查閱應急事故回應措施和注意事項的代碼表中「6」和「C」對應內容，可得此物質應急回應方面的信息如下。

（1）固有的危險性：有毒物質，吸入、食用或被皮膚吸收可能致命。

（2）對飛機的危險：被有毒液體或固體污染。

（3）對機上人員的危險：劇烈中毒，可能以後才有反應。

（4）溢出/滲漏處理程序：使用 100% 的氧氣，打開並保持最大限度的通風；沒有手套不得接觸。

（5）救火措施：所有使用的滅火劑；對於代碼「W」不得使用水做為滅火劑。

（6）應考慮的其他因素：可能突然減壓；對於操作代碼「F」「H」用電保持最低限度。

（7）具有腐蝕性。

5.4.3.2　在品名表中未列出名稱的危險品

當某一新物質或混合物的名稱未出現在 DGR 的品名表中，但它又有一定的危險性時，則需要根據它們的性質選擇最確切的泛指物品名稱 n.o.s（未作特殊規定）的條目作為它們的運輸專用名稱。可以按照以下方法來確定：

（1）確定物質的性質（可以通過性質實驗、查閱文獻等方法獲得）。

（2）確定是否屬於禁止航空運輸的危險品。

（3）將該物質的特性與危險品的分類標準進行比較，確定其類別/項別。對於具有一種以上危險特性的物質，應該根據 DGR 相關規定來決定主要和次要危險性。

（4）確定適當的屬性條目（Generic entries）或泛指條目（包括化學特定泛指條目和危險屬性泛指條目，即 Specific entries，n.o.s 或 General entries，n.o.s）作為運輸專用名稱。

在使用屬性條目或泛指名稱時，託運人必須使用描述該危險品的最為準確的廣義或泛指名稱。按照本章 5.4.1 節中介紹的運輸專用名稱的優先指定順序，某物質應優先使用適當的屬性條目；若無屬性條目，再考慮使用帶有「n.o.s」的泛指名稱。

泛指名稱也分為兩種，第一種是危險品的化學特定泛指條目（Specific entries），第二種是危險屬性泛指條目（General entries）。託運人應優先使用化學泛指名稱。例如果該物質是醇、醛、烴、酮或者石油蒸餾物，其分類為：

UN1987 Alcohols, n.o.s. ★

UN1989 Aldehydes, n.o.s. ★

UN3295 Hydrocarbons, liquid, n.o.s. ★

UN1224 Ketones, liquid, n.o.s. ★

UN1268 Petroleum, distillates n.o.s. ★

如果某易燃液體在危險品品名表中找不到名稱，而且該物質也無其他危險性（次要危險性），其分類通常使用從危險性角度命名的條目，例如：UN1993 flammable liquid, n.o.s. ★。

對於有「★」標記的泛指運輸專用名稱的危險品，要求在緊隨該名稱後註明該危險品的技術名稱或化學組名稱，並用括號「（ ）」括起來。該技術名稱或化學組名稱應該是在當前的科技手冊、教科書或雜誌上普遍使用並已經得到公認的名稱，不能使用商業名稱。此規定不適用於國家法律或國際公約禁止洩密的管制物品。例如，對於氟利昂14和氟利昂23的混合物，其託運人申報的運輸專用名稱應為「製冷劑，泛指名稱（四氟甲烷，三氟甲烷）」。託運人不得申報為「氟利昂14」或「氟利昂23」，因為該名稱屬於商業名稱。

現舉例來說明對品名表中未出現的危險品的運輸專用名稱的指定。

方法一：按危險品的化學特定泛指名稱的特定條目「Specific entries」來確定運輸專用名稱。

【例5-19】物質乙基環己烷（Ethyl cyclohexane），閃點為30℃，初始沸點為132℃，查閱DGR後發現該物質的名稱未列入危險品品名表中。請指定一個最合適的運輸專用名稱。

指定運輸專用名稱時，可按以下步驟進行：

（1）確定貨物的性質。實驗結果已經提供了相關的資訊，即閃點為30℃，初始沸點為132℃。

（2）檢查是否為禁運的危險品。根據DGR品名表，此物質不屬於禁運危險品。

（3）確定其類別/項別。此物質屬於第3類易燃液體，根據DGR第3章中第3類危險品的包裝等級的劃分可知，該物質應採用Ⅲ級包裝。

（4）確定適當的n.o.s.條目作為運輸專用名稱。按照先化學泛指名稱「Specific entries」後危險性泛指名稱「General entries」的順序使用。

為了讓託運人選擇最適當的運輸專用名稱，DGR給出了所有類別和項別的危險品可供選擇的化學泛指名稱的特定條目（specific entries）和危險特性泛指名稱的一般條目（Generic entries）。由於表格的篇幅較大，本書在此只節選了適用於本例的第3類危險品的部分條目，見表5-40。

表5-40　　第3類化學泛指名稱特定條目和危險性泛指名稱一般條目

類別/項別	次要危險性	UN/ID 代號	運輸專用名稱
第3類			
Specific entries			
3	8	3274	Alcoholates solution, n.o.s ★ in alcohol
3	6.1	1986	Alcohols, flammable, toxic, n.o.s ★
3		1987	Alcohols, n.o.s ★

表5-40(續)

類別/項別	次要危險性	UN/ID 代號	運輸專用名稱
3		1989	Aldehydes, n. o. s★
3	6.1	1988	Aldehydes, flammable, toxic, n. o. s★
3	8	2733	Amines, flammable, corrosive, n. o. s★
3	8	2985	Chlorosilanes, flammable, corrosive, n. o. s★
3		3379	Desensitized explosive, liquid, n. o. s★
3		3272	Esters, n. o. s★
3		3271	Ethers, n. o. s★
3		3295	Hydrocarbons, liquid, n. o. s★
3	6.1	2478	Isocyanates, flammable, toxic, n. o. s★
3	6.1	2478	Isocyanates, solution, flammable, toxic, n. o. s★
3		1224	Ketones, liquid, n. o. s★
3	6.1	3248	Medicine, liquid, flammable, toxic, n. o. s★
3		3336	Mercaptan, mixture, liquid, flammable, n. o. s★
3	6.1	1228	Mercaptan, mixture, liquid, flammable, toxic, n. o. s★
3		3336	Mercaptan, liquid, flammable, n. o. s★
3	6.1	1228	Mercaptan, liquid, flammable, toxic, n. o. s★
3	6.1	3273	Nit riles, flammable, toxic, n. o. s★
3		3343	Nitroglycerin mixture, desensitized, liquid, flammable, n. o. s★ with 30% or less nitroglycerin, by weight
3		3357	Nitroglycerin mixture, desensitized, liquid, n. o. s★ with 30% or less nitroglycerin, by weight
3		1268	Petroleum distillates, n. o. s
3		1268	Petroleum products, n. o. s
3	8	2733	Polyamines, flammable, corrosive, n. o. s★
3		2319	Terpene hydrocarbons, n. o. s★
General entries			
3		3256	Elevated temperature liquid, flammable, n. o. s★ with flash point above 60℃, at or above its flash point
3		1993	Flammable, liquid, n. o. s★
3	8	2924	Flammable, liquid, corrosive, n. o. s★
3	6.1	1992	Flammable, liquid, toxic, n. o. s★
3	6.1 和 8	3286	Flammable, liquid, toxic, corrosive, n. o. s★

在表5-40中可以看到，該危險品運輸專用名稱應該是以化學泛指名稱命名的名稱：Hydrocarbons, liquid, n.o.s (Ethyl cyclohexane)，UN3295，「碳氫化合物，液體」，而不是

「Generic entries」中的危險性泛指名稱：Flammable Liquid, n.o.s.（Ethyl cyclohexane），（易燃液體，未另作規定）。見表 5-41 所示的危險品品名表中的該條目：

表 5-41　　　　　　　　　　　　品名表例

UN /ID No.	Proper Shipping Name/Description	Class or Div. (sub Risk)	Hazard Labels	PG	EQ See 2.6	Ltd Qty Pkg Inst	Ltd Qty Max Net Qty/Pkg	Passenger and Cargo Aircraft Pkg Inst	Passenger and Cargo Aircraft Max Net Qty/Pkg	Cargo Aircraft Only Pkg Inst	Cargo Aircraft Only Max Net Qty/Pkg	S.P. See 4.4	ERG Code
A	B	C	D	E	F	G	H	I	J	K	L	M	N
3295	Hydrocarbons, liquid, n.o.s	3	Flamm. Liquid	I II III	E3 E2 E1	Forbidden Y341 Y344	Forbidden 1L 10L	351 353 355	1L 5L 60L	361 364 366	30L 60L 220L	A3 A224	3H 3H 3L

【例 5-20】甲基正戊基甲醇（Methyl-n-amyl Carbinol）是一種閃點為 54℃ 的醇類，該名稱也未列入危險品品名表，試指定該物質的運輸專用名稱。

託運人必須使用最準確的名稱申報危險品，在 DGR 所示的類目中，應選擇「specific entries」類型中的運輸專用名稱 Alcohol, n.o.s.（Methyl-n-amyl carbinol），UN1987，即「醇類，未作特殊規定」，見表 5-42 所示，而不是「general entries」類的運輸專用名稱 Flammable liquid, n.o.s.（Methyl-n-amyl carbinol），即「易燃液體，未作特殊規定」。

表 5-42　　　　　　　　　　　　品名表例

UN /ID No.	Proper Shipping Name/Description	Class or Div. (sub Risk)	Hazard Labels	PG	EQ See 2.6	Ltd Qty Pkg Inst	Ltd Qty Max Net Qty/Pkg	Passenger and Cargo Aircraft Pkg Inst	Passenger and Cargo Aircraft Max Net Qty/Pkg	Cargo Aircraft Only Pkg Inst	Cargo Aircraft Only Max Net Qty/Pkg	S.P. See 4.4	ERG Code
A	B	C	D	E	F	G	H	I	J	K	L	M	N
1987	Alcohols, n.o.s. ★	3	Flamm. liquid	II III	E2 E1	Y341 Y344	1L 10L	353 355	5L 60L	364 366	60L 220L	A3 A180	3L 3L

方法二：按危險特性泛指名稱的一般條目「General entries」，確定運輸專用名稱。

【例 5-21】N-乙烷基環己胺（N-Ethylcyclohexylamine），閃點為 35℃。該名稱也未列入危險品品名表，因此需為其選擇最確切的 n.o.s 泛指條目。

在 DGR 中，沒有確切的按物質的化學名稱分類的 n.o.s 特定條目可供選擇，又因為它的閃點較低，所以它的運輸專用名稱只能按危險特性 n.o.s 名稱的一般條目來命名，在 DGR 中找到對應的正確條目，見表 5-43，即 Flammable liquid, n.o.s（N-Ethylcyclohexyl-amine）。在品名表中可以看到該條目進一步的詳細資訊，如表 5-43 所示。

表 5-43　　　　　　　　　　　　　　　品名表例

UN/ID No.	Proper Shipping Name/Description	Class or Div. (sub Risk)	Hazard Labels	PG	EQ See 2.6	Ltd Qty Pkg Inst	Ltd Qty Max Net Qty/Pkg	Passenger and Cargo Aircraft Pkg Inst	Passenger and Cargo Aircraft Max Net Qty/Pkg	Cargo Aircraft Only Pkg Inst	Cargo Aircraft Only Max Net Qty/Pkg	S.P. See 4.4	ERG Code
A	B	C	D	E	F	G	H	I	J	K	L	M	N
1993	Flammable liquid, n. o. s ★	3	Flamm. Liquid	I II III	E3 E2 E1	Forbidden Y341 Y344	Forbidden 1L 10L	351 353 355	1L 5L 60L	361 364 366	30L 60L 220L	A3	3H 3H 3L

5.4.3.3　一種或多種危險品的溶液及混合物

前面討論的情況主要是需要運輸的危險品為純淨物的情況，但如果遇到一種危險品與其他非危險品或危險品組成溶液或混合物，該溶液或混合物的性質可能與原先的危險品不同，這時也不能依靠品名表指定的運輸專用名稱為託運的危險品指定品名。為了指定正確的運輸名稱，需要遵循一定的規則。

（1）確定含有一種危險品（單一危險性）的混合物及溶液的運輸專用名稱

一種混合物或溶液含有一種危險品表中列出的物質及一種或幾種不受 IATA DGR 限制的物質時，具有單一的危險性或者該物質本身具備的次要危險性，則該溶液或溶液以危險品品名表中列出的運輸專用名稱命名，但必須加上後綴「Mixture（混合物）」或「Solution（溶液）」以示區別。

下列例外情況：

①當列明的危險物質在品名表中被指明該項目僅適用於純淨物質時（混合物和溶液均為非純淨物）。

②混合物或溶液的危險性類別、項別或物理狀態（固體、液體、氣體）或者包裝等級有變化，與所列的危險物品不同時。

③在發生緊急情況時，混合物或溶液所採用的施救措施與所列的危險品不同時。

如果出現以上任何一種情況，混合物和溶液都不能採用其所含危險物質的品名作為運輸專用名稱，而必須選用與其性質相適宜的泛指名稱和 n.o.s.條目，並將所包含的危險物質專業技術名稱寫在其後的括號內，為了說明清楚狀態，還是要加上表示狀態的文字，即「Mixture（混合物）」或「Solution（溶液）」以示區別。

如果混合物或溶液已經在品名表中列出，但由於實際濃度不符合表中所列的對應類別或其他類別的分類標準，即由於實際濃度太低已不再對航空運輸構成威脅時，則可認為是非危險物品，同時在航空貨運單上標明「Not restricted（無限制）」字樣，表明該混合物或溶液已經接受過檢查，對航空運輸不構成安全威脅。

現以實際工作中最常出現的幾種情況對這類危險物品的運輸專用名稱指定進行說明。

第一種情況，危險程度未改變時的混合物或溶液的運輸專用名稱的確定。

【例 5-22】一種防凍產品由 80%的甲醇「Methanol」和 20%的水組成。該溶液的閃點是 20℃，初始沸點高於 70℃。請指定適合的運輸專用名稱。

根據該物質的閃點和初始沸點數據，可得這種物質與純甲醇（Methanol）具有相同的

可燃範圍與包裝等級（UN1230，Ⅱ級包裝），見表5-44。由於危險性類別和包裝等級都沒有改變，所以這種溶液的UN/ID代號與運輸專用名稱可以報為：

UN1230　Methanol Solution，或

UN1230　Methanol 80% Solution

即只需按要求指明其是溶液或混合物即可。

表5-44　　　　　　　　　　　　　　　危險品品名表例

UN /ID No.	Proper Shipping Name/Description	Class or Div. (sub Risk)	Hazard Labels	PG	EQ See 2.6	Ltd Qty Pkg Inst	Ltd Qty Max Net Qty/Pkg	Pkg Inst	Max Net Qty/Pkg	Pkg Inst	Max Net Qty/Pkg	S.P. See 4.4	ERG Code
A	B	C	D	E	F	G	H	I	J	K	L	M	N
1230	Methanol	3(6.1)	Flamm. Liquid	Ⅱ	E2	Y341	1L	352	1L	364	60L	A104 A113	3H

第二種情況，危險物品混合物或者溶液的危險程度已經不同於品名表中所列明的運輸專用名稱的危險特性。

【例5-23】一種混合物，其中含有一種危險性成分Acetal（乙縮醛），但是通過實驗測定，該溶液的閃點為30℃，沸點為50℃。請指定適合的運輸專用名稱。

根據第3類危險品包裝等級的判定方法，這種混合物屬於Ⅲ級包裝。

但是，根據表5-45所示，品名表中該危險品和現有的混合物的類別仍然是第3類，但包裝等級不同，品名表中純淨的Acetal是Ⅱ級。所以不能再用作該混合物的運輸專用名稱。

表5-45　　　　　　　　　　　　　　　危險品品名表例

UN /ID No.	Proper Shipping Name/Description	Class or Div. (sub Risk)	Hazard Labels	PG	EQ See 2.6	Ltd Qty Pkg Inst	Ltd Qty Max Net Qty/Pkg	Pkg Inst	Max Net Qty/Pkg	Pkg Inst	Max Net Qty/Pkg	S.P. See 4.4	ERG Code
A	B	C	D	E	F	G	H	I	J	K	L	M	N
1088	Acetal	3	Flamm. Liquid	Ⅱ	E2	Y341	1L	353	5L	364	60L		3H

最後，此混合物的運輸專用名稱選擇合適n.o.s條目的結果可以表示為：

Flammable Liquid, n.o.s.（Acetal），或

Flammable Liquid, n.o.s.（Acetal Solution），或

Flammable Liquid, n.o.s.（containing Acetal）

第三種情況，混合物或溶液的物理狀態不同於品名表中所列的運輸專用名稱的。這種情況也屬於要特殊對待的三種例外情況中的第二種。

【例5-24】現有溶於水的Hydroxylamine sulphate（硫酸羥胺）溶液2升。通過測試可知，溶液與皮膚接觸4小時後會造成皮膚組織明顯壞死。請指定適合的運輸專用名稱。

由給定的液體實驗數據可知該溶液屬第8類危險品腐蝕性物質，包裝等級為Ⅲ級。品名表中所列運輸專用名稱為Hydroxylamine sulphate（硫酸羥胺）的物質雖然包裝等級也是

Ⅲ級，但對應的數量限制欄的數量為 kg（公斤），見表5-46所示，kg是固體的數量限制，與該溶液的液體物理狀態不同，因此品名表中所列的運輸專用名稱不可用來指定該危險品，仍然需要選擇適當的危險性泛指名稱，即n.o.s.條目。

所以該危險混合物品的運輸專用名稱為：

Corrosive liquid, acidic, organic, n.o.s.（Hydroxylamine sulphate），或

Corrosive liquid, acidic, organic, n.o.s.（Hydroxylamine sulphate solution）

表 5-46　　　　　　　　　　危險品品名表例

UN/ID No.	Proper Shipping Name/Description	Class or Div. (sub Risk)	Hazard Labels	PG	EQ See 2.6	Ltd Qty Pkg Inst	Ltd Qty Max Net Qty/Pkg	Pkg Inst	Max Net Qty/Pkg	Pkg Inst	Max Net Qty/Pkg	S.P. See 4.4	ERG Code
A	B	C	D	E	F	G	H	I	J	K	L	M	N
2865	Hydroxylamine sulphate	8	Corrosive	Ⅲ	E1	Y845	5kg	860	25kg	864	100kg	A803	8L

此外，當對某危險物品的混合物或溶液在發生緊急情況時所採取的施救措施不同於該危險品時，也不能使用品名表中所列的運輸專用名稱，仍然必須根據其危險特性，選擇適合的 n.o.s 條目，並在其後的括號內註明其技術名稱。

（2）確定含有兩種或多種危險物質（多重危險性）的混合物或溶液的運輸專用名稱

這種含有兩種或多種危險物質的混合物或溶液的危險物質，一般都具有多重危險性，所以，除了要把它們看作混合物和溶液外，還要考慮其主要、次要危險性。而且，不管它們的危險成分是否明於品名表中，都必須使用合適的泛指名稱 n.o.s 條目來指定其運輸專用名稱，並在其後的括號內補充至少兩種占主導成分的危險品技術名稱，國家法律或國際公約禁止洩密的管制物品除外。如果需要，也應加上「Containing（含有）」「Mixture（混合物）」「Solution（溶液）」字樣等。

對此類混合物的多種危險性中主要危險性和次要危險性的判定，與具有多重危險性的單種危險品的主次危險性的決定是相同的，可以在後面的舉例中看到。

例如，引擎清洗混合物在危險品表中未列出。但它被描述為汽油「gasoline」和四氯化碳「carbon tetrachloride」的混合物，其閃點低於23℃，沸點高於35℃。這種產品的次要危險性是具有入口毒性。根據DGR，其次要危險性屬於第6.1項，因此這種物質應歸於：

UN1992 Flammable liquid, toxic, n.o.s.（containing gasoline/carbon tetrachloride）

UN1992 Flammable liquid, toxic, n.o.s.（containing gasoline/carbon tetrachloride mixture）

UN1992 Flammable liquid, toxic, n.o.s.（containing gasoline/carbon tetrachloride solution）

為了進行分類，必須對混合物或溶液的特性進行核對，而不是對其每一成分的個別特徵。

已知：汽油和四氯化碳的混合物的閃點為22℃，初始沸點為85℃，LD_{50}值為100mg/kg。

①根據已知條件確定主要危險性和次要危險性及包裝等級。

②查 DGR，選取最適合於此物質的運輸專用名稱。

UN1992　Flammable liquid, toxic, n.o.s.★
③將後面的符號★換成此物質的技術名稱，並得出 UN 編號和運輸專用名稱。
UN1992　Flammable liquid, toxic, n.o.s.（Gasoline/Carbon tetrachloride mixture）
④在 DGR 危險品品名表中查到對應的相關資訊，如表 5-47 所示。

表 5-47　　　　　　　　　　　　　　危險品品名表例

UN/ID No.	Proper Shipping Name/Description	Class or Div. (sub Risk)	Hazard Labels	PG	EQ See 2.6	Passenger and Cargo Aircraft Ltd Qty Pkg Inst	Max Net Qty/Pkg	Pkg Inst	Max Net Qty/Pkg	Cargo Aircraft Only Pkg Inst	Max Net Qty/Pkg	S.P. See 4.4	ERG Code
A	B	C	D	E	F	G	H	I	J	K	L	M	N
1992	Flammable liquid, toxic, n.o.s ★	3(6.1)	Flamm. liquid & Toxic	I II III	E0 E2 E1	Forbidden Y341 Y343	1L 2L	Forbidden 352 355	1L 60L	361 364 366	30L 60L 220L	A3	3HP 3HP 3P

5.4.4　與品名表有關的表

5.4.4.1　數字交叉參考表

DGR4.3 節是按 UN/ID 代號的數字順序排列的「危險品數字交叉參考表（Numerical『Cross-Reference』List of Dangerous Goods）」。用於根據危險品的 UN/ID 代號來查閱運輸專用名稱。

由於品名表是按照運輸專用名稱排列，在只知道危險品 UN/ID 代號時就很難直接在表中找到所需條目。此時，可先使用數字交叉參考表查到危險品的運輸專用名稱，再使用品名表找到這個名稱所在的條目。因此，數字交叉參考表是品名表在使用中的補充。

除顯示運輸專用名稱外，該表的每一條目還顯示此物質在品名表中條目所在頁碼，便於使用者查找。例如，表 5-48 是從適用於 2018 年的第 59 版英文原版 DGR 的「危險品數字交叉參考表」中節選出的「UN2045」至「UN2050」幾個記錄。其中危險品 UN2046 的運輸專用名稱是 Cymenes。

表 5-48　　　　　　　　　　　危險品數字交叉參考表示例

UN or ID No.	Name and Description	Page No.
2045	Isobutyl aldehyde	290
2045	Isobutyraldehyde	291
2046	Cymenes	257
2047	Dichloropropenes	260
2048	Dicyclopentadiene	261
2049	Diethylbenzene	262
2050	Diisobutylene, isomeric compounds	263

5.4.4.2 特殊規定

DGR4.4節是特殊規定（Special Provisions）。與品名表中的M欄「S. P. see 4.4」相對應。若危險品的M欄中有特殊規定的代碼，則需在該節中查閱。

特殊規定的代碼以字母A開頭，後面跟1~3個阿拉伯數字，例如A1、A2、A3、A9、A51、A70、A81、A130、A802等。通常用於說明對某些危險品航空運輸的特殊規定。這些特殊規定可能是允許某些具體條件下取得政府批准即可運輸某些禁運物品的規定，如A1、A2和A109等；也可能是對運輸某些危險品的附加要求，如A9；託運人在託運貨物時，必須在DGR4.4中查詢這些特殊規定，檢查自己的貨物和準備的文件是否滿足規定。表5-49舉例說明了幾個特殊規定的樣式。

表5-49　　　　　　　　　　特殊規定示例：A1~A3

A1	該物品或物質只有預先得到始發國及經營人國有關當局的批准，並按照有關當局制定的書面條件才可以用客機運輸。批准文件包括數量限制和包裝要求，且必須有一份伴隨貨物運輸。該物品或物質可以按照危險品品名表的K欄和L欄的要求用貨機運輸。如始發國及經營人國以外的其他國家在其國家差異中規定按本特殊規定運輸的危險品，必須事先得到其同意，則必須取得這些國家的批准。 註：當特殊規定A1適用於4.2中的一個條目，並在頁左邊的空白處印有「手」型「☞」標誌時，則這些條目在得到批准並事先與經營人做好安排的情況下，可以裝在貨機上運輸。
A2	該物品或物質只有預先得到始發國及經營人國有關當局的批准，並按照有關當局制定的書面條件才可以用貨機運輸。如始發國及經營人國以外的其他國家在其國家差異中規定按本特殊規定運輸的危險品必須事先得到其同意，則必須視情從運輸中轉國、飛越國、目的國獲得批准。
A3	（223）某物質的化學或物理性質，如果在測試時，不符合C欄列出的類別、項別或其他任何類別、項別的定義標準，則該物質不受本規則限制。

5.5 包裝

5.5.1 目的和作用

根據危險品的性質和航空運輸的特點，以及包裝應起到的作用，UN/IATA提出危險貨物的包裝必須滿足一些基本要求。所有危險品的包裝在滿足由於物品本身特性而提出的特殊包裝要求之前，都必須先滿足這些基本要求。主要是以下幾方面要求：

（1）容器材質和種類應與所裝危險貨物的性質相適應。由於危險貨物的性質不同，對包裝以及容器的材質有不同的要求。如濃硫酸和鹽酸都屬於強酸，都是腐蝕品，但包裝容器材質的選擇卻不相同。濃硫酸具有很強的氧化性，在與鐵質和鋁製容器接觸時可在其表面瞬間形成致密的氧化層，反而對其形成保護，不容易與其他物質再發生進一步反應，所以濃硫酸可用鐵質容器盛裝；鹽酸不具有強氧化性，與鐵質和鋁製容器接觸則會迅速發生反應，造成金屬的腐蝕，故需用玻璃容器盛裝；氫氟酸只可用塑膠、橡膠質容器裝運，而不能用玻璃容器，因為其中的氟化氫成分會與玻璃中的二氧化矽發生反應造成腐蝕；硝酸是一種強酸，對大多數金屬有強腐蝕性，並可引起有機材料如木材、棉花及其纖維產品的燃燒，因此，硝酸可用玻璃瓶、耐硝酸腐蝕的塑膠瓶或金屬製成的桶來盛裝；壓縮氣體和

冷凍液化氣體，因其處於較高壓力的狀態下，應使用專用的耐壓氣體鋼瓶來裝運。

此外，包裝與所裝物品直接接觸的部分，不應受某些物品的化學或其他作用的影響，必要時，製造包裝的材料可採用惰性的材料或塗有適當的內深層，以防止發生危險反應。

（2）包裝和容器應具有一定的強度，其構造和封閉性能需要能夠經受住運輸過程中正常的衝撞、震動、擠壓和摩擦。包裝必須使用優質材料，應有一定的強度，一般來說，性質比較危險、發生事故造成危害較大的危險貨物，其包裝強度要求就高。同一種危險貨物，單位包裝數量越大，危險性也就越大，因而包裝強度的要求也越高。用於瓶裝液體的內容器包裝強度要求應較高。同一種類包裝，運輸距離越大，倒載次數越多，包裝強度要求也應越高。如盛裝低沸點液體的包裝強度，必須具有足夠的安全係數，以承受住包裝內部可能產生較高的蒸氣壓力，因此這類包裝強度要求較高。

（3）容器必須耐溫且抗震，其構造和封閉性能必須保證能適應正常航空運輸條件下溫度和震動等方面的變化。航空運輸的特點是在航行中會有溫度、壓力和機械震動的變化，所以在設計危險貨物運輸包裝時，應考慮其構造能否在正常運輸條件下不發生損壞，使所裝物品無任何滲漏。例如，飛行中溫度的變化範圍在-40℃~55℃之間，在低溫下加註的液體在溫度升高時可能流出；飛行高度的變化引起氣壓變化，極端情況下氣壓可低至68Kpa，在正常氣壓裝入的物質可能因為空中氣壓的變低發生外溢或容器的破裂；包裝在民用航空器上經受震動的範圍，大約在7Hz5mm振幅（相當於1g加速度）至200Hz 0.05mm振幅（相當於8g加速度）之間，為了避免這些可能的破損和洩漏現象的發生，每個容器或包裝以及它們的封閉蓋必須保證在整個運輸過程中保持封閉且不會意外開啟，並滿足相關包裝試驗的要求。

（4）包裝的封口應符合所裝危險貨物的性質。對於危險貨物的包裝，封口均應嚴密，特別是易揮發和腐蝕性強的各種氣體，封口應更嚴密。但也有些危險貨物其封口則不要求密封，而且還要求設有通氣孔。因此，如何封口要根據所裝危險貨物的特性來確定。

根據包裝性能的要求，封口可分為氣密封口（不透蒸氣的封口）、液密封口（不透液體的封口）和牢固封口（關閉的程度應使所裝的乾燥物質在正常運輸過程中不致漏出）三種。

（5）內、外包裝之間應有適當的襯墊或吸附材料。內包裝（容器）應裝在外包裝內，以防止內包裝（容器）在正常運輸的條件下發生破裂、戳穿或滲漏，而使內容器中所裝物品進入外包裝，特別是對於易破裂或戳穿的內包裝（容器），如玻璃、陶瓷或某些塑膠等製成的內包裝（容器），應採用適當的減震襯墊材料固定在外包裝內。同時，襯墊吸附材料還能對某些液體物質在出現滲漏時起到一定吸附作用，但不應與所裝液體發生危險反應。屬於防震、防摩擦的襯墊材料有瓦楞紙、泡沫塑膠、塑膠袋等，屬於吸附材料的有礦土、陶土等。

（6）容器在充入液體後，內部必須保留充分的空間，以防止容器在運輸過程中因液體遇熱膨脹而發生泄漏或出現永久的變形。在55℃時，液體不得完全充滿容器。

（7）包裝件的重量、規格和型號應便於裝卸、運輸和貯存。根據DGR的規定，每件包裝的最大容積和最大淨重均有規定，每個包裝件的容積和淨重不得過大或過重。

對於較重的包裝件應設有便於提起的提手或吊裝的吊扣，以便於搬運和裝卸。包裝還應

逐步標準化，包裝的尺寸和外形不僅應與危險貨物的性質相符合，且應與運輸工具的容積、裝卸機具相配合，這樣有利於堆碼，有利於充分利用運輸工具容積和載運力，便於裝卸作業。這對於保證貨物運輸安全，提高運輸效率，節省人力、物力和財力，都有重要作用。

（8）包裝的外表應有規定的包裝標記和標籤。為了保證危險品運輸的安全，使從事運輸操作作業的人員在進行作業時提高警惕性，杜絕發生事故的可能性，並在一旦發生事故時，能及時採取正確的措施進行施救，危險品包裝必須具備規定的危險品包裝標記和標籤並保證貼掛正確、明顯和牢固。一種危險品同時具有易燃、有毒等性質，或不同品名的危險品配裝在同一包裝中時，應根據不同的性質，同時黏貼相應的幾種包裝標誌以便分別進行防護。

為了說明貨物在裝卸、運輸、保管、開啟時應注意的事項，往往在包裝上同時黏貼包裝儲運操作標籤。

除此之外，在包裝表面還必須註明所裝貨物的運輸專用名稱、UN/ID 代號、收貨和發貨人的名稱和地址，以及其他相關內容等標記。

5.5.2 包裝術語

（1）包裝（Packaging）：符合《國際民航公約》附件18包裝要求的一個或幾個容器和為實現其容納作用所需的其他部件或材料的集合體。

（2）打包（Packing）：對物品和物質進行包裝或與之相關的操作。

（3）包裝件（Package）：經過包裝後的整體，包括準備進行運輸的包裝和其內容物，為航空運輸時的最小單元。

（4）組合包裝（Combination packaging）：為了運輸的目的，將一個或幾個內包裝按一定規則要求放入一個外包裝的包裝組合。在結構上由內包裝和外包裝組成，根據不同需要，包裝內還可裝入吸附或襯墊材料。

對組成組合包裝的內包裝和外包裝可以如下定義：

・內包裝（Inner packaging）：指按照運輸要求需加外包裝的一種包裝容器。

・外包裝（Outer packaging）：指組合包裝的外層保護，使用任何吸附性能好的材料、墊層及任何其他必要部件來容裝並保護內包裝。

（5）單一包裝（Single packaging）：與組合包裝相對的一種包裝方式，指在運輸過程中，不需要任何內包裝來完成其盛放功能的包裝，僅由一個容器組成，如一個單獨的桶或罐。

（6）複合包裝（Composite）：由兩層或兩層以上的不同材料製成的一個完整並不可分割的包裝，稱為複合包裝。其屬於一種特殊的單一包裝，裝滿、存儲、運輸及倒空時均為一整體。如一個鋼桶內與一層塑膠膽緊密地貼合形成的鋼殼塑膠複合桶。

（7）Overpack：出於運輸和存儲的方便，將單一託運人的多個已備好可以運輸的包裝件進行歸納，形成一個便於操作和存儲的作業單元。裝在 Overpack 內的危險品必須已完成包裝、標記和標籤並符合 DGR 規定的要求。

Overpack 可以是「封閉式」的，例如置於一個堅硬的外包裝內的一個或一個以上的包

裝件，這些堅硬的外包裝可以是纖維板箱、木箱、木桶、金屬桶或板條箱等。Overpack 也可以是「敞開式」的，例如置於木托盤上捆綁在一起的包裝件或直接捆綁在一起的包裝件。對於兩種不同類型的 Overpack，由於內部各包裝件單元的包裝和標記標籤情況可見程度不同，「封閉式」Overpack 往往需要重新作標記和標籤。

5.5.3 包裝結構與標準

（1）單從組成包裝的結構來看，除放射性物質以外，危險品包裝主要有兩種方式：組合包裝和單一包裝。

①組合包裝。它由一個或多個內包裝及一個外包裝組成。例如由木材、纖維板、金屬或塑膠製成的一層外包裝，內裝由金屬、塑膠、玻璃或陶瓷製成的內包裝。如圖 5-10 所示的液體類危險品組合包裝。

②單一包裝。它指一種不需要任何內包裝即能在運輸中發揮其包容作用的包裝。一般由鋼鐵、鋁、塑膠或其他被許可的材料製成，複合包裝也是其中的一種。圖 5-11 所示的塑製桶就是單一包裝。

圖 5-10　組合包裝示例　　　　圖 5-11　單一包裝示例：塑膠桶

（2）從包裝的標準來看，除放射性物質以外，危險品主要有 4 種不同的包裝方式，使用時取決於所用包裝的種類及包裝內所含的物品數量。

①例外數量包裝。該包裝只針對某些極微量的危險貨物。若某物質在品名表 F 欄顯示為「E1~E5」中的代碼，非「E0」的代碼，則可以按照例外數量危險品包裝進行運輸。這種規格的包裝要求堅固耐用，需要進行一定的性能測試。

②有限數量包裝。這是聯合國針對較少數量的危險品包裝件允許使用的一種高質量的組合包裝的標準。包裝所用容器沒有 UN 規格標示，但必須標明有限數量包裝件的專用標記。這種規格的包裝也要通過一定的性能測試，以確保屬於高質量的組合包裝。包裝說明代號由英文大寫字母「Y」作為三位數字代碼的前綴，有限數量包裝必須是組合包裝，且包裝件最大允許毛重為 30kg。根據品名表的要求，若某物質在品名表 G 和 H 欄未顯示「Forbidden」的字樣，則可按照有限數量危險品包裝來運輸。如果可以使用這種方式，則 G 欄和 H 欄顯示了容器和數量的要求。圖 5-12 所示為某有限數量包裝的示意圖。

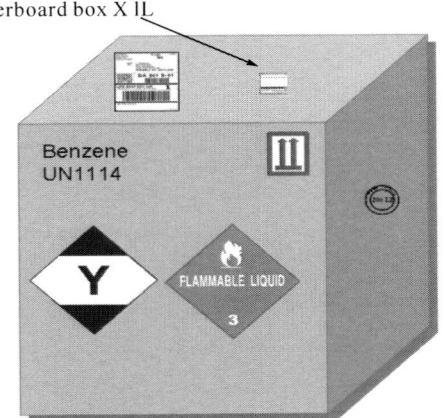

圖 5-12　有限數量包裝示例

③UN 規格包裝。該包裝針對普通數量和較大數量的危險貨物。這種包裝需要通過嚴格的性能測試，並且為了易於識別，測試合格的容器還應由生產商註明規格標記，是一種最為普遍適用的危險品的包裝。

④其他類型的包裝。其他包裝指的是既非例外數量，也非有限數量或 UN 規格包裝的類型。針對一些個別的危險品，如氣體的鋼瓶、乾冰的包裝、磁性物質的包裝。這些危險物質或物品在品名表中所對應的包裝說明代號即使位於 I、J、K、L 欄，也不屬於 UN 規格包裝的類型，如包裝說明 202、872、874、950、951 等。其他包裝可以是單一包裝也可以是組合包裝。但必須仍然滿足 DGR 中的一般包裝要求。

5.5.4　危險品包裝性能測試

危險品的包裝有著嚴格的性能要求，必須採用優質材料，符合一定的強度和密封性要求。特別是適用於普通數量和較大數量危險品運輸的 UN 規格包裝，必須確保達到聯合國所規定的容器製造標準。

進行包裝的性能測試，目的就是為了測定包裝本身的性能，如它的垂直耐衝擊能力、氣密性、液密性、耐壓程度等。此外，考慮到在運輸過程中可能發生的損壞，必須估計到裝卸、搬運及存放中最壞的情況，如包裝件不慎跌落和存放時堆碼過多等，以此為參考將製造標準提高到一定程度，能夠使包裝在遇到此類情況時仍然能最大程度為危險品提供保護。進行包裝性能測試時，一般有兩種方法：一是以實際運輸情況進行試驗，隨時分析包裝破損發生的事故；二是用一定的設備摸擬運輸的實際情況。

進行測試之前，必須保證用於試驗的包裝按交運時的狀態進行準備。例如，對於組合包裝，應包括其使用的內包裝。就內容器或內包裝、單一容器或單一包裝而言，所裝入的液體須不低於其最大容量的 98%，所裝入的固體須不低於其最大容積的 95%。包裝能裝入的最大質量以其能正常使用為前提。裝入包裝進行試驗的固體和液體，只要不會造成試驗結果無效，既可以是擬運輸的危險貨物，也可以是與擬運物質具有相同的物理特性替代

物，如採用重量和顆粒大小相同的固體來替代擬運的某種固體危險物。

針對危險品包裝，現共有四種主要的性能測試：跌落試驗、防滲漏試驗、液壓試驗和堆碼試驗。

（1）跌落試驗

跌落試驗是為測試包裝的垂直抗衝擊能力而設計的。試驗方法是將按交運狀態準備的包裝和其內容物從一定高度自由落下，撞擊到一個固定、平坦、堅硬且足夠大的水準表面後，觀察包裝的完好程度。

不同材質和類型的容器所需的試樣數量可能不同，並需要從不同的方向進行多次跌落，以確保不同的朝向下最有可能導致包裝破損的朝向都被考慮到。如箱式的包裝需要分別以箱底、箱頂、長側面、短側面和一個箱角進行跌落。

針對盛裝不同包裝等級危險品的容器，所需要的跌落高度是不同的。例如，對直接採用運輸時擬盛裝固體或液體（而非將水作為試驗替代物）進行試驗的包裝，一般包裝等級和跌落高度之間的對應關係是：

Ⅰ級包裝——1.8m；

Ⅱ級包裝——1.2m；

Ⅲ級包裝——0.8m。

此外，對於某些材料，除在常溫下作跌落試驗外，還需在更低溫度下進行試驗。如塑膠和帶有塑膠的複合容器，其樣品及內裝物的溫度需要降到-18℃以下進行測試。

試驗的合格標準為：盛裝液體的包裝無洩漏即為合格；盛裝固體的包裝的內包裝或外容器仍能將所有內裝物封裝在內即為合格；複合包裝或組合包裝不得出現可能影響運輸安全的任何損壞，內容器或內包裝物品必須全部在外包裝內且不得出現內裝物質的洩漏。

（2）防滲漏試驗

此試驗的目的是測試包裝的氣密性。擬裝液態物質的所有設計型號的包裝均須進行防滲漏試驗，但組合包裝的內包裝不需要進行此項試驗。

試驗時，每種設計型號及每一個生產商採用3個試驗樣品，向包裝內充入空氣產生壓力後，包裝及其封閉裝置必須置於水中保持5分鐘，將包裝保持在水中的方法不得影響試驗的結果。充入空氣的壓力要求為：

Ⅰ級包裝——不低於30kPa；

Ⅱ級包裝——不低於20kPa；

Ⅲ級包裝——不低於20kPa。

試驗的合格標準為無滲漏。

（3）液壓試驗

液壓試驗又內壓試驗，目的在於測試包裝的氣密性。除組合包裝的內包裝外，所有擬盛裝液體的金屬、塑膠和複合包裝均應進行此項試驗。金屬包裝須進行5分鐘的試驗，塑膠和其複合包裝須進行30分鐘的試驗。在試驗中，向容器內連續且均勻地施加擬盛裝液體的蒸氣，壓力大小由一定方法計算，不同方法下施加壓力的溫度也不同（55℃或50℃）。

對於 UN 規格包裝的液體的單一包裝，液壓試驗的最大壓力值將標註在其 UN 規格標示中。

試驗合格的標準為包裝無滲漏。

(4) 堆碼試驗

堆碼試驗用以測定包裝的耐壓程度，除袋子外，所有包裝的設計型號均應進行堆碼試驗。

試驗時，每種設計型號及每一個生產商採用 3 個試驗樣品，對試驗的頂部表面施加壓力，所施加壓力應等於在運輸中可能堆碼在它上面的相同包裝件的總重量，堆積的最低高度（包裝試樣在內）應為 3m，試驗持續時間為 24 小時。但用於盛裝液體的塑膠桶、方形桶和複合包裝的試驗時間應為 28 天並且溫度不能低於 40℃。

試驗的合格標準為無任何滲漏。

5.5.5　UN 規格包裝

如前所述，UN 規格包裝是普通數量和較大數量的危險品進行運輸時所採用的一種標準規格的包裝方式，包裝具有嚴格的性能要求，通過了聯合國所規定的性能測試並打有表明測試合格的規格標記。UN 規格包裝可簡稱為 UN 包裝，UN 包裝的箱或桶也可簡稱為 UN 箱、UN 桶。

5.5.5.1　UN 包裝類型代碼

根據航空運輸使用的 UN 規格包裝標準，危險品的包裝將按不同的類型給予不同的類型代碼。類型代碼為整個 UN 規格標記的一部分，如不符合 IATA《危險品規則》中 UN 包裝規格的外包裝，不得在其上標明規格標記。如圖 5-13 所示為具有 UN 規格標記的外包裝，它們都是 UN 規格包裝。

圖 5-13　UN 規格包裝示意圖

(1) 外包裝/單一包裝類型代碼

外包裝或單一包裝的類型代碼由阿拉伯數字和拉丁字母兩部分組成，除複合包裝為 4

字代碼外，都是2字或3字代碼。代碼首位阿位伯數字表示包裝的種類或包裝更細的分類，第2位拉丁字母表示不同包裝材料。如必要，代碼末位再標一位阿拉伯數字用以描述包裝類型更細的分類。具體的代碼含義如下：

第1位，數字代碼——包裝種類（以阿拉伯數字表示）：

1——桶（Drum）

2——預留（Preserved）

3——方形桶（Jerrican）

4——箱（Box）

5——袋（Bag）

6——複合包裝（Composite）

第2位，材料代碼——材料（以拉丁字母表示）

A——鋼（各種型號和各種表面處理的鋼）[Steel（all types and surface treatments）]

B——鋁（Alumninum）

C——天然木材（Natural wood）

D——膠合板（Plywood）

F——再生木（再制木）[Reconstitued wood]

G——纖維板（Fibreboard）

H——塑膠（Plastic）

L——紡織品（Textile）

M——紙、多層的（Paper multiwall）

N——其他金屬（不包括鋼和鋁）[Metal（other than steel or aluminum）]

P——玻璃、瓷器或粗陶（Glass, porcelain or stoneware）（DGR中不使用）

（2）內包裝代碼

內包裝編號中的大寫拉丁字母「IP」表示「內包裝」（INNER PACKAGINGS）；阿拉伯數字表示內包裝的種類；有的情況下數字後還會有一個大寫字母，表示這一種類內包裝的更細分類以及其通過的性能測試標準。但現行DGR中只有氣溶膠的內包裝還在使用這種由「IP」和數字、字母的組合來表示其內包裝描述的代號（IP7系列），其他類型的內包裝代號已經廢止。

例如，IP7代表用於盛裝氣溶膠的一次性金屬容器，在製造標準方面，其內壁厚度不得少於0.18mm，性能測試方面，至少能承受1650kPa的計示壓力；而IP7A雖然也是用於盛裝氣溶膠的一次性金屬容器，卻有著不同製造和性能測試的詳細標準，內壁厚度不得少於0.20mm，至少應能承受1860kPa的計示壓力。

（3）複合包裝

複合包裝代碼是4字代碼，第1位數字6表示複合包裝，然後使用兩個大寫拉丁字母用以表示材料的種類，第一個字母表示複合包裝所用內層材料，第二個字母表示外層材料，最後一位表示進一步的描述。

表5-50是用於航空運輸的危險物品UN規格包裝表，該表列明了包裝類型和種類及

其聯合國標準規格代碼。

表 5-50　　　　　　　　聯合國標準規格（UN）包裝規格代碼表

包裝類型	規格號碼或代碼
內包裝	
玻璃 塑膠 金屬罐、筒或管 紙袋 塑膠袋 硬紙盒或罐	
金屬容器（氣溶膠），一次性使用	IP7
金屬容器（氣溶膠），一次性使用	IP7A
金屬容器（氣溶膠），一次性使用	IP7B
塑膠氣溶膠容器	IP7C
金屬或塑膠軟管	
外包裝或單一包裝 鋼桶 　蓋子不可取下 　蓋子可取下	 1A1 1A2
鋁桶 　蓋子不可取下 　蓋子可取下	 1B1 1B2
膠合板桶	1D
纖維板桶	1G
鋼製方形桶 　蓋子不可取下 　蓋子可取下	 3A1 3A2
鋁製方形桶 　蓋子不可取下 　蓋子可取下	 3B1 3B2
塑膠圓桶及方形桶 　圓桶，蓋子不可取下 　圓桶，蓋子可取下 　方形桶，蓋子不可取下 　方形桶，蓋子可取下	 1H1 1H2 3H1 3H2
其他金屬桶（非鋼或鋁製的） 　蓋子不可取下 　蓋子可取下	 1N1 1N2

表5-50(續)

包裝類型	規格號碼或代碼
鋼箱或鋁箱或其他金屬箱 鋼箱 鋁箱 其他金屬箱	 4A 4B 4N
天然木箱或木製箱 普通型 接縫嚴密型	 4C1 4C2
膠合板箱	4D
再生木板箱	4F
纖維板箱	4G
塑膠箱 泡沫塑膠箱 硬質塑膠箱	 4H1 4H2
編織袋 防篩漏型 防水型	 5L2 5L3
塑膠編織袋 無內襯或塗層型 防篩漏型 防水型	 5H1 5H2 5H3
塑膠薄膜袋	5H4
複合包裝（塑膠材質） 鋼殼塑膠桶 鋼殼塑膠板條箱*/箱 鋁殼塑膠桶 鋁殼塑膠板條箱*/箱 木殼塑膠箱 膠合板殼塑膠桶 膠合板殼塑膠箱 纖維板殼塑膠桶 纖維板殼塑膠箱 塑膠外殼塑膠桶 硬質塑膠殼塑膠桶	 6HA1 6HA2 6HB1 6HB2 6HC 6HD1 6HD2 6HG1 6HG2 6HH1 6HH2
紙袋 多層型 多層防水型	 5M1 5M2

註：＊表示板條箱為不完全封閉表面的外包裝，在航空運輸中，板條箱不許用作複合包裝的外包裝。

(4) 包裝限定代碼

有一些包裝的類型代碼後面，可以有一個代碼，這些代碼具有下列含義：

①如果類型代碼後有字母「V」，表明本包裝為符合 DGR 要求的「特殊包裝」，在特定條件下可以免於測試。如果字母「U」在包裝類型代碼後面，則表示本包裝為符合 DGR

規定的感染性物質特殊包裝，也是一種在特定條件下免於測試的情況。

②如果類型代碼後有字母「W」，表明雖然該代碼是指同樣的包裝類型，但其包裝生產規格與 DGR 不同。空運這類包裝須由始發國書面批准。

③如果類型代碼後有字母「T」，表明本包裝為 DGR 規定的「補救包裝」。補救包裝指的是那些放置損壞、有缺陷、滲漏或不符合規定的危險品包裝件和溢出或漏出的危險品的特殊包裝，是用於回收或處理目的的運輸。

5.5.5.2　UN 規格標記

UN 規格包裝是普通數量和較大數量的危險品進行運輸時所採用的一種標準規格的包裝方式，包裝具有嚴格的性能要求。用於這種包裝的容器必須進行規定的性能試驗並合格後，出廠前由製造商在其表面標註上持久、清晰、統一的合格標記，以反應容器的設計、質量和規格標準，這種標記就是 UN 規格標記（UN specification mark）。

UN 規格包裝標記可以為包裝的製造商、修理商、用戶、經營人和有關當局提供某種幫助。對新包裝的使用，初始標記是製造商用以區別包裝類型和標明其達到某些性能試驗的手段。

UN 規格包裝標記必須壓印或用其他方式標在包裝件上，以便有足夠的持久性和對比性，易於看清和瞭解。手寫的 UN 規格包裝標記不能接受。

UN 規格包裝標記內包裝不要求標記。除用於第 2 類氣體、第 7 類放射性物質和第 9 類雜項危險品的一些包裝外，按聯合國規格要求進行生產和測試的組合包裝和複合包裝的所有單一包裝和外包裝必須帶有耐久、易辯認和位置合適並且與包裝相比大小適當易於看清的標記。

（1）新包裝的 UN 規格標記

沒有經過修復和再生的 UN 包裝，一般情況都屬於 UN 規格新包裝標記，必須包括以下幾部分，某些部分之間用斜線「/」隔開。

①聯合國包裝符號。如圖 5-14 所示，本符號僅用於證明該包裝已成功地通過 UN 規格包裝所要求的試驗，符合 UN 規格包裝的適用規定。對模壓金屬包裝，符號可用大寫字母「UN」代替。

②包裝類型代碼。UN 規格包裝類型代碼，由阿拉伯數字和拉丁字母兩部分組成，除複合包裝為 4 字代碼外，都是 2 字或 3 字代碼。代碼首位阿位伯數字表示包裝的種類或包裝更細的分類，第 2 位拉丁字母表示不同包裝材料。如必要，代碼末位再標一位阿拉伯數字用以描述包裝類型更細的分類。如 4G 為纖維板箱，1A1 為頂蓋不可移動的鋼製圓桶。

圖 5-14　聯合國包裝符號

③表示包裝等級的字母。字母 X、Y 或 Z 用於表示容器所容納危險品的包裝等級，其設計形式已通過了相應等級的測試標準：

・X 達到了 I 級包裝的測試標準，可用於盛裝 I、II、III 級包裝的物品和物質；
・Y 達到了 II 級包裝的測試標準，可用於盛裝 II、III 級包裝的物品和物質；
・Z 達到了 III 級包裝的測試標準，只用於 III 級包裝的物品和物質。

UN規格包裝標記並非總是能夠提供各種試驗水準等方面的細節，凡需考慮這些細節，應參考合格包裝的檢驗證書、測試報告或註冊證明等。例如：同時帶有X和Y標記的包裝可用於裝運具有較低危險程度的物質，其相對密度的最大值可按照包裝測試要求中所給出的系數1.5和2.25來確定。即用於盛裝Ⅰ級包裝的物質限最大相對密度為1.2，盛裝Ⅱ級包裝的物質限最大相對密度為1.8，盛裝Ⅲ級包裝時限最大相對密度為2.7。當然包裝應滿足相對高密度的物質所要求的所有性能標準。

④不同類型包裝的設計標準。在包裝等級字母後分為兩種情況，擬盛裝液體的單一包裝和擬盛裝固體或內容器的包裝。

針對盛裝液體的單一包裝標記，包裝等級字母後標的一個數字表示相對密度，精確至一位小數，表示按此相對密度的包裝設計類型已通過了試驗，若相對密度不超過1.2可省略。用斜線「/」隔開後，再緊跟的數字表示包裝容器能承受的液壓試驗壓力值，單位為千帕（Kpa），精確到十位數。

對於準備盛裝固體或帶有內包裝的包裝，包裝等級字母後有一個數字，用來表明該包裝最大允許毛重，單位為kg，即以此毛重為限量的包裝設計類型已通過了試驗。用斜線「/」隔開後，緊跟一大寫字母「S」以識別此種用於盛裝固體或內包裝的包裝。

⑤包裝製造年份。標出包裝製造年份的最後兩位數。如13，表示2013年製造。

⑥製造商國籍識別標記。採用「國際機動車輛註冊代號」中表示國家名稱的識別標記。可在DGR的「附錄D：主管當局」中查到。例如：F-法國；NL-荷蘭；GB-英國；CN-中華人民共和國；J-日本；USA-美國；BR-巴西。

⑦製造商代碼或其他識別標記。製造商名稱或國家主管當局所規定的其他識別符號。例如：VL（VL Leer）。

UN規格包裝標記新包裝的標記示例如表5-51所示。

表5-51　　　　　　　　　　UN規格包裝標記示例——新包裝

包裝	UN符號	類型代碼	包裝等級	毛重	固體或內包裝	密度	試驗壓力	生產年份	國家	生產廠商		完整代碼
纖維板箱	UN	4G	Y	145	S			18	NL	VL823	UN	4G/Y145/S/18/NL/VL823
纖維板箱	UN	4G	X, Y, Z	20, 30, 45	S			18	NL	ABC1234	UN	4G/X20-Y30-Z45/S/18/NL/ABC1234
盛裝液體的鋼桶	UN	1A1	Y			1.4	150	18	NL	VL824	UN	1A1/Y1.4/150/18NL/VL824
盛裝固體的鋼桶或內包裝	UN	1A2	Y	150	S			18	NL	VL825	UN	1A2/Y150/S/18/VL825
等效規格塑膠桶	UN	4HW	Y	136	S			18	NL	VL826	UN	4HW/Y136/S18/NL/VL826

UN 規格包裝標記實例如圖 5-15 所示。

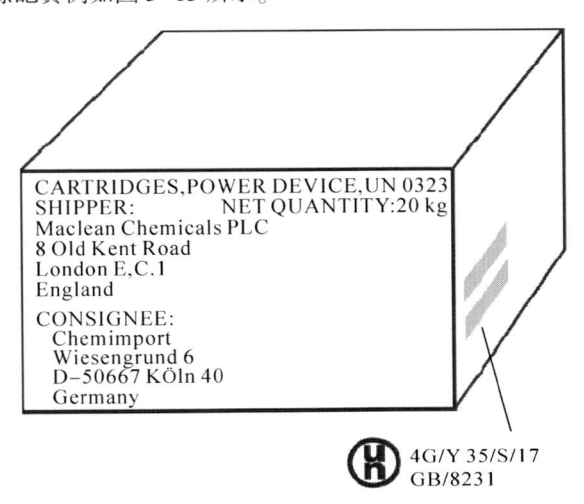

圖 5-15　UN 規格包裝標記示例

現舉一例說明 UN 規格包裝標記各部分的含義，如圖 5-16 所示。

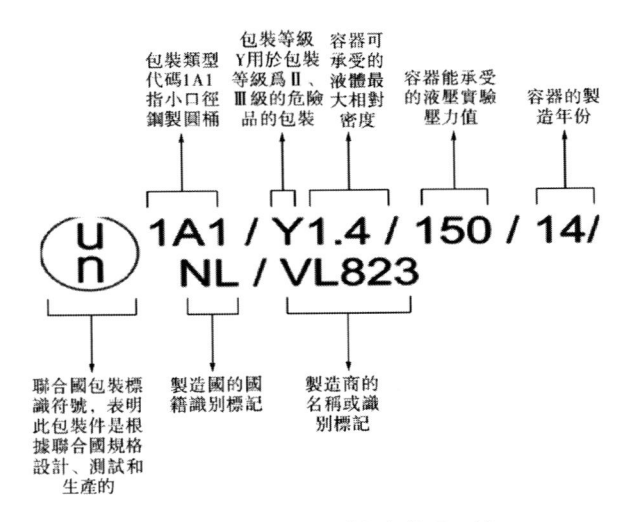

圖 5-16　UN 規格包裝標記說明示例

由此可見，UN 規格標記只用於表明容器已符合相關設計標準和包裝製造方面的規定，並不用於進一步指明所盛裝為何種危險品，與前文所述的危險品的標記有根本區別。

（2）修復和再生的 UN 規格包裝標記

修復再生後的包裝需要在保留原標記部分資訊的基礎上，加入修復和再生的資訊。具體的表示方法是，在新的 UN 規格標記中，保留原包裝的類型代碼、包裝等級字母、不同

類型的試驗標準、原包裝製造年份後，加入以下標記：

①修復所在國家的國籍識別標記。

②修復製造商名稱或國家主管當局所規定的其他包裝識別符號。

③包裝修復和再生年份的後兩個數字。

④表明包裝經修復和再生的識別標誌，大寫字母「R」；對已成功通過防滲漏試驗的每個包裝容器，註明「L」。

表 5-52 所示為 2 個修復再生容器 UN 規格標記的組成標例。

表 5-52　　　　　　　　　　修復和再生 UN 規格包裝標記示例

例	UN 符號	原包裝代碼	修復國家	修復廠商	修復年份	完整代碼
1	ⓤ	1A1/Y1.4/150/05/NL/VL824	NL	RB	18RL	ⓤ 1A1/Y1.4/150/05 NL/RB/18RL
2	ⓤ	1A2/Y150/S/05/USA/AB-CPACK	USA	RB	18R	ⓤ 1A2/Y150/S/05 USA/RB/18R

（3）補救包裝的標記

補救包裝的 UN 規格標記組成與新包裝的標記大部分相同，只略有差異。在此只說明有差異的標記部分：

①包裝類型代碼：要在新包裝標記（2）所示的類型代碼基礎上，加註大寫字母「T」，以表示此包裝用於補救包裝。

②包裝等級字母：註明的是大寫字母「Y」，也是唯一一種情況，表示設計型號已通過 Ⅱ 級包裝測試標準。

表 5-53 所示為補救包裝的 UN 規格標記示例。

表 5-53　　　　　　　　　補救包裝的 UN 規格標記示例

UN 符號	類型代碼	包裝等級	毛重	固體或內包裝	生產年份	國家	生產廠商	完整代碼
ⓤ	1A2T	Y	300	S	18	USA	ABC	ⓤ 1A2T/Y300/S/18/USA/ABC

（4）其他 UN 規格標記：A 級感染性物質包裝

DGR 要求，A 級感染性物質的包裝必須有 UN 標記，其組成包括：

①聯合國包裝符號；

②包裝類型代碼；

③文字「CLASS6.2（6.2 項危險品）」；

④包裝製造年份的後兩位數字；

⑤製造國的國籍識別標記；

⑥製造商名稱或國家主管當局所規定的其他包裝識別符號。

UN規格A級感染性物質包裝件的標記示例如表5-54所示。

表5-54　　　　　　UN規格包裝感染性物質包裝的標記示例

UN 符號	類型 代碼	試驗	生產 年份	國家	生產廠商	完整代碼	
ⓤ	4G	CLASS6.2	14	DK	SP-9989-ERIKSSON	ⓤ	4G/CLASS6.2/14 DK/SP-9989-ERIKSSON

5.5.6　包裝說明

5.5.6.1　包裝說明概述

DGR第5章的包裝說明（Packing Instruction，簡稱PI）是針對具體的危險品貨物空運時對包裝的具體要求。每一條包裝說明都至少適用於一種或幾種危險品。

包裝說明的代號是三位數字代碼或適用於限量包裝的大寫字母「Y」前綴加上三位數字代碼。無論是否為限量包裝代碼，數字左邊的第1位都代表適用危險品所屬的分類。如包裝說明Y841適用的危險品屬於第8類腐蝕品，而包裝說明355適用的危險品屬於第3類易燃液體。

包裝說明在紙質版DGR中用黃色頁面印刷以便使用者查找。

5.5.6.2　包裝說明的結構

包裝說明一般由以下部分組成：

（1）國家和經營人差異規定。

（2）所適用危險品的包裝等級與機型。

（3）滿足DGR的一般包裝要求的提示信息。例如提示物品性質需與包裝材料兼容、封口的要求、附加包裝要求（如需使用中間包裝）等。有限數量包裝「Y」開頭的包裝說明還有針對有限數量包裝容器的測試標準和包裝件毛重限量30kg的提示。

（4）組合包裝規定。一般分為內容器和外容器兩部分的規定，在內容器部分中規定了所適用危險品允許使用的內容器材質和每個內容器的限量以及整個包裝件的限量，而外容器部分中規定了所有可採用的外容器材質及類型代碼，若為限量包裝「Y」開頭的包裝說明則無類型代碼。

（5）單一包裝規定（若允許使用），包括允許使用的容器材質描述和類型代碼。

以下所舉包裝說明Y845和包裝說明351樣例分別見圖5-17和圖5-18所示。

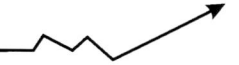

PACKING INSTRUCTION Y845

OPERATOR VARIATIONS: 5X-02, AA-01, AM-08, AS-02, BW-01, BY-01, DE-01, FX-02, GA-03, GF-04, IJ-12, JU-06, KQ-08, LH-01, LX-02, MH-14, OM-04, OS-03, OU-04, PX-10, SW-02, TN-04, UX-02, VO-03, VT-01, WY-04, XG-01, XK-03, XQ-01.

This instruction applies to Limited Quantities of Class 8 solids in Packing Group III.

The General Packing Requirements of Subsections 2.7.5, 5.0.2 to 5.0.4 (with the exception of 5.0.2.3, 5.0.2.5, 5.0.2.11 and 5.0.2.14.2) must be met except that the packagings do not have to meet the marking and testing requirements of 6.0.4 and Subsection 6.3. Packagings must meet the construction criteria specified in Subsections 6.1 and 6.2 and the test criteria specified in Subsection 6.6.

Compatibility Requirements
- substances must be compatible with their packagings as required by 5.0.2.6;
- metal packagings must be corrosion resistant or with protection against corrosion;
- substances of Class 8 are permitted in glass inner packagings only if the substance is free from hydrofluoric acid.

Closure Requirements
- closures must meet the requirements of 5.0.2.7.

Limited Quantity Requirements

The requirements of Subsection 2.7 must be met including:
- the capability of the package to pass a drop test of 1.2 m;
- a 24 hour stacking test;
- the gross weight of the completed package must not exceed 30 kg.

Single packagings are not permitted.

Inner Packaging (see 6.1)	Net quantity per inner packaging	Total net quantity per package
Glass	1.0 kg	
Metal	1.0 kg	5.0 kg
Plastic	1.0 kg	
Plastic bag	1.0 kg	

圖 5-17　包裝說明 Y845

PACKING INSTRUCTION 351

STATE VARIATION: BEG-03

OPERATOR VARIATIONS: AI-02, AM-03, BR-02, CX-02, IFX-17, JJ-07, KA-02, KZ-07, LD-02, LY-04, OZ-04, TU-05, VN-04.

This instruction applies to flammable liquids in Packing Group I on passenger aircraft.

The General Packing Requirements of 5.0.2 must be met.

Compatibility Requirements
- substances must be compatible with their packagings as required by 5.0.2.6.

Closure Requirements
- closures must meet the requirements of 5.0.2.7.

Additional Packing Requirements
- inner packagings must be packed with sufficient absorbent material to absorb the entire contents of the inner packagings and placed in a rigid leakproof receptacle before packing in outer packagings.

Single packagings are not permitted.

Inner Packaging (see 6.1)	Net quantity per inner packaging	Total net quantity per package
Glass	0.5 L	
Metal	1.0 L	1.0 L
Plastic	Forbidden	

圖 5-18　包裝說明 351

5.5.6.3　包裝說明的使用

包裝說明主要用於查看危險品的包裝要求或進行包裝檢查。託運人在包裝危險品時，對於允許使用航空器運輸的某一危險品，應首先查看品名表以確定適用的機型和包裝方式下對應的包裝說明代號，再在黃頁中找到對應的包裝說明，以確定包裝的具體要求。而包裝檢查也是依據類似的步驟以確定危險品是否按照 DGR 規定的要求進行空運包裝。

現舉例說明託運人欲使用 UN 規格包裝由貨機運輸危險品 Isoprene, stabilized 時瞭解其

包裝要求的一般流程。

首先，在表 5-55 所示的「Isoprene, stabilized」所在品名表的 I 欄查到適用的包裝說明代號 361；其次，到 DGR 的黃頁中找到 361 號的包裝說明，如圖 5-19 所示。

表 5-55　　　　　　　　　　　　品名表與包裝說明應用

UN/ID No.	Proper Shipping Name/Description	Class or Div. (sub Risk)	Hazard Labels	PG	Passenger and Cargo Aircraft				Cargo Aircraft Only		S.P. See 4.4	ERG Code
					EQ See 2.6	Ltd Qty		Pkg Inst	Max Net Qty/Pkg	Pkg Inst	Max Net Qty/Pkg		
						Pkg Inst	Max Net Qty/Pkg						
A	B	C	D	E	F	G	H	I	J	K	L	M	N
1218	Isoprene, stabilized	3	Flamm. liquid	I	E3	Forbidden		351	1L	361	30L		3H
2528	Isobutyl isobutyrate	3	Flamm. liquid	III	E1	Y344	10L	355	60L	366	220L		10L

如圖 5-19 的包裝說明 361 所示，在滿足基本的包裝要求後，特殊包裝要求註明了需要用中間包裝。因此，託運人可以採用組合包裝和單一包裝兩種形式。若採用組合包裝，則可以使用金屬和塑膠兩種不同材質的內容器，限量分別是 1L 和 5L，整個包裝件的限量是 30L，可以使用的外容器由「OUTER PACKAGINGS」的表格列出，共有圓桶、方桶和箱三種類型下多種不同材質的外容器可以選擇，都給出了 UN 規格的類型代碼；若採用單一包裝，則可使用「SINGLE PACKAGINGS」列表下的容器，表中也都給出了類型代碼，單一包裝的數量限制也是 30L。

圖 5-19　包裝說明 361

5.5.7 包裝檢查

5.5.7.1 包裝檢查的依據

包裝檢查是對實際的包裝件進行檢查，查看包裝件是否符合 DGR 的相關要求。在包裝檢查的過程中，所用到的工具或進行檢查的依據主要有：

（1）UN/IATA 對危險貨物運輸包裝的一般要求

危險品運輸的航空運輸必須遵守 UN/IATA 對危險貨物運輸包裝的一般要求，可參考 DGR 相關規定。

當然，不同的危險品由於性質不同，僅遵守一般性的包裝要求是不夠的，還需要根據個體的性質確定不同運輸條件或包裝規格下正確的包裝要求。這些就需要用到品名表和包裝說明。

（2）危險物品品名表

前面的章節介紹了危險品常用的包裝規格有兩大類，UN 規格包裝和有限數量包裝。託運人可以在現實允許的情況（如客機或貨機，是否允許採用限量包裝等）下選擇不同的規格來包裝危險品，但選定規格下的包裝要求必須符合 DGR 的規定。

通過在品名表中查找危險品的運輸專用名稱，找到危險品所在條目，就可以根據給定的條件確定適用品名表中的 G、H 欄，I、J 欄或 K、L 欄中的哪一種情況，進而確定適用的包裝說明。

（3）包裝說明

危險品的包裝從結構上分為組合包裝（Combination Packagings）和單一包裝（Single Packagings）。前面中介紹過的包裝說明對兩種結構的包裝具體要求作了規定。若允許使用該種結構的包裝形式，包裝說明詳細規定了可以使用的容器材質和類型。檢查時，依據包裝說明對實際的包裝件進行確認。

5.5.7.2 包裝檢查的步驟

為了確保危險貨物包裝符合運輸要求，可用下列步驟對其進行檢查。

第一步：查閱「品名表」。

①查找運輸專用名稱和 UN/ID 編號；
②查看 UN 包裝級別；
③決定此危險物品是否可以允許在客機或貨機上運輸，或僅限由貨機運輸；
④查看包裝說明代號；
⑤查看每一包裝件的最大淨含量或最大總毛重量限制；
⑥查閱可以應用於此項包裝的任何特殊規定。

第二步：查閱相應包裝說明。

在 DGR 中查找由上一步得到的適用的包裝說明。其代號中的第 1 個數字表示該危險物品的主要危險性所屬的類別/項別。如包裝說明 355 適用的危險品屬於第 3 類——易燃液體，包裝說明 Y847 適用的危險品第 8 類——腐蝕性物質。

第三步：檢查包裝是否符合包裝說明的所有要求。

以擬運輸的貨物性質、數量、可利用的包裝及經營人的限制為基礎，由託運人自行決定採用包裝的方法，可以是 UN 規格包裝，此類包裝上標有 UN 試驗合格標記或稱 UN 規格包裝標記；允許時也可以採用有限數量包裝，此類包裝無規格標記，包裝說明有相應的包裝性能要求的提示。

託運人在對貨物進行包裝時，必須確保包裝：

①滿足 DGR 對危險貨物運輸包裝的基本要求；

②符合任何特殊包裝、特殊規定以及不同國家和經營人的不同要求；

③符合「品名表」中的數量限制和包裝說明中對內包裝的數量限制要求。

第四步：確保符合標準規格包裝的數量限制要求。

查驗包裝上的詳細標記，特別是 UN 規格包裝上的 UN 規格標記，確保包裝等級和一些限制條件（總重、相對密度、壓力等）都滿足所裝貨物要求。

以上四個步驟是進行包裝檢查的順序，對貨物正確的包裝是託運人的責任。如果獲取所用內容器滿足相關包裝代號和基本要求（數量現實、襯墊和吸附材料等），那麼作為貨運代理人或航空公司的貨物收運人員則不需要打開包裝進行檢查。

5.5.7.3 包裝檢查示例

【例 5-25】一個 UN 規格的組合包裝的包裝檢查——根據給定的條件為所給的危險品包裝件進行包裝檢查。

危險品名稱：Copper chlorate（氯酸銅）

內包裝的情況：4 個玻璃（Glass）瓶，每瓶盛裝 1kg

外包裝的情況：一個 UN 規格的木製箱 4C2

本次所運輸的航段只有客機。

第一步：查「品名表」，如表 5-56 所示。

表 5-56　　　　　　　　　品名表示例

UN /ID No.	Proper Shipping Name/Description	Class or Div. (sub Risk)	Hazard Labels	PG	EQ See 2.6	Ltd Qty Pkg Inst	Ltd Qty Max Net Qty/Pkg	Passenger and Cargo Aircraft Pkg Inst	Passenger and Cargo Aircraft Max Net Qty/Pkg	Cargo Aircraft Only Pkg Inst	Cargo Aircraft Only Max Net Qty/Pkg	S.P. See 4.4	ERG Code
A	B	C	D	E	F	G	H	I	J	K	L	M	N
2721	Copper chlorate	5.1	Oxidizer	II	E2	Y544	2.5kg	558	5kg	562	25kg		5L

可知：●運輸專用名稱：　　　　　Copper chlorate
　　　●UN/ID 代號：　　　　　　UN2721
　　　●包裝等級：　　　　　　　II
　　　●包裝說明代號：　　　　　558
　　　●每一包裝件淨數量限制：　5kg
　　　●特殊規定：　　　　　　　無

第二步：查找並閱讀包裝說明，在 DGR 中找到適用的包裝說明代號 558，如圖 5-20 所示。

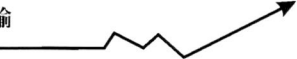

PACKING INSTRUCTION 558

STATE VARIATION: USG-04
OPERATOR VARIATIONS: 5X-02/04, AA-01, AM-05, AS-02, BW-01, BY-01, FX-02, KZ-07, TU-08, UX-04, X5-04

This instruction applies to Division 5.1 solids in Packing Group II on passenger aircraft.
The General Packing Requirements of 5.0.2 must be met.

Compatibility Requirements
- substances must be compatible with their packagings as required by 5.0.2.6;
- metal packagings must be corrosion resistant or with protection against corrosion for substances with a Class 8 subsidiary risk.

Closure Requirements
- closures must meet the requirements of 5.0.2.7.

Additional Packing Requirements
- for wetted substances where the outer packaging is not leakproof, a leakproof liner or equally effective means of intermediate containment must be provided.

Single packagings are not permitted.

COMBINATION PACKAGINGS

Inner Packaging (see 6.1)	Net quantity per inner packaging	Total net quantity per package
Fibre	1.0 kg	
Glass	1.0 kg	
Metal	1.0 kg	5.0 kg
Paper bag	1.0 kg	
Plastic	1.0 kg	
Plastic bag	1.0 kg	

OUTER PACKAGINGS

Type	Drums					Jerricans			Boxes						
Desc.	Steel	Aluminium	Plywood	Fibre	Plastic	Other metal	Steel	Aluminium	Plastic	Steel	Aluminium	Wood	Plywood	Reconstituted wood	Fibreboard	Plastic	Other meta
Spec.	1A1 1A2	1B1 1B2	1D	1G	1H1 1H2	1N1 1N2	3A1 3A2	3B1 3B2	3H1 3H2	4A	4B	4C1 4C2	4D	4F	4G	4H1 4H2	4N

圖 5-20 包裝說明 558

第三步：檢查包裝是否符合包裝說明的所有要求。

由包裝說明可知：對於組合包裝的 Copper chlorate，可裝於玻璃製內容器中，每瓶最大淨含量為 1kg。每一包裝件的最大淨重量為 5kg，未超過，且類型代碼規格為 4C2 的木箱也可以使用。同時該指令還指示不允許使用單一包裝，且包裝應符合 DGR 中 5.0.2 所規定的一般包裝要求。

第四步：確保符合 UN 規格包裝的各個要求。

本題沒有提供容器的 UN 規格標記，假定這些要求都滿足，因此本題的包裝檢查的結果是包裝正確。如果題目提供了容器的 UN 規格標記，這一步就還需要確定容器的包裝等級和危險品的包裝等級是否相容，以及實際毛重（若給定）是否在組合包裝外包裝毛重限制以內。

【例 5-26】UN 規格的單一包裝的包裝檢查——根據給定的條件為以下危險品包裝件進行包裝檢查。

危險品名稱：Vinyltrichlorosilane
包裝情況：單一包裝，採用 2 個 UN 規格的鋼製方形桶 3A1，每桶淨含量為 2L。
由貨機運輸。

第一步：查品名表，如表 5-57 所示。

表 5-57　　　　　　　　　　　　　　　　品名表示例

UN /ID No.	Proper Shipping Name/Description	Class or Div. (sub Risk)	Hazard Labels	PG	Passenger and Cargo Aircraft			Cargo Aircraft Only		S.P. See 4.4	ERG Code
					EQ See 2.6	Ltd Qty || Pkg Inst	Max Net Qty/Pkg	Pkg Inst	Max Net Qty/Pkg		
						Pkg Inst	Max Net Qty/Pkg						
A	B	C	D	E	F	G	H	I	J	K	L	M	N
1305	Vinyltrichlorosilane	3(8)	Flamm. Liquid & Corrosive	II	E0	Forbidden		Forbidden		377	5L		3CH

可知：●運輸專用名稱：　　　　　Vinyltrichlorosilane
　　　●UN/ID 代號：　　　　　　UN1305
　　　●包裝等級：　　　　　　　II
　　　●包裝說明代號：　　　　　377
　　　●每一包裝件淨數量限制：　5L
　　　●特殊規定：　　　　　　　無

第二步：查找並閱讀包裝說明，在 DGR 中找到適用的包裝說明代號 377，如圖 5-21 所示。

第三步：檢查包裝是否符合包裝說明的所有要求。

由包裝說明 377 可知：可以使用單一包裝，且單一包裝規定中也允許使用鋼製方形桶 3A1。需要注意的是，包裝說明中提示了包裝必須滿足 DGR5.0.2 節中的一般包裝要求，同時在兼容性要求方面需遵守 DGR5.0.2.6 的要求，對於金屬包裝，還要求有抗腐蝕性能或具備抗腐蝕保護層。

第四步：確保符合 UN 規格包裝的各個要求。

本題沒有提供容器的 UN 規格標記，假定這些要求都滿足，因此本題的包裝檢查的結果是包裝正確。如果題目提供了容器的 UN 規格標記，這一步就還需要確定容器的包裝等級和危險品的包裝等級是否相容，以及液體相對密度（若給定）是否在容器要求的範圍內。

【例 5-27】有限數量包裝檢查——根據給定的條件為以下危險品包裝件進行包裝檢查。

　　危險品名稱：Allyl iodide
　　內包裝的情況：2 個玻璃（Glass）瓶，每瓶盛裝 0.25L
　　外包裝的情況：一個木製箱（Wooden box）
　　包裝已滿足一般包裝要求和其他相關的要求。
　　該危險品採用有限數量包裝，整個包裝件毛重 20kg，由客機運輸。
　　第一步：查「品名表」，如表 5-58 所示。

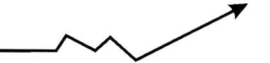

PACKING INSTRUCTION 377

OPERATOR VARIATIONS: AS-12, AY-04, CA-10, CX-02/05, EY-03, FX-15/17, JL-09, KA-02/05, KE-07, KZ-07, LD-02/06, LY-04, NH-06, OZ-08, TG-02

This instruction applies to chlorosilanes, liquid, flammable, corrosive in Packing Group II on Cargo Aircraft Only.
The General Packing Requirements of 5.0.2 must be met.

Compatibility Requirements
- substances must be compatible with their packagings as required by 5.0.2.6;
- metal packagings must be corrosion resistant or with protection against corrosion.

Closure Requirements
- closures must meet the requirements of 5.0.2.7

Combination and single packagings are permitted

COMBINATION PACKAGINGS

UN Numbers	Inner Packaging (see 6.1)	Net quantity per inner packaging	Total net quantity per package
UN 1162, UN 1196, UN 1250, UN 1298, UN 1305, UN 2985	Glass	1.0 L	5.0 L
	Steel	5.0 L	
	Plastic	Forbidden	

OUTER PACKAGINGS

Type	Drums				Boxes					
Desc.	Steel	Plywood	Fibre	Plastic	Steel	Wood	Plywood	Reconstituted wood	Fibreboard	Plastic
Spec.	1A1 1A2	1D	1G	1H1 1H2	4A	4C1 4C2	4D	4F	4G	4H1 4H2

SINGLE PACKAGINGS

Type	Drums	Jerricans	Composites	Cylinders
Desc.	Steel	Steel	Plastic	Steel
Spec.	1A1	3A1	6HA1	As permitted in 5.0.6.6

圖 5-21　包裝說明 377

表 5-58　　　　　　　　　品名表示例

UN/ID No.	Proper Shipping Name/Description	Class or Div. (sub Risk)	Hazard Labels	PG	Passenger and Cargo Aircraft				Cargo Aircraft Only		S.P. See 4.4	ERG Code
					EQ See 2.6	Ltd Qty		Pkg Inst	Max Net Qty/Pkg	Pkg Inst	Max Net Qty/Pkg		
						Pkg Inst	Max Net Qty/Pkg						
A	B	C	D	E	F	G	H	I	J	K	L	M	N
1723	Allyl iodide	3(8)	Flamm.Liquid & Corrosive	II	E2	Y340	0.5L	352	1L	362	5L		3C

可知：●運輸專用名稱：　　　　　Allyl iodide
　　　●UN/ID 代號：　　　　　　UN1723
　　　●包裝等級：　　　　　　　II
　　　●包裝說明代號：　　　　　Y340
　　　●每一包裝件淨數量限制：　0.5L
　　　●特殊規定：　　　　　　　無

第二步：查找並閱讀包裝說明，在 DGR 中找到適用的包裝說明代號 Y340，如圖 5-22 所示。

PACKING INSTRUCTION Y340

OPERATOR VARIATIONS: 5X-02, AA-01, AM-03, AS-02, BW-01, CX-02, DE-01, FX-02/17, GA-03, GF-04, HA-01, IJ-12, JJ-07, KA-02, KE-07, KQ-08, LD-02, LH-01, LX-02, LY-04, MH-14, OM-04, OS-03, OU-04, PX-10, SW-02, TN-04, UX-02, VO-03, VT-01, WY-04, XG-01, XK-03, XQ-01

This instruction applies to Limited Quantities of flammable liquids with a Class 8 or a Class 8 and Division 6.1 subsidiary risk in Packing Group II.

The General Packing Requirements of Subsections 2.7.5, 5.0.2 to 5.0.4 (with the exception of 5.0.2.3, 5.0.2.5, 5.0.2.11 and 5.0.2.14.2) must be met except that the packagings do not have to meet the marking and testing requirements of 6.0.4 and Subsection 6.3. Packagings must meet the construction criteria specified in Subsections 6.1 and 6.2 and the test criteria specified in Subsection 6.6.

Compatibility Requirements
- substances must be compatible with their packagings as required by 5.0.2.6;
- metal packagings must be corrosion resistant or with protection against corrosion.

Closure Requirements
- closures must meet the requirements of 5.0.2.7.

Limited Quantity Requirements
The requirements of Subsection 2.7 must be met including:
- the capability of the package to pass a drop test of 1.2 m;
- a 24 hour stacking test;
- inner packagings for liquids must be capable of passing a pressure differential test (5.0.2.9);
- the gross weight of the completed package must not exceed 30 kg.

Single packagings are not permitted.

COMBINATION PACKAGINGS			
Inner Packaging (see 6.1)	Net quantity per inner packaging	Total net quantity per package
Glass	0.5 L	0.5 L
Metal	0.5 L	
Plastic	0.5 L	

OUTER PACKAGINGS

Type	Drums				Jerricans			Boxes					
Desc.	Steel	Aluminium	Plywood	Fibre	Plastic	Other metal	Steel	Aluminium	Plastic	Steel	Aluminium	Wood	Plywood	Reconstituted wood	Fibreboard	Plastic	Other metal

圖 5-22　包裝說明 Y340

　　第三步：檢查包裝是否符合包裝說明的所有要求。

　　由包裝說明 Y340 可知：內包裝可以使用玻璃瓶，且每個玻璃瓶的實際數量 0.25L，沒有超過 Y340 中的限量 0.5L；整個包裝件限量 0.5L，實際的數量也是 0.5L，沒有超過；且外包裝可以使用木製箱。

　　需要注意的是，包裝說明中提示了包裝必須滿足 DGR5.0.2 節中的一般包裝要求，同時在兼容性要求方面需遵守 DGR5.0.2.6 的要求，對於金屬包裝，還要求有抗腐蝕性能或具備抗腐蝕保護層；以及限量包裝的相關要求都需要滿足，毛重不得超過 30kg，實際毛重為 20kg，沒有超過。其他所有的要求在題目給定條件中已提及。

　　第四步：確保滿足限量包裝的要求。

　　毛重要求在上一步的包裝說明中已經涉及並檢查過，符合規定。

　　結論：可以收運。

5.5.8 裝於同一外包裝中的不同危險品

本節討論是組合包裝中，將不同種類的危險物品的多個內包裝放在同一個外包裝中的情況。這種包裝件與 Overpack 是不同的。不同的危險品之間如果不會發生危險反應，它們是可以裝入同一個外包裝的。

包裝件可以是 UN 規格的包裝，也可以是有限數量的包裝方式。本節主要介紹形成這種混合包裝形式的條件，以及這種包裝件的包裝檢查方法。

5.5.8.1 UN 規格的同一外包裝裝入不同危險品

（1）UN/IATA 對不同物質裝在同一外包裝中的一般要求

①一種危險物品不得與可以互相發生危險反應並導致如下後果的其他危險品或非危險物品裝在同一外包裝內：

——燃燒或產生相當數量的熱；

——放出易燃、有毒或窒息性氣體；

——生成腐蝕性物質；

——生成不穩定物質。

②在符合第①條規定的前提下，如果具備以下條件，幾種危險品可以裝入同一種外包裝內：

——除 DGR 中另有規定外，所裝入的幾種危險品無須按照表 5-59 所示的貨物隔離表進行隔離；裝有 6.2 項感染性物質內容器的外包裝，不准再裝入其他物質的內容器。

——所包含的每一種危險品使用的內容器及其裝載量應符合該種危險品對應包裝說明的有關規定。

——所使用的此外包裝是每種危險物品相應包裝說明中都允許使用的外包裝。

——擬用於運輸的包裝件符合其內裝物品最嚴格的包裝類別性能試驗的標準。

——一個外包裝內所裝的不同危險物品的數量，只有在「Q」值不大於 1 時才是允許的。「Q」值按照下式計算：

$$Q = \frac{n_1}{M_1} + \frac{n_2}{M_2} + \frac{n_3}{M_3} + \cdots + \frac{n_i}{M_i}$$

式中：n_i——表示第 i 種危險物品的淨數量（淨重或淨容積）。

M_i——表示「品名表」中第 i 種危險貨物品在客機或貨機上運輸的最大允許量；若其中一種危險物品是固體二氧化碳（乾冰），UN1845，在計算「Q」值時可忽略不計。

（2）包裝檢查

根據對危險貨物運輸包裝的基本要求、UN/IATA 對危險貨物運輸包裝的一般要求以及本節具體的對不同物質裝在同一外包裝中的要求，參照「品名表」，就可以對此類包裝進行檢查了。步驟如下：

第一步：查閱每一種危險物品在「品名表」中的具體要求。

第二步：確保每種危險物品間不會發生危險性反應或無須按照表 5-59 危險貨物隔離表進行隔離。

第三步：參照每一種危險物品對應的包裝說明，確保：

——允許使用所用內包裝；

——符合內容器的最大允許淨數量；

——外包裝符合每一包裝說明的要求。

第四步：根據品名表及每一危險品對應的包裝說明確定：

——適用於整個包裝件的最嚴格的包裝等級；

——滿足包裝件的最大允許毛重限制；

——Q 值必須≤1，且 Q 值保留一位小數，小數點後第二位必須向前進一位，也就是說第二位不可舍去。

第五步：確保外包裝內不含有感染性物質的內包裝件。

表 5-59　　　　　　　　　　　　危險物品隔離表

危險性標籤	1 不包括 1.4S	1.4S	2	3	4.2	4.3	5.1	5.2	8
1 不包括 1.4S	見 DGR9.3.2.2	見 DGR9.3.2.2.3	×	×	×	×	×	×	×
1.4S	見 DGR9.3.2.2.3		–	–	–	–	–	–	–
2	×	–		–	–	–	–	–	–
3	×	–	–		–	–	×	–	–
4.2	×	–	–	–		–	–	–	–
4.3	×	–	–	–	–		–	–	×
5.1	×	–	–	×	×	–		–	–
5.2	×	–	–	–	–	–	–		–
8	×	–	–	–	–	×	–	–	

註：1. 在行和列的交叉點註有「×」，表明裝有這些類或項的危險品的包裝裝件必須相互隔開。若在行和列的交叉點註有「–」，則表明裝有這些類/項的危險品包裝件無須隔開。

2. 表中不包含 4.1 項及 6、7 和 9 類，它們不需與其他類別的危險品隔開。

【例 5-28】下列危險物品的包裝件準備由客機運輸，確定包裝件是否正確包裝。

外包裝：採用聯合國（UN）規格包裝——纖維板箱，其表面的 UN 規格標記為：

[UN] 4G/X10/S/14/PA-02/ABC1234

內包裝 A：1 個玻璃（Glass）瓶，含 Pentanes（戊烷液體）0.5L，包裝等級 I 級；

內包裝 B：3 個玻璃（Glass）瓶，每瓶含 Phenylhydrazine（苯肼）0.5L。

整個包裝件的毛重為 7kg。

第一步，查閱每一種危險物品在「品名表」中的具體要求，如表 5-60 所示。

表 5-60　　　　　　　　　品表名示例

UN/ID No.	Proper Shipping Name/Description	Class or Div. (sub Risk)	Hazard Labels	PG	EQ See 2.6 Pkg Inst	Ltd Qty Max Net Qty/Pkg	Pkg Inst	Max Net Qty/Pkg	Pkg Inst	Max Net Qty/Pkg	S.P. See 4.4	ERG Code
A	B	C	D	E	F	G	H	I	J	K	L	M	N
1265	Pentanes liquid	3	Flamm. liquid	I	E2	Forbidden		351	1L	361	30L		3H
				II	E3	Y341	1L	353	5L	364	60L		3H
2572	Phenylhydrazine	6.1	Toxic	II	E4	Y641	1L	654	5L	662	60L		6L

兩種物質在本題指定條件下需按品名表 I 欄和 J 欄的要求運輸。

所以，UN1265 適用包裝說明 351，UN2572 適用包裝細則 654。

第二步，查隔離表，見表 5-59。

查隔離表知，UN2572 屬於 6.1 危險品無須隔離，故這兩種危險物品可放在同一個外包裝中。

第三步，參照每一危險物品的包裝說明，如圖 5-23 和圖 5-24 所示，確保：

①允許使用所用的內容器。

查閱包裝說明 351 和 654 知，在這兩個包裝說明中均允許以玻璃瓶作為內包裝。

②符合內容器的最大允許數量限制。

包裝說明 351 和 654 對於用玻璃瓶為內包裝的危險物品最大允許淨數量分別為 0.5L 和 1.0L，而本次運輸中兩種危險物品在每一玻璃瓶中只裝 0.5L，故均未超限制。

③外包裝符合每一包裝說明的要求。

查閱 351 和 654 知，兩個包裝說明中均允許使用纖維板箱（4G）作為外包裝。

PACKING INSTRUCTION 351

STATE VARIATION: BEG-03
OPERATOR VARIATIONS: AI-02, AM-03, BR-02, CX-02, FX-17, JJ-07, KA-02, KZ-07, LD-02, LY-04, OZ-04, TU-05, VN-04

This instruction applies to flammable liquids in Packing Group I on passenger aircraft.
The General Packing Requirements of 5.0.2 must be met.

Compatibility Requirements
• substances must be compatible with their packagings as required by 5.0.2.6.

Closure Requirements
• closures must meet the requirements of 5.0.2.7.

Additional Packing Requirements
• inner packagings must be packed with sufficient absorbent material to absorb the entire contents of the inner packagings and placed in a rigid leakproof receptacle before packing in outer packagings.

Single packagings are not permitted.

COMBINATION PACKAGINGS		
Inner Packaging (see 6.1)	Net quantity per inner packaging	Total net quantity per package
Glass	0.5 L	
Metal	1.0 L	1.0 L
Plastic	Forbidden	

OUTER PACKAGINGS													
Type		Drums					Jerricans			Boxes				
Desc.	Steel	Aluminium	Plywood	Fibre	Plastic	Other metal	Steel	Aluminium	Plastic	Steel	Aluminium	Wood	Plywood	Reconstituted wood	Fibreboard	Plastic	Other metal
Spec.	1A1 1A2	1B1 1B2	1D	1G	1H1 1H2	1N1 1N2	3A1 3A2	3B1 3B2	3H1 3H2	4A	4B	4C1 4C2	4D	4F	4G	4H1 4H2	4N

圖 5-23　包裝說明 351

第四步：參照品名表和每一包裝說明，決定：

①適用於整個包裝件最嚴格的包裝等級。

比較盛裝兩種危險物品的包裝，可得最嚴格的包裝等級為 I 級包裝。本次運輸的外包裝 UN 規格標記為 4G/X……，包裝等級字母「X」表明是可以盛裝 I 級包裝危險品的容器。

②計算 Q 值。

危險品 A：總淨數量 $n_A = 0.5L$，最大允許淨數量 $M_A = 1L$

危險品 B：總淨數量 $n_B = 0.5 \times 3 = 1.5L$，最大允許淨數量 $M_B = 5L$

$$Q = \frac{n_A}{M_A} + \frac{n_B}{M_B} = \frac{0.5}{1} + \frac{0.5 \times 3}{5} = 0.8 < 1$$

註：實際操作過程中，這裡計算出的 Q 值必須標在「危險物品申報單」中。

第五步：確保不含感染性物質，本次運輸不含。

結論：該包裝件包裝正確，可以由客機運輸。

PACKING INSTRUCTION 654

STATE VARIATION: USG-04

OPERATOR VARIATIONS: 5X-02, AA-01, AM-06, AS-02, BW-01, CX-02, FX-02, HA-01, JJ-07, KA-02, KZ-07, LA-06, LD-02, LY-04, TU-09, UA-02, UX-04

This instruction applies to Division 6.1 liquids with no subsidiary risk or a Class 3 subsidiary risk in Packing Group II on passenger aircraft.

The General Packing Requirements of 5.0.2 must be met.

Compatibility Requirements
- substances must be compatible with their packagings as required by 5.0.2.6;

Closure Requirements
- closures must meet the requirements of 5.0.2.7.

Single packagings are not permitted.

COMBINATION PACKAGINGS		
Inner Packaging (see 6.1)	Net quantity per inner packaging	Total net quantity per package
Glass	1.0 L	5.0 L
Metal	2.5 L	
Plastic	1.0 L	

OUTER PACKAGINGS													
Type	Drums					Jerricans			Boxes				
Desc.	Steel	Aluminium	Plywood	Fibre	Plastic	Other metal	Steel	Aluminium	Plastic	Steel	Aluminium	Wood	Plywood	Reconstituted wood	Fibreboard	Plastic	Other metal
Spec.	1A1/1A2	1B1/1B2	1D	1G	1H1/1H2	1N1/1N2	3A1/3A2	3B1/3B2	3H1/3H2	4A	4B	4C1/4C2	4D	4F	4G	4H1/4H2	4N

圖 5-24　包裝說明 654

5.5.8.2　有限數量的同一外包裝裝入不同危險品

按照有限數量要求運輸的危險物品，在包裝中必須符合相應的包裝規定。

當有限數量包裝件內裝入不同的危險品時，這些危險品的數量必須限制在：

（1）不包括第 2 類和第 9 類的其他危險物品，每一包裝件內所裝的數量的「Q」值不超過 1。「Q」值按下式計算：

$$Q = \frac{n_1}{M_1} + \frac{n_2}{M_2} + \frac{n_3}{M_3} + \cdots$$

其中，n_1，n_2，…是包裝件內各種危險物品的淨數量，M_1，M_2，…危險物品「品名

表」中相關「Y」的包裝說明對各種危險物品在每一包裝件內的最大允許淨數量。

（2）對於第 2 類和第 9 類危險物品有如下情況：

——未與其他類別危險物品混裝時，每一包裝件的毛重不得超過 30kg；

——與其他類別的危險物品混裝時，每一包裝件的毛重不得超過 30kg，並且每一包裝件內所裝其他危險物品的淨數量，根據「Q」值計算公式在 Q≤1 時才允許。

（3）若包裝中危險物品的 UN 代號及包裝等級均相同時，不必計算「Q」值，但總淨數量不得超過「品名表」中 H 欄所規定的每一包裝件的最大允許淨數量值。

此外，有限數量包裝的危險物品必須按照相應限量包裝說明（以前綴「Y」表示）進行包裝。有限數量包裝必須符合相關的構造和實驗標準。在包裝上沒有 UN 規格包裝標記，而只印有「有限數量標記」。

對於將不同的危險物品放入在同一有限數量包裝中的檢查過程如下：

第一步：查閱每一種危險物品在「品名表」中的具體要求。

第二步：查包裝隔離表，確保危險物品間不會發生危險性反應或無需按隔離表進行隔離。

第三步：查閱每一危險物品所對應的有限數量包裝說明「Y」，並確保：

——允許使用實際所用的包裝；

——符合內容器的最大允許淨數量限制；

——內包裝符合 DGR 相應條件。

第四步：根據「品名表」及包裝說明確定 Q 值。

——除第 2 類和第 9 類計算 Q 值。

——當第 2 類和第 9 類這兩類危險物品包裝在一起，且不含其他類危險物品時，整個包裝件毛重不得超過 30kg。

——當第 2 類和第 9 類危險物品包裝在一起，且含有其他類危險物品時，整個包裝件毛重應≤30kg，且其他類危險物品的 Q 值應≤1。

——當具有相同的 UN 代號且包裝等級相同時，不需計算 Q 值，但包裝件的總淨數量不得超過品名表中所規定的每一包裝件的最大允許淨數量。

第五步：確保外包裝符合 DGR6.2 和 DGR6.7 相關製造和試驗標準。

第六步：確保包裝件的總毛重不超過 30kg。

【例 5-29】對下列物品進行包裝檢查，確定是否可由客機運輸。

外包裝：一只標有菱形的有限數量標記的結實的纖維板箱（Fibreboard box），無其他標記。

內包裝 A：1 個金屬（Metal）罐，含 0.5L 的 Isobutyl isobutyrate（異丁酸異丁脂）。B：3 個

內包裝 金屬（Metal）罐，每罐含 0.1L 的 Ethyl chloroacetate（氯乙酸乙酯）

包裝件的總毛重：15kg。

第一步：查閱每一種危險物品在「品名表」中的具體要求，如表 5-61 所示。

表 5-61　　品名表示例

UN/ID No.	Proper Shipping Name/Description	Class or Div. (sub Risk)	Hazard Labels	PG	EQ See 2.6	Ltd Qty Pkg Inst	Ltd Qty Max Net Qty/Pkg	Pkg Inst	Max Net Qty/Pkg	Pkg Inst	Max Net Qty/Pkg	S.P. See 4.4	ERG Code
A	B	C	D	E	F	G	H	I	J	K	L	M	N
2528	Isobutyl isobutyrate	3	Flamm. liquid	III	E1	Y344	10L	355	60L	366	220L		10L
1181	Ethyl chloroacetate	6.1(3)	Toxic & Flamm. liquid	II	E4	Y641	1L	654	5L	662	60L		6F

第二步：查隔離表，可知可以放在一起運輸。

第三步：查包裝說明 Y344 和 Y641，如圖 5-25 及圖 5-26 所示。

PACKING INSTRUCTION Y344

STATE VARIATIONS: BEG-03, SAG-01, USG-04

OPERATOR VARIATIONS: AM-03, CX-02, DE-01, FX-02, GA-03, GF-04, HG-03, HQ-01, JU-06, KA-02, KC-11, KE-07, KQ-08, LD-02, LH-01, LX-02, LY-04, MH-14, MT-01, NH-07, OM-08, OS-01, OU-04, PX-10, SW-02, TN-04, UX-02, VO-03, VT-01, WY-04, X5-02, XG-01, XK-03, XQ-01

This instruction applies to Limited Quantities of flammable liquids with no subsidiary risk in Packing Group III.

The General Packing Requirements of Subsections 2.7.5, 5.0.2 to 5.0.4 (with the exception of 5.0.2.3, 5.0.2.5, 5.0.2.11 and 5.0.2.14.2) must be met except that the packagings do not have to meet the marking and testing requirements of 6.0.4 and Subsection 6.3. Packagings must meet the construction criteria specified in Subsections 6.1 and 6.2 and the test criteria specified in Subsection 6.6.

Compatibility Requirements
- substances must be compatible with their packagings as required by 5.0.2.6.

Closure Requirements
- closures must meet the requirements of 5.0.2.7.

Limited Quantity Requirements

The requirements of Subsection 2.7 must be met including:
- the capability of the package to pass a drop test of 1.2 m;
- a 24 hour stacking test;
- inner packagings for liquids must be capable of passing a pressure differential test (5.0.2.9);
- the gross weight of the completed package must not exceed 30 kg

Single packagings are not permitted.

COMBINATION PACKAGINGS		
Inner Packaging (see 6.1)	Net quantity per inner packaging	Total net quantity per package
Glass	2.5 L	10.0 L
Metal	5.0 L	
Plastic	5.0 L	

OUTER PACKAGINGS											
Type	Drums				Jerricans			Boxes				
Desc.	Steel	Aluminium	Plywood	Fibre	Plastic	Other metal	Steel	Aluminium	Plastic	Steel	Aluminium	Wood	Plywood	Reconstituted wood	Fibreboard	Plastic	Other metal

圖 5-25　包裝說明 Y344

PACKING INSTRUCTION Y641

STATE VARIATION: USG-04
OPERATOR VARIATIONS: 5X-02, AA-01, AM-06, AS-02, BW-01, CX-02, DE-01, FX-02, GA-03, GF-04, HA-01, HG-02, HQ-01, JU-06, KA-02, KC-11, KE-07, KQ-06, LA-06, LD-02, LH-01, LX-02, LY-04, MH-14, MT-01, OM-08, OS-01, OU-04, PX-10, SW-02, TN-04, UA-02, UX-02, VO-03, VT-01, WY-04, X5-02, XG-01, XK-03, XQ-01

This instruction applies to Limited Quantities of Division 6.1 liquids in Packing Group II.

The General Packing Requirements of Subsections 2.7.5, 5.0.2 to 5.0.4 (with the exception of 5.0.2.3, 5.0.2.5, 5.0.2.11 and 5.0.2.14.2) must be met except that the packagings do not have to meet the marking and testing requirements of 6.0.4 and Subsection 6.3. Packagings must meet the construction criteria specified in Subsections 6.1 and 6.2 and the test criteria specified in Subsection 6.6.

Compatibility Requirements
- substances must be compatible with their packagings as required by 5.0.2.6;
- metal packagings must be corrosion resistant or with protection against corrosion for substances with a Class 8 subsidiary risk.

Closure Requirements
- closures must meet the requirements of 5.0.2.7.

Limited Quantity Requirements
The requirements of Subsection 2.7 must be met including:
- the capability of the package to pass a drop test of 1.2 m;
- a 24 hour stacking test;
- inner packagings for liquids must be capable of passing a pressure differential test (5.0.2.9);
- the gross weight of the completed package must not exceed 30 kg.

Single packagings are not permitted.

COMBINATION PACKAGINGS		
Inner Packaging (see 6.1)	Net quantity per inner packaging	Total net quantity per package
Glass	0.1 L	
Metal	0.1 L	1.0 L
Plastic	0.1 L	

OUTER PACKAGINGS													
Type		Drums				Jerricans			Boxes				
Desc	Steel	Aluminium	Plywood	Fibre	Plastic	Other metal	Steel	Aluminium	Plastic	Steel	Aluminium	Wood	Plywood	Reconstituted wood	Fibreboard	Plastic	Other metal

圖 5-26　包裝說明 Y641

由包裝說明 Y344 和 Y641 可知：

①Y344 和 Y641 均允許使用金屬（Metal）罐作為內包裝。

②內包裝符合 DGR6.1 條件。且對於 UN2528，Y344 指出內包裝的最大允許淨數量為 5L，實際只含 0.5L，未超限制；對於 UN1181，Y641 指出內包裝的最大允許淨數量為 0.1L，實際含 0.1L，未超限制。

③Y344 和 Y641 均允許使用纖維板箱（Fibreboard box）作為外包裝。

第四步：計算 Q 值。

包裝 A：總淨數量 $n_A = 0.5L$，最大允許淨數量 $M_A = 10L$

包裝 B：總淨數量 $n_B = 0.1 \times 3 = 0.3L$，最大允許淨數量 $M_B = 1L$

$$Q = \frac{n_A}{M_A} + \frac{n_B}{M_B} = \frac{0.5}{10} + \frac{0.1 \times 3}{1} = 0.35 < 1$$

第五步：確保外包裝符合相關製造和試驗標準。

根據「危險物品申報單」貨主已簽字。

第六步：包裝件毛重不超過 30kg，本例中的實際毛重為 15kg，沒有超過限制。

結論：該危險物品可以接受。

5.6 危險品包裝的標記與標籤

5.6.1 目的和作用

DGR 規定，託運人必須根據國際航協的規定保證所託運的危險物品包裝或含有危險物品的 Overpack 已經被正確地做好標記和標籤。

對危險品包裝件進行正確的標籤和標記是安全運輸過程中的重要環節。標記和標籤往往相輔相成，用各種簡明易懂的圖形、文字說明、字母標記以及阿拉伯數字在貨物外包裝上製作的特定記號和注意事項說明。它們主要有如下目的：標明包裝件中的物品內容；指明包裝件已滿足相關標準；提供安全的操作、存儲、裝載及事故回應資訊；標明危險品的來源與去向等。

5.6.2 危險品包裝的標記

危險品在進行航空運輸時必須在每一危險品的包裝件上，或每一含有危險品的 Overpack 上，正確標註所需的標記（Marks）。

為危險品的包裝件註明符合要求的標記是託運人的職責。具體來講，包括以下幾條：

（1）檢查所有有關的標記是否標註在包裝件或 Overpack 的正確位置上，並符合 DGR 的質量和規格要求；

（2）去除包裝件或 Overpack 上所有無關標記；

（3）必須確保用來盛裝危險品的每一外包裝或單層包裝上，均已按 DGR 的規格要求，標出 DGR 所規定的規格標記；

（4）任何相應的新標記都應標在正確的位置上，該標記要經久耐用並有正確的說明；

（5）託運人必須確保危險品的包裝件或 Overpack 在交給航空公司託運時，標記職責已徹底履行。

5.6.2.1 標記的類型

標記分為以下兩類，並滿足下列要求：

（1）質量與規格標記（Quality and specification marks）

這種標記只用以識別包裝所用容器的設計和規格，與容器最終被使用來盛裝何種危險品、收貨人、發貨人無關，一般由容器的製造商提供並顯示在容器外表面，需要滿足 GDP 的相關要求，例如 UN 規格包裝標記，由託運人承擔其最終責任。有限數量包裝的包裝件不要求具備規格標記。

（2）包裝使用標記（Packaging use marks）

用來識別特定貨物的特殊包裝的使用，包括包裝的內裝物（運輸專用名稱、UN/ID 編號）、發貨人、收貨人等內容。此類標記的提供完全是託運人的責任。

包裝的規格標記主要由 UN 規格包裝標記組成，具體內容見 DGR 的相關要求，所以本節主要介紹的是包裝使用標記。在後面的內容中，如無特殊說明，「包裝標記」用語均指

包裝的使用標記。

5.6.2.2　標記的要求

標註在包裝件和 Overpack 上的所有標記不得被包裝的任何部分及附屬物，或任何其他標籤和標記所遮蓋。所需標記不得與其他可能影響這些標記效果的包裝標記拴在一起。

對於危險品運輸包裝件的標記質量，要求所有的標記必須：

（1）經久耐用，用印刷或其他方式打印或黏貼在包裝件或 Overpack 的外表面；

（2）清楚易見；

（3）能夠經受暴露在露天環境中，且其牢固性和清晰度不致大大降低；

（4）顯示在色彩反差大的（包裝）背景上。

除需要特殊對待的危險品廢料補救包裝件，本類標記一般由基本標記和附加標記組成。

5.6.2.3　基本標記

基本標記作為最基本的要求，也是強制性要求，每個含有危險品的包裝件或 Overpack 都需要清晰的標示出以下內容：

（1）運輸專用名稱（proper shipping name）

需要時補充以適當的技術名稱。此外，對於第 1 類爆炸品，如適用還必須標出其附加說明，如商品名及軍事名稱。例如：

CORROSIVE LIQUID, ACIDIC ORGANIC, N. O. S.（CAPRIYY CHLORIDE）UN3265

腐蝕性液體，酸性的，有機的，N. O. S.（辛酰氯）UN3265

註：危險品品名表 B 欄中的補充性說明文字不屬於運輸專用名稱的組成部分，可以不標註，但若標註也可用作運輸專用名稱的補充。

（2）UN/ID 代號（UN/ID number）

包括前綴字母 UN 或 ID 的 4 位數字代碼。

（3）託運人及收貨人名稱及地址 （full name and address of shipper and consignee）

詳細的託運人及收貨人名稱地址的全稱，而且在包裝件尺寸允許的情況下，需要顯示在運輸專用名稱及 UN/ID 代號所在的同一側面的鄰近位置。

舉例說明基本標記，詳見圖 5-27 所示。

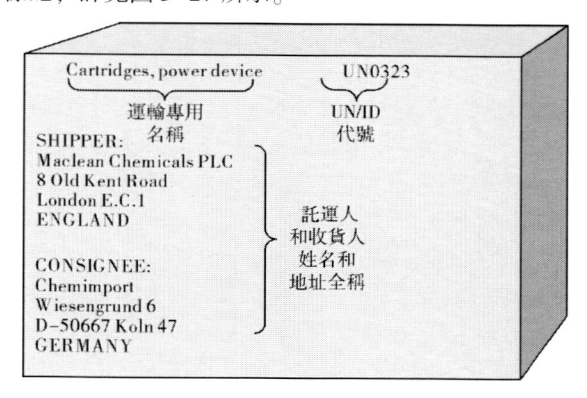

圖 5-27　危險品包裝基本標記示例

5.6.2.4 附加標記

（1）除以下三種情況以外，每一包裝件內的危險品淨數量都需要標註在包裝件表面：

①所託運貨物只含有一個包裝件時；

②所託運貨物含有數個完全相同的包裝件（即每個包裝件內所含危險品的運輸專用名稱、UN/ID 代號、包裝等級和數量等完全相同）時；

③盛裝 ID8000 或第 7 類放射性物質的包裝件。

需要注意的是，當包裝件中危險品對應的品名表的 H、J、L 欄中標明的數量限制為毛重（有大寫字母 G）時，則包裝件上也應註明毛重。

包裝件上無論標明淨數量或毛重，都必須標在與運輸專用名稱及 UN/ID 代號相鄰的地方。

（2）固體二氧化碳（乾冰）UN1845 包裝件。每一包裝件必須註明固體二氧化碳（乾的冰）淨重。

（3）第 6.2 項感染性物質包裝件。必須在包裝件表面標註有關負責人的姓名和電話號碼，該負責人應具備處理該感染性物質的突發事件的能力。

（4）第 2 類中的深冷液化氣體包裝件。根據《危險品規則》包裝說明 202 號，主要要求有：

①每一包裝件上必須在兩個相對的豎直側面使用印刷的箭頭，或「Package Orientation（包裝件方向）」標籤以顯著標明豎直方向；

②包裝件的每個側面或者桶形包裝件必須每隔 120° 標註「KEEP UPRIGHT（保持豎直方向）」的字樣；

③包裝件上還必須清楚地標上「DO NOT DROP-HANDLE WITH CARE（切勿扔摔、小心輕放）」的字樣；

④包裝件上還必須標註延誤、到達站未及時提取或出現緊急情況時遵循的處理說明。

圖 5-28　UN3373 標記

（5）內裝 UN3373 包裝件。必須標註「BIOLOGICAL SUBSTANCE, CATEGORY B（生物物質，B 類）」和在該危險品包裝說明 650 號中要求的菱形標記，如圖 5-28 所示。

注意，此類 B 級生物製品的包裝件不需在外包裝上標註淨數量。但是，如果使用乾冰作為製冷劑時，需標註乾冰的淨數量。

（6）呼吸保護裝置包裝件。當根據特殊規定 A144 運輸帶有化學氧氣發生器的呼吸保護裝置（PBE）時，必須在包裝件上的運輸專用名稱旁標註下列文字：「Air crew Protective Breathing Equipment (smoke hood) in accordance with Special Provision A144」（飛行機組呼吸保護裝置（防煙罩）符合 A144 特殊規定。）

（7）環境危險品物質包裝件。這類包裝件主要針對 UN3077 或 UN3082，必須標有如圖 5-29 所示帶有死魚和枯樹圖案的環境危害標記。該標記必須標記在危險品的運輸專用名稱旁邊，除非包裝件有更小尺寸，該標記的尺寸不得小於 100mm×100mm。

但若單一包裝或組合包裝件的內包裝所盛裝危險品滿足以下情況時，則可不黏貼：

①淨數量少於 5L 的液體物質；
②淨數量少於 5kg 的固體物質。

（8）危險品有限數量包裝件。這種包裝件必須註明如圖 5-30 所示的有限數量包裝標記。此標記的最小尺寸為 100mm×100mm，如果是無法容納此尺寸的小型包裝件，則該標記的尺寸最小不得少於 50mm×50mm。

圖 5-29　危害環境物質標記　　　　圖 5-30　有限數量包裝標記

（9）鋰電池。如果鋰電池芯或鋰電池是按照包裝說明 965～970 第 II 部分準備的，或按照包裝說明 965 和 968 第 IB 部分準備的，則包裝件必須按照如圖 5-31 所示的圖形和尺寸進行標記。其中，UN 代號的高度不得小於 12mm。如果包裝件尺寸較小，可採用 105mm×74mm 的縮小尺寸版本。

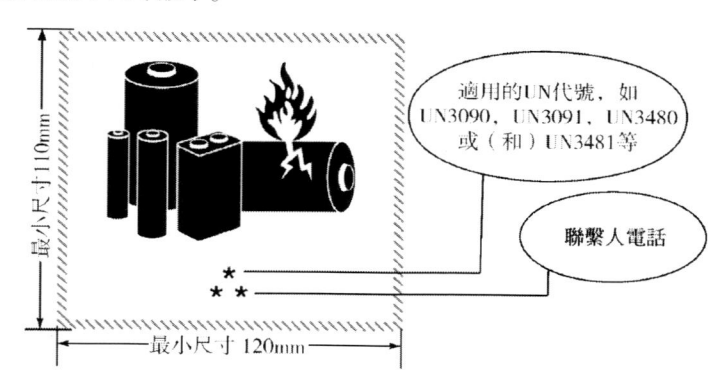

圖 5-31　鋰電池標記

這個標記是 2017 年 DGR 新增加的，原有的鋰電池操作標籤則取消。但考慮到實際操作中的新舊過渡問題，原來的操作標籤可以持續使用至 2018 年 12 月 31 日。

另外，對於補救包裝，託運人在交運前需保證：
①包裝已標示內裝危險品的運輸專用名稱和 UN 編號；
②包裝件外已註明「SALVAGE（補救）」字樣。

包裝件或 Overpack 中 UN/ID 編號和字母「UN/ID」的高度至少應為 12mm。在特殊情況下，對於容量不超過 30L 或 30kg 的包裝件或 Overpack，標記的高度至少為 6mm；對於容量不超過 5L 或 5kg 的包裝件或 Overpack，標記高度也必須有適當的尺寸。

【例 5-30】 兩個分別裝有不同危險品 Cartridges, power device 和 Articles, pyrotechnic 的 UN 規格包裝件。

除各自的基本標記外，在每個包裝件表面還標出了內裝危險物品的淨數量，分別為 20kg 和 15kg，如圖 5-32 所示。

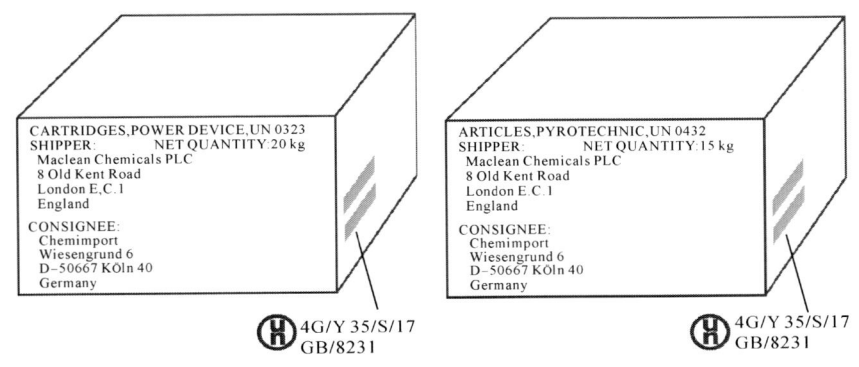

図 5-32 標出淨數量的不同包裝件

【例 5-31】 一個感染性物質包裝件的標記與標籤。

責任人的姓名是 Mark Owen，24 小時聯繫電話號碼是 +44-020-8463-7389。在包裝件上除標出基本標記外，還標出責任人的相關資訊，如圖 5-33 所示。

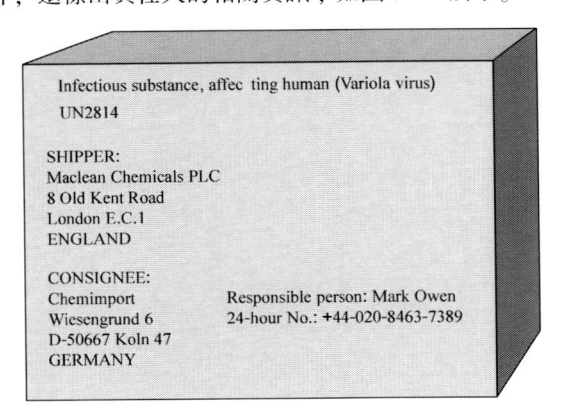

図 5-33 感染性物質包裝件標出責任人姓名和電話

5.6.3 危險品包裝的標籤

危險品在進行航空運輸時必須在每一危險品的包裝件上，或每一含有危險品的 Overpack 上，正確黏貼所需的標籤。

5.6.3.1 責任

為危險品的包裝件及 Overpack 黏貼符合要求的標籤也是託運人的職責。具體來講，包括以下幾條：

（1）去除包裝件或 Overpack 上所有無關的標籤；
（2）只能使用經久耐用及正確規格的標籤；
（3）印記在標籤上的任何補充內容必須具有耐久性；
（4）標籤應牢固黏貼在正確的位置上；
（5）確保包裝件或 Overpack 在向經營人交運時，標籤黏貼的責任已徹底履行。

5.6.3.2 標籤的質量與規格

（1）耐久性

标籤的材料、印刷及黏貼劑必須充分耐久，以便在經過包括日曬雨淋在內的正常運輸條件操作後，其牢固性和清晰度不會明顯降低。

（2）標籤的兩種類型

①危險性標籤（45°角菱形）。所有類別和項別的大多數危險品都需貼這種標籤；危險性標籤（正方形傾斜 45 度角）分為上下兩部分，標籤的上半部用於標示圖形符號，下半部用於標示適用的類、項及配裝組，如第 1 類爆炸品要註明配裝組字母，還可以有文字說明危險性質，文字應使用英文，除非始發國要求使用其他文字，在這種情況下應該標有英文及其始發國文字的準確譯文。但除了第 7 類放射性物質，這些文字的顯示不是必須的，除非由於國家或經營人差異而要求必須使用文字。

②操作標籤（矩形）。某些危險品需貼此種標籤，有些可以單獨使用（例如磁性物質、放射性物質例外包裝件、例外數量的危險品、電池驅動的輪椅和移動輔助工具標籤），有些又要同危險性標籤同時使用（例如僅限貨機、深冷液化氣體、遠離熱源標籤）。

（3）標籤的規格

危險品包裝件和 Overpack 上所用的各種標籤（危險性標籤和操作標籤），在形狀、顏色、格式、符號和文字說明上，都必須符合 DGR 的規定。除了已規定外，規格方面不允許有任何差異。除另有規定外，DGR 中所示操作標籤的大小為其最小尺寸，尺寸不小於非易燃無毒氣體、感染性物質、雜項危險品危險性標籤以及僅限貨機、低溫液體、包裝件方向操作標籤說明中所示尺寸二分之一的危險性標籤和操作標籤可用在尺寸較小、只能黏貼小標籤的感染性物質的包裝件上。

對於危險性標籤，必須符合以下規格要求：

①危險性標籤的最小尺寸應為 100 毫米×100 毫米，以 45 度角放置（菱形）；都有一條與符號相同顏色的直線在邊內 5 毫米處與邊緣平行。標籤被等分為兩半，除第 1.4 項、1.5 項及 1.6 項的標籤外，標籤的上半部為圖形符號的位置，下半部為文字和類、項別號碼，適當時還要加上配裝組字母。

②所有標籤的符號、文字和號碼都必須用黑色顯示，下列情況除外：

·第 8 類危險品標籤上的文字和類別號碼必須用白色；

·以綠色、紅色或藍色為底色的危險性標籤上可用白色；

·5.2 項的標籤，符號可以為白色。

③1.4、1.5 和 1.6 項的標籤，必須在上半部分標註項的號碼，在下半部分標註配裝組字母。

④用於第 2 類的氣瓶，由於其形狀、方向性、運輸中的固定裝置，可以在氣瓶的肩部黏貼按照 ISO7225：1994 規定按比例縮小尺寸的標籤。根據 ISO7225：1994,「Gas cylinders –Precautionary Lables」（氣瓶-警示標籤）黏貼的標籤可以在邊際處交疊，但是在任何情況下，標明主要危險性的標籤以及任何標籤上的數字、符號都必須保持清晰可見且能夠識別。

（4）危險性標籤上的文字

除另有適用的規定外，說明危險性質的文字可與類、項及配裝組號碼一起填入標籤的下半部。除非始發國另有要求，文字應使用英文，如始發國有此項要求，兩種文字應同樣明顯地填寫。上述有關文字規定也同樣適用於操作標籤。

標籤上可印有商標，包括製造商名稱，但必須印在邊緣實線之外，並不大於 10 號字體。

5.6.3.3 危險性標籤

危險品包裝件及 Overpack 所使用的危險性標籤都在 DGR 危險品表中用縮寫列出。表中列出的每一物品和物質要求確定使用一種主要危險性標籤，具有次要危險性的每一物品應使用一種或兩種以上次要危險性標籤。

（1）說明危險品主要危險性和次要危險性的標籤上必須標有類和項的號碼。

（2）第 1 類爆炸品必須注意以下幾點：

①要求貼 1.1、1.2、1.3、1.4、1.5 和 1.6 項爆炸品標籤的包裝件（少數例外），通常是禁止空運的；

②類、項及配裝組號碼或字母必須標註在標籤上。

（3）第 2 類物質（氣體）有三種不同標籤：

①紅色標籤用於 2.1 項易燃氣體（見表 5-62）；

②綠色標籤用於 2.2 項非易燃無毒氣體（見表 5-62）；

③白色標籤用於 2.3 項毒性氣體（見表 5-62）。

註：氣溶膠標籤見 DGR 危險品表中 UN1950, Aerosol⋯的有關條目和 D 欄的相應條目。

（4）第 4.2 項物質如果也是易燃固體，無需黏貼用於 4.1 項的次要危險性標籤。

（5）第 5 類物質（氧化物和有機過氧化物）有兩種不同標籤：

①黃色標籤用於 5.1 項——氧化性物質（見表 5-62），項別號碼「5.1」必須填入標籤底角；

②紅色和黃色標籤用於 5.2 項——有機過氧化物（見表 5-62），項別號碼「5.2」必須填入標籤底角。

註：符合第 8 類物質包裝等級 I 級或 II 級的有機過氧化物，必須帶有腐蝕性的次要危險性標籤。

另外，許多液態有機過氧化物的成分是易燃的，但無需黏貼易燃液體的危險性標籤，因為有機過氧化物標籤本身就意味著該產品可能是易燃的。

（6）第 6 類：對於 6.2 項感染性物質，包裝件除了主要危險性標籤外，必須黏貼根據

內裝物性質所需要的其他標籤。如果含有少於或等於 30 毫升的裝於感染性物質主容器中的第 3、8 和 9 類危險品，在符合 2.6.1 和 2.6.5 的要求後，這一規定不是必需的。

（7）第 8 類物質如果其毒性只產生於對組織的破壞作用，則無需黏貼用於 6.1 項的次要危險性標籤。

（8）第 9 類物質的包裝件必須黏貼 DGR 危險品表所規定的第 9 類「Miscellaneous（雜項危險品）」標籤。當裝件內盛裝磁性物質時，必須黏貼「MAGNETI ZED MATERIAL（磁性物質）」標籤用來代替雜項危險品標籤。

中型散裝容器必須滿足其他包裝的要求，除此之外，容積超過 450L 的中型散裝容器還必須在兩個相對的側面貼上第 9 類危險性標籤。

（9）補救包裝。託運人在交付任何補救包裝進行航空運輸之前，其必須確保：

①包裝內所含危險品的所有相應標籤均在該包裝上貼出；

②僅限貨機運輸的含有危險品的包裝件，要求黏貼「Cargo Aircraft Only（僅限貨機）」標籤。

（10）空包裝。

①除第 7 類外，任何裝過危險品的包裝，在沒有經過氣體清潔、蒸氣淨化或重新裝入非危險品以消除其有害性前，都必須按要求對那些危險品進行識別、標記、黏貼標籤和標牌；

②裝過感染性物質的空包裝在返還託運人或運送至其他地點前，都必須要進行完全的消毒或滅菌，並且去除原有的任何表示曾裝過感染性物質的標記和標籤。

（11）當兩種或兩種以上的危險品被包裝在同一外包裝中時，應在包裝件上按要求黏貼每一種物質的標籤。包裝件中的每類別或每項別危險品只需黏貼一個危險性標籤。

表 5-62　　　　　　　　　　危險性標籤規格說明與圖例

危險性標籤名稱與說明	標籤示意圖
第 1 類——爆炸品（1.1、1.2、1.3 項） ** 填入項別配裝組號碼位置，如「1.1C」。 名稱：爆炸品（Explosive） 貨運 IMP* 代碼：適用的 REX、RCX、RGX 最小尺寸：100mm×100mm 圖形符號（爆炸的炸彈）：黑色 底色：橘黃色 註：貼有註明 1.1 或 1.2 的標籤的包裝件通常禁止空運。	
第 1 類——爆炸品（1.4 項）包括配裝組 S *** 填入配裝組號碼的位置。 印有標籤上的數字「1.4」，高度至少為 30mm，寬度為 5mm。 名稱：爆炸品（Explosive） 貨運 IMP 代碼：適用的 RXB、RXC、RXD、RXE、RXG、RXS 最小尺寸：100mm×100mm 數字：黑色 底色：橘黃色	

表5-62(續)

危險性標籤名稱與說明	標籤示意圖
第1類——爆炸品（1.5項） *** 填入配裝組號碼的位置。 印有標籤上的數字「1.5」，高度至少為30mm，寬度約5mm。 名稱：爆炸品（Explosive） 貨運 IMP 代碼：REX 最小尺寸：100mm×100mm 數字：黑色 底色：橘黃色 註：貼有此種標籤的包裝件通常禁止空運。	1.5
第1類——爆炸品（1.6項） *** 填入配裝組號碼的位置。 印有標籤上的數字「1.6」，高度至少為30mm，寬度約5mm。 名稱：爆炸品（Explosive） 貨運 IMP 代碼：REX 最小尺寸：100mm×100mm 數字：黑色 底色：橘黃色 註：貼有此種標籤的包裝件通常禁止空運。	1.6
第2類——氣體：易燃（2.1項） 名稱：易燃氣體（Flammable Gas） 貨運 IMP 代碼：RFG 最小尺寸：100mm×100mm 圖形符號（火焰）：黑色或白色 底色：紅色 註：此標籤也可印為紅色底面，圖形符號（火焰）、文字、數碼及邊線均為黑色。	
第2類——氣體：非易燃，無毒（2.2項） 名稱：非易燃，無毒氣體（Non-flammable, non-toxic gas） 貨運 IMP 代碼：RNG 或適用低溫液體包裝說明 202 號的冷凍液體 RCL 最小尺寸：100mm×100mm 圖形符號（氣瓶）：黑色或白色 底色：綠色 註：此標籤也可印為綠色底面，圖形符號（氣瓶）、文字、數碼及邊線均為黑色。	
第2類——氣體：有毒（2.3項） 名稱：毒性氣體（Toxic Gas） 貨運 IMP 代碼：RPG 最小尺寸：100mm×100mm 圖形符號（骷髏和交叉股骨）：黑色 底色：白色	

表5-62(續)

危險性標籤名稱與說明	標籤示意圖
第3類——易燃液體 名稱：易燃液體（Flammable Liquids） 貨運IMP代碼：RFL 最小尺寸：100mm×100mm 圖形符號（火焰）：黑色或白色 底色：紅色 註：此標籤也可印為紅色底面，圖形符號（火焰）、文字、數碼及邊線均為黑色。	
第4類——易燃固體（4.1項） 名稱：易燃固體（Flammable Solid） 貨運IMP代碼：RFS 最小尺寸：100mm×100mm 圖形符號（火焰）：黑色 底色：白色，帶有七條紅色豎條	
第4類——自燃物質（4.2項） 名稱：自燃物質（Spontaneously combustible） 貨運IMP代碼：RSC 最小尺寸：100mm×100mm 圖形符號（火焰）：黑色 底色：上半部白色，下半部紅色	
第4類——遇水釋放易燃氣體的物質（4.3項） 名稱：遇濕危險的物質（Dangerous when wet） 貨運IMP代碼：RFW 最小尺寸：100mm×100mm 數字：黑色或白色 底色：藍色 註：此標籤也可印為藍色底面，圖形符號（火焰）、文字、數碼及邊線均為黑色。	
第5類——氧化性物質（5.1項） 名稱：氧化性物質（Oxidizer） 貨運IMP代碼：ROX 最小尺寸：100mm×100mm 圖形符號（圓圈上帶火焰）：黑色 底色：黃色 註：此標籤也可印為紅色底面，圖形符號（火焰）、文字、數碼及邊線均為黑色。	
第5類——有機過氧化物（5.2項） 名稱：有機過氧化物（Organic Peroxide） 貨運IMP代碼：ROP 最小尺寸：100mm×100mm 圖形符號（火焰）：白色或黑色 底色：上半部紅色，下半部黃色	

表5-62(續)

危險性標籤名稱與說明	標籤示意圖
第6類——毒性物質（6.1項） 名稱：毒性物質（Toxic） 貨運IMP代碼：RPB 最小尺寸：100mm×100mm 圖形符號（骷髏和交叉股骨）：黑色 底色：白色	
第6類——感染性物質（6.2項） 標籤下部應有如下說明： 感染性物質（INFECTIOUS SUBSTANCE） 如有破損或滲漏（In Case of Damage or Leakage） 立即通知（Immediately Notify） 公共衛生部門（Public Health Authority） 名稱：感染性物質（Infectious Substance） 貨運IMP代碼：RIS 最小尺寸：100mm×100mm 小型包裝件的尺寸可為：50×50mm 圖形符號（三枚新月疊加在一個圓圈上）和說明文字：黑色 底色：白色	
第8類——腐蝕性物品 名稱：腐蝕性物品（Corrosive） 貨運IMP代碼：RCM 最小尺寸：100mm×100mm 圖形符號（液體從兩只玻璃容器中灑出並對一只手和一塊金屬造成腐蝕）：黑色 底色：上半部白色，下半部黑色，帶有白色邊線	
9類——雜項危險品 名稱：雜項危險品（Miscellaneous） 貨運IMP代碼：適用的RMD、ICE以及RSB（聚合物顆粒和適用於包裝說明957號的塑膠造型化合物） 最小尺寸：100mm×100mm 圖形符號（上半部有七條豎道）：黑色 底色：白色 註：2018年12月31日前可以用於鋰電池包裝件。	
9類——雜項危險品中的鋰電池 名稱：鋰電池（Lithium Batteries） 貨運IMP代碼：RLI、RLM 最小尺寸：100mm×100mm 圖形符號（上半部有七條豎道；下半部為一組電池，其中1個電池破損並釋放火焰）：黑色 底色：白色	

註：貨運IMP代碼，全稱為IATA Cargo Interchange Message Procedures code，即國際航空運輸協會貨物聯運文電代碼。這是IATA出於方便，為常見的貨物、操作、文件等名詞所設的三字英文代碼，在航空公司行業內廣泛使用。例如：CAO為僅限貨機運輸，DGD為託運人危險品申報單，MAG為磁性物質等。

5.6.3.4 操作標籤

操作標籤（Handling label）既可以單獨使用，也可以與危險性標籤一起使用。具體說明如下：

(1) 磁性物質

裝有磁性物質的包裝件及 Overpack 必須黏貼「Magnetized material（磁性物質）」標籤。

(2) 只限貨機運輸

只限貨機運輸的危險品包裝件必須黏貼「Cargo Aircraft Only（僅限貨機）」標籤。

黏貼時，「Cargo Aircraft Only（僅限貨機）」標籤與危險性標籤處於包裝件同一側面，且必須靠近危險性標籤。

但當包裝說明及包裝件的限量指明客、貨機均可載運時，不得使用「僅限貨機」的標籤。即使是因一票貨中由於其他包裝件而需在託運人申報單中標明「僅限貨機」時，「僅限貨機」標籤也不能用於根據客機限制（品名表的 G 和 H 和/ 或 I 和 J 欄）包裝的包裝件上。

註：有時國家差異可以要求僅用貨機運輸一些通常允許用客機託運的貨物，並黏貼「Cargo Aircraft Only（僅限貨機）」的標籤。

(3) 深冷液化氣體

含有深冷液化氣體的包裝件和 Overpack 上除黏貼非易燃無毒氣體（2.2項）危險性標籤外，還必須同時使用「Cryogenic Liquid（低溫液體）」操作標籤（見表 5-63、圖 5-34）。

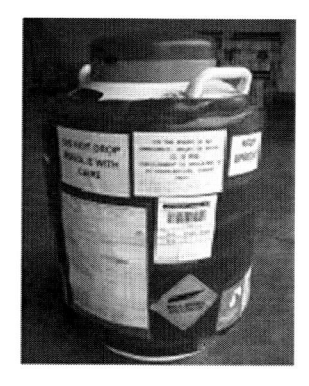

圖 5-34 「冷凍液體」操作標籤必須與非易燃無毒氣體危險性標籤同時使用

(4) 包裝件方向

盛裝液體的組合包裝件及 Overpack 必須使用「Package Orientation（包裝件方向）」（向上）標籤（見表 5-63），或者使用符合國際標準化組織（780：1997）標準的事先印刷的包裝件方向標籤。

外包裝上不需要方向性箭頭的情況有：

①裝有內包裝的危險品，內包裝和外包裝之間應放置吸附材料，確保所裝的液體能夠

被完全吸收，每個內包裝所裝的危險品不超過 120mL；

②裝有氣密內包裝的危險品，如管、袋及打破或刺穿打開的小瓶，每個內包裝不得超過 500mL；

③裝有感染性物質的主容器，內裝物不得超過 50mL；

④裝有放射性物品的包裝件。

標籤的橫線下可以填入「Dangerous Goods（危險品）」的字樣。標籤至少黏貼或印刷在包裝件相對的兩個側面以表明正確的包裝件方向，以使其封閉處朝上。黏貼包裝件方向標籤時，也可在包裝件或 Overpack 頂面標明「THIS END UP（此端向上）」或「THIS SIDE UP（此面向上）」字樣。

如果需要黏貼此標籤時，表示包裝件方向的「This Way Up（向上）」標籤至少在包裝件上黏貼兩個，在兩個相對的側面上各貼一個，箭頭方向向上。

（5）遠離熱源

內裝 4.1 項自身反應物質和 5.2 項有機過氧化物（可參見 DGR 特殊規定）的包裝件和 Overpack，上除了適用的危險性標籤外，必須使用「Keep Away From Heat（遠離熱源）」操作標籤（見表 5-63）。

表 5-63　　　　　　　　　　操作標籤規格及示意圖

操作標籤名稱與規格說明	標籤示意圖
第 9 類中的磁性物品 名稱：磁性物品（Magnetized Material） 貨運 IMP 代碼：MAG 最小尺寸：110mm×90mm 底色：白色為底，圖形和文字為藍色	
僅限貨機 名稱：僅限貨機（Cargo Aircraft Only） 貨運 IMP 代碼：CAO 最小尺寸：120mm×110mm 對於感染性物質（6 類，6.2 項）小型包裝件的尺寸可減半 顏色：橘黃色為底，圖形和文字為黑色	
低溫液體 名稱：低溫液體（Crogenic Liquid） 貨運 IMP 代碼：RCL 最小尺寸：75mm×105mm 顏色：綠色為底，圖形和文字為白色 註：可選文字「Caution—may cause cold burn injuries if spilled or leaked（小心——如果溢出或洩漏可能導致凍傷。）」	

表5-63（續）

操作標籤名稱與規格說明	標籤示意圖
包裝件方向（再另見下方替代設計圖案） 名稱：包裝件方向（向上）/Package Orientation (This way up) 最小尺寸：74mm×105mm 顏色：紅色和黑色，配以對比鮮明的底色	
包裝件方向替代設計圖案 名稱：包裝件方向（向上）/Package Orientation (This way up) 最小尺寸：74mm×105mm 顏色：紅色和黑色，配以對比鮮明的底色	
遠離熱源 名稱：遠離熱源（Keep Away From Heat） 最小尺寸：75mm×105mm 顏色：白色或其他顏色為底，圖形和文字為紅色和黑色	
鋰電池 名稱：鋰電池（Lithium Batteries）標籤 *位置需根據危險品的類型填入適用的運輸專用名稱「Lithium Ion Batteries（鋰離子電池）」或「Lithium Metal Batteries（鋰金屬電池）」 貨運 IMP 代碼：適用的 RLI、RLM、ELI 或 ELM 最小尺寸：120mm×110mm 如果小型包裝件的尺寸僅足夠黏貼更小尺寸的標籤，則該標籤最小不得少於 74mm×105mm 顏色：標籤的邊線必須帶有紅色斜紋陰影。標籤可以用黑色文字顯示在白紙上。 註：由於 2017 年新增了鋰電池標記，本操作標籤將於 2018 年 12 月 31 日後廢止。	
放射性物質，例外包裝件 名稱：放射性物質－例外包裝件（Radioactive Material–Excepted Package） 貨運 IMP 代碼：RRE 顏色：標籤的邊線必須帶有紅色斜紋陰影。標籤可以用黑色和紅色打印在白紙或僅用紅色打印在白紙上。 最小尺寸：74mm×105mm 註：1. 可以選擇性地添加標籤中最下方的文字「The information for this package need not appear on the Notification to Captain（此包裝件的信息可以不顯示於機長通知單中）」； 2. 當危險品適用於特殊規定 A130 時，可不黏貼此標籤。	

（6）放射性物質，例外包裝件

「Radioactive Material，Excepted Package（放射性物質，例外包裝件）」操作標籤（見表 5-63）必須用在裝有放射性物質的例外包裝件上。

（7）鋰電池

2017 年以前，符合包裝說明 965 和 968 第 I B 部分及 965 至 970 第 II 部分的含有鋰電池的包裝件，必須使用與包裝說明相應的「（Lithium Battery 鋰電池）」操作標籤。標籤的最小尺寸是長 120mm×寬 110mm，當含有鋰電池的包裝件僅適用小標籤時一樣也可使用長 105 mm×寬 74mm 的標籤。當使用縮小版尺寸的標籤時，標籤上的圖形與文字等特徵必須與大尺寸標籤的比例近似。標籤上必須填寫「鋰金屬電池」或「鋰離子電池」的文字，如適用，填寫能提供其他信息的電話號碼。當包裝內同時含有這 2 種電池時，標籤上應顯示「鋰金屬電池和鋰離子電池」的字樣。鋰電池操作標籤上的資訊必須使用英文。此外，如需要，可印製正確翻譯的另一種文字做為英文的補充。

2017 年開始，DGR 規定這部分鋰電池包裝件不再使用此操作標籤，更換為使用新增的鋰電池標記。

最後，DGR 規定了禁止使用的標籤的情況：氣瓶或其他細長形包裝件，其尺寸不得小到使標籤自身疊蓋。另外，不是用來表示包裝件方向的箭頭不得標示在盛有液體危險品的包裝件上。

5.6.3.5 標籤的黏貼

（1）一般規定

①所有的標籤必須牢固地黏貼在或印製在包裝件上，並且必須全部可見，不準被包裝的任何部分或其他標籤所遮蓋，標籤所處的背景必須與標籤形成鮮明的顏色對比。

②每一標籤必須黏貼或印刷在顏色對比明顯的底面上，標籤的外邊緣應有虛線和實線。

③標籤黏貼時不得折疊，不得將同一標籤黏貼在包裝件的不同側面上。

④如果包裝件的形狀非正規，其表面無法黏貼標籤，可以使用硬質的栓掛標籤。

⑤包裝件必須有足夠位置黏貼所有規定的標籤。

（2）標籤位置

①如包裝件尺寸允許，標籤應黏貼在標記運輸專用名稱的同一側面，並靠近運輸專用名稱和託運人、收貨人地址的位置。

②危險性標籤只要求在包裝件一側黏貼。放射性物品的標籤必須貼在包裝件的兩個相對的側面上。

③如果需要黏貼標明主要危險性和次要危險性的標籤，次要危險性標籤應緊接著主要危險性標籤黏貼在包裝的同一側面。

④若同一包裝件中有不同條目的危險品需要黏貼多個危險性標籤，則這些標籤必須彼此相鄰。

⑤除包裝件的尺寸不足外，危險性標籤必須以 45°（菱形）的角度黏貼。

（3）Overpack[①]

對於 Overpack，其內部包裝件上使用的標籤必須清晰可見，也可重新製作標籤貼於

---

① Overpack 的名稱翻譯目前有較多爭議，例如「合成包裝件」「合成包裝」「集合包裝」等，但由於這不是一種特殊的包裝形式，只是對一個或多個包裝件採用的運輸組織方式，以上翻譯都易產生歧義。本書按照 DGR（中文版）的處理方式，保留英文術語原文。

Overpack 的外部。包裝件中的每類或每項危險品只需一個危險性標籤。

在頂部封蓋的單一包裝中含有液態危險品的 Overpack 上必須貼有「Package Orientation（包裝件方向）」標籤或 ISO 標準 780, 1985 預印的包裝件方向標籤，除非這些標籤已黏貼在包裝件上，而且可從 Overpack 的外面看見。這些標籤必須至少貼在或印在 Overpack 兩個相對的垂直側面，箭頭的指向需要指示 Overpack 頂部封蓋向上的方位，儘管這種單一包裝一也可能具肩側封蓋。

(4) 其他規則規定的標籤

除 DGR 規定的標籤外，另可使用其他國際、國家運輸條例規定的標籤，但其顏色、設計及樣式不得與 DGR 的規定相矛盾或混淆。

(5) 附加的操作和儲存標記印刷標籤

包裝件上可以使用附加標記或符號的印刷標籤，用以指明在搬運或儲存包裝件時需採取的預防措施，例如雨傘的圖形符號表明該包裝件需防潮。所使用的符號最好是國際標準化組織（ISO）推薦的。

【例 5-32】具有單一危險性的危險性標籤——某危險品的運輸專用名稱為 Ferrocerium（鐵鈰齊），用客機運輸，請確定包裝件上應黏貼的危險性標籤。

查危險品品名表，條目信息如表 5-64 所示，危險品包裝件上的危險性標籤如圖 5-35 所示。

表 5-64　　　　　　　　　　　　鐵鈰齊的品名表條目

UN/ID No.	Proper Shipping Name/Description	Class or Div. (sub Risk)	Hazard Labels	PG	EQ See 2.6	Ltd Qty Pkg Inst	Ltd Qty Max Net Qty/Pkg	Pkg Inst	Max Net Qty/Pkg	Pkg Inst	Max Net Qty/Pkg	S.P. See 4.4	ERG Code
A	B	C	D	E	F	G	H	I	J	K	L	M	N
1323	Ferrocerium	4.1	Flamm. Solid	II	E2	Y441	5kg	445	15kg	448	50kg	A42	3L

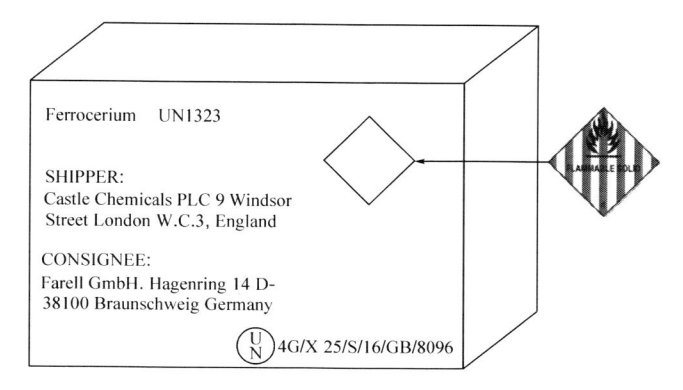

圖 5-35　鐵鈰齊包裝件的危險性標籤

【例5-33】具有多重危險性的危險性標籤和操作標籤——某危險品運輸專用名稱為 Benzyl chloride（氯化苄），包裝件的淨數量為 0.5L，試確定包裝件上應黏貼的危險性標籤和操作標籤。

查危險品品名表，條目信息如表 5-65 所示，危險品包裝件上危險性標籤和操作標籤如圖 5-36 所示。

表 5-65　　　　　　　　　　　氯化苄的品名表條目

UN/ID No.	Proper Shipping Name/Description	Class or Div. (sub Risk)	Hazard Labels	PG	EQ See 2.6	Ltd Qty Pkg Inst	Ltd Qty Max Net Qty/Pkg	Pkg Inst	Max Net Qty/Pkg	Pkg Inst	Max Net Qty/Pkg	S.P. See 4.4	ERG Code
A	B	C	D	E	F	G	H	I	J	K	L	M	N
1738	Benzyl chloride	6.1(8)	Toxic	II	E4	Forbidden		653	1L	660	30L		6C

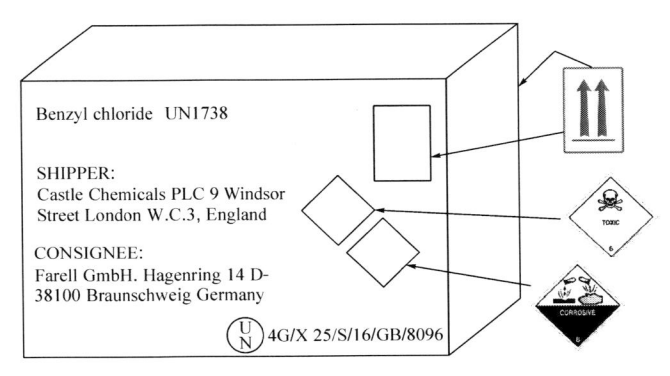

圖 5-36　多重危險性包裝件氯化苄的標籤

【例5-34】僅限貨機的包裝件的標籤——例中的 Ferrocerium（鐵鈰齊），當包裝件內淨數量為 20kg，請確定包裝件的操作標籤。

查危險品品名表得知，該包裝件已經超過客機的單個包裝限量，因此僅限貨機運輸，如表 5-66 所示，危險品包裝件上危險性標籤如圖 5-37 所示。

表 5-66　　　　　　　　　　　鐵鈰齊的品名表條目

UN/ID No.	Proper Shipping Name/Description	Class or Div. (sub Risk)	Hazard Labels	PG	EQ See 2.6	Ltd Qty Pkg Inst	Ltd Qty Max Net Qty/Pkg	Pkg Inst	Max Net Qty/Pkg	Pkg Inst	Max Net Qty/Pkg	S.P. See 4.4	ERG Code
A	B	C	D	E	F	G	H	I	J	K	L	M	N
1323	Ferrocerium	4.1	Flamm. Solid	II	E2	Y441	5kg	445	15kg	448	50kg	A42	3L

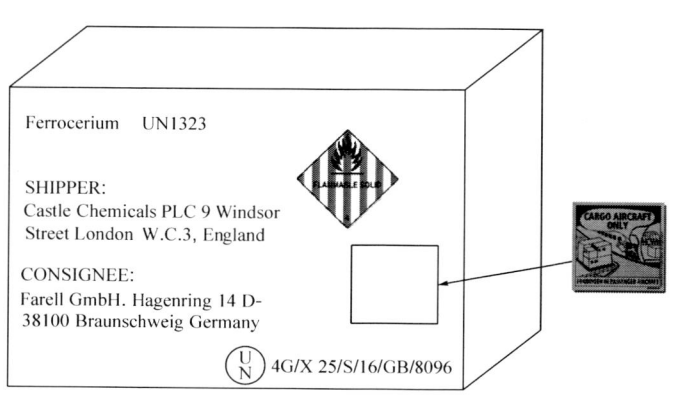

圖 5-37　僅限貨機包裝件鐵鈰齊的標籤

5.6.4 Overpack 的標記和標籤

Overpack 是指為了運輸和裝載的方便，同一託運人將若干個符號危險品物品包裝、標記及標籤要求的包裝件合成一個作業單元，用於運輸的包裝件。

組成 Overpack 的要求是：

（1）Overpack 內不得裝入性質相互抵觸（即相互可能產生危險反應）的不同物質的包裝件或根據隔離表需要相互隔離的危險品包裝件。

（2）Overpack 的每個包裝件都必須經過正確的包裝，作標記、標籤，且包裝件不得有任何破損或洩漏。

（3）Overpack 內不得包含貼有「僅限貨機」標籤的包裝件，但以下情況除外：

①僅包含一個包裝件。

②包含有兩個或若干個貼有「僅限貨機」標籤的包裝件，它們可以從外部清楚地看到並容易接近。

③包裝件內含有下列物質：

・第 3 類危險物品，Ⅲ級包裝，無次要危險性；

・第 6 類危險物品；

・第 7 類危險物品；

・第 9 類危險物品。

④Overpack 不能損害其內裝的每一個包裝件的所有功能。

所以，Overpack 是由一個個的包裝件組成的，這些包裝件可以是單一包裝件，也可以是組合包裝件。圖 5-38 給出了 Overpack 的組成步驟。

由此可見，組成 Overpack 是將已經符合收運要求的包裝件合併在一起，而由於合併方式的差異，Overpack 有兩種組成形式：

①「敞開式」Overpack。組成 Overpack 的每一個包裝件捆綁在一起，從外部可清楚地看到每一個包裝件的標記、標籤。如置於木托盤上的綁緊或裹緊的箱子。可參考以下實例：如圖 5-39 所示的僅捆綁在一起的幾個包裝件和如圖 5-40 所示的由貨盤托起的捆綁在一起的幾個包裝件。

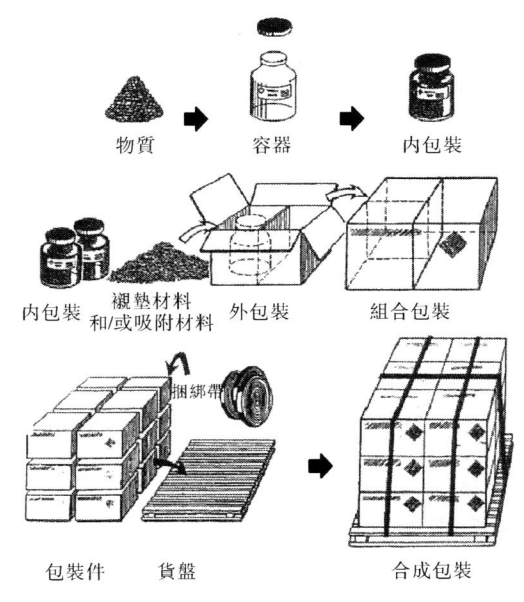

圖 5-38　Overpack 的組成過程

圖 5-39　捆綁形成的敞開式 Overpack 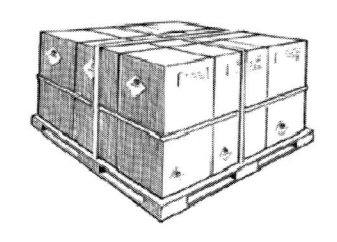　　　圖 5-40　由貨盤盛裝捆綁的敞開式 Overpack

②「封閉式」Overpack。將組成 Overpack 的每一包裝件放入同一個外包裝中，從 Overpack 的外部看不到每一個包裝件的具體情況。如置於纖維板箱內的一個或多個包裝件。可參考如圖 5-41 所示的一個堅實的外包裝纖維板箱或圓桶，木製箱或瑟琶箱，金屬琵琶箱或圓桶，以及如圖 5-42 所示的一個板條箱的 Overpack。

由此可見，Overpack 的標記和標籤的問題主要在於「封閉式」Overpack 如何正確地作出標記和標籤。簡單地說，如果 Overpack 內各包裝的標誌從外部看不見時，為了使內部各包裝件的信息從外部清楚識別，必須按以下要求註明標記和黏貼標籤：

①在 Overpack 的包裝外表面上標註「OVERPACK」字樣。

②Overpack 內各包裝件上使用的運輸專用名稱，UN/ID 編號、標記、標籤以及特殊運送說明等需在整個 Overpack 包裝外表面重新進行複製。

图 5-41　封闭式 Overpack　　　　　图 5-42　封闭式 Overpack（板条箱）

【例 5-35】一個由以下 3 個包裝件形成的是封閉式 Overpack，請確定該 Overpack 外的所有標記和標籤。已確定 三種物質之間不需隔離， 並假定該包裝件的託運人和收貨人資訊與本節圖 5-26 中相同。

包裝件 A：樟腦油（Camphor oil），UN1130，淨含量 30L；
包裝件 B：丁腈（Butyronitrile），UN2411，淨含量 1L；
包裝件 C：鎂（Magnesium），UN1869，淨含量 18kg；
查品名表，可知三種不同的物質在品名表中的資訊如表 5-67 所示：

表 5-67　　　　　　　　組成 Overpack 的各物質的「品名表」條目

UN/ID No.	Proper Shipping Name/Description	Class or Div. (sub Risk)	Hazard Labels	PG	Passenger and Cargo Aircraft EQ See 2.6	Ltd Qty Pkg Inst	Max Net Qty/Pkg	Pkg Inst	Max Net Qty/Pkg	Cargo Aircraft Only Pkg Inst	Max Net Qty/Pkg	S.P. See 4.4	ERG Code
A	B	C	D	E	F	G	H	I	J	K	L	M	N
2411	Butyronitrile	3(6.1)	Flamm. Liquid & Toxic	II	E2	Y341	1L	352	1L	364	60L		3P
1130	Camphor oil	3	Flamm. Liquid	III	E1	Y344	10L	355	60L	366	220L		3L
1869	Maganesium	4.1	Flamm. Solid	III	E1	Y443	10kg	446	25kg	449	100kg	A15	3L

由於封閉式的 Overpack 不允許含有僅限貨機運輸的包裝件，所以本例中都是客機運輸的情況。

（1）確定所有包裝件都要作出的標記為：每種物質的運輸專用名稱、UN/ID 代號和託運人及收貨人地址和姓名全稱、每種物質的淨數量。

（2）確定所有包裝件需做的標籤：
包裝件 A：易燃液體危險性標籤、向上標籤。
包裝件 B：易燃燃體和毒性物質的危險性標籤、向上標籤。
包裝件 C：易燃固體危險性標籤。

（3）在 Overpack 上複製所有的包裝件的標記和標籤，多個同樣的標記和標籤只需複製一次，最後，再標上「OVERPACK」的字樣。

Overpack 表面的標記和標籤如圖 5-43 所示：

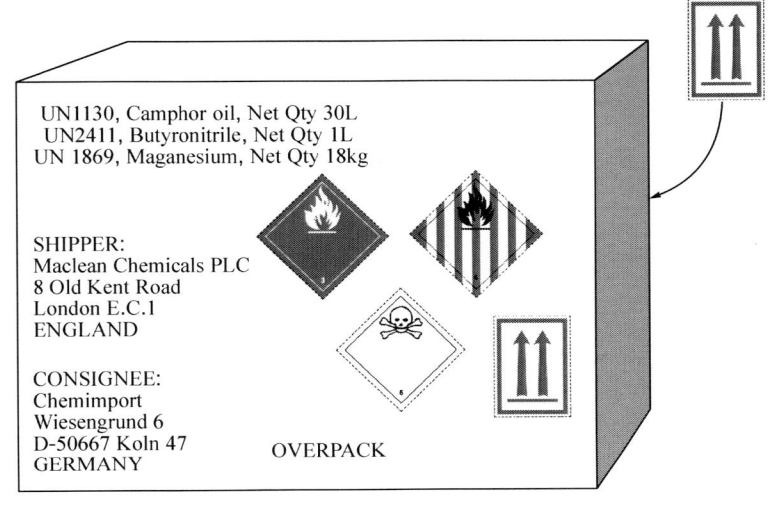

圖 5-43　例題 Overpack 的標記和標籤

5.7 危險品運輸文件

　　正確填製航空貨物運輸文件是貨物安全運輸的基本要求和必要保證。它的準確性和完整性是保證安全、及時、準確、高效地完成危險品運輸工作的基礎。

　　危險品運輸中涉及的主要文件包括以下四種：

　　（1）託運人危險物品申報單（Shipper's Declaration for Dangerous Goods，又簡稱申報單，DGD）；

　　（2）航空貨運單（Airway Bill，簡稱貨運單，AWB）；

　　（3）特種貨物機長通知單（Special Load Notification To Captain，簡稱機長通知單，NOTOC）；

　　（4）危險品收運檢查單（Dangerous Goods Acceptance Checklist）。

　　大多情況下，託運人需要填寫前 2 種文件的危險品才能交付運輸。以貨物形式進行航空運輸的物品都需要填寫航空貨運單。除 DGR 規定的幾種例外情況，交運危險品時還必須由託運人填寫「託運人危險品申報單」。這是託運人向經營人提供資訊的關鍵方式和手段，也是運輸中保存記錄的重要對象。此外，如有特殊情況的危險品，還可能需要相關政府主管部門的批准文件和（或）豁免證書等。

　　危險貨物被收運後，裝機時還必須由地面人員填寫「特種貨物機長通知單」使機長在遇到意外事件時能準確、及時處理。

　　收運檢查單是經營人在收運危險品時，為了檢查託運人危險品申報單、貨運單及危險品包裝件是否完全符合要求所使用一種輔助的檢查工具。收運檢查單通過標準的確認程

序，能提高檢查的準確性，所以也成為DGR規定使用的一種危險品運輸文件。

最後，經營人應確認危險品航空運輸文件由託運人簽字，並且簽字人已按照規定的要求訓練合格。經營人應當在航空器起飛前盡早向機長提供DGR中規定的書面資訊。

5.7.1 託運人申報單

除已說明不需要危險物品申報單外，在託運每一危險物品時，託運人應按DGR中的定義和分類，填寫好「託運人危險物品申報單」。交運含有危險物品貨物時，託運人必須做到：

（1）只能用正確的方法、格式準確、清楚地填寫；
（2）確保所填寫在申報單裡資訊的準確性、易讀、易懂以及資訊保持的持久性；
（3）確保在向經營人交運貨物時，申報單已正確簽署；
（4）確保危險物品的交運，完全符合DGR的規定。

填寫所有的文字要求為所涉及運輸保障的各類人員均能讀懂，DGR規定需使用英文，但中國民航局規定國內運輸可以使用中文，國際運輸時，除了中文外，還應加用英文或直接使用英文。

除以下情況外，貨物涉及危險品時都需填寫託運人申報單。

（1）例外數量的危險品；
（·）UN3373，生物物質B類；
（·）UN2807，磁性物質；
（·）UN1845，固體二氧化碳（乾冰）作為非危險品的冷媒時；
（·）UN3245，轉基因生物、轉基因微生物；
（·）UN3164，液壓物品；
（·）UN3164，氣壓物品；
（8）滿足包裝說明965-970號第Ⅱ部分的鋰離子電池或鋰金屬電池；
（9）放射性物質的例外包裝件。

5.7.1.1 申報單的規格

DGR對託運人危險物品申報單的規格進行了詳細的規定，主要有：

（1）顏色——申報單的表格可用黑色和紅色印製在白紙上，或只用紅色印製在白紙上。表格左右兩邊垂直的斜紋影線必須印成紅色。

（2）尺寸——申報單印製必須使用國際標準化組織（ISO）的A3或A4型紙張。ISO標準尺寸中，A3為297×420mm（11.75×16.5in），A4為297×210mm（11.75×8.25in）。

5.7.1.2 申報單的使用及存檔

託運人託運危險物品時應正確、如實地填寫託運人危險物品申報單，並必須保證危險物品運輸的全部準備工作完全符合國家及經營人的有關規定。申報單的使用和存檔如下：

（1）根據DGR要求，所有項目需用英文填寫，為方便使用，可附中文。中國民航局規定，國內運輸的危險品可以使用中文填寫。

（2）託運人危險物品申報單一式兩份複寫。一份隨附貨運單和貨物運輸，一份由始發

站經營人留存。

（3）按照 IATA 的要求，託運人的申報單保存期限至少為 3 個月。但按照中國對危險品運輸文件的要求，申報單需要從飛行中止後保存至少 24 個月。

5.7.1.3 申報單填寫要求

託運人危險物品申報單填寫的主要要求有：

（1）字跡應清楚工整，用英文填寫，可以在英文後面附上另一種文字的準確譯文，如中文。

（2）申報單一式兩份。簽字後一份隨貨運單和貨物送至到達站，一份交接收的經營人留存，其中一份包括上面的簽字可為複印件。

（3）申報單的貨運單號碼欄、始發站機場欄和目的站機場欄可以由託運人填寫，也可以由收貨人員填寫，但是其他欄目必須由託運人填寫。除此之外，在任何情況下申報單都不得由拼裝人、貨運代理人或經營人來填製簽字。

（4）申報單可以打印，或使用打字機。在任何情況下，申報單都不得由經營人、運輸商或國際航協貨運代理人簽字並完成填寫工作。

（5）申報單必須由託運人簽字，簽字必須使用全稱，可以手寫或蓋章，但不準使用打字機。

（6）申報單上如有變更或塗改，託運人必須在塗改處簽字，且塗改處的簽字必須與文件最末的簽字一致；否則，經營人不得接收。如果一批物品的申報單在被經營人拒收後，再次交運時，託運人必須重新填製申報單。

（7）申報單中不得包括與本次運輸無關的資訊，但可以描寫與本次運送的危險物品共同包裝在一起的非危險物品。

（8）在集運貨物中，託運人除填寫一份總的申報單外，每一不同託運人交運的物品還必須單獨填製一份申報單。當到達目的地機場時，經營人須將每份申報單的複本交與貨物解拼人員（Deconsolidator）。若解拼的目的是為了下一步運輸時，則前一經營人必須交給後續經營人至少 2 份危險品申報單的複本。

註：集運（Consolidations）或集運貨物指的是由於航空運輸的物品種類多，單位包裝件的體積、質量小，為了便於儲運、保管、裝卸，有時可以根據託運人的要求將同一流向的不同託運人欲交運的物品合併在一個大包裝內，如一個貨物托盤上，或一個貨櫃內作為一個運輸單元進行運輸，又稱為混載運輸。當然，採用這種運輸方式所涉及的所有託運人之間必須有協議。

（9）對於需一架以上的飛機運輸的多批貨物，第一經營人必須從託運人處取得每架飛機運送的每批貨物的申報單複本。

5.7.1.4 申報單格式分類

託運人危險物品申報單有手工填製與機器填製兩種，可分別參看圖 5-44 和圖 5-45。這兩種申報單的功能完全一致，格式方面也只是在「NATURE AND QUANTITY OF DANGEROUS GOODS（危險品的種類和數量）」這一欄有所不同。手工填製申報單有虛線分欄，每一欄均對應一個需要填寫的項目，因而填寫更方便，不易出錯，也更清晰易讀；機

圖 5-44　手工填製的空白託運人危險品申報單樣本

圖 5-45　機器填製的空白託運人危險品申報單樣本

器填製申報單沒有分欄，只在該欄的空白處上方註明了所填寫項目的順序要求，雖然沒有手工填製申報單那樣清楚方便，但由於可連續書寫，不受欄目寬度的限制，比較自由。

本章涉及「NATURE AND QUANTITY OF DANGEROUS GOODS（危險品的種類和數量）」一欄的填寫僅針對手工填製的申報單。

5.7.1.5 通用欄目填寫

將申報單從「NATURE AND QUANTITY OF DANGEROUS GOODS(危險品種類和數量)」處上下一分為二，上半部分的欄目涉及的是與危險品本身性質無關的其他通用資息，如託運人收貨人、貨運單號碼、機型限制等，這些欄目暫稱為通用欄目。根據DGR第8章相應要求，通用欄目的填寫主要要求有：

（1）Shipper：填寫託運人的姓名和地址全稱。地址和姓名與貨運單上的託運人的姓名和地址可以不同。

（2）Consignee：填寫收貨人的姓名和地址全稱。地址和姓名與貨運單上的託運人的姓名和地址可以不同。如果託運人託運感染性物質，還應填寫發生事故時可與之聯繫並能夠進行處理的負責人的姓名和電話號碼。

（3）Air Waybill Number：填寫所收運的危險物品的貨運單號碼。

（4）Page of Pages：填寫當前頁碼和總頁碼，如無續頁時均寫為「1」，即「page 1 of 1 pages，（第1頁，共1頁）」。

（5）Transport Details：本欄由三部分組成，其中第一部分「This shipment is within the limitations prescribed for」帶有兩個框「PASSENGER AND CARGO AIRCRAFT」和「CARGO AIRCRAFT ONLY」要求選擇危險物品運輸時對機型的限制，如客機、貨機均可或僅限貨機等。應根據貨物的情況而定，將兩項中一項劃掉，另一項保留。具體操作時，需要查看實際運輸的數量在品名表相應欄目的數量限制情況，或者查看運輸包裝所使用的包裝說明規定。第二部分和第三部分即下面的第（6）和（7）點的填寫要求。

（6）Aircraft of Departure：填寫始發站機場或城市的全稱。注意不可以填寫三字代碼。

（7）Airport of Destination：填寫目的站機場或城市的全稱。注意不可以填寫三字代碼。

（8）Shipment Type：選擇危險物品的性質是否屬於放射性物質，需要劃掉不適用的一項。

由於放射性物質的申報單填寫方式與非放射性物質有較大差異，本章僅討論非放射性物質。填寫時均將「Radioactive（放射性）」字樣刪去以表明該貨物不含放射性材料。

5.7.1.6 危險物品類別與數量欄填寫

對於非放射性物質，在託運人危險物品申報單中「NATURE AND QUANTITY OF DANGEROUS GOODS」填寫危險物品的類別與數量的要求如下：

（1）Dangerous Goods Identification 識別

①UN or ID No.：填寫危險物品的UN或ID代號。應按照危險品在品名表的A欄中的代號來填寫，4位數字前面應綴上「UN」或「ID」。

②Proper Shipping Name：填寫危險物品運輸專用名稱，必要時填寫技術名稱。應按照危險品在品名表的B欄填寫。除運輸專用名稱中已含有「molten（熔化）」字樣外，固體物質交付空運呈熔化狀態時，「molten（熔化）」字樣必須加進運輸專用名稱。

③Class or Division（Subsidiary Risk）：填寫危險物品的類別或項別，對於第1類爆炸

品，應註明配裝組。如有次要危險性，緊跟類別或項別用括號註明與標籤相應的次要危險性所屬類別或項別的編號。應按照危險品在品名表的 C 欄填寫。

如果特殊條款要求或對於 4.1 項中的自身反應物質和 5.2 項中 DGR 附錄 C 及註釋所需的，也須填寫次要危險性標籤。

④Packing Group：填寫危險物品的包裝等級。對於裝有多種化學藥品的化學物品箱或急救箱，填寫其指定的最嚴格的包裝等級，應按照危險品在品名表的 E 欄填寫，前面可冠以「PG」字樣。如危險品沒有包裝等級，則這一欄保持空白。

（2） Quantity and Type of Packing：危險物品包裝件數量和種類

①當包裝件屬於同一種類的包裝且所有包裝件的內裝物為同一物質時，填寫包裝件的數量和包裝的種類。如「Fiberboard box（纖維板箱）」「Box fiberboard（箱，纖維板）」。不可直接使用 UN 規格的包裝容器代碼或縮寫（如 4G），如使用只可作為附加說明，如「4 steel drums（1A2）」。

②每一包裝件內危險品的淨含量及單位。如 3kg、10L 等。當品名表中 H 欄、J 欄中有最大允許毛重代號「G」時，應註明毛重，並在計量單位後加註字母 G。

包裝的類型資訊和緊跟著填寫的單位數量資訊之間可以用符號「×」連接，但不是必須的。如「2 Plastic jerrican × 2L」。

③當兩種或兩種以上的危險品裝入同一外包裝內時，描述完各自所包含的內包裝後，「All packed in one（description of type of package）［所有物品均包裝在一個（某一包裝類型）包裝內］」字樣必須緊隨相關項目。如貨物含有一件以上此類包裝件，每一包裝件含有相同組合且為同一類別並可兼容的物品，則下列說明應緊隨有關項目：「All packed in One（填入包裝類型描述）×（……）（填入實際包裝件數）」。

完成以上描述後，這種混合內包裝的危險品在包裝時計算出的「Q」也應緊隨描述註明，按規定 Q 值應進位到小數點後一位，可參考後面例題。

對於有限數量的危險品，包裝件有 30kg 的毛重限制。如果將其與其他不同的危險品放在同一外包裝中，則必須標明整個包裝件的毛重。

④當使用 Overpack 時，緊隨所有 Overpack 內有關包裝件的描述，「Overpack Used（使用 Overpack）」字樣必須填入。在這種情況下，必須先列出 Overpack 內的包裝件數，再列出非 Overpack 的情況，以免混亂。多件 Overpack 內裝物相同時，應列出「Overpack Used（使用 Overpack）×（相同 Overpack 的件數）」以及各 Overpack 的編號。多件 Overpack 內裝物不相同時，應將它們分別列出以便識別。

⑤必須註明化學藥品箱或急救箱中危險品的總淨重（包括計量單位）。箱內液體的淨量應按 1 比 1 的基礎計算其容積，即 1 升等於 1 公斤。

⑥對於「機器或設備中的危險品」，無論呈固態、液態或氣態，都必須註明各危險品的總數量。

⑦對於用補救包裝運輸的危險品，應填入估計剩餘重量，並註明「SALVAGE PACKAGE（廢料包裝）」字樣。

註：至/自歐洲運輸的爆炸品，除爆炸品的淨量外，還建議用千克/件標明「Net Explosive Quantity（爆炸物淨量）」。爆炸物淨量僅指爆炸物質的重量。

（3）Packing Instructions：包裝說明欄

當使用 UN 規格包裝時，根據所運輸的危險品的性質、數量以及本次運輸適用的機型，選擇「品名表」中的 I 欄或 J 欄，註明適當的包裝說明代號。如 344、855 等。

當使用有限數量包裝時，則須根據「品名表」中的 H 欄填寫包裝說明的代號及其前綴「Y」。如 Y341、Y645 等。

當鋰電池按照 PI965 和 PI968 的第 IB 部分準備時，需要將「IB」字樣緊跟在包裝說明的數字代號「965」或「968」後。為了突出顯示，也可以將「IB」寫在下一欄即「Authorizations」欄中。

（4）Authorizations：填寫主管部門的批准或認可

①如果涉及的特殊規定是 A1、A2、A4、A5、A51、A81、A88、A99、A130、A190、A191、A201、A202、A211、A212 或 A331 時，應填寫該特殊規定的編號。

②如物質是經政府當局批准按 A1 或 A2 運輸時，需在本欄中註明信息表明批准或豁免證書已隨附申報單。批准內容應包括數量限制、包裝要求、機型（如適用）和其他任何有關信息。

③當危險品裝在小型儲罐中運輸時，必須附帶一份主管當局批准的文件。

④按照包裝說明 101 號運輸的爆炸物品，則國家引用的國際交通機動車輛國家識別符號必須標註在託運人危險品申報單上。標註方法為「Packing authorized by the competent authority of…（包裝件由×××主管當局許可運輸）」字樣。

⑤當運輸的爆炸品符合 PI101 並獲得了有關國家主管當局的批准時，應在申報單上用國際交通機動車輛國家識別符號註明所列的批准當局的名稱，如「Pakcaging authorized by the competent authority of …」。

⑥當有機過氧化物和自身反應物質的運輸條件需事先得到批准時，得到批准的聲明必須標註在申報單上。對於未列明的有機過氧化物和自身反應物質，關於分類批准和運輸條件的文件必須附在申報單後面。

這些相關國家和主管部門的批准、許可及（或）豁免文件必須隨附申報單一起運輸。如果文件未使用英文，還必須隨附一份準確的英譯文。

5.7.1.7 附加操作欄填寫

在託運人危險物品申報單「Additional Handling Information（附加操作說明）」中，填寫任何其他有關的特殊操作說明。主要有：

（1）對 4.1 項中的自身反應物質及 5.2 項有機過氧化物，必須指明含有這些物質的包裝件不得被陽光直射，遠離熱源，碼放在通風良好的地方。可以這樣填寫「Packages containing UN×××× must be protected from direct sunlight, and all sources of heat and be placed in adequately ventilated area」。當運輸這些物質的樣品時，也應在附加操作信息欄中作相應的聲明。

（2）當遵照特殊規定 A144 對安裝在呼吸保護裝置（Protective Breathing Equipment，PBE）中的化學氧氣發生器進行運輸時，須填寫「Air crew protective breathing equipment （smoke hood）in accordance with special provision A144［符合特殊規定的 A144 的飛行機組呼吸保護裝置（防煙面罩）］」字樣的聲明。

（3）對於 6.2 項 A 級感染性物質（UN2814 和 UN2900），根據國家法律或國際公約禁止在「n.o.s★」運輸專用名稱中公布其技術名稱的物質，須在本欄填寫責任人的姓名與電話號碼。

（4）著火性物質分類編碼：當運輸 UN0336 或 UN0337 的煙火時，申報單必須包括國家主管當局給出的分類編碼。分類編碼必須包括以國際交通機動車輛符號（VRI 代碼）來表示的有關主管當局所屬國家、國家主管當局識別代碼及唯一的序列號。這樣的分類編碼例如：

GB/HSE123456

D/BAM1234

USA EX20091234

（5）當易燃黏稠物質根據 DGR3.3.3.1.1 節中的條款被劃分為包裝等級 Ⅲ 級時，必須在申報單上聲明。例如在附加操作資訊欄中註明 「UNxxxx 3.3.3.1.1」(xxxx 為易燃黏稠物質的 UN 編號)。

5.7.1.8 聲明證明欄

申報單必須含有保證貨物按 IATA DGR 的規定完成準備而且能夠被收運的證明或聲明。聲明的文字為——「I hereby declare that the contents of this consignment are fully and accurately described above by the proper shipping name, and are classified, packaged, marked and labelled/placarded, and are in all respects in proper condition for transport according to applicable international and national governmental regulations.（我在此聲明，上述運輸專用名稱完整、準確地表述了貨物的內裝物品並進行了分類、包裝、標記、標籤/掛簽，且根據國際及國家的有關規定，各方面狀態完好適於運輸。）」——這一內容不需要填寫，但需要在簽字前確認。

空運時需要有以下的補充說明：「I declare that all of the applicable air transport requirements have been met.（我聲明，所有適用的空運要求均已符合）」。如果所用的申報單此欄中無此附加聲明，則必須在申報單的附加操作資訊欄中寫明。

5.7.1.9 簽名欄

除託運人簽名外，本欄還有多項內容需要填寫：

（1）Name/Title of Signatory：填寫託運人的姓名和職務，可以列印，也可以用印章，對於從中國始發的危險品同時要求加蓋發貨單位公章。

（2）Place and Date：填寫簽字的地點和日期。日期的格式沒有特別規定，在不產生誤解的情況下，任何格式的日期填寫方式都是可以接受的。DGR 指出的被較多接受的格式為 yyyy-mm-dd，如 2013-04-13 表示 2013 年 4 月 13 日。

（3）Signature：託運人簽字，由填寫申報單的託運人或託運人的貨運代理人簽字，只可手寫或蓋單，不可列印。

本章不介紹放射性物質的託運人申報單填寫，有關放射性物質危險品的託運人危險品

申報單填寫詳見 DGR 第 10 章，本書不再涉及。

5.7.1.10　申報單填寫實例

【例5-36】填妥的手工格式的託運人危險品申報單。

本次運輸所涉及危險品中沒有多個危險品放入同一外包裝或 Overpack 的情況。另外，含有 4.1 項中的自身反應物質，所以在操作資訊欄內填入相應的操作注意事項聲明。如圖5-46 所示。

SHIPPER'S DECLARATION FOR DANGEROUS GOODS

Shipper
ABC Company
1000 High Street
Youngville, Ontario
Canada

Air Waybill No. 800 1234 5686
Page 1 of 1 Pages
Shipper's Reference Number
(optional)

Consignee
CBA Ltc
50 Rue de la Paix
Paris 75 006
France

For optional use
for
Company logo
name and address

Two completed and signed copies of this Declaration must be handed to the operator.

WARNING
Failure to comply in all respects with the applicable Dangerous Goods Regulations may be in breach of the applicable law, subject to legal penalties.

TRANSPORT DETAILS
This shipment is within the limitations prescribed for: (delete non-applicable)
~~PASSENGER AND CARGO AIRCRAFT~~ | CARGO AIRCRAFT ONLY

Airport of Departure: Youngville
Airport of Destination: Paris, Charles de Gaulle

Shipment type (delete non-applicable)
NON-RADIOACTIVE | ~~RADIOACTIVE~~

NATURE AND QUANTITY OF DANGEROUS GOODS

UN or ID No.	Proper Shipping Name	Class or Division (Subsidiary Risk)	Packing Group	Quantity and type of packing	Packing Inst.	Authorization
UN1816	Propyltrichlorosilane	8 (3)	II	3 Plastic Drums × 30 L	876	
UN3226	Self-reactive solid type D (Benzenesulphonyl hydrazide)	Div. 4.1		1 Fibreboard box × 10 kg	459	
UN1263	Paint	3	II	2 Fibreboard boxes × 4 L	364	
UN1263	Paints	3	II	1 Fibreboard box × 30 L	366	
UN3166	Vehicle, flammable liquid powered	9		1 automobile 1350 kg	950	
UN3316	Chemical kits	9	II	1 Fibreboard box × 3 kg	960	
UN2794	Batteries, wet, filled with acid	8		1 Wooden box 50 kg	870	

Additional Handling Information
The packages containing UN3226 must be protected from direct sunlight, and all sources of heat and be placed in adequately ventilated areas.
24-hour Number: +1 905 123 4567

I hereby declare that the contents of this consignment are fully and accurately described above by the proper shipping name, and are classified, packaged, marked and labelled/placarded, and are in all respects in proper condition for transport according to applicable international and national governmental regulations. I declare that all of the applicable air transport requirements have been met.

Name/Title of Signatory
B.Smith, Dispatch Supervisor
Place and Date
Youngville　1 January 2014
Signature (see warning above)
B. Smith

圖 5-46　手工填製的託運人危險品申報單

【例 5-37】填妥的機器格式的託運人危險品申報單。

在「NATURE AND QUANTITY OF DANGEROUS GOODS」一欄中沒有細分欄目，但填寫的順序按照欄中給出的說明執行，內容與例 5-36 無差別。顯示同一危險品不同性質的項目之間採用「//」分離，同一項目之間的內容可以用逗號隔開。如圖 5-47 所示。

SHIPPER'S DECLARATION FOR DANGEROUS GOODS

Shipper
ABC Company
1000 High Street
Youngville, Ontario
Canada

Air Waybill No. 800 1234 5686
Page 1 of 1 Pages
Shipper's Reference Number
(optional)

Consignee
CBA Lte
50 Rue de la Paix
Paris 75 006
France

For optional use for Company logo name and address

Two completed and signed copies of this Declaration must be handed to the operator.

WARNING
Failure to comply in all respects with the applicable Dangerous Goods Regulations may be in breach of the applicable law, subject to legal penalties.

TRANSPORT DETAILS

This shipment is within the limitations prescribed for:
(delete non-applicable)
~~PASSENGER AND CARGO AIRCRAFT~~ | CARGO AIRCRAFT ONLY

Airport of Departure: Youngville

Airport of Destination: Paris, Charles de Gaulle

Shipment type: (delete non-applicable)
NON-RADIOACTIVE | ~~RADIOACTIVE~~

NATURE AND QUANTITY OF DANGEROUS GOODS
UN Number or Identification Number, Proper shipping name, Class or Division (subsidiary risk) Packing Group (if required) and all other required information.

UN1816, Propyltrichlorosilane, 8 (3) II // 3 Plastic drums x 30L//876

UN3226, Self-reactive solid type D (Benzenesulphonyl hydrazide), Div. 4.1
1 Fibreboard box x 10 kg
459

UN1263, Paint, Class 3, II
2 Fibreboard boxes x 4L
3 Plastic drums x 60L
364

UN1263, Paints, 3, PGIII
1 Composite packaging (6HA1) x 30L
366

UN3166, Vehicle, flammable liquid powered, 9 // 1 automobile 1350kg // 950

UN3316, Chemical kits, 9, II // 1 Fibreboard box x 3kg// 960

Additional Handling Information
The packages containing UN3226 must be protected from direct sunlight and all sources of heat and be placed in adequately ventilated areas.
24-hour Number: +1 905 123 4567

I hereby declare that the contents of this consignment are fully and accurately described above by the proper shipping name, and are classified, packaged, marked and labelled/placarded, and are in all respects in proper condition for transport according to applicable international and national governmental regulations. I declare that all of the applicable air transport requirements have been met.

Name/Title of Signatory
B.Smith, Dispatch Supervisor
Place and Date
Youngville   2014-01-01
Signature
(see warning above)
B. Smith

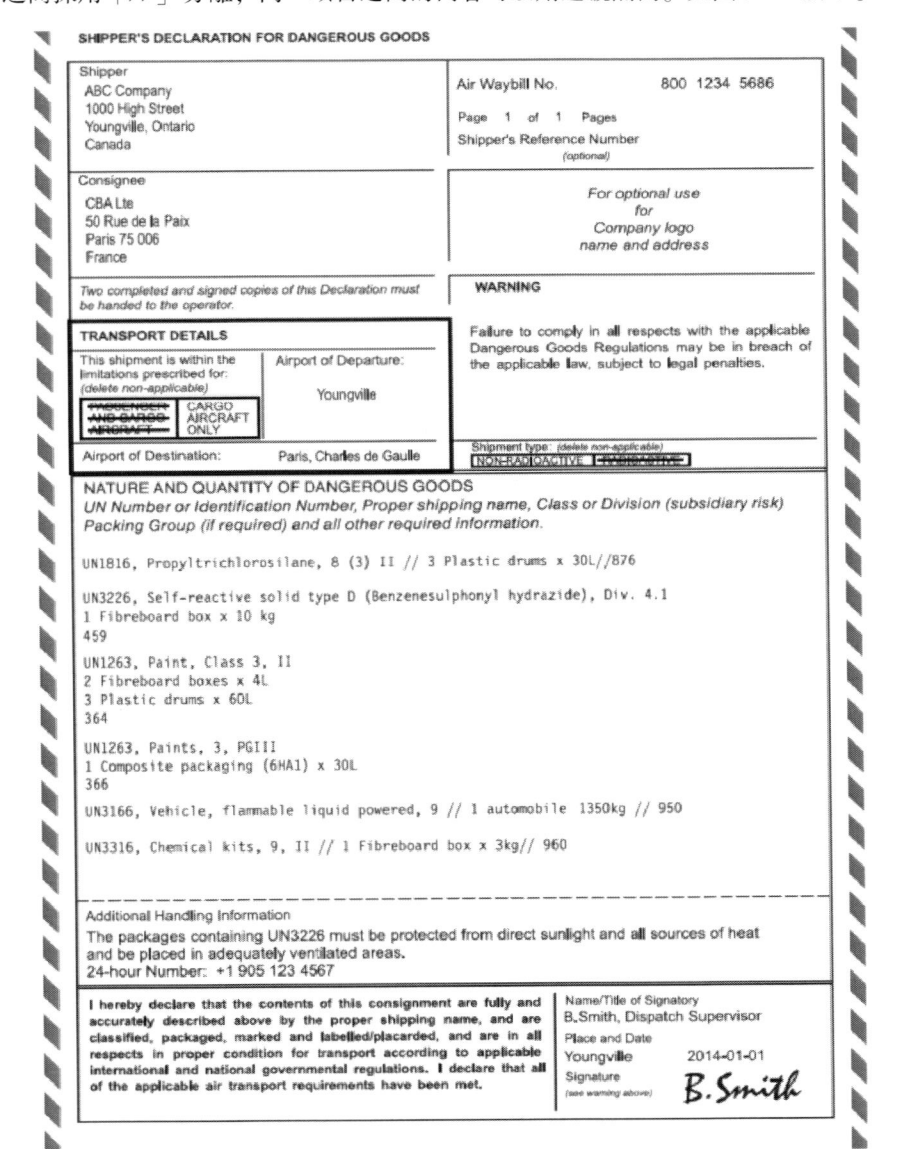

圖 5-47　機器填製的託運人危險品申報單

【例 5-38】2 個或 2 個以上的不同危險品放入同一個外包裝內，UN 規格包裝。

此例主要是 NATURE AND QUANTITY OF GOODS 欄中的「quantity and type of packing」分欄目的填寫：需要先描述內部各危險品的內包裝情況，再註明「All packed in one…」及外包裝情況，最後註明 Q 值的大小。如圖 5-48 所示。

UN or ID No.	Proper Shipping Name	Class or Division (Subsidiary risk)	Packing Group	Quantity and type of packing	Packing Inst.	Authorization
UN2339	2-Bromobutane	3	II	2 L	353	
UN2653	Benzyl Iodide	6.1	II	2 L	654	
UN2049	Diethylbenzene	3	III	5L	355	
				All packed in one wooden box. Q=0.9		

圖 5-48　2 個或以上不同危險品放入同一外包裝的「數量與包裝類型」欄填寫

【例 5-39】2 個或 2 個以上的不同的有限數量的危險品放入同一個外包裝內。

此例的填寫方法和例 5-38 相同，但需要注意計算 Q 值時，只用了 2 個在品名表的 G 欄數量限制顯示不帶有「kg G」的危險品進行計算，最後並加註整個包裝件的毛重，且應注意 Packing Instruction 一欄中的包裝說明都帶有大寫字母「Y」。如圖 5-49 所示。

UN1950	Aerosols, non-flammable	2.2		5 kg	Y203
UN2653	Benzyl Iodide	6.1	II	0.3 L	Y641
UN2049	Diethylbenzene	3	III	0.5 L	Y344
				All packed in one wooden box. Q=0.4 Total Gross Weight: 10 kg G	

圖 5-49　2 個或以上不同有限數量物質放入同一外包裝「數量與包裝類型」欄填寫

【例 5-40】乾冰與 6.2 項感染性物質使用同一個 UN 規格包裝。

此例是不需要計算 Q 值的，所以將包裝的情況描述後，不需填寫 Q 值，如圖 5-50 所示。

UN2814	Infectious substance, affecting humans (Dengue virus culture)	6.2		25 g	620
UN1845	Dry Ice	9		20 kg All packed in one Fibreboard box.	954

圖 5-50　乾冰與感染性物質裝入 1 個 UN 紙箱的「數量與包裝類型」欄填寫

【例 5-41】乾冰與 6.2 項感染性物質形成 Overpack。

與例5-40 類似，乾冰與感染性物質仍然一同包裝，但不是 UN 規格的包裝，而是一起放入一個 Overpack，並符合包裝說明 954 的要求，按照 Overpack 的要求描述。如圖5-51所示。

UN or ID No.	Proper Shipping Name	Class or Division (Subsidiary risk)	Packing Group	Quantity and type of packing	Packing Inst.	Authorization
UN2814	Infectious substance, affecting humans (Dengue virus)	6.2		1 Fibreboard box × 25 g	620	
UN1845	Dry Ice	9		20 kg Overpack used	954	

圖 5-51　乾冰與感染性物質形成 Overpack 的「數量與包裝類型」欄填寫

【例 5-42】多個不同的 Overpack 進行運輸。

Overpack 的填寫，需要把組成 Overpack 的單個包裝件的包裝情況先進行描述，再描述其他包裝件的情況，如遇到多個不同的包裝件，可參考圖5-52中的寫法。

UN or ID No.	Proper Shipping Name	Class or Division (Subsidiary risk)	Packing Group	Quantity and type of packing	Packing Inst.	Authorization
UN1950	Aerosols, flammable	2.1		200 Fibreboard boxes × 0.2 kg Overpack used #AA44 Total net quantity 40 kg 100 Fibreboard boxes × 0.1 kg Overpack used #AB62 Total net quantity 10 kg 100 Fibreboard boxes × 0.3 kg Overpack used × 3 #AA60 #AA72 #AA84 Total quantity per overpack 30 kg	203	

圖 5-52　多個不同的 Overpack

【例 5-43】符合 965 號包裝說明ⅠB 部分規定包裝的鋰離子電池。

在包裝說明 965 後應註明「ⅠB」，也可以在 Authorization 欄中註明「ⅠB」，如圖5-53所示。同理，符合 968 號包裝說明ⅠB 部分規定的鋰金屬電池也應註明「ⅠB」。

NATURE AND QUANTITY OF DANGEROUS GOODS						
Dangerous Goods Identification						
UN or ID No.	Proper Shipping Name	Class or Division (Subsidiary risk)	Packing Group	Quantity and type of packing	Packing Inst.	Authorization
UN 3480	Lithium ion batteries	9		1 Fibreboard box x 5.5 kg	965	IB

圖 5-53　使用 965 號包裝說明 I B 部分規定包裝的鋰電池

5.7.2　航空貨運單

航空貨運單（Airway Bill，縮寫為 AWB）是經營人與託運人之間簽訂的運輸契約，也是經營人或其代理人簽發的貨物收據，還可作為核收運費的依據和海關查驗放行的基本單據。所以，航空貨運單是民航經營人與託運人之間建立權利義務關係的契約，是辦理貨物運輸的依據，又是計算貨物運輸的財務票證。

航空運輸時，必須按照貨物運輸的要求填製航空貨運單。本節僅介紹部分有關欄目中由危險品所涉及的填寫要求，其他通用性欄目（危險品和非危險品都涉及的）的填寫可以參考 IATA 的《航空貨運單手冊》，或參考民航貨運課程的相關教科書。

航空貨運單的格式可能隨經營人的不同有少許差異，但按 IATA 的規定，基本的框架應大致相同，強制性填寫的欄目均不得缺少，所以本節介紹的航空貨運單中涉及危險品貨物的欄目填寫都是適用於所有經營人的。

在航空貨運單上，一般情況下，對危險品貨物需要註明的信息只涉及兩欄，即「Handling Information」（操作資訊欄）和「Nature and Quantity of Goods（Incl. Dimensions of Volume）」［貨物的性質和數量（包括尺寸大小）欄］。如果是需申報的危險品（即需填寫危險物品申報單），只在前一欄註明隨附申報單，後一欄簡單註明貨品名稱即可，更詳細的危險品性資訊會由申報單提供；如果是不需申報的危險品，如例外數量的危險品，則只需在後一欄中詳細註明危險品的資訊。

某些情況下出現的危險品與非危險品需要填寫在同一張貨運單上時，必須將危險物品列在前，非危險品列在後。

以下將分情況介紹各種情況下航空貨運單涉及危險品的欄目的填寫。

5.7.2.1　需申報危險品的填寫

（1）對於客機與貨機均可運輸的需申報的危險物品，在航空貨運單上的「操作資訊」（Handling Information）欄內填寫：「Dangerous Goods as per attached Shipper's Declaration」或「Dangerous Goods as per attached DGD」。

【例 5-44】運輸一批客機和貨機均可運輸的化學危險品，需要填寫危險物品申報單。航空貨運單的涉及欄目填寫如圖 5-54 所示。

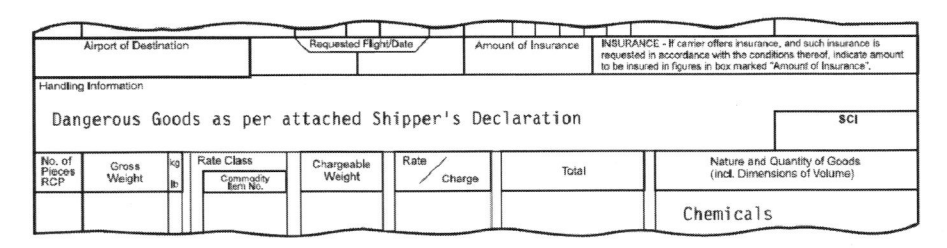

図 5-54　客機與貨機均可運輸的危險品的航空貨運單

（2）對於僅限貨機運輸的危險物品，還需再註明：「Cargo Aircraft Only」或「CAO」（即僅限貨機）。

【例 5-45】僅限貨機運輸的一批彈藥，需要申報。
航空貨運單相關欄的填寫如圖 5-55 所示。

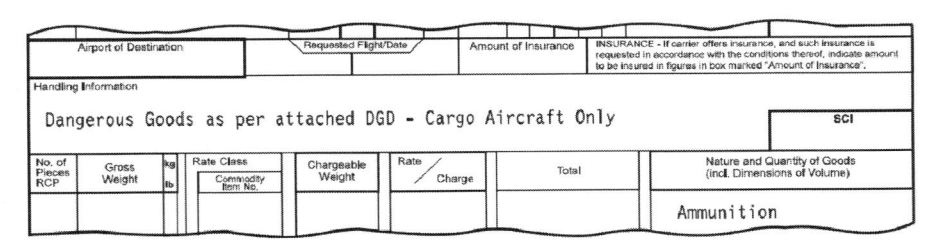

図 5-55　僅限貨機運輸的危險品的航空貨運單

5.7.2.2　集運貨物的填寫

此處的集運貨物既可以是託運人的貨物中同時含有需申報危險品和非危險品的情況，也可以是前面介紹的多個託運人由集運（Consolidations）方式託運的貨物同時包含有需申報危險品和非危險品的情況。後一種情況所涉及的航空貨運單填寫主要針對航空主運單的填寫。

以上情況均混合了危險品和非危險品，必須在「操作資訊」（Handling Information）欄內註明危險品的件數，此數字可標在「Dangerous Goods as per attached Shipper's Declaration」這一聲明的前面或後面。

【例 5-46】一批家庭用品的集運貨，其中含有 5 個需要申報的包裝件，其他 20 件均為無需申報的危險品。航空貨運單相關欄填寫如圖 5-56 所示。

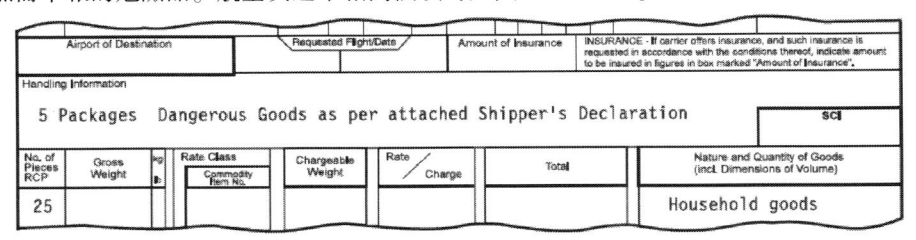

図 5-56　同時含有需申報和無需申報危險品的集運貨物的航空貨運單

【例 5-47】一批集運貨物，共有 30 個包裝件，其中含有 7 個危險品包裝件，其他均為非危險品。

航空貨運單主運單的相關欄填寫如圖 5-57 所示。注意，此集運貨內部各非危險品包裝件的內容由分運單提供，所以在「Nature and Quantity of Goods（Incl. Dimensions of Volume）」中只需填寫「Consolidated Shipment as per attached list」。

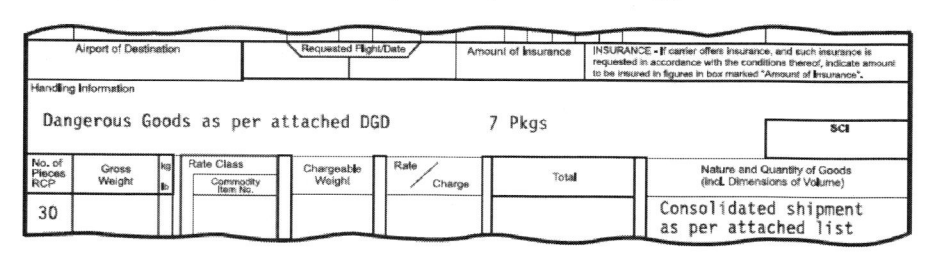

圖 5-57　集運貨物中含有需申報的危險品的航空貨運單

5.7.2.3　無需申報危險品的填寫

在多種不需要填寫申報單的情況中，例外數量的危險品的要求和其他情況不同，所以分成 2 種情況介紹。

（1）除例外數量的危險品以外，當危險物品不需要填製申報單時，航空貨運單上只需在「Nature and Quantity of Goods」欄註明以下內容，DGR 推薦以下填寫順序：

①UN 或 ID 代號（磁性物質不作要求）；
②運輸專用名稱；
③包裝件數量；
④固體二氧化碳（乾冰）需標出每一包裝件的淨數量。

註：放射性物質例外包裝件的填除外。

【例 5-48】一批由乾冰作為製冷劑一起運輸生鮮貨物（凍魚），不需要填寫申報單。

航空貨運單相關欄填寫如圖 5-58 所示。

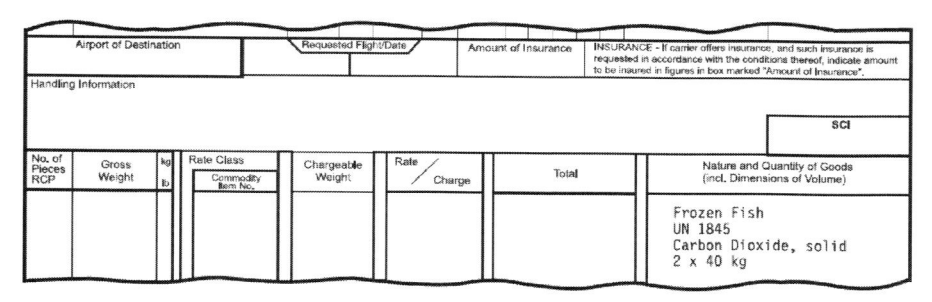

圖 5-58　乾冰與非危險品一起運輸的貨運單

（2）對於例外數量的危險品，DGR 已規定無需填寫申報單，但同時也規定，填寫航空貨運單時需要在「Nature and Quantity of Goods」欄註明「Dangerous Goods in excepted quantities（例外數量危險品）」的字樣，並標明包裝件的數量。

【例5-49】牙科器材中含有的1個包裝件的危險品以例外數量的形式包裝。

不需要填寫申報單，航空貨運單相關欄的填寫如圖5-59所示。

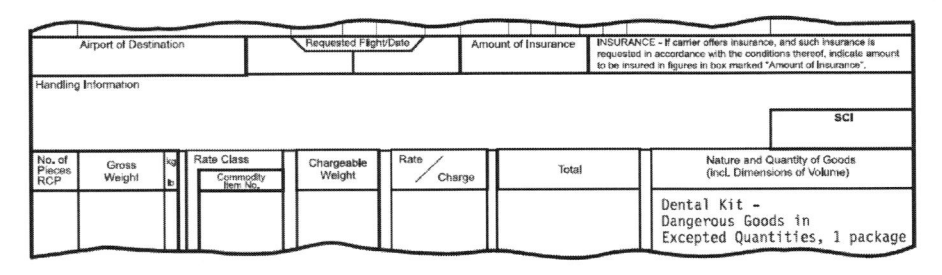

圖5-59　含有例外數量危險品的貨物的貨運單

（3）其他情況：符合包裝說明965-970第Ⅱ部分的鋰離子電池，根據本部分包裝說明，應作為非危險品運輸，無需填寫申報單，但在填寫航空貨運單時需要在「Nature and Quantity of Goods」欄註明「「Lithium ion/metal batteries（contained in/packed with equipment) in compliance with Section Ⅱ of PI ＊＊」（＊＊為適用的包裝說明三位數代碼）。

【例5-50】一批符合包裝說明965號第Ⅱ部分要求的鋰離子電池，作為非危險品運輸。

此例不需要填寫申報單，航空貨運單相關欄的填寫如圖5-60所示，注意這類電池還需要僅限貨機運輸。

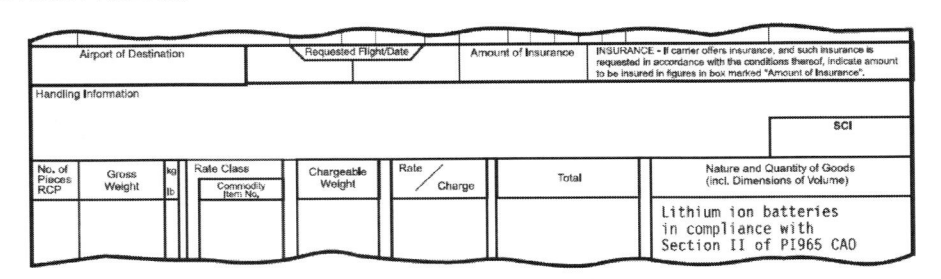

圖5-60　按包裝說明965第Ⅱ部分要求準備的鋰電池貨運單

5.7.3　收運檢查單

在收運危險品時，為了檢查託運人危險品申報單、貨運單及危險品包裝件是否完全符合要求，經營人的收運人員必須使用危險品收運檢查單。檢查單包括了危險品運輸的所有步驟，以確保在包裝件、Overpack、貨物集裝器上正確地填寫標記和黏貼標籤；正確地填製託運人危險品申報單和航空貨運單以及按照DGR的要求正確收運。

5.7.3.1　使用方法

在使用各種危險品收運檢查單時，應該遵循以下規定：

（1）危險品收運檢查單由經營人收運人員填寫，一式兩份，經複核簽字後生效，以便拒收後可指出錯誤。如果收運人員未填寫危險品收運檢查單或者危險品收運檢查單未經複核簽字，則不得收運該危險品。

（2）危險品收運檢查單上的各個項目必須全部檢查完畢後方能確定該危險品是否可以收運。

（3）檢查時，對照危險品收運檢查單，查看託運人的貨物，如果符合相應項目提出的狀態描述，則在「Yes（是）」欄中作標記，反之是在「No（否）」欄中標記。表中也有一些項目有「N/A（不適用）」的選項，如果該項目的問題與所交運的貨物不相符則在此欄中標記。如有任意一項或幾項結果為否定，則該危險品不得收運。

（4）如果檢查結果為拒收，則應在後面的「Commmets（意見）」欄中清晰解釋拒收的原因。

（5）拒收後的貨物再次提交時，需要重新查驗，並使用新的收運檢查單，不得使用原有的收運檢查單。

5.7.3.2　檢查單分類

根據危險品的性質不同，有三種針對不同類型危險品收運的檢查單：

（1）「Dangerous Goods Checklist for a Non-radioactive Shipment」。其用來核查非放射性物質危險品。在收運非放射性危險物品時，為了檢查託運人危險物品申報單、貨運單及危物品包裝件是否完全符合要求，經營人必須使用非放射性危險物品收運檢查單，按非放射性危險品收運檢查單規定的各項目對準備的接受的貨物進行檢查符合性。如圖 5-61 和圖 5-62 所示的非放射性物質檢查單，共 2 頁 53 項檢查內容。

（2）「Dangerous Goods Checklist for a Radioactive Shipment」。其用來核查放射性物質危險品。在收運放射性危險物品時，為了檢查託運人危險物品申報單、貨運單及危物品包裝件是否完全符合要求，經營人必須使用放射性危險物品收運檢查單，按放射性危險品收運檢查單規定的項目對準備的接受的貨物進行檢查符合性。如圖 5-63 和圖 5-64 所示的放射性物質檢查單，共 2 頁 49 項檢查內容。

（3）「Acceptance Checklist for Dry Ice」。其用來核查不要求提供託運人危險品申報單的固體二氧化碳(乾冰)。乾冰（固體二氧化碳）收運檢查單是為了幫助託運人和經營人在接受乾冰或含有乾冰的非危險品時所提供的。如圖 5-65 所示的乾冰檢查單，共 1 頁 18 項檢查內容。

5.7.4　文件的保存期限

為了保證危險品運輸的安全，危險品運輸的相關文件規定了相應的保存期限。ICAO 的《技術細則》規定所有文件的最短保存期限為 3 個月。但中國實行了更嚴格的規定，在《中國民航局危險品運輸管理規定》第七十二條中規定，經營人應當在載運危險品的飛行終止後，將以下危險品航空運輸的相關文件至少保存 24 個月：收運檢查單、託運人危品申報單等危險品運輸文件、航空貨運單和機長通知單。

第 5 章　危險品運輸

2018
DANGEROUS GOODS CHECKLIST FOR A NON-RADIOACTIVE SHIPMENT

The recommended checklist appearing on the following pages is intended to verify shipments at origin. Copies of the checklist can be obtained from:
Website: http://www.iata.org/whatwedo/cargo/dgr/Pages/download.aspx
Never accept or refuse a shipment before all items have been checked.
Is the following information correct for each entry?

SHIPPERS DECLARATION FOR DANGEROUS GOODS (DGD)

	YES	NO*	N/A
1. Two copies in English and in the IATA format including the air certification statement [8.1.1, 8.1.2, 8.1.6.12]	☐	☐	
2. Full name and address of Shipper and Consignee [8.1.6.1, 8.1.6.2]	☐	☐	
3. If the Air Waybill number is not shown, enter it. [8.1.6.3]	☐	☐	
4. The number of pages shown [8.1.6.4]	☐	☐	
5. The non-applicable Aircraft Type deleted or not shown [8.1.6.5]	☐	☐	
6. If full name of Airport or City of Departure or Destination is not shown, enter it. [8.1.6.6 and 8.1.6.7] Information is optional.	☐	☐	☐
7. The word "Radioactive" deleted or not shown [8.1.6.8]	☐	☐	

Identification

8. UN or ID number(s), preceded by prefix [8.1.6.9.1, Step 1]	☐	☐	
9. Proper Shipping Name and the technical name in brackets for asterisked entries [8.1.6.9.1, Step 2]	☐	☐	
10. Class or Division and for Class 1, the Compatibility Group, [8.1.6.9.1, Step 3]	☐	☐	
11. Subsidiary Risk, in parentheses, immediately following Class or Division [8.1.6.9.1, Step 4]	☐	☐	☐
12. Packing Group [8.1.6.9.1, Step 5]	☐	☐	

Quantity and Type of Packing

13. Number and Type of Packages [8.1.6.9.2, Step 6]	☐	☐	
14. Quantity and unit of measure (net, or gross followed by "G", as applicable) within per package limit [8.1.6.9.2, Step 6]	☐	☐	
15. For Class 1, the net quantity supplemented with the net explosive mass followed by unit of measurement [8.1.6.9.2, Step 6]	☐	☐	☐
16. When different dangerous goods are packed in one outer packaging, the following rules are complied with:			
– Compatible according to Table 9.3.A	☐	☐	☐
– UN packages containing Division 6.2 [5.0.2.11(c)]	☐	☐	☐
– Wording "All packed in one (type of packaging)" [8.1.6.9.2, Step 6(f)]	☐	☐	☐
– Calculation of "Q" value must not exceed 1 [5.0.2.11 (g) & (h); 2.7.5.6; 8.1.6.9.2, Step 6(g)]	☐	☐	☐
17. Overpack			
– Compatible according to Table 9.3.A [5.0.1.5.1]	☐	☐	☐
– Wording "Overpack Used" [8.1.6.9.2, Step 7]	☐	☐	☐
– If more than one overpack is used, identification marks shown and total quantity of dangerous goods [8.1.6.9.2, Step 7]	☐	☐	☐

Packing Instructions

| 18. Packing Instruction Number [8.1.6.9.3, Step 8] | ☐ | ☐ | |
| 19. For lithium batteries in compliance with Section IB, "IB" follows the packing instruction [8.1.6.9.3, Step 8] | ☐ | ☐ | |

Authorizations

| 20. Check all verifiable special provisions. The Special Provision Number if A1, A2, A4, A5, A51, A81, A88, A99, A130, A190, A191, A201, A202, A211, A212, A331 [8.1.6.9.4, Step 9] | ☐ | ☐ | ☐ |
| 21. Indication that governmental authorization is attached, including a copy in English and additional approvals for other items under [8.1.6.9.4, Step 9] | ☐ | ☐ | ☐ |

Additional Handling Information

22. The mandatory statement shown for self-reactive and related substances of Division 4.1 and organic peroxides of Division 5.2, or samples thereof, PBE, viscous flammable liquids and fireworks [8.1.6.11.1, 8.1.6.11.2, 8.1.6.11.3, 8.1.6.11.5 and 8.1.6.11.6]	☐	☐	
23. Name and Telephone Number of a responsible person for Division 6.2 Infectious Substance shipment [8.1.6.11.4]	☐	☐	
24. **Name of Signatory and Date** indicated and **Signature** of Shipper [8.1.6.13, 8.1.6.14 and 8.1.6.15]	☐	☐	
25. **Amendment** or alteration signed by Shipper [8.1.2.6]	☐	☐	☐

圖 5-61　非放射性危險物品收運檢查單（第 1 頁）

237

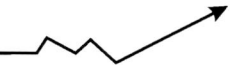

	YES	NO*	N/A

AIR WAYBILL–HANDLING INFORMATION

26. The statement: "Dangerous goods as per attached Shipper's Declaration" or "Dangerous Goods as per attached DGD" [8.2.1(a)] ☐ ☐
27. "Cargo Aircraft Only" or "CAO", if applicable [8.2.1(b)] ☐ ☐ ☐
28. Where non-dangerous goods are included, the number of pieces of dangerous goods shown [8.2.2] ☐ ☐

PACKAGE(S) AND OVERPACKS

29. Packaging conforms with packing instruction and is free from damage or leakage [The relevant PI and 9.1.3] ☐ ☐
30. Same number and type of packagings and overpacks delivered as shown on DGD ☐ ☐

Marks

31. UN Specification Packaging, marked according to 6.0.4 and 6.0.5:
    – Symbol and Specification Code ☐ ☐ ☐
    – X, Y or Z meets or exceeds Packing Group/Packing Instruction requirements ☐ ☐ ☐
    – Gross Weight within limits (Solids, Inner Packagings or IBCs [SP A179]) ☐ ☐ ☐
    – Infectious substance package mark [6.5.3.1] ☐ ☐ ☐
32. UN or ID number(s), preceded by prefix [7.1.4.1(a)] ☐ ☐
33. The Proper Shipping Name(s) including technical name where required [7.1.4.1(a)] ☐ ☐
34. The full name and address of Shipper and Consignee [7.1.4.1(b)] ☐ ☐
35. For consignments of more than one package of all classes (except ID 8000 and Class 7) the net quantity, or gross weight followed by "G", as applicable, unless contents are identical, marked on the packages [7.1.4.1(c)] ☐ ☐ ☐
36. Carbon Dioxide, Solid (Dry Ice), the net quantity marked on the packages [7.1.4.1(d)] ☐ ☐ ☐
37. The Name and Telephone Number of a responsible person for Division 6.2 Infectious Substances shipment [7.1.4.1(e)] ☐ ☐ ☐
38. The Special Marking requirements shown for Packing Instruction 202 [7.1.4.1(f)] ☐ ☐ ☐
39. Limited Quantities mark [7.1.4.2] ☐ ☐ ☐
40. Environmentally Hazardous Substance mark [7.1.5.3] ☐ ☐ ☐
41. Lithium Battery mark [7.1.5.5] ☐ ☐ ☐

Labelling

42. The label(s) identifying the Primary hazard as per 4.2, Column D [7.2.3.2; 7.2.3.3(b)] ☐ ☐
43. The label(s) identifying the Subsidiary risk, as per 4.2, Column D [7.2.3.2; 7.2.6.2.3] ☐ ☐ ☐
44. "Cargo Aircraft Only" label [7.2.4.2; 7.2.6.3] ☐ ☐ ☐
45. "Orientation" labels on two opposite sides, if applicable [7.2.4.4] ☐ ☐ ☐
46. "Cryogenic Liquid" label, if applicable [7.2.4.3] ☐ ☐ ☐
47. "Keep Away From Heat" label, if applicable [7.2.4.5] ☐ ☐ ☐
48. All labels correctly located, affixed [7.2.6] and irrelevant marks and labels removed or obliterated [7.1.1; 7.2.1] ☐ ☐

For Overpacks

49. Packaging use marks and hazard and handling labels, as required must be clearly visible or reproduced on the outside of the overpack [7.1.7.1, 7.2.7] ☐ ☐ ☐
50. The word "Overpack" marked if marks and labels are not visible on packages within the overpack [7.1.7.1] ☐ ☐ ☐
51. If more than one overpack is used, identification marks shown and total quantity of dangerous goods [7.1.7.3] ☐ ☐ ☐

GENERAL

52. State and Operator variations complied with [2.8] ☐ ☐ ☐
53. Cargo Aircraft Only shipments, a cargo aircraft operates on all sectors ☐ ☐ ☐

Comments _____

Checked by _____

Place: _____ Signature _____

Date: _____ Time _____

* IF ANY BOX IS CHECKED "NO", DO NOT ACCEPT THE SHIPMENT AND GIVE A DUPLICATE COPY OF THIS COMPLETED FORM TO THE SHIPPER.

圖 5-62　非放射性危險物品收運檢查單（第 2 頁）

2018
DANGEROUS GOODS CHECKLIST FOR A RADIOACTIVE SHIPMENT

The recommended checklist appearing on the following pages is intended to verify shipments at origin. Copies of the checklist can be obtained from:
Website: http://www.iata.org/whatwedo/cargo/dgr/Pages/download.aspx

Never accept or refuse a shipment before all items have been checked.

Is the following information correct for each entry?

SHIPPERS DECLARATION FOR DANGEROUS GOODS (DGD)

	YES	NO*	N/A
1. Two copies in English and in the IATA format including the air certification statement [10.8.1.2, 10.8.1.4; 8.1.1; 10.8.3.12.2]	☐	☐	
2. Full name and address of Shipper and Consignee [10.8.3.1, 10.8.3.2]	☐	☐	
3. If the Air Waybill number is not shown, enter it. [10.8.3.3]	☐	☐	
4. The number of pages shown [10.8.3.4]	☐	☐	
5. The non-applicable Aircraft Type deleted or not shown [10.8.3.5]	☐	☐	
6. If full name of Airport or City of Departure or Destination is not shown, enter it. [10.8.3.6 and 10.8.3.7] Information is optional.	☐	☐	☐
7. The word "Non-Radioactive" deleted or not shown [10.8.3.8]	☐	☐	

Identification

8. UN number, preceded by prefix "UN" [10.8.3.9.1, Step 1]	☐	☐	
9. Proper Shipping Name and where Special Provision A78 applies, the supplementary information in brackets [10.8.3.9.1, Step 2]	☐	☐	
10. Class 7 [10.8.3.9.1, Step 3]	☐	☐	
11. Subsidiary Risk, in parentheses, immediately following Class [10.8.3.9.1, Step 4] and Packing Group if required for Subsidiary Risk [10.8.3.9.1, Step 5]	☐	☐	☐

Quantity and Type of Packing

12. Name or Symbol of Radionuclide(s) [10.8.3.9.2, Step 6 (a)]	☐	☐	
13. A description of the physical and chemical form if in other form [10.8.3.9.2, Step 6 (b)]	☐	☐	☐
14. "Special Form" (not required for UN 3332 or UN 3333) or low dispersible material [10.8.3.9.2, Step 6 (b)]	☐	☐	☐
15. The number and type of packages and the activity in becquerel or multiples thereof in each package. For Fissile Material the total weight in grams or kilograms of fissile material may be shown in place of activity [10.8.3.9.2, Step 7]	☐	☐	
16. For different individual radionuclides, the activity of each radionuclide and the words "All packed in one" [10.8.3.9.2, Step 7]	☐	☐	☐
17. Activity within limits for Type A packages [Table 10.3.A], Type B, or Type C (see attached competent authority certificate)	☐	☐	☐
18. Words "Overpack Used" shown on the DGD [10.8.3.9.2, Step 8]	☐	☐	

Packing Instructions

19. Category of package(s) or overpack [10.8.3.9.3, Step 9 (a) and Table 10.5.C]	☐	☐	
20. Transport Index and dimensions (preferably in sequence Length x Width x Height) for Category II and Category III only [10.8.3.9.3, Step 9 (b) and (c)]	☐	☐	☐
21. For Fissile Material the Criticality Safety Index (with, in addition and if applicable*, reference to paragraphs 10.6.2.8.1.3 (a) to (c) or 10.6.2.8.1.4), or the words "Fissile Excepted" [10.8.3.9.3, Step 9 (d)]	☐	☐	☐

Authorizations

22. Identification marks shown and a copy of the document in English attached to DGD for the following [10.8.3.9.4, Step 10; 10.5.7.2.3]:			
– Special Form approval certificate	☐	☐	☐
– Low dispersible material approval certificate	☐	☐	☐
– Type B package design approval certificate	☐	☐	☐
– Other approval certificates as required	☐	☐	☐
– *See Q21. No fissile type approval is required in case of reference to one of paragraphs 10.6.2.8.1.3(a) to (c) or 10.6.2.8.1.4.			
23. **Additional Handling Information** [10.8.3.11]	☐	☐	
24. **Name of Signatory and Date** indicated [10.8.3.13 and 10.8.3.14] and **Signature** of Shipper [10.8.3.15]	☐	☐	
25. **Amendment** or alteration signed by Shipper [10.8.1.7]	☐	☐	☐

圖 5-63　放射性危險物品收運檢查單（第 1 頁）

	YES	NO*	N/A

AIR WAYBILL–HANDLING INFORMATION

26. The statement "Dangerous goods as per attached Shipper's Declaration" or "Dangerous Goods as per attached DGD" [10.8.8.1(a)] .... ☐ ☐
27. "Cargo Aircraft Only" or CAO, if applicable [10.8.8.1(b)] .... ☐ ☐ ☐
28. Where non-dangerous goods are included, the number of pieces of dangerous goods shown [10.8.8.2] .... ☐ ☐ ☐

PACKAGE(S) AND OVERPACKS

29. Same number and type of packagings and overpacks delivered as shown on DGD .... ☐ ☐
30. Unbroken transportation seal [10.6.2.4.1.2] and package in proper condition for carriage [9.1.3; 9.1.4] .... ☐ ☐

Marks

31. UN number, preceded by prefix [10.7.1.3.1] .... ☐ ☐
32. The Proper Shipping Name and where Special Provision A78 applies, the supplementary information in brackets [10.7.1.3.1] .... ☐ ☐
33. The full name and address of the Shipper and Consignee [10.7.1.3.1] .... ☐ ☐
34. The permissible gross weight if the gross weight of the package exceeds 50 kg [10.7.1.3.1] ...... ☐ ☐ ☐
35. Type A packages, marked as per 10.7.1.3.4 .... ☐ ☐ ☐
36. Type B packages, marked as per 10.7.1.3.5 .... ☐ ☐ ☐
37. Type C packages, Industrial Packages and packages containing Fissile material marked as per 10.7.1.3.6, 10.7.1.3.3 or 10.7.1.3.7 .... ☐ ☐ ☐

Labelling

38. Same category labels as per DGD affixed to two opposite sides of package. [10.7.4.3.1] .... ☐ ☐
    – Symbol of radionuclide or LSA/SCO indicated as required. [10.7.3.3.1] .... ☐ ☐
    – Activity in Bq (or multiples thereof). For Fissile material, the total mass in grams (may be used instead) [10.7.3.3.2] .... ☐ ☐
    – For Category II & III, same TI as per DGD, rounded-up to one decimal place. [10.7.3.3.3] ...... ☐ ☐
39. Applicable label(s) identifying the subsidiary risk [10.7.3.2; 10.7.4.3] .... ☐ ☐ ☐
40. Two "Cargo Aircraft Only" labels, if required, on the same surface near the hazard labels [10.7.4.2.4; 10.7.4.3.1; 10.7.4.4.1] .... ☐ ☐ ☐
41. For fissile materials, two correctly completed Criticality Safety Index (CSI) labels on the same surface as the hazard labels [10.7.3.3.4; 10.7.4.3.1] .... ☐ ☐ ☐
42. All labels correctly located, affixed [10.7.4] and irrelevant marks and labels removed or obliterated [10.7.1.1; 10.7.2.1] .... ☐ ☐

For Overpacks

43. Package use marks and labels clearly visible or reproduced on the outside of the overpack [10.7.1.4.1; 10.7.4.4] .... ☐ ☐ ☐
44. The word "Overpack" marked if marks and labels are not visible on packages within the overpack [10.7.1.4.1] .... ☐ ☐
45. If more than one overpack is used, identification marks shown [10.7.1.4.3] .... ☐ ☐ ☐
46. Hazard labels reflect the content(s) and activity of each individual radionuclide and the TI of the overpack [10.7.3.4] .... ☐ ☐ ☐

GENERAL

47. State and Operator variations complied with [2.8] .... ☐ ☐ ☐
48. Cargo Aircraft Only shipments, a cargo aircraft operates on all sectors .... ☐ ☐ ☐
49. Packages containing Carbon dioxide solid (dry ice), the marking, labelling and documentary requirements complied with [Packing Instruction 954; 7.1.4.1 (d), 7.2.3.9.1] .... ☐ ☐ ☐

Comments:_____

_____

Checked by:_____

Place: _____ Signature _____

Date: _____ Time: _____

* IF ANY BOX IS CHECKED "NO", DO NOT ACCEPT THE SHIPMENT AND GIVE A DUPLICATE COPY OF THIS COMPLETED FORM TO THE SHIPPER.

圖 5-64　放射性危險物品收運檢查單（第 2 頁）

2018
ACCEPTANCE CHECKLIST FOR DRY ICE (Carbon Dioxide, solid)
(For use when a Shipper's Declaration for Dangerous Goods is not required)

A checklist is required for all shipments of dangerous goods (9.1.4) to enable proper acceptance checks to be made. The following example checklist is provided to assist shippers and carriers with the acceptance of dry ice when packaged on its own or with non-dangerous goods.

Is the following information correct for each entry?

DOCUMENTATION   YES   NO*   N/A

The Air Waybill contains the following information in the "Nature and Quantity of Goods" box (8.2.3)
1. The UN Number "1845", preceded by the prefix "UN" .... ☐ ☐
2. The words "Carbon dioxide, solid" or "Dry ice" .... ☐ ☐
3. The number of packages of dry ice (may be in the pieces field of the AWB when they are the only packages in the consignment) .... ☐ ☐
4. The net quantity of dry ice in kilograms .... ☐ ☐

Note: The packing instruction "954" is optional.

Quantity
5. The quantity of dry ice per package is 200 kg or less [4.2] .... ☐ ☐

PACKAGES AND OVERPACKS
6. The number of packages containing dry ice delivered as shown on the Air Waybill .... ☐ ☐
7. Packages are free from damage and in a proper condition for carriage .... ☐ ☐
8. The packaging conforms with Packing Instruction 954 and the package is vented to permit the release of gas .... ☐ ☐

Marks & Labels
9. The UN number "1845" preceded by prefix "UN" [7.1.4.1(a)] .... ☐ ☐
10. The words "Carbon dioxide, solid" or "Dry ice" [7.1.4.1(a)] .... ☐ ☐
11. Full name and address of the shipper and consignee [7.1.4.1(b)] .... ☐ ☐
12. The net quantity of dry ice within each package [7.1.4.1(d)] .... ☐ ☐
13. Class 9 label affixed [7.2.3.9] .... ☐ ☐
14. Irrelevant marks and labels removed or obliterated [7.1.1(b); 7.2.1(a)] .... ☐ ☐ ☐

Note: The Marking and labelling requirements do not apply to ULDs containing dry ice

For Overpacks
15. Packaging Use marks and hazard and handling labels, as required must be clearly visible or reproduced on the outside of the overpack [7.1.7.1, 7.2.7] .... ☐ ☐ ☐
16. The word "Overpack" marked if marks and labels are not visible [7.1.7.1] .... ☐ ☐ ☐
17. The total net quantity of carbon dioxide, solid (dry ice) in the overpack [7.1.7.1] .... ☐ ☐ ☐

Note: The Marking and labelling requirements do not apply to ULDs containing dry ice

State and Operator Variations
18. State and operator variations complied with [2.8] .... ☐ ☐ ☐

Comments: _____

_____

Checked by _____

Place: _____ Signature _____

Date: _____ Time _____

* IF ANY BOX IS CHECKED "NO", DO NOT ACCEPT THE SHIPMENT AND GIVE A DUPLICATE COPY OF THIS COMPLETED FORM TO THE SHIPPER.

圖 5-65　乾冰（固體二氧化碳）收運檢查單

5.8 存儲、裝載與信息提供

5.8.1 危險品存儲

危險品是特種貨物，在存儲時需要小心處理，一旦發生貨物丟失或其他危險事故，就會給人員、財產帶來危害和損失。因此，要求擔任危險品倉庫管理工作的人員必須具有高度的責任心和安全意識，具備危險品儲運的專業知識。

5.8.1.1 倉庫要求

對於存放危險品的庫區，有以下要求：

（1）危險品的包裝件應在專門設計的庫房中堆放。如果在普通貨物的庫房中存儲，必須放在指定區域以便集中管理。

（2）危險物品倉庫及普通倉庫的指定區域應具備如下條件：通風良好，無陽光直射，遠離各種熱源，夏季溫度不宜過高；消防設備完善，消防器材齊備；遠離其他貨物，出事故時便於迅速搶運出庫。

（3）用於存放放射性物質的倉庫，其牆壁及倉庫大門必須堅固，在一定程度上具有降低放射性物質輻射水準的功能。

（4）危險品庫區嚴禁使用明火，嚴禁吸菸。

（5）危險品倉庫內或存放區內外明顯位置應標明應急救援電話號碼。

（6）危險品存放場所必須設有明顯的標誌，有明顯的隔離設施。

5.8.1.2 危險品存儲要求

在運輸過程中，含有特殊危險品的包裝件或集裝器必須注意一些特殊的存放要求，並注意存放時的標記和標籤要求：

（1）裝有 4.1 項的自身反應物質和 5.2 項有機過氧化物的包裝件必須避免陽光直射，遠離一切形式的熱源，並放置在通風良好的地方。

（2）放射性物質包裝件、Overpack 和放射性物質的專用箱，無論在何處擺放，放射性物質的運輸指數或臨界安全指數均不得超過 50。對於總運輸指數或臨界安全指數超過 50 的必須將其分開碼放，且分開的兩堆貨物之間至少保持 6 米。有關放射性物質存儲的全部要求，請參考 DGR 第 10 章，本書不再涉及。

（3）氣瓶可以直立放在瓶架上，也可以平放在乾燥的地面上，但不可倒置。氣瓶平放時應避免滾動。多個氣瓶存放時，鋼瓶的首尾朝向須一致，且應該避免將瓶口指向人多處。

（4）標記和標籤的可見性。在空運的整個（包括存儲）的過程中，必須確保包裝件上 DGR 規定的所有標記與標籤都是清晰可見，而不是模糊不清，也不能被其他附加部分或是不相關的標籤標記所遮蓋。

5.8.2 裝載要求

由於危險品可能會危及飛行安全，造成財產損失，因此經營人必須確保危險品包裝件

不會損壞，必須對運輸的準備工作、擬裝載的機型以及危險品裝載在該機型上的方式給予特別重視，以此杜絕由於錯誤操作導致的意外損害。

（1）保證危險品的包裝件無破損和洩漏

當危險品按照要求裝入航空器時，裝載人員必須保證該危險品的包裝件不得破損，且必須特別注意在運輸準備過程中包裝件的操作和裝機方式，以避免由於拖、拉或不正確的操作產生事故性損壞。

如果發現破損或洩露，危險貨物或貨櫃在飛機上的存放位置必須檢查是否污染，並排除污染。

當裝載人員發現標貼丟失、損壞或字跡模糊時，必須通知有關部門更換標貼。該要求不適用於收運時標貼脫落或字跡模糊的情況。

除非包裝件或合成包裝兼在裝載之前已經經過檢查並正是沒有可見的滲漏或損壞，否則經營人不得將這些包裝件和 Overpack 裝上飛機或集器，同時在將集器裝上飛機之前必須檢查集器並確認其所裝載的危險品無任何洩漏或破損的跡象。

如果負責運輸或開啓含有感染性物質包裝件的任何人員發現該包裝件上有破壞或洩漏的跡象，上述有關人員必須：

①避免接觸或盡可能少的接觸該包裝件。

②立即通知專業人員，由專業人員檢查相鄰的包裝件的污染情況，將可能污染的包裝件分開放置。

③立即通知有關部門，向該貨物經過的其他國家提供有關接觸該包裝件的人員可能受到的傷害和資訊。

④通知託運人及收貨人。

（2）正確固定危險品

經營人必須採用一定的方法固定裝在飛機中的危險品包裝件，以防止飛行中因移動而改變包裝件的位置。對於含有放射性的包裝件或 Overpack，其固定方式必須確保在任何時候都符合相關的隔離要求。

（3）特殊裝載要求

DGR 針對幾種具體類別的危險品，對其裝載要求進行了規定，本節暫舉幾種特殊的危險物品，對其裝載要求進行簡單介紹。

①磁性物質的裝載。必須保證飛機的羅盤指向保持在此飛機適航要求允許的公差範圍內，在實際過程中，應裝載在對羅盤影響最小的位置上。多個包裝件會產生累積效應。根據磁性物質適用的包裝說明 953 所描述的在批准條件下運輸的磁性物質，其裝載必須符合主管當局批准的特定條件。

②低溫液體的裝載。裝載其他溫度敏感貨物且無論是否有動物在同一航班上時，在經營人根據機型做好適當安排後可以運輸在開放或封閉的低溫容器中的含有冷凍液體氣體的包裝件。經營人應保證通知地面工作人員，含有低溫液體的包裝件將裝載或已在飛機上，並提出相應的警示，以保證裝載人員在進入飛機貨艙前貨艙門開啟並釋放所有積壓氣體。

③在整個裝載過程，含有第 4.1 項中的自身反應物質或第 5.2 項的有機過氧化物的包裝

件或集裝器，應避免陽光直射，遠離熱源，且通風良好，切勿與其他貨物堆放在一起。

④淨重不得超過 100kg 的聚合物顆粒或可塑性的成型物品，按照包裝說明 957，可以裝載於任何飛機的無法接近的密閉艙內。

⑤經經營人批准，以行李形式運輸的三種輪椅或助行器及其電池（即裝配密封型濕電池或符合特殊規定 A123 的電池的輪椅或其他電池驅動的助行器、裝配非密封型電池的輪椅或其他電池驅動的助行器，以及裝配鋰電池的輪椅或類似電池驅動力的助行器）的裝載。並且，以上幾種的情況，都必須通知機長裝有電池的輪椅或移動輔助工具的位置或帶包裝電池的位置。建議旅客與每一個經營人事先做好安排，如果可能，非密封的電池應配有防溢漏的通氣孔塞。為了便於操作裝有電池的輪椅或移動輔助工具，可以使用標籤來幫助識別是否已經取出輪椅中的電池，如圖 5-66 所示。此標籤分為兩部分，左邊部分貼在輪椅上用於註明是否已經取出電池；在輪椅和電池分開運輸的特殊情況下，使用右邊部分來識別電池，同時也可以保證電池和輪椅能夠相對應。

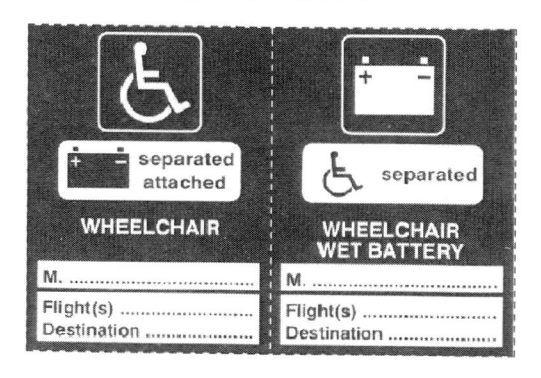

圖 5-66 電池驅動的輪椅和移動輔助工具標籤

5.8.3 檢查危險的包裝件

在危險品貨物的卸載過程中，必須檢查危險品包裝件和 Overpack。如果發現損壞或洩漏，則還需要檢查危險品或集裝器在飛機上的裝載位置，確認包裝件的洩漏或損壞是否造成損失或污染。

任何出現破損或洩漏的包裝件都必須從機內搬出，然後根據公司、機場和政府的規定由專門人員作安全處置，如果出現了放射性物質和感染性物質的洩漏則必須通知國家主管部門。一旦出現洩漏，經營人必須確保其餘貨物沒有破損，且其他包裝件、行李或貨物沒有受污染。

5.8.4 危險品固定

經營人必須採用一定的方法固定裝在飛機中的危險品包裝件，以防止飛行中因移動而改變包裝件的位置。例如，保證小體積的包裝件不會通過網孔從集裝板上掉下；散裝的包裝件也不會在機艙內移動；桶形包裝件難於用尼龍帶束縛固定時，要用其他貨物卡緊；用其他貨物卡住散裝的包裝件時，必須從 5 個方向卡緊，即前、後、左、右、上這 5 個方向。對於含

有放射性的包裝件或 Overpack，其固定方式必須確保在任何時候都符合相關的隔離要求。

5.8.5 駕駛艙裝載要求

（1）駕駛艙與客機的客艙

無論是客機或貨機，駕駛艙裝載限制和客機中用來載運旅客的客艙的要求都相同。

一般情況下，危險品只有符合 DGR 相關要求（即旅客和機組人員可以以行李運輸的危險品要求和經營人資產中可以裝入的危險品）或屬於放射性物質的例外包裝件時，才可以裝入飛機駕駛艙和載有旅客的客艙。

（2）客機的貨艙

①貨艙分類

A 級貨艙或行李艙的要求是：
- 火情的存在易於被機組成員在他的或她的工作位置上發現；
- 在飛行中易於接近該級艙內任何部位。

B 級貨艙或行李艙的要求是：
- 在飛行中有足夠的通道使機組成員能夠攜帶手提滅火器有效地到達艙內任何部位；
- 當利用通道時，沒有危險量的煙、火焰或滅火劑進入任何有機組或旅客的艙；
- 有經批准的獨立的煙霧探測器或火警探測器系統，可在駕駛員或飛行工程師工作位置上給出警告。

C 級貨艙或行李艙是指不符合 A 級和 B 級艙要求的艙，但是該艙應具備下列條件：
- 有經批准的獨立的煙霧探測器或火警探測器系統，可在駕駛員或飛行工程師工作位置上給出警告；
- 有經批准的，可在駕駛員或飛行工程師工作位置上操縱的固定式滅火系統；
- 有措施地阻止危險量的煙、火焰或滅火劑進入任何有機組或旅客的艙；
- 有控制艙內通風和抽風的措施，使所用的滅火劑能控制艙內任何可能的火情。

D 級貨艙或行李艙的要求是：
- 艙內發生的火災將完全被限制在艙內，不會對飛機及其乘員的安全造成危險；・有措施地阻止危險量的煙、火焰或其他有毒氣體進入有機組或旅客的艙；
- 可在每一艙內控制通風和抽風，使任何可能發生在艙內的火災將不會發展到超過安全限度；
- 考慮到艙內高溫對相鄰的飛機重要部件產生的影響。

E 級貨艙是在飛機上僅限用於運載貨物的艙，其要求是：
- 有經批准的獨立的煙霧探測或火警探測器系統，可在駕駛員或飛行工程師工作位置處給出警告；
- 有措施切斷進入艙內的或艙內的通風氣流，這些措施的操縱器件是駕駛艙內的飛行機組可以接近的；
- 有措施地阻止危險量的煙、火焰或有毒氣體進入駕駛艙；
- 在任何裝貨情況下，所要求的機組應急出口是可以接近的。

注意：關於貨艙布局的詳細定義和解釋請查閱 ICAO 的《機上危險物品事故應急處理指南》。

②裝載限制

只要客機（此處客機是指載運除機組人員、具有官方身分的經營人的雇員、國家主管當局授權的代表或貨物的押運人員以外的任何人員的航空器）的主貨艙符合 B 級或 C 級飛機貨艙的所有適航標準，則可以將危險品裝入該艙。不符合上述標準的客機主貨艙，在特定條件下經始發國批准後也可以運輸危險品。

帶有「Cargo Aircraft Only（僅限貨機）」標籤的危險品，不得用客機裝運。如圖5-67所示。

圖 5-67　帶有僅限貨機標籤的危險品不得用客機裝運

5.8.6　貨機的裝載限制

一般情況下，客機允許裝載的危險品包裝件或 Overpack 也是可以在貨機上裝載的。所以，那些只能在貨機上裝載的危險品的裝載限制即構成了貨機上危險品的裝載限制，本節主要對這類「僅限貨機」類的危險品的裝載限制進行說明。

在裝載時，必須使「僅限貨機（黏貼有僅限貨機標貼）」的危險品包裝件具有可接近性，如圖5-68所示。在必要的時候，只要包裝件的大小和重量允許，應將該包裝件放置在機組人員可以用手隨時將其搬開的位置。這一要求對以下危險品不適用：

（1）無次要危險的Ⅲ級包裝的易燃液體（第3類）；
（2）毒性物質和感染性物質（第6類）；
（3）放射性物質（第7類）；
（4）雜項危險品（第9類）。

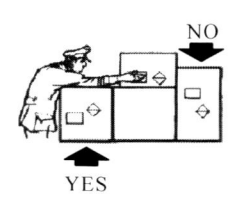

圖 5-68　黏貼僅限貨機標籤的危險品包裝件具有可接近性

5.8.7　危險品的隔離

5.8.7.1　不相容危險品的隔離

有些不同類別的危險品，互相接觸時可以發生危險性很大的化學反應，稱之為性質相

互抵觸的危險品。例如易燃液體和氧化劑。為了避免這樣的危險品在包裝件偶然漏損時發生危險的化學反應，必須在存儲和裝載時對它們進行隔離。

隔離要求的應用是以包裝件上所有的危險性標籤為基礎的，無論是主要危險性還是次要危險性。需要互相隔離的危險品見表 5-68 所示：

表 5-68　　　　　　　　　　　　危險物品隔離表

危險性標籤	1 不包括 1.4S	1.4S	2	3	4.2	4.3	5.1	5.2	8
1 不包括 1.4S	見 9.3.2.2	見 9.3.2.2.3	×	×	×	×	×	×	×
1.4S	見 9.3.2.2.3	–	–	–	–	–	–	–	–
2	×	–	–	–	–	–	–	–	–
3	×	–	–	–	–	–	×	–	–
4.2	×	–	–	–	–	–	×	–	–
4.3	×	–	–	–	–	–	–	–	–
5.1	×	–	–	–	×	×	–	–	–
5.2	×	–	–	–	–	–	–	–	–
8	×	–	–	–	–	×	–	–	–

註：
1. 在行和列的交叉點註有「×」，表明裝有這些類或項的危險品的包裝件必須相互隔開。若在行和列的交叉點註有「–」，則表明裝有這些類/項的危險品包裝件無須隔離。
2. 表中不包含 4.1 項及 6、7 和 9 類，它們不需與其他類別的危險品隔開。

使用表 5-68 時，進行判斷的項目僅需要考慮主要危險性的類別或項別即可，不必考慮其他的次要危險性。而且，除第 1.4 項的 S 配裝組外，爆炸品不得與該類或項的物品一起存放，因此表中標明 1.4S 項；由於第 4.1 項及第 6、第 7 和第 9 類不需與其他類別的危險品隔開，因此，表中不包含這些類別的危險品。

【例 5-51】現有兩個包裝件，第一個包裝件上貼有腐蝕性標籤，第二個包裝件上貼有 4.3 項危險性標籤，確定包裝件是否需要隔離。

根據表 5-68，在 4.3 和 8 的交叉處為「×」，所以這兩個包裝件是不相容的，彼此之間需要隔離。

【例 5-52】如果在上例中第二個包裝件上的標籤不是「Dangerous when wet」，而是 5.1 項危險性標籤，確定包裝件是否需要隔離。

根據表 5-68，在 5.1 和 8 的交叉處為「–」，則這兩個包裝件是相容的，彼此之間不需要隔離。

性質不相容的危險品包裝件在任何時候不得相互接觸或相鄰放置。實際操作時，這些不相容的危險品要裝入不同的貨艙、不同的集裝板或貨櫃，或與普通貨物隔開。在運輸和存儲時需要滿足：

（1）倉庫存儲時貨與貨之間應有 2m 以上的間隔距離；
（2）裝在集裝板上或在散貨艙內裝載的情況下，可採用如下兩種方式中的任何一種，

如圖 5-69 所示：

①將兩種性質互相抵觸的危險品包裝件分別用尼龍帶固定在集裝板或飛機貨艙板上，兩者的間距至少 1m；

②用普通貨物的包裝件將性質互相抵觸的兩個危險品包裝件隔開，兩者的間距至少 0.5m。

方式1：將危險品包裝件**網綁並隔離**

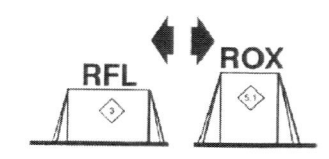

方式2：將普通的非危險品貨物置於不相容的危險品之間

圖 5-69　危險品機上隔離方式

在圖 5-69 中，上方的第 3 類危險品（RFL 為易燃液體的貨運三字代碼，ROX、RCM、RFW 分別是氧化劑、腐蝕性物質和遇濕危險物質的貨運 IMP 代碼）與 5.1 項氧化劑需要隔離，因此在存放時要保持一定間距。同理，下方的第 8 類物質與遇濕危險物質也需要隔離，但為了充分利用存儲空間（在機艙內空間的充分利用顯得尤為重要），用普通的非危險貨物將兩種物質隔離開。

在任何時候都必須確保放射性物質的包裝件和 Overpack 之間有充分的隔離和固定。

5.8.7.2　危險品與非危險品的隔離

某些危險品與非危險品也不相容，這些物質的裝載需要注意彼此的隔離。有關的裝載隔離要求詳見表 5-69。

表 5-69　　危險品與非危險品裝載隔離警告

危險品類別 貨物	毒性與感染性物質 6	放射性物質 II 類與 III 類 7	乾冰與冷凍液化氣體 9
活體動物	×	⟷	◄►
種蛋		⟷	◄►
未沖洗的膠卷		⟷	
食物或其他可食用物質 （魚，海產，肉類）	×		

註：◄► 表明包裝件應採用物理手段隔開。

⟷ 表明需要最短隔離距離。放射性物質與活體動物的最小隔離距離具體內容見 DGR9.3.14.2；放射性物質與未沖洗的膠卷的最短隔離距離可參考 DGR 表 9.3.F。

× 表明包裝將絕對不能同艙存放。

放射性危險品與其他危險品、非危險品以及人員的裝載隔離本書不再涉及，詳情可參考 DGR 第 10 章相關內容。

5.8.8　幾種特殊危險品的裝載

5.8.8.1　爆炸品的隔離和裝載

只有 1.4 項 S 配裝組的爆炸品是允許使用客機運輸的。而只有以下的爆炸品可以使用貨機運輸：

（1）1.3 項的 C、G 配裝組；

（2）1.4 項的 B、C、D、E、G、S 配裝組。

所以本節討論的對象僅限航空運輸中允許運輸的這些項別和配裝組。

哪些爆炸品可以在飛機中碼放在一起是由其配裝組決定的。如果它們能碼放在一起而不會大幅增加事故可能性，也不會由於數量增加而改變事故的等級，則可以認為這些爆炸品是可以配裝的。

S 配裝組中的爆炸品可以與所有配裝組中的爆炸品一起碼放。1.4B 的爆炸品不得與 1.4S 以外的其他爆炸品裝在一起。當 1.4B 爆炸品與 1.4S 以外的其他爆炸品裝載在同一飛機時，必須分別裝載在不同的集裝器內，裝機時集裝器之間必須由其他貨物分隔開並保持最小距離 2m。如不使用集裝器裝載，1.4B 必須與其他爆炸品裝載在不同且不相鄰的位置且用其他貨物隔離，最小距離也為 2m。

5.8.8.2　液體危險品包裝件的裝載

在運輸過程中，帶有「This Way Up（此面向上）」向上標記的包裝件必須始終按照此標籤進行裝運、碼放和操作。裝有液體危險品的單一包裝件如有頂端封口，即使這樣的單一包裝件可能存在側面封口，也必須保證頂端封口向上碼放。

5.8.8.3　第 6 類危險品與活體動物的隔離

對於所有貼有毒性或感染性物質標籤的包裝件，不得與以下物品碼放在相同貨艙內：

（1）活體動物。

（2）食品。

（3）飼料。

（4）其他供人類或動物消費的可適用物質，下列情況除外：

①危險品被放置在封閉的集裝器中，而食品和動物放置在另一個封閉的集裝器中；

②當分別放入適用的開放式集裝器時，集裝器彼此不能相鄰存放。

活體動物不得靠近低溫液體或固體二氧化碳（乾冰）裝載。由於固體二氧化碳釋放的氣體比空氣重，這些氣體會集中在貨艙的底層。因此活體動物的裝載位置應高於含有固體二化碳（乾冰）的包裝件。

放射性物品中，貼有Ⅱ級黃和Ⅲ級黃標籤的包裝件、Overpack 和專用貨箱必須與活體動物隔離。運輸時間小於或等於 24 小時，最小的間隔距離為 0.5m；運輸時間大於 24 小時的，最小隔離距離為 1m。

5.8.8.4　乾冰的裝載

固體二氧化碳（乾冰）對於活體動物存在兩種危險性：一是放出二氧化碳氣體，二氧化碳氣體密度比空氣大，而且會取代空氣中的氧氣，空氣中二氧化碳含量若大於 2.5%，

就會影響到人和動物的正常生理功能；二是降低周圍溫度，使動物處於低溫環境。

經營人在運輸固體二氧化碳（乾冰）時，應根據機型、飛機通風率、包裝與碼放方式、同一航班上是否還裝有動物以及其他裝載要求等因素做好合理安排。

飛機正在裝載或已裝載乾冰時必須通知地面操作人員。飛機在經停站著陸時，都應打開艙門，以利空氣流通而降低貨艙內的二氧化碳濃度。如果需要裝卸貨物，必須待貨艙內空氣充分流通後，工作人員才可進入貨艙進行裝卸作業。

如果乾冰由單一託運人按包裝說明 954 準備，裝在集裝器或其他類型的托盤中，而經營人在收運後又額外添加了乾冰，則經營人必須保證在提供給機長的資訊中，乾冰的數量已經進行了修改。

此外，如果機組和旅客的交運行李中有乾冰，則必須使用標記，表明其中含有乾冰，且標明乾冰的數量，或標明內裝不超過 2.5kg 的乾冰。為了便於處理，圖 5-70 為行李牌示樣，經營人可根據這種行李牌來標示此類交運行李。

圖 5-70　含有乾冰的行李使用的行李牌

5.8.9 信息提供

經營人必須用以下方式提供危險物品的資訊：
（1）使用機長通知單向機長提供危險品的詳細資訊；
（2）在航空公司手冊中寫明危險物品的操作規定，以便使其工作人員能夠履行其職責，包括在緊急情況下採取的措施；
（3）使用「告示」、公告牌或其他形式通知旅客，告誡其不準作為手提或交運行李登機的物品；
（4）在貨物接受區公示關於危險物品運輸的有關資訊。

5.8.9.1　向機長提供資訊

經營人應通過機長通知單向機長提供資訊。機長通知單的填寫要求和通知程序在後面部分詳細介紹。

5.8.9.2　向經營人的雇員提供信息

經營人必須在運行手冊或其他手冊中提供使機組成員和其他雇員能夠履行其關於危險品作業職責的資訊。如適用，這些資訊還必須提供給地面服務人員。此資訊必須包括以下內容：
（1）如發生涉及危險品緊急情況時應採取的措施；
（2）貨艙裝載位置和編號的詳細資料；
（3）每個貨艙允許裝載乾冰的最大數量；
（4）如果運載放射性物質，此類危險品的裝載說明。

5.8.9.3 向旅客提供信息

每一經營人及機場經營人必須保證通過宣傳方式，告誡旅客哪些種類的危險品是禁止帶上飛機的。

經營人或其服務代理人必須保證已提供資訊，使旅客瞭解哪些類型的危險品是禁止帶上飛機運輸的。此類資訊至少應由以下方式組成：

（1）在客票上或以其他的方式在旅客登機前或登記過程中獲知這些資訊 。

（2）在機場的下列位置都應備有足夠數量的醒目公告：

①售票點；

②旅客辦理乘機手續處；

③登記區；

④行李提取處。

（3）旅客辦理乘機手續的任何其他地方有醒目的顯示。

除經營人外，與航空客運相關的任何組織或企業（如旅行社）都應該向旅客宣傳哪些類型的危險品是禁止帶上飛機。至少這些資訊應在與旅客接觸的場所構成最低限度的通知。

經營人必須對辦理登機手續的人員進行充分的培訓，來幫助他們能夠識別並發現旅客攜帶的除 DGR 中所允許之外的危險品。

辦理登機手續的人員懷疑旅客攜帶的任何物品中含有危險品時，應與旅客進行確認，以防止旅客在行李中將不允許攜帶的危險品帶上飛機。許多看似無害的物品都可能含有危險品。

5.8.9.4 向託運人提供資訊

經營人必須保證在貨物收運地點的明顯位置提供有關危險品運輸的資訊 。

5.9　危險品事故/事件應急回應

5.9.1　事故/事件的定義

危險品事故是指發生與危險品運輸有關的，造成人的致命或嚴重傷害或重大財產損失的不安全事件。嚴重傷害是指在事故中對人身持續的傷害，並符合以下標準：

（1）從接受傷員開始，需要住院 48 小時以上；

（2）造成任何骨頭的斷裂（手指、腳趾或鼻梁的小斷裂除外）；

（3）引起嚴重的出血、神經、肌肉或肌腱傷害的傷口；

（4）任何內部器官的傷害；

（5）二度或三度燒傷，或任何人體表面 5% 以上的燒傷；

（6）證實有對感染性物質或會造成傷害的輻射的暴露；

（7）危險品運輸導致的飛行事故。

危險品事件不同於危險品事故，它與危險品的運輸有關，不一定發生在飛機上，但造

成人員傷害、財產損失、火災、破損、流體溢出、洩漏、輻射等，任何發生會嚴重危及飛機或其乘員安全有關的事情也被認為構成危險品事件。

5.9.2 應急回應代碼

在飛行中，當涉及或可能涉及某一或數個含有危險品的包裝件引發的事件/事故時，可以查閱表5-70所示的應急代碼處置方案字母含義和表5-71所示的航空器應急回應操作方法表，以選擇正確的應急回應方法。

當包裝件被確認後，則該危險品就可以從「機長通知單」中被找出。相應的處置代碼就可在通知單中給出。如果不能給出的話，則可在通知單中找出所註明的該危險品貨物品名的運輸專用名稱或聯合國編號（UN），並使用「危險品英文字母目錄表」和「危險品數字目錄表」來找出。

表 5-70　　　　　　　　航空器應急回應代碼處置方案字母含義

處置方案字母	附加的危險性	處置方案字母	附加的危險性
A	麻醉的	M	磁性的
C	腐蝕的	N	有害的
E	爆炸的	P	有毒性的＊（毒性物質）
F	易燃	S	自動燃燒或發火
H	高度可燃	W	遇濕釋放有毒或易燃氣體
i	有刺激性的/催淚的	X	氧化性物質
L	其他較低或無危險性	Y	根據感染性物質的類別而定，有關國家主管當局可能需要對人員、動物、貨物和航空器進行隔離

＊註：作為毒性物質來說意味著具有毒性。

表 5-71　　　　　　　　航空器應急回應操作方法表

操作方法代號	固有的危險性	對飛機的危險	對乘員的危險	溢出或滲漏處理程序	救火措施	其他考慮因素
1	爆炸可能引起飛機結構破損	起火或爆炸	參照有關措施字母	使用100%氧氣，禁止吸菸	梭魚使用的滅火劑；使用標準滅火程序	可能突然失去增壓
2	氣體、非易燃性，壓力可能在起火情況下產生危險	最小	參照有關措施字母	使用100%氧氣，對於操作字母「A」「i」或「P」的物品，打開並保持最大限度的通風	使用所有可用的滅火劑；使用標準滅火程序	可能突然失去增壓
3	易燃液體或固體	起火或爆炸	煙、煙霧和高溫，以及如有關措施字母所述	使用100%氧氣，打開並保持最大限度的通風；禁止吸菸，盡可能最少地使用電氣設備	使用所有可用的滅火劑；對於字母「W」不得使用水作為滅火劑	可能突然失去增壓

表5-71(續)

操作方法代號	固有的危險性	對飛機的危險	對乘員的危險	溢出或滲漏處理程序	救火措施	其他考慮因素
4	暴露空氣中時,可自動燃燒或起火	起火或爆炸	煙、煙霧和高溫,以及如有關措施字母所述	使用100%氧氣,打開並保持最大限度的餓通風	使用所有適用的滅火劑;歲於字母「W」不得使用水作為滅火劑	可能突然失去增壓;對於操作字母「F」或「H」盡可能最少地使用電氣設備
5	氧化性物質,可能引燃其他物質,可能在火的高溫中受熱爆炸	起火或爆炸,可能造成腐蝕性破壞	刺激眼、鼻和咽喉;與皮膚接觸造成損害	使用100%氧氣,打開並保持最大限度通風	使用所有適用的滅火劑;對於字母「W」不得使用水作為滅火劑	可能突然減壓
6	有毒物品,吸入、攝取或皮膚吸收可能致命	被有毒液體或固體污染	劇烈中毒,後果可能會延遲發作	使用100%氧氣,打開並保持最大限度的通風,沒有手套不得接觸	使用所有適用的滅火劑;對於字母「W」不得使用水作為滅火劑	可能突然失去增壓;對於操作字母「F」或「H」盡可能最少地使用電氣設備
7	破損或未加防護的包裝發出輻射	被溢出的放射性材料污染	暴露於輻射中,並對人員造成污染	不得移動包裝件;避免接觸	使用所有適用的滅火劑	通知專業人員接機處理
8	腐蝕性物質或煙霧,吸入或與皮膚接觸可能致殘	腐蝕性破壞	刺激眼、鼻和咽喉;與皮膚接觸造成損害	使用100%氧氣,打開並保持最大限度通風;沒有手套不得接觸	使用所有適用的滅火劑;對於字母「W」不得使用水作為滅火劑	可能突然失去增壓;對於操作字母「F」或「H」盡可能最少地使用電氣設備
9	無通常固有的危險	見有關操作字母所述	見有關操作字母所述	使用100%氧氣,對於操作字母「A」打開並保持最大限度的通風	使用所有適用的滅火劑;對於字母「W」不得使用水作為滅火劑	無
10	易燃氣體,如果有任何火源,極易著火	起火或爆炸	煙、煙霧和高溫,以及如措施字母所述	使用100%氧氣,打開並保持最大限度的通風;禁止吸菸,盡可能最少地使用電氣設備	使用所適用的滅火劑	可能突然失去增壓
11	感染性物質,如果通過黏膜或外露的傷口吸入、攝取或吸收,可能會對人或動物造成影響	被感染性物質污染	對人或動物延遲發作的感染	不要接觸。在受影響區域保持最低程度的再循環和通風	使用所有可用的滅火劑。對於操作方法字母「Y」的物品,禁止使用水	通知專業人員接機處理

5.9.3 應急回應程序

操作危險品時,必須設置有效的事故應急程序。ICAO要求機場當局建立一套危險品

事故應急回應程序或者手冊。

此外，DGR 也要求經營人在其業務手冊中向機組人員及其他職員提供有關危險品事故的處理資訊。對於所有人員，都應該進行危險品應急回應的培訓。

5.9.2.1 地面人員應急程序

危險品事故的一般回應程序是：

（1）立即通知主管人員，並獲得幫助。

（2）識別危險品（如果這樣做是安全的）。

（3）若能保證安全，通過將其他包裝件或財產移開來隔離該危險品。

（4）避免接觸危險品。

（5）若衣服或身體接觸到危險品：

①用大量的水沖洗身體；

·脫掉被污染的衣服；

·不要吃東西或抽煙；

④手不要與眼睛、嘴和鼻子相接觸；

⑤尋求醫療幫助。

（6）應對事故中所涉及的有關人員做好記錄。

5.9.2.2 機組人員應急程序

機組人員應按以下的應急檢查單進行相應的應急程序：

（1）遵循相應的機上滅火或清除煙霧的應急處理措施，包括：

①遵循機上應急滅火程序；

②開啓「禁菸」指示燈；

③考慮盡快著陸；

④考慮關閉所有的非必要部件的電源；

⑤確定煙霧、火焰和濃煙的根源；

⑥對於客艙中危險品事故，見客艙事故檢查單及機組人員行動指南；

⑦確定危險品應急相應措施代碼（從機長通知單或「紅皮書」中得到）；

⑧使用機上危險品事故應急處理措施列表指南幫助處理事故；

⑨如果可能，通知航管中心機上所載有的危險品。

（2）飛機著陸後：

①開啓艙門之前，先將旅客和機組人員撤離飛機；

②通知地面應急中心有關危險品的性質及裝載的位置；

③在飛行記錄本上做相應的記錄。

5.9.2.3 乘務人員應急程序

乘務人員的應急程序應該遵循相應的機上滅火或清除煙霧的應急程序：

（1）第一反應

①通知機長。任何涉及危險物品的事件/事故都應立刻通知機長，機長需要瞭解所採取的一切行動及其效果。飛行機組和客艙機組協調他們的行動，使每一組成員充分瞭解另

一組成員的行動和意圖是十分重要的。

②辨認物品。請有關的旅客辨認物品並指出潛在的危險。該旅客或許能夠對該物品的危險性質及如何處理這些危險給予一些指導。如果旅客能確認該物品，參考應急回應代表碼以瞭解相應的應急回應操作方法。（註：當航空器上客艙機組僅有一名成員時，與機長協商是否應請求一名旅客來幫助處理事件/事故。）

（2） 發生火情

必須使用標準應急程序處理火情。一般說來，對於溢出物或在出現煙霧時，不應使用水，因為它可能使溢出物擴散或加速煙霧的生成。當使用水滅火器時，還應考慮可能存在的電氣部件。

（3） 出現溢出或滲漏

①取出應急回應包或其他有用的物品。

取出應急回應包，或者取出用來處理溢出物或滲漏物的如下物品：

- 一定量的紙巾或報紙或其他吸水性強的紙或物品（如椅墊套、枕套）；
- 烤爐抗熱手套或抗火手套（如配備）；
- 至少兩個大的聚乙烯廢物袋；
- 至少三個小一些的聚乙烯袋，如免稅店或酒吧出售商品使用的袋子，如果沒有，也可利用清潔袋。

②戴上橡膠手套和防煙面罩或防煙面具——便攜式氧氣瓶。在接觸可疑的包裝件或物品之前，應對雙手加以保護。抗火手套或烤爐抗熱手套再覆蓋上聚乙烯袋可能起到適當的保護作用。當處理涉及煙、煙霧或火的事件/事故時，應戴上防護性呼吸設備（PBE）。

③將旅客從該區域撤走。不應考慮使用機上便攜式氧氣瓶的醫療面罩或供旅客使用的氧氣系統來幫助處於充滿煙或煙霧的客艙旅客，因為大量的煙或煙霧將通過面罩上的氣門或氣孔被吸入。幫助處於充滿煙或煙霧的環境中的旅客的一個更加有效的方法，是使用濕毛巾或濕布捂住嘴和鼻子。濕毛巾或濕布可幫助過濾，而且其過濾效果比乾毛巾或乾布更佳。如果煙或煙霧在發展，客艙機組應迅速採取行動，並將旅客從涉及的區域轉移，如有必要還要提供濕毛巾或濕布，並說明如何通過它們來呼吸。

④將危險物品裝入聚乙烯袋中。

第一種情況，如有應急回應包時：如果可以完全確定該物品不會產生問題，則可以決定不移動它，然而，在大多數情況下，最好將該物品移走，並應按如下建議來做。將該物品裝入聚乙烯袋的方法為：準備好兩個袋子，把邊卷起來，放在地板上；將物品放入第一個袋子中，使其封口端或其容器出現泄漏的部位朝上；取下橡膠手套，同時避免皮膚與手套上的任何污染物接觸；橡膠手套放入第二個袋子中；封上第一個袋子，同時擠出多餘的空氣；扭上第一個袋子的開口端，並用一根捆紮繩將其系緊以確保安全，但又不要太緊以致不能產生等壓；將（裝有該物品的）第一個袋子放入已裝入橡膠手套的第二個袋子中，並採用與第一個袋子相同的方法將其開口端繫牢。

第二種情況，如果沒有應急回應包，可按以下方法處理：拾起物品並將其放入一個聚乙烯袋子中；確保裝有危險物品的容器保持正放或者滲漏的地方朝上；在確定用來擦抹的

東西與危險物品之間不產生反應之後，用紙巾、報紙等抹淨溢出物；將髒紙巾等放入另一個聚乙烯袋子中；將用於保護手的手套和袋子放入一個單獨的小聚乙烯袋子中，或與髒紙巾放在一起；如果沒有多餘的袋子，將紙巾、手套等與該物品放在同一個袋子中；將多餘的空氣從袋子中排出，緊束開口以保安全，但不要太緊以致不能產生等壓。

⑤隔離存放聚乙烯袋子。如果機上有配餐用的或酒吧用的箱子，騰空裡面的東西，並將其放置在地板上，蓋子朝上；將裝有該物品和任何髒紙巾等的袋子裝入箱子中並蓋上蓋；將箱子或袋子拿到一個離駕駛艙和旅客盡可能遠的地方；如果有廚房或盥洗室的話，考慮將箱子或袋子放在那裡，除非它靠近駕駛艙；只要可能，就使用後置廚房或盥洗室，但不要將箱子或袋子靠在密封隔板或機身壁上；如果使用廚房，箱子或袋子可存放在一個空的廢物箱內；如果使用盥洗室，箱子可放在地板上或將袋子存放在一空的廢物箱內，盥洗室的門應從外面鎖上。在增壓航空器內，如果使用盥洗室，任何煙霧將從客艙排出；然而，如果航空器未被增壓，如果使用盥洗室，任何煙霧將無法從客艙排出。

在移動箱子時，務必使開口朝上，或在移動袋子時，務必使裝有危險物品的容器的開口朝上或者使滲漏的部位朝上。

無論將箱子或袋子放在哪裡，要將其牢牢固定住以防移動，並使物品正放，確保箱子或袋子放置的位置不會妨礙人員下機。

⑥採用處理危險物品的方式處理被污染的座椅墊/套。應將被溢出物污染的椅墊、椅背或其他陳設從其固定物上取下，並和最初用於覆蓋它們的袋子一起裝入一個大的帆布袋子或其他的聚乙烯袋子中。應採用與存放引起事件/事故的危險物品相同的方式存放這些物品。

⑦覆蓋地毯/地板上的溢出物。用廢物袋或其他的聚乙烯袋子來覆蓋地毯或陳設上的溢出物，如果沒有，則可使用清潔袋將其打開以便使用塑膠的一面覆蓋溢出物，或者使用旅客須知卡。

如果地毯被溢出物污染並且雖然被覆蓋但依然產生煙霧，應盡可能將其卷起，放入一個大帆布袋子或其他聚乙烯袋子中。應將其放入垃圾箱中，並在可能的情況下，存放在後置盥洗室內或者後置廚房內。如果地毯不能移開，應始終用大帆布袋子或聚乙烯袋子等物蓋住，並應在上面再蓋一些袋子以減少煙霧。

⑧經常檢查存放的危險物品/被污染的陳設。應該定期檢查出於安全考慮而被撤走和存放起來的或被覆蓋的任何危險物品、被污染的陳設或設備。

（4）著陸之後

①向地面工作人員指明危險物品及其存放地點，傳達所有有關該物品的信息。

②在客艙記錄本上作出記錄，以便採取正確的維修措施，並酌情補充或更換應急回應包或任何用過的航空器設備。

5.10 危險品事故處理與報告

危險品事故是指在航空危險品運輸過程中，由於危險品包裝破損、內裝物品散失、灑

漏、火災等造成人員傷亡或財產損失。任何與危險品運輸有關、嚴重威脅飛機或機上人員安全的事件，都被認為是構成危險品事故。因而，本節針對各類危險品將危險品事故由包裝件破損、灑漏、滅火措施及其注意事項幾方面展開介紹。

5.10.1 爆炸品事故處理及滅火措施

（1）破損包裝件的處理

如果收運後發現爆炸品包裝件破損，則破損包裝件不得裝入飛機或集裝器。已經裝入的，必須馬上卸下，認真檢查同一批貨物的其他包裝件是否有相似的破損或者是否已受到了污染。將破損的包裝件及時移至安全地點，立即通知有關部門進行事故調查和處理，並通知託運人或收貨人。在破損包裝件附近嚴禁煙火。

（2）灑漏處理

對於爆炸品的灑漏物，應及時用水潤濕，撒以鋸末或棉絮等鬆軟物品，輕輕收集後並保持相當的濕度，報清消防人員或公安部門處理。

（3）滅火措施

①現場搶救人員應戴防毒面具；

②現場搶救人員應站在上風頭；

③用水和各式滅火設備撲救。

（4）注意事項

①對於第1.4項的爆炸品包裝件，除了含鹵素滅火劑的滅火器之外，可以使用任何滅火器。對於在特殊情況下運輸的第1.1、第1.2、第1.3或第1.5項爆炸品，應由政府主管當局預先指定可使用的滅火器的種類。

②屬於1.4S配裝組的爆炸品，發生事故時，其爆炸和噴射波及範圍很小，不會妨礙在附近採取消防或其他應急措施。

③對於1.4配裝組之外的第1.4項爆炸品，外部明火難以引起其包裝件內裝物品的瞬時爆炸。

5.10.2 氣體事故處理及滅火措施

（1）破損包裝件的處理

收運後發現包裝破損，或有氣味，或有氣體逸漏跡象，則破損包裝件不得裝入飛機或集裝器。已經裝入的必須卸下，認真檢查同一批貨物的其他包裝件是否有相似的損壞情況或是否已經受到污染。包裝件有氣體溢漏跡象時，人員應注意避免在附近吸入漏出氣體。如果易燃氣體或非易燃氣體包裝件在庫房內或在室內發生逸漏，必須打開所有門窗，使空氣充分流通，然後由專業人員將貨物移至室外。如果毒性氣體包裝件發生逸漏，應由戴防毒面具的專業人員處理；在易燃氣體破損包裝件附近，不準吸菸，嚴禁任何明火，不得開啟任何電器開關，任何機動車輛不得靠近。

（2）滅火措施

①立即報火警，說明現場有易燃氣體或毒性氣體包裝件存在；

②報火警時，說明現場所備有的消防器材；
③現場搶救人員必須戴防毒面具；
④現場搶救人員應避免站在氣體鋼瓶的首、尾部；
⑤用水或霧狀水澆在氣體鋼瓶上，使其冷卻，並用二氧化碳滅火器撲救；
⑥在情況允許時，應將火勢未及區域的氣體鋼瓶迅速移至安全地帶。
（3）注意事項

裝有深冷液化氣體的非壓力包裝件，如在開口處有少量的氣體逸出，放出可見蒸氣並在包裝附近形成較低溫度，屬正常現象，不應看作事故或事故徵候，包裝件可按《危險品規則》的要求裝載；在漏氣包裝件附近因吸入氣體而出現中毒症狀的人員，應立即送往醫療部門急救。

5.10.3 易燃液體事故處理及滅火措施

（1）破損包裝件的處理

收運後發現包裝件漏損，則包裝件不得裝入飛機和集裝器。已經裝入的必須卸下，認真檢查同一批貨物的其他包裝件是否有相似的損壞情況或是否已經受到污染。在漏損包裝件附近，不準吸菸，嚴禁任何明火，不得開啓任何電器開關；將漏損包裝件移至室外，通知主管人員進行事故調查和處理，並通知託運人或收貨人。

（2）灑漏處理

如果易燃液體在庫房內或飛機貨艙內漏出，應通知消防部門，並應清除掉漏出的易燃液體。貨艙被清理乾淨之前，飛機不準起飛。

易燃液體發生灑漏時，應及時以沙土覆蓋，或用鬆軟材料吸附，集中至空曠安全的地帶處理。覆蓋時特別要注意防止液體流入下水道、河道等地方，以防止污染，更主要的是如果液體浮在下水道或河道的水面上，其火災隱情更嚴重。在銷毀收集物時，應充分注意燃燒時所產生的有毒氣體對人體的危害，必要時戴防毒面具。

（3）滅火措施

①立即報火警，說明現場有易燃液體包裝件存在，並應進一步具體說明其性質（包括易燃體的 UN 或 ID 編號、運輸專用名稱、包裝等級等）及數量；
②報火警時，說明現場所備有的消防器材；
③現場搶救人員應戴防毒面具並使用其他防護用具；
④現場搶救人員應站在上風口；
⑤易燃液體燃燒時，可用二氧化碳滅火器、1211 滅火器、砂土或乾粉滅火器撲救；
⑥將易燃液體包裝件搶運到安全距離之外。

（4）注意事項

如果包裝件本身或漏出的液體起火，所使用的滅火劑不得與該易燃液體的性質相抵觸。在這種情況下，通常不用水滅火，應按照消防部門根據易燃液體性質所指示的方法滅火。

5.10.4　易燃固體、自燃物質和遇濕易燃物品事故處理及滅火措施

（1）破損包裝件的處理

在破損包裝件附近，不準吸菸，嚴禁任何明火；使任何熱源遠離破損的包裝件，尤其是自反應物質和自燃物質的包裝件；對於遇水燃燒物品的破損包裝件，避免與水接觸，應該用防水帆布蓋好。

（2）滅火措施

①立即報火警，說明現場有易燃固體（或自燃物質或遇水釋放易燃氣體的物質）包裝件存在，並應進一步具體說明其性質（包括其 UN 或 ID 編號、運輸專用名稱、包裝件等級等）及數量。

②報火警時，說明現場所備有的消防器材。

③現場搶救人員應戴防毒口罩。

④對於易燃固體、自燃物質，可用砂土、石棉毯、乾粉滅火器或二氧化碳滅火器撲救。

⑤對於遇水釋放易燃氣體的物質，如金屬粉末等，可用砂土或石棉毯進行覆蓋，也可使用乾粉滅火器撲救。

⑥將此類危險物品包裝件搶運到安全距離之外。

（3）灑漏處理

灑漏量大的可以收集起來，另行包裝，收集的殘留物不得任意排放、拋棄，應做深埋處理。對與水反應的灑漏物處理時不能用水，但清掃後的現場可以用大量的水沖洗。

（4）注意事項

如果包裝件自身起火，所使用的滅火劑不得與內裝物品的性質相抵觸。對於第 4.3 項遇水釋放易燃氣體的物質的包裝件，不準用水滅火而應按照消防部門根據危險物品性質所指示的方法滅火。

5.10.5　氧化劑及有機過氧化物事故處理及滅火措施

（1）破損包裝件的處理

①在漏損包裝件附近，不準吸菸，嚴禁任何明火；

②其他危險物品（即使是包裝完好的）和所有易燃材料（如紙、硬紙板、碎布等）都不準靠近漏損的包裝件；

③使任何熱源遠離有機過氧化物的包裝件。

（2）灑漏處理

較大量的灑漏應輕輕掃起，另行裝入。從地上掃起重新包裝的氧化劑，因與空氣接觸過，為防止變化，須留在發貨處適當地方觀察 24 小時以後才能重新入庫堆存，再另行處理。對少量的灑漏，可以將其殘留物清掃乾淨進行深埋處理。

（3）滅火措施

①立即報火警，說明現場有氧化劑或有機過氧化物包裝件存在，並應進一步說明其性

質及數量；
　②報火警時，說明現場所備有的消防器材；
　③有機過氧化物著火時，應使用乾砂、乾粉滅火器、1211滅火器或二氧化碳滅火器撲救；
　④其他氧化劑著火時，應該用乾砂或霧狀水撲救，並且要隨時防止水溶液與其他易燃、易爆物品接觸；
　⑤將氧化劑或有機過氧化物包裝件搶運到安全距離外。
（4）注意事項
當有機過氧化物的包裝件靠近較強熱源時，即使包裝件完好無損，裡面的有機過氧化物的化學性質也因此會變得不穩定，並可能有爆炸的危險性。一旦發生火災時，應將這種包裝移至安全的地方，並由消防部門對其進行處理。

5.10.6　毒性和感染性物質事故處理及滅火措施

（1）毒性物質包裝件漏損、有氣味或有輕微滲漏的處理
①現場人員應避免皮膚接觸漏損的包裝件，避免吸入有毒蒸氣。
②搬運漏、損包裝件的人員，必須戴上專用的橡膠手套，並且在作業後五分鐘內用流動的水把手洗淨。
③當毒性物質的液體或固體粉末撒漏在庫房或飛機貨艙時，應通知衛生檢疫部門，並由衛生檢疫人員將被污染的庫房、貨艙及其他貨物或行李進行清掃。在消除貨艙的污染之前，飛機不準起飛。
④將漏損包裝件單獨放入分庫房內。
⑤對於第6.1項毒性物質發生的漏損，如有意外沾染上毒性物質的人員，無論是否有中毒症狀，均應立即送往醫療部門進行檢查和治療，並向醫生說明毒性物質的運輸專用名稱。出現緊急情況下，必須及時通知最近的醫療急救部門。
上述急救部門的電話號碼應寫在庫房、辦公室和可能發生事故地點的明顯位置，以備急用。

（2）感染性物質包裝件漏、損或有輕微滲漏的處理
①對於漏損包裝件，最好不移動或盡可能少移動，如果必須移動，如從飛機上卸下，為減少傳染的機會，應只由一人進行搬運。
②搬運漏損包裝件的人員，嚴禁將皮膚與其直接接觸，作業時必須戴上專用的橡膠手套。
③現場搶救人員應做好全身性的防護，除了防毒面具之外，還應穿戴防護服和手套等。
④及時向環境保護部門和衛生防疫部門報告，並應說明如下情況：
・託運人危險物品申報單上所述的有關包裝件的情況；
・與漏、損包裝件接觸過的全部人員名單；
・漏、損包裝件在運輸過程中所經過的地點，即該包裝件可能影響的範圍。

⑤通知貨運部門的主管人員。

⑥嚴格按照環境保護部門和防疫部門的要求，消除對飛機貨艙、其他貨物和行李以及運輸設備的污染，對接觸過感染性物質包裝件的人員進行身體檢查，對這些人員的衣服進行處理，對該包裝進行處理。

⑦通知託運人和收貨人。未經防疫部門的同意，該包裝件不得運輸。

(3) 滅火措施

①現場搶救人員應站在上風頭；

②應該用砂土滅火；

③距漏損包裝件至少5公尺範圍內，禁止任何人進入，同時用繩索將這一區域隔離起來。

(4) 注意事項

毒性物質發生漏損事件時，如有意外沾染上毒性物質的人員，無論是否出現中毒症狀，均應立即送往醫療部門進行檢查和治療。

5.10.7 放射性物質事故處理及滅火措施

(1) 破損包裝件的處理

①將破損包裝件卸下飛機之前，應該劃出它在飛機貨艙中的位置，以便檢查和消除污染。

②除了檢查和搬運人員之外，任何人不得靠近破損包裝件。

③查閱託運人危險品申報單，按照「ADDITIONALHANDLING INFORMATION」欄中的文字說明，採取相應的措施。

④破損包裝件應放入機場專門設計的放射性物質庫房內，如果沒有專用庫房，應放在室外，距破損包裝件至少5公尺之內，禁止任何人員靠近，應用繩子將這一區域隔離起來並標示出危險的標記。

⑤通知環境保護部門和（或）輻射防護部門，並由他們對貨物、飛機及環境的污染程度進行測量和作出判斷。

⑥必須按照環境保護部門和（或）輻射防護部門提出的要求，消除對機艙、其他貨物和行李以及運輸設備的污染；機艙在消除污染之前，飛機不準起飛。

⑦通知貨運部門的主管人員對事故進行調查。

(2) 滅火措施

①現場搶救人員應使用輻射防護用具；

②現場搶救人員應站在上風頭；

③應該用霧狀水滅火，並要防止水流擴散而造成大面積污染；

④受放射性污染影響的人員必須立即送往衛生醫療部門進行檢查。

(3) 注意事項

根據國際民航組織和國際原子能機構的規定，飛機的任何可接觸表面的輻射劑量當量率不得超過 $5\mu Sv/h$（5微西弗／小時），並且非固定放射性污染不得超過表5-72中的標

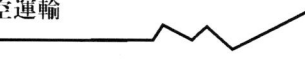

準，否則飛機必須停止使用。

表 5-72　　　　機艙可接觸表面非固定放射性污染的最高允許限度

污染	最高允許度 Bq/cm2
β 和 γ 輻射以及低毒的 α 輻射	0.4
所有其他的 α 輻射	0.04

* 上述限量適用於表面平均面積大於 300 平方厘米平面的任何部分。

5.10.8　腐蝕性物質事故處理及滅火措施

（1）破損包裝件的處理

①現場人員避免皮膚接觸漏損的包裝件和漏出的腐蝕性物質，避免吸入其蒸氣。

②搬運漏損包裝件的人員，必須戴上專用的橡膠手套。

③如果腐蝕性物質漏灑到飛機的結構部分上，必須盡快對這一部分進行徹底清洗，從事清洗的人員應戴上橡膠手套，避免皮膚與腐蝕性物質接觸；一旦發生這種事故應立刻通知飛機維修部門，說明腐蝕性物質的運輸專用設備名稱，以便及時做好徹底的清洗工作。

④其他危險品（即使包裝完好）不準靠近該漏損包裝件。

⑤通知貨運部門的主管人員進行事故調查和處理。

⑥發生漏灑事故後，如果清洗不徹底而飛機的結構部分上仍殘留少量的腐蝕性物質很可能影響飛機的結構強度。為了仔細地檢查飛機的結構部分，應該拆除地板或某些部件；為了徹底清洗，如有必要應使用化學中和劑。

（2）灑漏處理

腐蝕性物品灑漏時，應用乾沙、乾土覆蓋吸收後，再清掃乾淨，最後用水衝刷。當大量溢出時，或乾沙、乾土量不足吸收時，可視貨物酸鹼性，分別用稀酸或稀鹼中和，中和時注意不要使反應太劇烈。用水衝刷時，不能直接噴射上去，而只能緩慢地澆洗，以防止帶有腐蝕性的水珠飛濺傷人。

若腐蝕性物質灑漏到飛機的結構部分，必須盡快對這部分進行徹底清洗。從事清洗的人員應戴手套，避免皮膚接觸腐蝕性物質。一旦發生這種事故應立即通知飛機維修部門，說明腐蝕性物質的運輸專用名稱，以便及時做好徹底的清洗工作。若清洗不徹底，仍有少量殘留，則有可能影響飛機結構的強度，故為了仔細檢查飛機的結構部分，有必要拆除地板或某些部件。

（3）滅火措施

①現場搶救人員除了防毒面具之外應穿戴防護服和手套等；

②現場搶救人員應站在上風頭；

③應該使用乾砂或乾粉滅火器撲救。

5.10.9　雜項危險品事故處理及滅火措施

對於破損包裝件的處理：

（1）收運後如果發現包裝件破損，則不準將該包裝件裝入飛機或集裝器，已經裝入的必須卸下，認真檢查同一比貨物的其他包裝件是否有相似的損壞情況和被污染的情況，檢查飛機是否有損壞情況。

（2）通知主管人員進行事故調查和處理。

（3）通知託運人和收貨人。

特別的，對於雜項危險品中的鋰電池包裝件的著火，必須使用標準的應急程序處理火情。拔掉外部充電電源，使用滅火器。雖然經驗證明哈龍滅火器對於處理鋰金屬電池的火情是無效的，但在對付鋰金屬電池周圍材料的繼發火情或對付鋰離子電池火情方面則是有效的。對於鋰離子電池，可使用水質滅火器、海龍滅火器滅火，並在裝置上灑水（或其他不可燃液體）以降溫，使電池芯冷卻，並防止相鄰電池芯起火。但鋰金屬電池決不可使用水或含水的滅火劑滅火。

5.10.10 事故報告

當飛機發生事故時，載運危險物品的航空器經營人必須盡快將資訊提供給機載危險品事故或嚴重事件應急服務機構，這也是上一節中介紹的應急回應程序的組成部分。經營人必須盡快把這些資訊提供給經營人所在國家的主管當局以及事故或嚴重事件發生國的主管當局。圖5-71為中國某機場的危險品事故和事件報告程序流程圖。

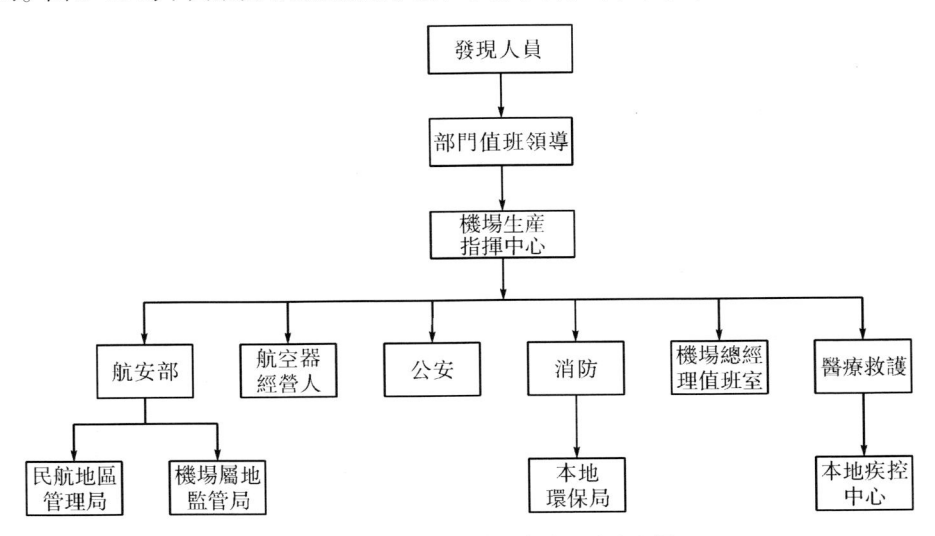

圖5-71 危險品事故/事件報告程序流程圖

DGR公布的危險品事件報告單樣本如圖5-72所示，如果主管當局沒有對報告格式做特定要求時，可以在許多國家和地區使用。

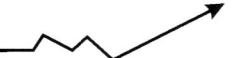

Dangerous Goods Occurrence Report

See the Notes on the next page of this form. Those boxes where the heading is in italics need only be completed if applicable.

Make type of occurrence:　Accident ☞　Incident ☞　Other Occurrence ☞

1. Operator:	2. Date of occurrence:	3. Local time of occurrence:
4. Flight date:	5. Flight no.:	
6. Departure airport:	7. Destination airport:	
8. Aircraft type:	9. Aircraft registration:	
10. Location of occurrence:	11. Origin of the goods:	
12. Description of the occurrence, including details of injury, damage, ect. (if necessary continue on the next page):		
13. Proper shipping name (including the technical name):		14. UN/ID no. (when know):
15. Class/division (when known):	16. Subsidiary risk (s):	17. Packing group:	18. Category (class 7 only):
19. Type of packaging:	20. Packaging specification marking:	21. No. of packages:	22. Quantity (or transport index, if applicable):
23. Reference no. of Air Waybill:			
24. Reference no. of courier pouch, baggage tag, or passenger ticket:			
25. Name and address of shipper, agent, passenger, etc.:			
26. Other relevant information (including suspected cause, any action taken):			
27. Name and title of person making report:	28. Telephone no.:		
29. Company/dept. code, E-mail or Info-Mail code:	30. Reporter ref.:		
31. Address:	32. Date/Signature:		

圖 5-72　危險品事故/事件報告單

5.11　特種貨物機長通知單

5.11.1　機長通知單

　　特種貨物機長通知單，也簡稱為機長通知單，是經營人向機長提供包括危險品在內的特種貨物資訊的單據。當危險品作為貨物運輸時，地面運輸人員應按要求填寫如圖 5-73

和圖 5-74 所示的機長通知單正反面，將航空器所裝載的危險物品和其他特種貨物以清單的形式列出，並在機組直接準備階段與該航班的責任機長進行交接。

「特種貨物機長通知單」在危險品欄目內應涉及危險品的內容說明、航空器的裝載位置、危險等級、包裝分離和數量限制等；在其他特種貨物欄目內應涉及特種貨物的內容、描述、數量以及補充資訊。機長可根據該通知單上提供的資訊，在發生危險品或其他特種貨物的航空事件/事故時作出應急反應。起飛前機長通知單需由機長簽字，以確認給出的危險品和其他特種貨物的資訊已被知曉。

隨著資訊科技的發展，機長通知單已經不再局限於紙製的表格形式，當今有許多經營人已經採用了電子化的機長通知單，可由計算機生成並導出。但無論哪種形式，也無論表單的布局有何差異，都必須提供相同的必要資訊，並讓機長確認。圖 5-73 和圖 5-75 分別給出一份紙製版的機長通知單（正面）和一份電子版機長通知單。

IATA 規定的通用表格為英文形式，可以附加另一種語言的標準譯文。現以圖 5-73 所示的機長通知單正面為例，簡單介紹機長通知單各欄的填寫內容。

5.11.2 通用欄的填寫

「特種貨物機長通知單」第一行和最後一行的欄目為通用欄，該欄中需填寫的資訊有：
◆Station of Loading：裝機站。
◆Flight Number：航班號。
◆Date：航班離港日期。
◆Aircraft Registration：飛機註冊號。中國飛機註冊號均以 B 開頭。
◆Prepared By：填寫人簽字。
◆Loaded By（或 Load master's signature）：貨物監裝員簽字。
◆Checked By：配載人員簽字。
◆Captains Signature：執行該航班的機長及交接機長簽字。
◆Position changed by：若危險品裝機位置發生變化，移動危險品的人員簽字。

5.11.3 危險品欄目的填寫

「特種貨物機長通知單」內標有「DANGEROUS GOODS」標題的欄目為危險品欄目，該欄目內需要填寫的資訊包含：
◆Station of Unloading：卸機站名稱（可以填寫機場或城市的三字代碼）。
◆Air Waybill Number：航空貨運單號碼。
◆Proper Shipping Name：危險品的運輸專用名稱。
◆Class or Division：for Class1，Compatibility Group：危險品類別或項別，如果是第 1 類爆炸品，還要求註明其配裝組代碼。
◆UN or ID Number：危險品 UN 或 ID 代號。
◆Subsidiary Risk：次要危險性的類別或項別。
◆Number of Packages：危險品的包裝件數量。

SPECIAL LOAD — NOTIFICATION TO CAPTAIN 特種貨物機長通知單

xxx AIRLINE

Station of Loading 裝機站	Flight Number 航班號	Date 日期	Aircraft Registration 飛機註冊號	Prepared by 填單人
JFK	AB-1309	3 JAN 01	N-1880.5	B.Watkins

Dangerous Goods 危險品

Station of Unloading 卸機站	Air Waybill Number 航空貨運單	Proper Shipping Name 運輸專用名稱	Class or Division for Class ǀ Comp. Grp. 類或項（第1類的配裝組）	UN or ID Number UN/ID 代號	Sub Risk 次要危險性	Number Of Packages 包裝件數	Net Quantity Or Tranp.index Per Package 淨數量或運輸指數/包裝件	Radio-Active Mat. Categ. 放射性物質類別	Packing Group 包裝等級	Code (see Reverse) 代碼 (見背面)	CAO (X) 僅限貨機	ULD ID 集裝器代號	Loaded 裝載 Position 貨位
CDG	12345675	METHYL ACETATE	3	UN1231	—	10	14L	—	II	RFL	X	AA2101	A
CDG	12345675	SELENIUM OXYCHLORIDE	8	UN2879	6.1	4	0.5L	—	I	RCM		AF5040	23
CDG	12345675	RADIOACTIVE MATERIAL TYPE A PACKAGE	7	UN2915	—	1	3.5	III	—	RRY			53
CDG	23456783	CONSUMER COMMODITIES	9	ID8000	—	50	100Kg 0.6Kg 2.5Kg	—	—	RMD		0123AN	11R

* There is no evidence that any damaged or leaking packages containing dangerous goods have been loaded on the aircraft

OTHER SPECIAL LOAD 其他特種貨物

Station of Unloading 卸機站	Air Waybill Number 航空貨運單	Contents and Description 內容與描述	Number of Packages 包裝件數	Quantity 數量	Supplement Information 補充資訊	Code (see Reverse) 代碼	ULD ID 集裝器代碼	Position 貨位
CDG	87213454	Foodstuff	23	800.00KG		EAT	AA2102	31P

Other information 其他資訊

Loading Supervisor's Signature: 監裝人   J.Smith   Capitain's Signature: 機長   R.Matin

圖5-73 紙質表單式特種貨物機長通知單（正面）

TABLE OF INCOMPATIBILITIES

Class or Div. and Comp Group	Cargo IMP Code	RCX 1.3C	RGX 1.3G	RXB 1.4B	RXC 1.4C	RXD 1.4D	RXE 1.4E	RXG 1.4G	RXS 1.4S	RNG RFG RPG 2	RCL 2	RFL 3	RSC RFW 4	ROX ROP 5	RPB BHF RIS 6	RRY 7	RCM 8	ICE 9	FIL	HUM	EAT	HEG	AVI
1.3C	RCX									⇕													
1.3G	RCX	⇕								⇕				⇕									
1.4B	RXB	⇕	⇕							⇕			⇕	⇕									
1.4C	RXC		⇕							⇕			⇕	⇕									
1.4D	RXD		⇕							⇕			⇕	⇕									
1.4E	RXE		⇕							⇕			⇕	⇕									
1.4G	RXG		⇕							⇕			⇕	⇕									
1.4S	RXS		⇕																				
2	RNG/RFG/RPG	⇕	⇕	⇕	⇕	⇕	⇕	⇕					⇕	⇕									
2	RCL																						
3	RFL									⇕				⇕									
4	RSC/RFW			⇕	⇕	⇕	⇕	⇕		⇕				⇕						⇔			
5	ROX/ROP		⇕	⇕	⇕	⇕	⇕	⇕		⇕			⇕			⇔[1]	⇔					⇕[1]	⇕
6	RPB/RHF/RIS								⇕					⇔[1]		⇕							
7	RRY													⇔	⇕						⇕	⇕	
8	RCM		⇕								⇕		⇕								⇕	⇕	⇕
9	ICE																						
	FIL																			⇔			
	HUM																		⇔				⇕
	EAT													⇕[1]			⇕						
	HEG													⇕		⇕	⇕						
	AVI													⇕			⇕			⇕			⇕[3]

Legend: ⇔ ⇕ ⇔[1] ⇕[2] ⇕[3]

Minimum separation distance as specified by IATA Regulations.
Shall not be loaded in close proximity of one another.
Must not be stowed in the same compartment, unless loaded in ULDs not adjacent to one another or in closed ULDs.
Must not be stowed in the same compartment.
The ⇔ segregation requirement applies only to laboratory animals and to animals which are natural enemies.

圖5-74 紙質表單式特種貨物機長通知單（反面）

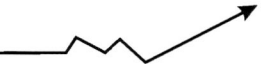

NOTIFICATION TO CAPTAIN (NOTOC) (COMPUTER PRODUCED)

```
SPECIAL LOAD          NOTIFICATION TO CAPTAIN
*****************************
FROM                  FLIGHT           DATE                A/C REG
STN                   IC1001           02 FEB 2002         G-AAAA
*****************************
```

TO	AWB	CL/DV COMP	UN/ID NR	SUB RSK	PCS	QTY/TI	RRR CAT	PCK GRP	IMP CODE	CAO	POS ULD/CODE
01. ACRIDINE											
YOW	010-1234 2222	6.1	UN 2713		2	50 KG		III	RPB	X	M DECK C4
02. FORMIC ACID											
YOW	010-1234 2222	8	UN 1779		1	20 L		II	RCM	X	M DECK C4
03. ACETYL CHLORIDE											
YOW	010-1234 2222	3	UN 1717	8	1	2 L		II	RFL	X	M DECK C4

```
*****************************
THERE IS NO EVIDENCE THAT ANY DAMAGED OR LEAKING PACKAGES CONTAINING DANGEROUS GOODS HAVE
BEEN LOADED ON THE AIRCRAFT             O K Done
*****************************
LOADED AS SHOWN       O K Done
*****************************
CAPTAINS SIGNATURE    I M Speaking
*****************************
```

圖 5-75　電子表單式特種貨物機長通知單

◆Net Quantity or Transport Index Per Package：填寫每一包裝件內危險品的淨數量，如果是運輸放射性物質則此欄填寫包裝件的運輸指數。

◆Radioactive Category：放射性物質包裝種類（如：Ⅰ級-白、Ⅱ級-黃或Ⅲ級-黃）。

◆Packing Group：危險品的包裝等級。

◆Code（see reverse）：危險品的貨運 IMP（即 Cargo-IMP：Cargo Interchage Message Procedures）三字代碼。該代碼是為傳送資訊更便利而由 IATA 規定的國際聯運文電代碼，由三個字母組成，對應危險品的類項及配裝組等，填寫時可以查看機長通知單反面的列表來確定。

◆CAO：如果該危險品包裝件僅限貨機運輸，在此欄內標註「×」。

◆Loaded ULD ID：裝有危險品的集裝器編號。

◆Loaded Position：危險品的裝機位置。

◆Moved to Position：若危險品裝機時填寫了機長通知單後又更改了位置，需要在此填寫新的裝機位置。

5.11.4 其他特種貨物欄目的填寫

「特種貨物機長通知單」內標有「OTHER SPECIAL LOAD」標題的欄目為危險品欄目，該欄目內需要填寫的資訊包含：

◆Station of Unloading：同危險品欄目，即也為卸機站名稱。可以填寫機場或城市的三字代碼。

◆Air Waybill Number：航空貨運單號碼，應填寫適用的航空貨運單號碼。

◆Contents and description：特種貨物的內容與描述，應填寫裝載的特種貨物的名稱和種類。

◆Number of packages：特種貨物包裝件的數量。

◆Quantity：特種貨物的數量，當貨物不是以包裝件形式裝載時適用，如活體動物填寫動物的個數。

◆Supplement information：補充資訊。填寫特種貨物運輸條件及附加說明。如果需要保持某一特定溫度，應填寫所要求溫度的數值。如「Temperature requirement：Heating required for …℃」（溫度要求：加溫要求至…℃）或「Temperature requirement：Cooling required for …℃」（溫度要求：降溫要求至…℃）。

◆Code（see reverse）：特種貨物的貨運 IMP（即 Cargo-IMP：Cargo Intercharge Message Procedures）三字代碼。對應特種貨物的種類（例如：AVI 為活體動物，VAL 為貴重貨物），填寫時可以查看機長通知單反面。

◆Loaded/ ULD ID：集裝器識別代號。填寫裝有該特種貨物的集裝器識別編號。

◆Loaded/ Position：裝機位置。填寫特種貨物的裝機位置。

◆Moved to Position：若特種貨物裝機填寫了機長通知單後更改了位置，需要在此填寫新的裝機位置。

◆Loading supervisor's signature：監裝負責人簽字。本架飛機的貨物監裝員的簽字。

◆Captain's signature：機長簽字。執行本次航班飛行的機長簽字。

◆Other information：其他資訊。對貨物特別說明的內容。

5.11.5 背面信息

特種貨物機長通知單的背面是特種貨物配裝禁忌表，通過查詢該表可以知道不同特種貨物之間的配裝禁忌。特種貨物配裝禁忌表表中符號的含義分別為：

↔：按照國際航協《危險品規則》中規定的最低隔離距離。

◀｜▶：不得裝載在相互臨近的位置。

◀｜▶[1]：不得裝載在同一貨艙內，除非裝載在不相互臨近的集裝器或封閉的集裝器內。

◀｜▶[2]：不得裝載在同一貨艙內。

◀｜▶[3]：隔離要求只適用於試驗用動物與非試驗用動物以及天然相互為敵的動物之間。發情期內的動物不能裝載在同一貨艙內。

隔離要求的縱橫表頭用各特種貨物的 IMP 貨運代碼顯示。機長通知單正面的 Code

（see reverse）欄中填入的代碼就是 IMP 代碼，填寫時可以參考此處的隔離表。常見的 IMP 貨運代碼如表 5-73 所示。

表 5-73　　　　　　　　　部分特種貨物名稱的 IMP 貨運代碼

IMP 代碼	名稱	IMP 代碼	名稱	IMP 代碼	名稱
REX	1.3 項爆炸品	RFW	遇濕易燃物品	RMD	雜項危險品
RE_	1.4 項爆炸品配裝組	ROX	氧化物（氧化劑）	CAO	僅限貨機
RNG	非易燃無毒氣體	ROP	有機過氧化物	AVI	活體動物
RFG	易燃氣體	RPS	有毒物品	EAT	食品
RCL	深冷液化氣體	RIS	感染性物質	HEG	種蛋
RPG	有毒氣體	RRY	放射性—黃色	FIL	未顯影的膠片
RFL	易燃液體	RRW	放射性—白色	HUM	屍體骨灰
RFS	易燃固體	RCM	腐蝕性物品	PER	鮮活易腐物品
RSC	易自燃物品	RSB	聚苯乙烯顆粒	LHO	人體活器官
MAG	磁性物質	ICE	乾冰	AOG	緊急航空器材
RHF	有毒物品	DIP	外交信袋	BIG	超大貨物
RIM	刺激性物品	FRX	冷凍貨物	HEA	超重貨物
RCO	自燃液體	MED	急救醫療用品	URG	急救貨物

5.11.6　簽收與存檔

特種貨物機長通知單至少要一式四份，其分配如下：
◆隨貨運單帶往目的站一份；
◆交配載部門一份；
◆交機長一份；
◆始發站留存一份。

5.11.7 通知機長的程序

根據 DGR 規定的經營人資訊提供的責任，當飛機上裝有特種物品時，經營人必須在飛機起飛之前及早地向機長提供特種貨物，特別是危險物品準確清晰的書面資料，告知將要作為貨物運輸的特種貨物尤其是危險物品的情況。

特種貨物機長通知單就是經營人向機長提供危險品資訊的主要方式。前面的章節是從填寫者的角度對機長通知單的結構做的簡介，現在著重從資訊提供的角度，瞭解機長通知單如何向機長提供資訊以及通知機長的程序。

如圖 5-76 所示的東方航空公司的機長通知單，聯繫前面章節的通知單樣例，可以看到為在應急情況下回應而提供的機長通知單包括以下內容。

Station of Loading 裝機站	Flight Number 航班號	Date 日期	Aircraft Registration 飛機註冊號	Prepared by 填單人

Dangerous Goods 危險品

Station of Unloading 卸機站	Air Waybill Number 航空貨運單	Proper Shipping Name 運輸專用名稱	Class or Division for Class I Comp. Grp. 類或項（第1類的配裝組）	UN or ID Number UN/ID 代號	Sub Risk 次要危險性	Number Of Packages 包裝件數	Net Quantity Or Tranp.index Per Package 淨質量或運輸指數/包裝件	Radio-Active Mat. Categ. 放射性物質總類	Packing Group 包裝等級	Code (see Reverse) 包裝等級（見背面）	CAO (X) 僅限機	Loaded 裝載 ULD ID 集裝器代號	Position 貨位

● There is no evidence that any damaged or leaking packages containing dangerous goods have been loaded on the aircraft

OTHER SPECIA LOAD 其他特種貨物

Station of Unloading 卸機站	Air Waybill Number 航空貨運單	Contents and Description 內容與描述	No of Packsges 包裝件數	Quantity 數量	Supplement Information 補充資訊	Code (see Reverse) 代碼	ULD ID 集裝器代號	Position 貨位

Loading Supervisor's Signature. 監裝人	Capitain's Signature: 機長	Other information 其他資訊

圖 5-76 中國東方航空公司機長通知單示例

（1）航空貨運單號碼（已填開時）。
（2）運輸專用名稱，隨附技術名稱（如適用）及 UN/ID 編號。
（3）類別/項別，次要危險性，第 1 類危險品還應註明配裝組代號。
（4）如託運人危險物品申報單上所示的包裝等級。
（5）對於非放射性物質，包裝件數、每個包裝件的淨含量或毛重（如適用）及他們確切的裝載位置。但此條不適用於託運人危險物品申報單商不需填寫淨重與毛重的危險品。對於內裝多個帶有相同運輸專用名稱和 UN 編號的危險物品包裝件的貨物，只需提供總數量以及在每個裝載位置註明最大和最小包裝件。
（6）對於放射性物質，包裝件、Overpack 或專用貨箱的數目、放射性等級、運輸指數（如適用）及其確切的位置。

（7）包裝件是否僅限於貨機運輸。

（8）包裝件的卸機站。

（9）該危險品在某一國家豁免的條件下運輸的說明（如適用）。

經營人若打算用向機長提供電話號碼的方式代替根據 DGR 相關規定提供機上的危險物品詳情，則必須在機長通知單上提供此電話號碼，並保證此電話號碼在飛行中能夠獲得。

機長通知單必須用專用表格填寫，不得使用貨運單、託運人危險物品申報單及發票等其他表格代替。在收到通知單時，機長必須在上簽收或以其他方式表明他已經受到了機長通知單。

機長通知單必須包含已由裝機負責人簽字確認裝機的貨物無任何破壞與滲漏跡象或其他說明。

機長通知單必須方便機長在飛行中隨時使用。

地面部門必須保留一份清晰的機長通知單，上面必須註明或隨附說明機長已經簽收此通知單。通知單中所包含的資訊將提供給下一預定到站和最後始發站，知道通知單所涉及的班機飛行結束。

除了經營人國家使用的語言外，機長通知單中還應適用英文。

考慮到緊急情況下機長通知單的大量內容適合通過飛行中的無線電話進行傳輸，經營人還應另提供一份通知單的概要，其中至少要包括每個貨倉中危險品的數量以及類別和項別。

經營人必須保證對於需要「託運人危險物品申報單」的貨物，能夠隨時提供正確的資訊，用於航空運輸涉及危險品的事故和時間的應急。這些資訊必須向機長提供並可通過下列資料提供：

（1）《與危險品有關的航空器事故徵候應急回應指南》；

（2）其他能夠提供相似的涉及機上危險物品信息的文件。

如果在飛行中出現緊急情況，機長應在情況允許下，盡快通過相關空中交通管製單位通知機場主管部門，作為貨物裝載在飛機上的所有危險品的資訊。如果情況允許，通知內容應包括危險品的運輸專用名稱和/或 UN/ID 編號、類別/項別、對於第一類的配裝組、任何確定的次要危險性、數量、機上裝載位置，或從機長通知單上獲得的電話號碼。當不可能包括所有資訊時，應該提供與緊急情況最相關的部分或每個貨艙內所裝危險品的數量以及類別或項別的概述。

練習思考題

1. 民用航空危險品運輸的法律法規依據有哪些？
2. 對於 DGR 中列明的 1 至 12 類人員，應分別培訓危險品知識的哪些內容？
3. 指出下列工作屬於託運人還是經營人的責任：

（1）包裝　　　　　　　　　　　（4）檢查

（2）準備危險品申報單　　　　　（5）識別危險品

（3）裝載　　　　　　　　　　　　（6）黏貼危險性標籤

4. 使用 DGR，對以下術語給出解釋：

（1）ID 代號（ID Number）

（2）合成包裝（Overpack）

（3）二氧化碳（乾冰）（Dry Ice）

（4）包裝等級（Packing Group）

5. 哪個國際組織出版了《危險物品航空安全運輸技術細則》？

6. 查閱 DGR，解釋下列符號及所寫的意義：

（1）CAO　　　　　　　　　　　　（2）n.o.s.

（3）MAG　　　　　　　　　　　　（4）★

（5）□　　　　　　　　　　　　　（6）△

（7）☢

7. 具有何種性質的危險物品在任何情況下都禁止空運？並指出在 DGR 中的位置。

8. 哪部規則包含了技術細則的所有要求，並且基於營運和行業標準實踐方面的考慮，還增加了比《技術細則》更嚴格的要求？

9. 下列各項中可能含有哪些危險物品？

（1）牙科器械　　　　　　　　　　（4）潛水設備

（2）修理箱　　　　　　　　　　　（5）旅客行李

（3）冷凍食品　　　　　　　　　　（6）飛機零部件

10. 對於下列物品旅客是否需要得到經營人的許可？

（1）一只小型醫用溫度計　　　　　（3）運動彈藥

（2）安全火柴　　　　　　　　　　（4）液體燃料野營爐

11. 在國家及經營人差異部分可否找到以下國家及經營人？並指出在 DGR 中的位置。

（1）巴西　　　　　　　　　　　　（3）JP

（2）中國　　　　　　　　　　　　（4）BA

12. 根據機組人員和旅客攜帶的危險品要求的 DGR 表回答問題：

（1）對於裝有密封性濕電池或符合特殊規定 A123 的電池的電動輪椅或其他電動代步工具：

a. 是否可隨身攜帶？

b. 是否可放入或作為交運行李？

c. 是否可放入或作為手提行李？

d. 是否需要徵得經營人同意？

e. 是否需要通知機長其位置？

（2）對於鋰離子電池：

a. 是否可隨身攜帶？

b. 是否可放入或作為交運行李？

c. 是否可放入或作為手提行李？

d. 是否需要徵得經營人同意？

e. 是否需要通知機長其位置？

13. 說出危險品分類中的所有類別和項別的編號及名稱。

14. 某彈藥屬於1.4S項危險品，該危險品是否能用民航客機運輸？如果可以收運，交運時應做哪些工作？

15. 根據表1給定的性質描述和實驗數據，判斷危險品的類/項和包裝等級。

表1

物質的特性描述	類/項	包裝等級
接觸時間小於1小時，完整的皮膚組織出現全部壞死		
口服毒性 LD_{50} 為380mg/kg		
液體，閃點50℃，初始沸點35℃		

16. 試根據已有信息（見表2），確定以下幾種液體的包裝等級：

表2

閃點	初始沸點	包裝等級
−12℃	34℃	
26℃	165℃	
63℃	220℃	

17. 是否屬於4.1項的全部物質都需在運輸過程中注意避免陽光直射，遠離一切形式的熱源，放在通風良好的地方，並黏貼「遠離熱源」的標籤？

18. 舉出5個第9類雜項危險品的實例。

19. 氣溶膠屬於哪個類別的危險品？

20. 危險品A和B經混合後，呈現各自原有的危險特性：

A 易燃性：閃點22℃ 初始沸點85℃

B 毒性：口服 LD_{50} 值為100mg/kg

試根據給定訊息利用危險性主次判斷表確定該混合物的主、次危險性及包裝等級。

21. 危險品品名表是按什麼順序排列的？哪個表是按UN/ID代號的數字順序排列的？

22. 品名表的H、J、L欄中所列的數量是淨重還是毛重？是每一架飛機運輸的量，還是每一票貨物運輸的量，還是每一個包裝件的量？

23. 查閱DGR的品名表，寫出以下物質的運輸專用名稱：

Lighter flints

Gasoline

Jet fuel

Dry ice

24. 查閱 DGR 有關表格，寫出以下物質的運輸專用名稱：
UN1170
UN1263
UN2809
UN3371

25. 查閱 DGR 品名表，完成表 3 中的內容。

表 3

描述	包裝等級	單個包裝件實際淨數量	UN/ID 代號	運輸專用名稱	類/項	次要危險性	適用的包裝說明代號
Kerosene	Ⅲ	60L					
	Ⅰ	15kg	UN1759				
		200kg	UN1845				
Monochlorobenzene	Ⅲ	220L					

26. 查閱 DGR 品名表，判斷客機是否可以運輸 0.5L 的 UN1831 的樣品？

27. n-propoxyproganol amyl 是一種閃點為 58℃、沸點為 87℃ 的醇類，請確定其運輸專用名稱、UN 代號及包裝等級。

28. 完成表 4 內容。

表 4

物品名稱	每包裝件實際淨數量	UN/ID 代號	類/項	次要危險性	標籤	包裝等級	客機是否可運	貨機是否可運	特殊規定代碼
Acetal	60L								
Barium chlorate, solid	15kg								
Barium alloys, pyrophoric	2kg								
Sodium chlorate	40kg								
Mercaptan mixture, liquid, toxic, flammable, n.o.s★	5L								
Consumer commodity	15kg G								
Lithium ion batteries packed with equipment	10kg								

29. 一種含有「Dimethyl Carbonate」和某種非危險品的液體混合物，其閃點為 24℃，沸點高於 35℃，請確定其運輸專用名稱、UN 代號及包裝等級。

30. 一種含有「Arsenic」和某種非危險品的固體混合物，其口服毒性的 LD50 為 45mg/kg。請確定其運輸專用名稱、UN 代號、包裝等級及客機裝載時的包裝說明代碼。

31. 一種需要航空運輸的溶液，含有「Ethanol」，符合第 3 類Ⅱ級包裝標準，並含有

少量下列物質：

氫氧化鈉（Sodium hydroxide），第8類，Ⅱ級包裝；

甲醇（Methanol），第3類主要危險性，6.1項次要危險性，Ⅱ級包裝；

實驗顯示這種溶液的性質呈現為兩種危險性：

第一種危險性為第3類，對應包裝等級為Ⅱ級；第二種危險性為第8類，對應包裝等級為Ⅲ級；而毒性危險性（即6.1項）可以忽略不計。

回答以下問題：

(1) 此混合物的主、次危險性及包裝等級分別是什麼？

(2) 運輸專用名稱是什麼？

(3) UN代號是什麼？

32. 說出以下幾個UN規格標記各部分的含義。

(1) ⓤ 4G/Y25/S/17/NL/DGM3829

(2) ⓤ 1A1/Y1.4/120/17/USA/VL845

(3) ⓤ 4D/Y30/S/17/GB/EILK2935

(4) ⓤ 4G/Class6.2/17/DK/SP9980-ERIKSSON

(5) ⓤ 4G/X25/S/05/USA/ABCPACK/17RL

(6) ⓤ 1A2T/Y50/S/17/A/PA-382

33. 說出幾種危險品包裝性能測試的項目名稱及試驗目的。

34. 危險品包裝件上都需要有什麼使用標記？

35. 感染性物質需要什麼附加標記？

36. 對於有限數量包裝，包裝件需要標註什麼樣的特殊標記？

37. 危險品的標籤有哪兩種？請說明。

38. 有兩種類型的包裝標記，它們分別是哪兩種？

39. 一個易燃液體包裝件與一個腐蝕性物質包裝件組成一個封閉式Overpack，請指出該Overpack上需黏貼哪些危險性標籤。

40. 鋰電池在何種情況下需要黏貼第9類鋰電池危險品的危險性標籤，何種情況下不需要黏貼第9類鋰電池危險品的危險性標籤。

41.「僅限貨機」標籤必須貼於哪種包裝件？

42. 是否所有的液體危險品都必須黏貼向上標籤？

43. 回答下列問題的正誤。

(·) 危險性標籤應貼於包裝件的棱角處，這樣從兩個不同的面都可以看到。

(·)「敞開式」的Overpack可以由僅限貨機的包裝件組成。

44. 確定危險品包裝件淨含量30L的Allyl acetate所需要黏貼的所有標籤。物質的品名表資訊如表5所示：

表 5

UN/ID No.	Proper Shipping Name/Description	Class or Div. (sub Risk)	Hazard Labels	PG	Passenger and Cargo Aircraft					Cargo Aircraft Only		S.P. See 4.4	ERG Code
					EQ See 2.6	Ltd Qty		Pkg Inst	Max Net Qty/Pkg	Pkg Inst	Max Net Qty/Pkg		
						Pkg Inst	Max Net Qty/Pkg						
A	B	C	D	E	F	G	H	I	J	K	L	M	N
2333	Allyl acetate	3(6.1)	Flamm. Liquid & Toxic	II	E1	Y341	1L	352	10L	364	60L		3L

45. 請在圖 1 的「封閉式」Overpack 上標出所要求的標記和標籤，該 Overpack 由 3 個包裝件組成，且準備由客機運輸：

包裝件 1：5LUN1219 Isopropanol 裝於一個 UN4G 纖維板箱中。

包裝件 2：12kg UN1712 Zinc arsenate 裝於一個 UN1A2 鐵桶中。

包裝件 3：20kg UN0405 Cartridges, signal 裝於 1 個 UN 規格 4D 膠合板箱。

題目涉及危險品在品名表中資訊如表 6 所示。

表 6

UN/ID No.	Proper Shipping Name/Description	Class or Div. (sub Risk)	Hazard Labels	PG	Passenger and Cargo Aircraft					Cargo Aircraft Only		S.P. See 4.4	ERG Code
					EQ See 2.6	Ltd Qty		Pkg Inst	Max Net Qty/Pkg	Pkg Inst	Max Net Qty/Pkg		
						Pkg Inst	Max Net Qty/Pkg						
A	B	C	D	E	F	G	H	I	J	K	L	M	N
0405	Cartridges, signal	1.4S	Explosive 1.4		E0	Forbidden		135	25kg	135	100kg	A802	3L
1219	Isopropanol	3	Flamm.Liquid	II	E2	Y341	1L	353	5L	364	60L	A180	3L
1712	Zinc arsenate	6.1	Toxic	II	E4	Y644	1kg	669	25kg	676	100kg		6L

內裝的所有危險品包裝件的託運人和收貨人資訊為：

託運人　　　　　　　　　　　　　收貨人
Golden Eagle Chemicals Ltd　　　 Chemicals Import Co. Ltd
101, Tai Yau Street　　　　　　　 48 Jianye Road, Hubin Bei
San Po Kwon, Kowloon, Hongkong　 Xiamen, Fujian, China

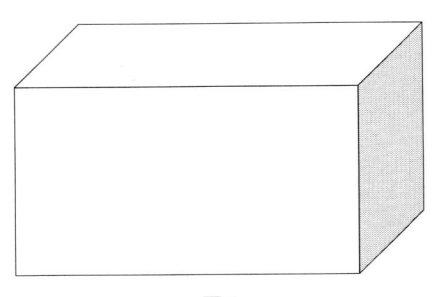

圖 1

46. 誰應填寫危險品申報單並在其上簽字？
47. 乾冰作為冷凍食品的冷卻劑時，是否需要填寫託運人申報單？
48. 什麼時候應當檢查危險品包裝件可能存在的損壞與洩漏？
49. 為什麼危險品包裝件裝在飛機上時要進行固定？
50. 為什麼不相容的危險品包裝件裝在飛機上時要進行隔離？
51. 貼有「僅限貨機」標籤的危險品包裝件能否裝載在客機的貨艙內？
52. 哪些類別的危險品包裝件即使貼有「僅限貨機」標籤也不要求在飛行過程中必須可接觸？
53. 表 7 中哪些包裝件能夠相鄰碼放？

表 7

包裝件	是否相容？	
6.1 項和第 3 類	是/否：	
4.3 項和第 8 類	是/否：	
第 3 類和第 8 類	是/否：	
5.1 項和第 3 類	是/否：	

54. 表 8 中危險品包裝件能夠與特種貨物相鄰碼放？

表 8

（a） 第 6 類與	活體動物	是/否：	
（b） 第 7 類與	食品	是/否：	
（c） 固體二氧化碳與	種蛋	是/否：	

55. 簡述危險品緊急情況等級分類。
56. 危險品運輸不正常時怎樣處置？
57. 簡述危險品事故檢查單的內容。
58. 請簡述飛行中客艙內危險品報告程序。
59. 請闡述危險品緊急情況下的滅火程序。

附表 1　　　　　　習題中需用到的品名表信息

UN/ID No.	Proper Shipping Name/Description	Class or Div (Sub Risk)	Hazard Label (s)	PG	Passenger and Cargo Aircraft				Cargo Aircraft Only		S. P. See 4.4	ERG Code
					E. Q. see 2.6	Ltd Qty						
						PkgInst	Max Qty per Pkg	PkgInst	Max Qty per Pkg	Pkg Inst	Max Qty per Pkg	
A	B	C	D	E	F	G	H	I	J	K	L	M	N
1088	Acetal	3	Flamm. Liquid	II	E2	Y341	1L	353	5L	364	60L		3H

第 5 章　危險品運輸

附表1(續)

UN/ID No.	Proper Shipping Name/Description	Class or Div (Sub Risk)	HazardLabel(s)	PG	E.Q. see 2.6	Ltd Qty PkgInst	Ltd Qty Max QtyperPkg	Passenger and Cargo Aircraft PkgInst	Passenger and Cargo Aircraft Max QtyPerPkg	Cargo Aircraft Only PkgInst	Cargo Aircraft Only Max QtyPerPkg	S.P. See 4.4	ERG Code
1090	Acetone	3	Flamm. Liquid	II	E2	Y341	1L	353	5L	364	60L		3H
1716	Acetyl bromide	8	Corrosive	II	E2	Y840	0.5L	851	1L	855	30L		8L
1133	Adhesivescontaining flammable liquid	3	Flamm. Liquid	I	E3	Forbidden		351	1L	361	30L	A3	3L
1133				II	E2	Y341	1L	353	5L	364	60L		3L
1133				III	E1	Y344	10L	355	60L	366	220L		3L
1558	Arsenic	6.1	Toxic	II	E4	Y644	1kg	669	25kg	676	100kg		6L
1854	Barium alloys, pyrophoric	4.2				Forbidden		Forbidden		Forbidden			4W
1445	Barium chlorate, solid	5.1 (6.1)	Oxidizer & Toxic	II	E2	Y543	1kg	558	5kg	562	25kg		5P
	Benzenesulphonyl hydrazide, see Self-reactive solid type D ★ (UN 3226)												
1738	Benzyl chloride	6.1 (8)	Toxic	II	E4	Forbidden		653	1L	660	30L		6C
1570	Brucine	6.1	Toxic	I	E5	Forbidden		666	5kg	673	50kg	A6	6L
1134	Chlorobenzene	3	Flamm. liquid	III	E1	Y344	10L	355	60L	366	220L		3L
2235	Chlorobenzyl chlorides, liquid	6.1	Toxic	III	E1	Y642	2L	655	60L	663	220L		6L
3427	Chlorobenzyl chlorides, solid	6.1	Toxic	III	E1	Y645	10kg	670	100kg	677	200kg		6L
8000	Consumer commodity	9	Miscellaneous		E0	Y963	30kg G	Y963	30kg G	Y963	30kg G	A112	9L
1759	Corrosive solid, n.o.s. ★	8	Corrosive	I	E0	Forbidden		858	1kg	862	25kg	A3	8L
1759				II	E2	Y844	5kg	859	15kg	863	50kg	A803	8L
1759				III	E1	Y845	5kg	860	25kg	864	100kg		8L
1161	Dimethyl carbonate	3	Flamm. liquid	II	E2	Y341	1L	353	5L	364	60L		3L
1845	Dry ice †	9	Miscellaneous		E0	Forbidden		954	200kg	954	200kg	A48 A151 A805	9L
1170	Ethanol	3	Flamm. liquid	II	E2	Y341	1L	353	5L	364	60L	A3 A58 A180	3L
1170				III	E1	Y344	10L	355	60L	366	220L		3L
1323	Ferrocerium	4.1	Flamm. solid	II	E2	Y441	5kg	445	15kg	448	50kg	A42	3L
2623	Firelighters, solid with flammable liquid	4.1	Flamm. solid	III	E1	Y443	10kg	446	25kg	449	100kg	A803	3L
1863	Fuel, aviation, turbine engine	3	Flamm. liquid	I	E1	Forbidden		351	1L	361	30L	A3	3L
1863				II	E2	Y341	1L	353	5L	364	60L		3L
1863				III	E3	Y344	10L	355	60L	366	220L		3L
1203	Gasoline	3	Flamm. liquid	II	E2	Y341	1L	353	5L	364	60L	A100	3H

279

附表1（續）

UN/ID No.	Proper Shipping Name/Description	Class or Div (Sub Risk)	HazardLabel (s)	PG	E. Q. see 2.6	Ltd Qty PkgInst	Ltd Qty Max Qtyper Pkg	Passenger and Cargo Aircraft PkgInst	Passenger and Cargo Aircraft Max QtyPer Pkg	Cargo Aircraft Only Pkg Inst	Cargo Aircraft Only Max QtyPer Pkg	S. P. See 4.4	ERG Code
3481	Lithium ion batteries packed with equipment † (including lithium polymer batteries)	9	Miscellaneous	II	E0	Forbidden		966	5kg	966	35kg	A88 A99 A154 A164 A181 A185	9FZ
	Jet fuel, seeFuel, aviation, turbine engine (UN1863)												
1223	Kerosene	3	Flamm. liquid	III	E1	Y344	10L	355	60L	366	220L	A224	3L
	Lighter flints, seeFerrocerium (UN1323)												
1230	Methanol	3 (6.1)	Flamm. liquid	II	E2	Y341	1L	352	1L	364	60L	A104 A113	3L
3071	Mercaptan mixture, liquid, toxic, flammable, n.o.s.★	6.1 (3)	Toxic & Flamm. liquid	II	E4	Y641	1L	654	5L	661	60L		6F
	Monochlorobenzene, see Chlorobenzene (UN1134)												
2528	Isobutyl isobutyrate	3	Flamm. Liquid	III	E1	Y344	10L	355	60L	366	220L		3L
1265	PentanesLiquid	3	Flamm. Liquid	I / II	E2 / E3	Forbidden / Y341	/ 1L	351 / 353	1L / 5L	361 / 364	30L / 60L		3H / 3H
3155	Pentachlorophenol	6.1	Toxic	II	E4	Y644	1kg	669	25kg	676	100kg	A6	6L
2572	Phenylhydrazine	6.1	Toxic	II	E4	Y641	1L	654	5L	662	60L		6L
3226	Self-reactive solid type D★	4.1	Flamm. solid & Keep away from heat		E0	Forbidden		459	5kg	459	10kg	A20 A802	3L
1495	Sodium chlorate	5.1	Oxidizer	II	E2	Y544	2.5kg	558	5kg	562	25kg		5L
1823	Sodium hydroxide, solid	8	Corrosive	II	E2	Y844	5kg	859	15kg	863	50kg		8L
1824	Sodium hydroxide, solution	8	Corrosive	II / III	E2 / E1	Y840 / Y841	0.5L / 1L	851 / 852	1L / 5L	855 / 856	30L / 60L	A3 A803	8L / 8L
1831	Sulphuric acid, fuming †	8 (6.1)				Forbidden		Forbidden		Forbidden		A2	8P

附表2　習題中需用到的部分數字交叉參考表資訊（page no. 已略）

UN or ID No.	Name and Description
1169	Extracts, aromatic, liquid

附表2(續)

UN or ID No.	Name and Description
1170	Ethanol
1170	Ethanol solution
1170	Ethyl alcohol
1170	Ethyl alcohol solution
1171	Ethylene glycol monoethyl ether
……	……
1262	Octanes
1263	Paint（including paint, lacquer, enamel, stain, shellac, varnish, polish, liquid filler and liquid lacquer base）
1263	Paint related material（including paint thinning or reducing compounds）
1264	Paraldehyde
1265	Pentanesliquid
……	……
1758	Chromium oxychloride
1759	Corrosive solid, n.o.s. ★
1760	Corrosive liquid, n.o.s. ★
……	……
1830	Sulphuric acidwith more than 51% acid
1831	Sulphuric acid, fuming†
1832	Sulphuric acid, spent†
……	……
1843	Ammonium dinitro-o-cresolate, solid
1845	Carbon dioxide, solid†
1845	Dry ice†
1846	Carbon tetrachloride
……	……
2045	Isobutyl aldehyde
2046	Cymenes
2047	Dichloropropenes
2048	Dicyclopentadiene
……	……

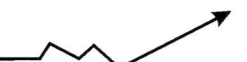

附表2(續)

UN or ID No.	Name and Description
2807	Magnetized material †
2809	Mercury
2810	Toxic liquid, organic, n.o.s. ★
……	……
3370	Urea nitrate, wetted with > 10% but < 20% water, by weight
3371	2-Methylbutanal
3373	Biological substance, Category B

第 6 章　航空運輸鋰電池知識及操作要求

6.1　鋰電池航空運輸規則產生背景

　　隨著經濟發展和人們生活水準的提高，現代人對鋰電池的需求量日益增加，目前鋰電池的使用在整個電池界占據了「半壁江山」，在智慧手機、筆記本電腦、數碼相機以及 IPAD 等便攜式消費電子產品和電動汽車和電動腳踏車中得到了廣泛應用，如圖 6-1 所示，鋰電池在現代人的生活和工作中起著越來越重要的作用。

圖 6-1　鋰電池的應用領域

　　「鋰」是一種非常活潑的金屬，非常容易發生反應，釋放出氫氣和熱量，並可能引起燃燒。鋰電池在航空運輸過程中，由於飛機貨倉空間狹小，運輸過程由於各種原因非常容易受到碰撞或擠壓，可能發生內、外部短路，會出現鋰電池高溫過熱，從而導致鋰電池的自燃或爆炸，其燃燒產生的溶解鋰會穿透貨艙或產生足夠壓力衝破貨艙壁板，使火勢能夠蔓延到飛機的其他部分。並且鋰電池一旦出現燃燒情況，只有在它消耗完後，燃燒才能夠被熄滅，而且航空器上所配備的 Halon-1301（滅火劑）對熄滅鋰電池燃燒根本起不了作用，由此可見，鋰電池航空運輸的安全風險較為突出，增加了航空飛行的不安全隱患。

　　2014 年 FAA 收到了 11 份由鋰電池引發的火災、煙霧、高熱和爆炸事故的報告。IATA 指出：這只是全球鋰電池事故的一小部分，航空公司必須要使用清楚全面的方法來預防鋰電池帶來的安全風險隱患。圖 6-2 為所發生的鋰電池航空事故或者事件。

圖 6-2 鋰電池航空事故或者事件

6.1.1 鋰電池航空運輸故事件

案例 1——鋰電池引發的不安全事件（廣州）

2006 年 6 月 2 日，廣州—成都的客機因貨艙鋰電池起火，起飛滑行時，底層貨艙甲板火警報警。機長立即釋放滅火器，飛機停止滑行，撤離旅客。在貨艙發現一箱貨物外包裝被烤焦，冒煙並散發異味。之後打開包裝箱檢查，發現內裝物品共十幾塊長方狀固體，每塊固體一端連接兩根電線。發生燃燒的貨物為鋰離子聚合物電池。

案例 2——行李落地後鋰電池發生爆燃

2008 年 4 月 29 日，衣索比亞航空公司 ET605 航班，執行北京至亞的斯亞貝巴任務。航班在阿迪斯阿貝巴機場落地後，當地機場工作人員發現一貨櫃出現冒煙，打開檢查時有一件託運行李隨即發生爆燃，好在現場無人員傷亡。經當地機場安全部門調查，爆燃原因是該託運的行李裡隨電子設備一起託運的備用鋰電池引起的。託運行李的是中國籍旅客，機場安全部門對其進行了調查詢問，同時，對該航班做了清艙，對所有行李重新進行了安全檢查，航班延誤了近 5 個小時。

案例 3——UPS 迪拜墜機禍起鋰電池

2010 年 9 月 3 日，一架美國聯合包裹服務公司（UPS）的波音 747-400 型貨機由迪拜飛往德國科隆，當地時間晚上 6 點 40 分，從迪拜機場起飛後不久，機組報告駕駛艙冒煙並起火，要求返航，但飛機在返回迪拜機場途中與地面失去聯繫，飛機失控墜毀在兩條高速路之間的一處無人區，距離機場跑道約 10 千米，機上兩名飛行員不幸遇難。根據阿聯酋民航局調查報告顯示，失事的 UPS 貨機（從香港起飛，經迪拜飛往科隆）搭載了大量的家用電子產品，有 81,000 塊鋰電池。貨機上的鋰電池引發大火，濃煙充斥整個駕駛艙，飛行員既看不到儀表盤也看不到窗外，隨後飛機在迪拜墜毀，最終導致悲劇的發生。圖 6-3 為 UPS 迪拜墜機情況。

案例4——攝像機鋰電池在飛機上起火

2011年5月25日，國航B6513飛機執行北京至上海CA1549航班在起飛爬升過程中，公務艙15H行李艙內，一名美籍旅客所攜帶肩包攝像機鋰電池發生火情，機組人員迅速採取應急措施，連續使用了3個滅火瓶後，將火撲滅。經初步調查發現，起火原因是該旅客放置行李箱中的攝像機鋰電池發生自燃所致。

美籍旅客是美國廣播公司的雇員，攝像機是由SONY公司生產的專業設備，內裝北京星恒電源有限公司生產的方向牌鋰電池，額定容量為130Wh。

圖6-3　UPS迪拜墜機情況

案例5——韓亞航空波音747貨機在濟州島附近海域墜毀

2011年7月28日，註冊號為HL7604的一架韓亞航空公司波音747-400全貨機，於韓國時間上午2時47分，由韓國首爾仁川機場起飛，前往中國上海浦東國際機場，4時03分，機長匯報指機艙發生火警，要求轉飛濟州並緊急降落。4時11分，航管中心與飛機失去聯繫，飛機隨後墜毀於濟州島以西107千米海面，2名機組成員遇難。機組人員與上海航管部門最後的通訊內容是「機艙起火」。失事貨機搭載58噸貨物，包括大批的手提電話、鋰電池、半導體、發光二極管和液晶顯示器等，餘下貨物則有樹脂、油漆和其他化學品。

調查結果顯示，火災導致操作系統失效，起火原因為飛機上的鋰電池爆炸。該空難對韓亞航空公司造成1.9億美元損失。空難發生後，國際民航組織（ICAO）開始考慮在新的航空運輸安全標準中對鋰電池的運輸加以限制。

案例6——波音787飛機上鋰離子電池系統起火

2013年1月7日，一架日航的波音787在波士頓洛根國際機場的停機坪上，機身後部的輔助動力系統（APU）中的輔助動力鋰電池發生過熱，導致起火。機場消防隊花了一個多小時才撲滅火焰。事後檢查發現，不光鋰電池和殼體嚴重損壞，泄漏的熔融電解質和熾熱氣體使得半米以外的機體結構也受到損壞。美國國家交通安全調查局（簡稱NTSB）的調查發現，局部鋼結構有氣化後冷凝的跡象，這說明局部溫度有可能高達3,000度。

9 天之後的 2013 年 1 月 16 日，另一架全日空的波音 787 從山口往東京成田機場飛行，起飛後不久即將達到巡航高度時，飛行員在駕駛艙內聞到刺鼻的煙味，儀表板上警告燈也顯示鋰電池故障。飛機立刻在高松機場緊急降落，所幸機上 129 名乘客和 8 名機組人員通過緊急出口和充氣滑梯安全逃生成功。事後檢查發現，前機身駕駛艙下電子艙裡的鋰電池過熱燒毀，殼體嚴重損壞。

隨後日航和全日空立刻宣布所有波音 787 停飛，FAA 也宣布所有美國註冊的波音 787 停飛，這是 1979 年後 FAA 首次下令特定的民航客機停飛。在日本和美國相繼停飛後，世界其他國家也迅速跟進。全球波音 787 全部就地停飛，被迫散布在 9 個國家 17 個機場，其中最多的是東京成田，這裡有日航和全日空的 11 架波音 787。波音 787 的後續交付也全部停止。到 4 月中為止，波音積壓了至少 25 架波音 787 不能交付，其中 20 架在華盛頓州的艾弗萊特工廠，另有 5 架在南卡羅萊納州的查爾斯頓工廠。

波音 787 全面停飛後，波音公司緊急調集了 300 多工程師，分成 10 隊人馬，日夜奮戰，集中攻關，力求盡快解決鋰電池問題。三個月裡，投入了 20 萬小時的工作量。地面試驗集中在 6 個星期裡，累計 60,000 小時。2013 年 2 月 7 日波音獲得 FAA 特批，用一架預定交付中國南航的波音 787 從德克薩斯飛往華盛頓州的艾弗萊特工廠，稍後在華盛頓州海岸外空載飛行，用於科研和試驗飛行。3 月 13 日，FAA 批准了波音的初步修改方案。4 月 5 日，波音用預定交付波蘭 LOT 航空公司的第 86 架波音 787 驗證最後修改方案，方案和試驗結果得到 FAA 批准，此後 FAA 批准波音 787 復飛，衣索比亞航空公司在 2013 年 4 月 27 日阿迪斯阿貝巴到奈洛比進行了歷史性的飛行。

案例 7——警告：手機掉飛機座椅縫隙處，別亂動！

2016 年 6 月 21 日，澳洲航空一架波音 747-400 客機（註冊號 VH-OJS，航班號 QF11）從雪梨飛往洛杉磯途中在太平洋上空，一名乘客的手機掉入可調節座椅的調節處。調節座椅時手機遭到擠壓，手機電池著火，隨後被空乘撲滅。飛機繼續飛往洛杉磯並且安全降落。

事實上，這並不是第一次發生手機掉入座椅縫隙處擠壓後起火的事件。2015 年 8 月，英國航空一架波音 787 客機（航班號 BA18）從韓國首爾飛往英國倫敦途中，由於一名乘客的手機掉落在兩個座椅間的縫隙處，手機電池遭受擠壓後冒煙。最後客機不得不在俄羅斯伊爾庫次克備降。

手機電池會在擠壓後起火冒煙，因為手機使用的電池是鋰電池。鋰是極不穩定的金屬，鋰電池在摩擦或者碰撞中很容易產生火花，鋰電池容易自燃。一旦出現燃燒情況，只有在它消耗完後，燃燒才能夠被完全熄滅。正是因此鋰電池不能放入託運行李中。如果將鋰電池直接放入行李中託運，行李在狹小的貨艙空間中容易受到擠壓或碰撞等，鋰電池容易發生自燃，增加了危險性。而隨身攜帶的話空間就會寬鬆很多了。但是上述兩例事件中，手機鋰電池掉落座椅縫隙遭受擠壓，因此才會起火冒煙。所以大家在飛行途中，手機不巧掉入座椅縫隙處，千萬不要自己動手取出，為了避免意外產生，最好還是叫空乘。

因此，一些大型航空公司均在其安全短片中強調：「如果你的手機掉了，不要亂動座椅，去找空乘！」

案例 8——三星 Galaxy Note7 手機電池不合格事件

三星 Galaxy Note7 是於 2016 年 8 月 2 日北京時間 23：00 在美國紐約、英國倫敦、巴西里約同步發布。該款三星手機發布僅一個多月，在全球範圍內就發生了 35 起因電池缺陷造成的爆炸和起火事故。

2016 年 9 月 8 日，美國聯邦航空局發表聲明稱，「強烈建議」乘客在登機後不要啓動 Note7 手機或為其充電，也不要把它放在託運行李裡面。日本國土交通省 9 月 9 日發布類似警告，要求國內各航空公司不要讓乘客在飛機上使用 Note7 手機。據韓聯社報導，韓國交通部 9 月 10 日發表聲明，要求 Note7 手機用戶在乘坐飛機時全程關機、不給手機充電，且手機不能放在託運行李內。

為保障航空運輸安全，2016 年 9 月 14 日，中國民航局發出安全警示，提醒旅客不得在飛機上使用三星 Note7 或為其充電，不要將三星 Note7 放入託運行李中託運，不允許將三星 Note7 作為貨物運輸。同時歐洲航空安全局（EASA）、加拿大民航當局等國家正式宣布，將三星 Galaxy Note7 設備列為危險品，多個國家及地區的數十家航空公司要求旅客在飛行期間禁止使用該款設備或為其充電，也不得將該款設備隨行李託運。

2016 年 10 月 10 日，三星要求全球停止 Note7 銷售，建議用戶關機停用。

2017 年 1 月 23 日，三星電子召開發布會，聯合三家國際中立機構，正式公布了 Galaxy Note7 起火事件調查結果。三星移動總裁高東真在發布會上表示，Note 7 的電池尺寸與電池倉不匹配，存在製造缺陷，導致電池過熱，從而起火爆炸。這一調查結果是三星所聘請的三家質檢和供應鏈分析公司所進行的獨立調查的結果。

案例 9——香港機場近一月內發生兩起貨物爆炸事件，鋰電池出貨要慎重

2017 年 11 月 4 日下午 5 時左右，香港赤鱲角機場駿運路九號超級一號貨站內，有貨物突然起火，冒出滾滾濃煙。火勢迅速蔓延，波及多個空運貨箱。據貨站職員形容，當時聽到一聲巨響，懷疑其中一個貨箱發生爆炸，幸好當時附近無職員，大批貨物被燒毀。貨站人員及時發現火情，並疏散了人員，期間有職員報警求助，沒有造成人員傷亡。消防接報後，到場經過約一小時後將火撲滅，並將燒毀的貨箱移出貨站外進行進一步的檢查。

事故原因是亞塞拜然絲綢之路航空公司（Silk Way Airlines）集裝板 PMC13047ZP 上的鋰電池著火引起的。圖 6-4 為事故現場。

圖 6-4　2017 年 11 月 4 日香港機場著火情況

2017年10月9號香港機場也發生了類似的飛機起火，事發當時是美國航空一班編號AA192客機原定於傍晚6時10分出發前往美國洛杉磯，至下午5時許於42號停機坪停泊時，近機尾的上貨位置有貨物懷疑起火，火速迅速蔓延，客機亦被波及。火警期間、有職員逃生時不慎墜地受傷。消防接報趕至，迅速將火熄滅。事故原因也是鋰電池著火引起的。圖6-5為事發生現場。

圖6-5 2017年10月9日香港機場著火情況

案例10——南航：旅客行動電源冒煙著火，未造成進一步損害

2018年2月25日南方航空公司CZ3539（廣州—上海虹橋，機型B77W）航班在登機過程中，一名已登機旅客所攜行李在行李架內冒煙並出現明火，機組配合消防和公安部門及時進行處置，未造成進一步損害。該航班被迫更換了飛機和機組。涉事旅客被警方帶走調查。經初步瞭解，系旅客所攜帶行動電源冒煙並著火，事發時行動電源未在使用狀態

這樣的故事以前也發生過。2017年7月31日南方航空公司CZ6163航班從北京飛杭州，一名旅客行動電源著火。事發時飛機已經上跑道等待起飛了。事後該旅客，被移交給公安。該航班起飛時間原定為18：35起飛 實際起飛時間為20：48。

根據現行有效國際民航組織《危險物品安全航空運輸技術細則》和《中國民用航空危險品運輸管理規定》，旅客攜帶行動電源乘機應遵守以下規定(同時適用於機組人員)：

（1）行動電源必須是旅客個人自用攜帶。

（2）行動電源只能在手提行李中攜帶或隨身攜帶，嚴禁在託運行李中攜帶。

（3）行動電源額定能量不超過100Wh，無需航空公司批准；額定能量超過100Wh但不超過160Wh，經航空公司批准後方可攜帶，但每名旅客不得攜帶超過兩個行動電源。

（4）嚴禁攜帶額定能量超過160Wh的行動電源；嚴禁攜帶未標明額定能量同時也未能通過標註的其他參數計算得出額定能量的行動電源。

（5）不得在飛行過程中使用行動電源給電子設備充電。對於有啓動開關的行動電源,在飛行過程中應始終關閉行動電源。

與個人攜帶的鋰電池相比，貨運鋰電池數量更為龐大，涉及的環節也更多，涵蓋了航空公司、機場、貨運代理等眾多人員。哪個環節出現問題，都可能導致事故的發生。因此，只

有讓各環節人員詳細瞭解和掌握鋰電池及其運輸的相關知識和標準，才能保障運輸安全。

6.1.2 鋰電池航空運輸規則的更新背景

在航空運輸中由於鋰電池運輸造成的不安全事件和事故頻繁的發生，據美國聯邦航空管理局（Federal Aviation Administration，簡稱 FAA）的統計資料表明，1991—2015 年，僅在美國就發生了 100 起鋰電池所引發的空運火災事件。鋰電池航空運輸的安全風險問題引起了國際民航組織（ICAO）和國際航空運輸協會（IATA）以及世界各國民航當局的重視。

自 2009 年起，為了保障航空運輸的安全，國際航空運輸協會（IATA）每年都會在針對鋰電池的航空運輸規則進行持續變更，但鋰電池的航空運輸事故和事件仍然不斷發生，鋰電池的航空運輸成為航空公司、民航機場和社會大眾關注的熱點問題。包括美國、加拿大、日本、中國等世界各國民航當局和歐盟等組織不斷發布鋰電池航空運輸的風險提示，要求社會各界關注鋰電池的航空運輸安全風險問題，希望社會各界按照鋰電池航空運輸的規則標準和操作規範進行鋰電池的航空運輸。

鑒於各國政府對鋰電池航空運輸風險的共識，國際民航組織（ICAO）在 2012 年 2 月 6 至 10 日召開了鋰電池航空運輸的工作會議。會議針對鋰電池的航空運輸集中討論的問題主要有：非限制性鋰電池大量運輸如何保證運輸安全？非限制性鋰電池如何通知航班機長？如何對運輸非限制性鋰電池的託運人和貨運代理進行培訓？鋰電池運輸如何給生產廠商和航空公司不增加太大的經濟壓力？等等。經過各國專家的激烈討論和多方權衡，國際民航組織（ICAO）就鋰電池部分的運輸對《危險品安全航空運輸技術細則》（TI）進行了重大修訂，與此同時國際航空運輸協會（IATA）對《危險品規則》中鋰電池運輸的內容也進行了相應的重大修訂，並且每年都會針對社會各界所反應的鋰電池運輸問題，對《危險品規則》中的鋰電池航空運輸的內容進行修訂，目前鋰電池運輸的內容已經修訂到 2018 版《危險品規則》。

2013 年 1 月 16 日，中國民航局正式頒發了鋰電池航空運輸的行業文件，《鋰電池航空運輸規範》（MH/T 1020-2013）以及《航空運輸鋰電池測試規範》（MH/T 1052-2013），對鋰電池航空運輸以及航空運輸的鋰電池測試的具體執行標準進行了規範，為鋰電池航空運輸的安全運輸、規範操作提供了統一的指導。

隨著國民經濟的快速發展和人們生活的需要，未來還會有越來越多的鋰電池需要通過航空運輸的方式進行運輸。對於航空貨運來說，儘管鋰電池或含鋰電池的貨物存在危險性，如果能夠正確認識違規運輸鋰電池的危害性，樹立鋰電池安全運輸的意識，採取有針對性的安全檢查，遵守安全運輸規則，鋰電池的航空運輸完全是有安全保障的。

6.2 鋰電池常識

6.2.1 鋰電池的類型與結構

鋰電池（Lithium battery）是指電化學體系中含有鋰（包括金屬鋰、鋰合金和鋰離子、

鋰聚合物）的電池。

鋰電池大致可分為兩類：鋰金屬電池和鋰離子電池。

鋰金屬電池（lithium metal battery）是以鋰金屬或鋰合金作為陽極的鋰電池。通常是不可充電的，且內含金屬態的鋰。

鋰離子電池（lithium ion battery）不含有金屬態的鋰，而是以離子態或類原子態鋰嵌入正負晶格中，通常為可充電的二次電池。鋰聚合物電池（lithium polymer battery）也是鋰離子電池的一種。一般來說，鋰離子電池的形狀主要有圓柱形和菱形兩種，無論是何種鋰離子電池，它的結構基本為：正極（positive）、負極（negative）、電解質（electrolyte）、隔膜（separator）、正極引線（positive lead）、負極引線（negative plate）、中心端子、絕緣材料（insulator）、安全閥（safety vent）、密封圈（gasket）、PTC（正溫度控制端子）、電池殼，如圖 6-6 所示。

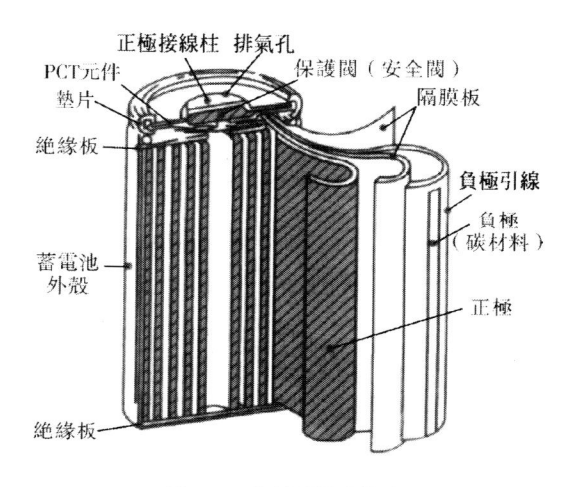

圖 6-6 鋰離子電池構造

電池芯（lithium cell）是一個單一的電化學封閉單元，由一個正極和一個負極組成，兩極之間有電位差。單電池芯電池應視為電池芯而不是電池。

電池（battery）是由兩個或多個電池芯通過電路進行連接組成的。

6.2.2 鋰電池計量標準

對於鋰金屬電池，用鋰含量（Lithium content）衡量，用 g 表述。它適用於鋰金屬或鋰合金電池芯和電池。鋰含量是指鋰金屬或鋰合金電池陽極中的鋰質量。對於電池芯，鋰含量是在電池為放電的狀態下測量的；電池的鋰含量等於電池芯各組成電池的鋰含量克數之和。

對於鋰離子電池，由於不含鋰金屬，所以用額定能量來衡量，用額定瓦特-小時（WATT-HOUR RATING）（簡稱 Wh）表述。額定能量是用額定電壓（單位伏特，常用 V 表示）乘以安培-小時（常用 Ah 表示）為單位的額定容量計算出來的。2009 年 1 月 1 日

以後生產的鋰離子電池在電池的外殼上列明，如圖 6-7 所示。

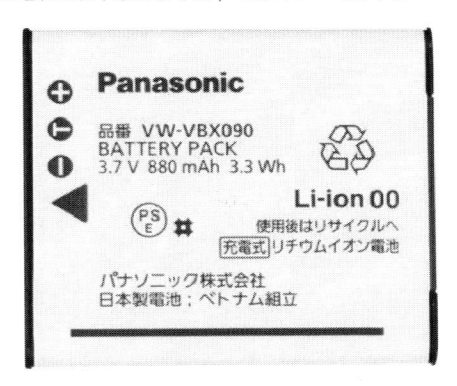

圖 6-7　鋰離子電池的額定能量

如果鋰離子電池的額定能量未標明，在已知電池額定電壓（V）和額定容量（Ah）時，額定瓦特小時的數值可由以下公式計算：

Wh = V×Ah

額定電壓（V）和額定容量（Ah）通常標記在電池上，從電池上的標記就可以找到。

注意：如果電池上只標記有毫安時（mAh），可將該數值除以 1000 得到安培小時數（Ah）。

例如：880mAh/1000 = 0.88Ah

3.7×0.88 = 3.256Wh ≈ 3.3Wh

6.2.3　鋰電池的危險性

6.2.3.1　鋰的危險性

鋰是一種特別容易發生反應的金屬，外觀呈銀白色，非常柔軟、可伸展，且易燃。金屬鋰屬於第 4.3 項危險品，即遇水釋放易燃氣體的物質。

鋰的主要特性還有：鋰遇水或潮濕空氣時會釋放易燃的氫氣；呈固體狀態時，當溫度超過其熔點 180℃時，可自己燃燒；呈粉末時，可在室溫條件下燃燒；可導致嚴重灼傷及腐蝕。

6.2.3.2　鋰電池的危險性

鋰電池芯或鋰電池屬第 9 類危險品，其危險性取決於所含的鋰。鋰電池的主要危險表現在以下方面：

（1）鋰電池高度易燃。

（2）短路、過度充電、極限溫度、錯誤操作或其他錯誤的情況下都能夠著火。

（3）不管是因為內部原因還是外部加熱或物理撞擊，它都能產生足夠的熱使毗鄰的電池也發生熱失控。

鋰金屬電池釋放易燃的電解質混合著融化的鋰金屬，並伴有一個大的壓力脈衝。易燃電解質和熔融鋰金屬可產生爆炸混合物。

（4）在 C 級貨艙的滅火劑哈龍 1301（三氟一溴甲烷滅火劑），不能有效控制鋰金屬電池的著火。圖 6-8 所示均為鋰電池發生危險的場景。

圖 6-8　鋰電池的危險性

6.2.4　UN38.3 測試

按照 ICAO 和 IATA 的規定，交付航空運輸的所有類型鋰電池芯及電池，必須經測試證明其符合聯合國《實驗和標準手冊》第 3 部分 38.3 條款（簡稱 UN38.3 測試）的所有要求。

UN38.3 測試專門針對準備用航空運輸的鋰電池的檢測。通過模擬航空運輸中在正常的運輸條件下可能出現的各種情況，以檢測鋰電池是否符合航空運輸的必要條件。

在航空運輸中有可能出現的正常變化情況包括氣壓變化、溫度變化、濕度變化、正常的顛簸、衝擊、撞擊等。因此，UN38.3 測試是一組試驗項目，共包括 8 個基本的測試：

（1）試驗 T.1：高度模擬。試驗模擬的是低壓條件下的空運。試驗電池和電池組必須在壓力等於或低於 11.6Kpa 和環境溫度 20℃（±5℃）下存放至少 6 小時。

（2）試驗 T.2：溫度試驗。試驗評估電池和電池組的密封完善性和內部電連接。試驗是利用迅速和極端的溫度變化進行的。試驗電池和電池組在試驗溫度等於 75℃（±2℃）下存放至少 6 小時，接著在試驗溫度-40℃（±2℃）下存放至少 6 小時。兩個極端試驗溫度之間的最大時間間隔為 30 分鐘。這一程序須重複 10 次，接著將所有試驗電池和電池組在環境溫度（20±5℃）下存放 24 小時。對於大型電池和電池組，暴露於極端試驗溫度的時間至少應為 12 小時。

（3）試驗 T.3：振動試驗。試驗模擬運輸過程中的振動。試驗時，電池和電池組以不使電池變形以便正確地傳播振動的方式緊固在振動機平面上，振動為正弦波形，頻率在 7 和 200 赫茲之間擺動再回到 7 赫茲的對數掃頻為時 15 分鐘。這一振動過程須對三個互相垂直的電池安裝方位的每一個方向都重複進行 12 次，總共為時 3 小時。其中一個振動方向必須與端面垂直。對數掃頻為：從 7 赫茲開始保持 1gn 的最大加速度直到頻率達到 18

赫茲。然後將振幅保持在 0.8 毫米（總偏移 1.6 毫米）並增加頻率直到最大加速度達到 8gn（頻率約為 50 赫茲）。將最大加速度保持在 8gn 直到頻率增加到 200 赫茲。

（4）試驗 T.4：衝擊試驗。試驗模擬運輸過程中的可能發生的撞擊。試驗時，電池和電池組用堅硬支架緊固在試驗裝置上，支架支撐著每個試驗電池組的所有安裝面。每個電池和電池組須經受最大加速度 150gn 和脈衝持續時間 6 毫秒的半正弦波衝擊。每個電池或電池組須在三個互相垂直的電池或電池組安裝方位的正方向經受三次衝擊，接著在反方向經受三次衝擊，總共經受 18 次衝擊。不過，大型電池和大型電池組須經受最大加速度 50gn 和脈衝持續時間 11 毫秒的半正弦波衝擊。每個電池或電池組須在三個互相垂直的電池安裝方位的正方向經受三次衝擊，接著在反方向經受三次衝擊，總共經受 18 次衝擊。

以上 4 個試驗的合格標準均為電池或電池組無重量損失、無滲漏、無排氣、無解體、無破裂和無燃燒，並且每個試驗電池或電池組在試驗後的開路電壓不小於其在進行這一試驗前電壓的 90%。

（5）試驗 T.5：外短路試驗。試驗模擬外短路的情形。試驗用的電池或電池組的溫度必須予以穩定，並使其外殼溫度達到 55±2℃，然後使電池或電池組在 55±2℃ 下經受總外阻小於 0.1 歐姆的短路條件。這一短路條件應在電池或電池組外殼溫度回到 55±2℃ 後繼續至少 1 小時。電池或電池組必須再觀察 6 小時才結束試驗。

（6）試驗 T.6：撞擊/擠壓試驗。試驗模擬撞擊的情形。試樣電池或電池組放在平坦表面上，將一根直徑為 15.8 毫米的棒橫放在試樣的中心。一塊 9.1 千克的重錘從 61±2.5 厘米高處落到試樣上。待受撞擊的圓柱形或稜柱形電池的縱軸應與平坦表面平行並與橫放在試樣中心的直徑 15.8 毫米彎曲表面的縱軸垂直。稜柱形電池還必須繞縱軸轉動 90 度以便其寬側面和窄側面都經受撞擊。每一試樣只經受一次撞擊。每次撞擊使用不同的試樣。硬幣形或鈕扣形電池經受撞擊時，試樣的平面應與平坦表面平行並且直徑 15.8 毫米的彎曲表面橫放在其中心。

以上兩個試驗的合格標準為：電池或電池組如果外殼溫度不超過 170℃ 並且在進行這一試驗後 6 小時內無解體、無破裂和無燃燒。

（7）試驗 T.7：過度充電試驗。試驗評估可再充電電池組承受過度充電狀況的能力。充電電流必須是製造商建議的最大連續充電電流的兩倍。試驗的最小電壓應為如下：①製造商建議的充電電壓不大於 18 伏特時，試驗的最小電壓應是電流組最大充電電壓的兩倍或 22 伏特兩者中的較小者。②製造商建議的充電電壓大於 18 伏特時，試驗的最小電壓應是電流組最大充電電壓的 1.2 倍。試驗應在環境溫度下進行。進行試驗的時間應為 24 小時。

（8）試驗 T.8：強制放電。試驗評估原電池或可再充電電池承受強制放電狀況的能力。每個電池必須在環境溫度下與 12 伏特的直流電電源串聯在起始電流等於製造商給定的最大放電電流的條件下強制放電。給定的放電電流由將一個適當大小的電阻負荷與試驗電池串聯計算得出。每個電池被強制放電的時間（小時）應等於其標定電容量除以起始試驗電流（安培）。

以上兩個試驗的合格標準為：可再充電的電池組在進行試驗後 7 天內無解體和無燃燒。

圖 6-9 所示為各項試驗的環境和設備。

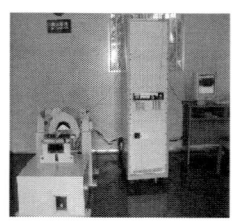

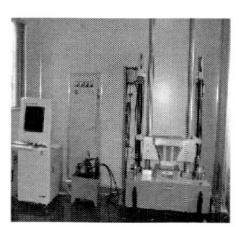

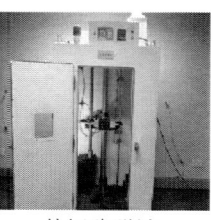

| 高度測試 | 振動測試 | 溫度測試 | 衝擊測試 |
| 撞擊測試 | 外短路測試 | 過充電測試 | 過放電測試 |

圖 6-9　UN38.3 測試項目與設備

每個鋰電池芯和電池必須被證明符合 UN38.3 的每項試驗要求。

特殊情況下，某些原型樣品鋰電池在送交測試時交付航空運輸，暫無 UN38.3 檢測報告，在符合 DGR 中 A88 特殊規定的情況下，經始發國主管部門的書面批准可僅限貨機運輸。

如沒有 UN38.3 檢測報告，也不符合 A88 特殊規定，或未經始發國主管部門批准，是禁止航空運輸的。

除了鋰電池本身需要進行 UN38.3 測試，用於運輸鋰電池的容器也必須滿足聯合國危險品包裝的規格標準和要求。例如，包裝件通常要求通過 1.2 米的跌落試驗如圖 6-10 所示。該測試模擬了運輸時包裝件被扔摔時發生跌落的情況，以測試包裝件的強度和包裝內的固定措施。具體方法可參考 DGR 包裝性能測試部分。該測試不適用於安裝有鋰電池的設備，例如 IPAD。

圖 6-10　包裝件 1.2 米跌落測試

6.3 鋰電池分類、識別、特殊規定

6.3.1 鋰電池的分類

6.3.1.1 鋰電池是第9類雜項危險品

含有任何形式鋰元素的電池芯和電池、安裝在設備中的電池芯和電池或與設備包裝在一起的電池芯和電池，必須恰當地劃歸UN3090、UN3091、UN3480或UN3481條目。但需滿足：

（1）每個電池芯或電池按類型滿足《聯合國試驗及標準手冊》第Ⅲ部分第38.3節的每項試驗要求。

（2）每個電池芯和電池配置一個安全排氣裝置，或者在正常運輸條件下其設計本身可防止爆裂。

（3）每個電池芯和電池裝有有效的防外部短路措施。

（4）每個含有電池芯或一系列電池芯並聯的電池應採用有效的方法進行裝配，以在必要時防止危險的逆向電流（例如二極管、保險絲等）。

（5）電池芯和電池必須在質量管理程序下生產，包括：

①組織機構和負責設計、產品質量人員職責的說明。

②相關的檢查和測試、質量控制、質量保證和作業指導書。

③過程控制應包含發現和防止電池芯可能發生內部短路的程序和措施。

④質量記錄，如檢驗報告、試驗數據、校準數據和認證。測試數據必須保存且在國家主管當局要求檢查時是可用的。

⑤管理評審以確保質量管理程序有效進行。

⑥文檔控制及其修訂的程序。

⑦對於未通過UN38.3測試的電池芯或電池的控制方法。

⑧相關人員的培訓大綱和資質審查程序。

⑨確保最終產品完好無損的程序。

6.3.1.2 分類流程圖

在DGR中將鋰離子電池進行分類，其分類的結果如圖6-11所示。

在DGR中將鋰金屬電池進行分類，其分類的結果如圖6-12所示。

6.3.2 鋰電池的識別

在危險品表中，鋰電池的條目資訊見表6-1。

图6-11 锂离子电池分类流程图

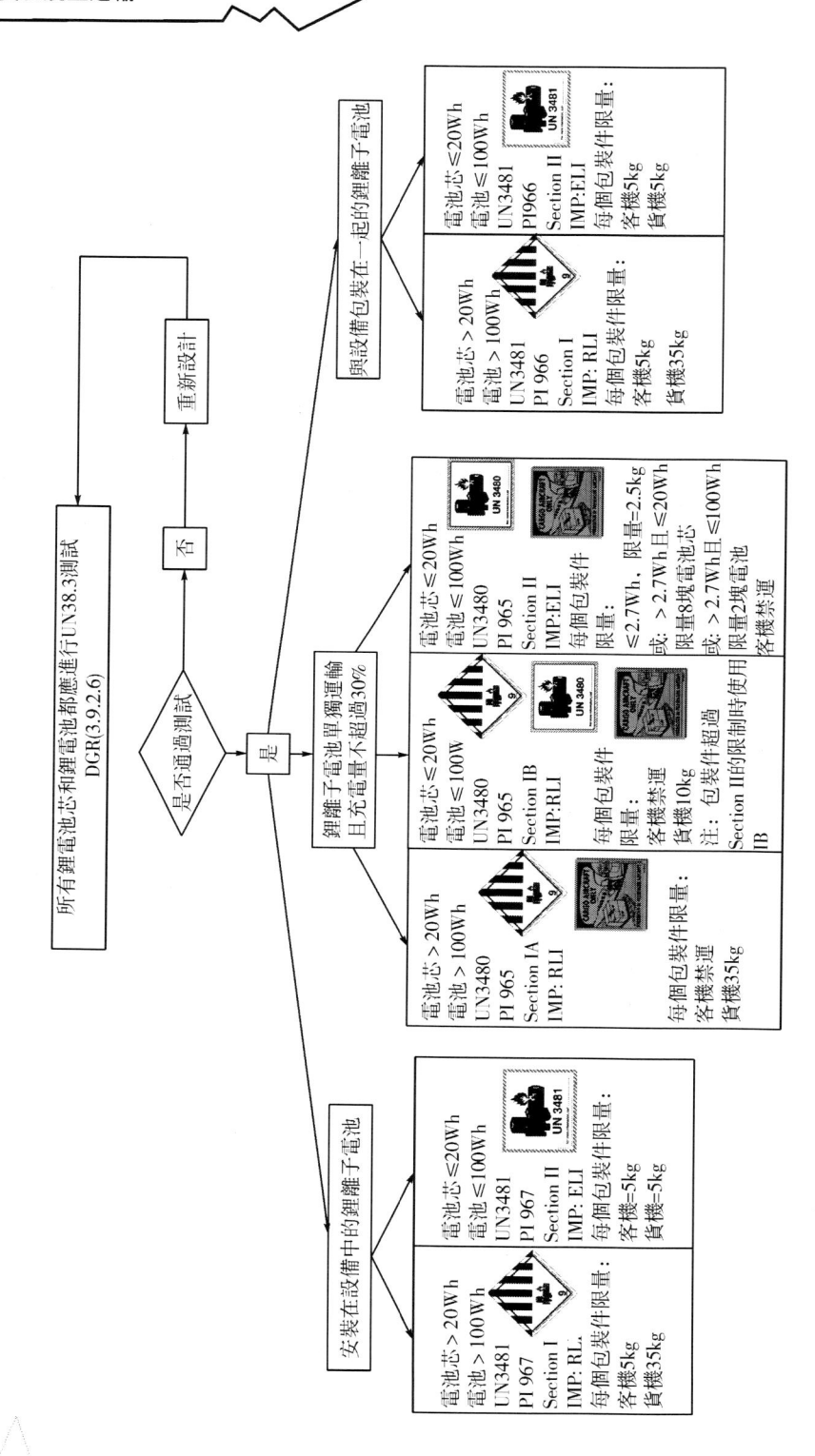

第 6 章　航空運輸鋰電池知識及操作要求

鋰金屬電池分類流程圖

所有鋰電池電池芯和鋰電池都應進行UN38.3測試 DGR(3.9.2.6)
↓
是否通過測試
- 否 → 重新設計
- 是 →

鋰金屬電池單獨運輸

電池芯 > 1g 電池 > 2g UN3090 PI968 Section IA IMP:RLM	每個包裝件限量： 客機禁運 貨機35kg
電池芯 ≤1g 電池 ≤2g UN3090 PI 968 Section IB IMP:RLM	每個包裝件限量： 客機禁運 貨機2.5kg
電池芯 ≤1g 電池 ≤2g UN3090 PI 968 Section II IMP:ELM	每票貨物僅限1個包裝件。每個包裝件限量2.5kg ≤0.3g時，>0.3g且≤1g時 或：>0.3g且≤2g時 限量8塊電池 限量2塊電運 客機禁運

注：包裝件超過Section II的限制時使用IB

與設備包裝在一起的鋰金屬電池

電池芯 ≤1g 電池 ≤2g UN3091 PI 969 Section II IMP:ELM	每個包裝件限量： 客機5kg 貨機5kg
電池芯 > 1g 電池 > 2g UN3091 PI 969 Section I IMP: RLM	每個包裝件限量： 客機5kg 貨機35kg

安裝在設備中的鋰金屬電池

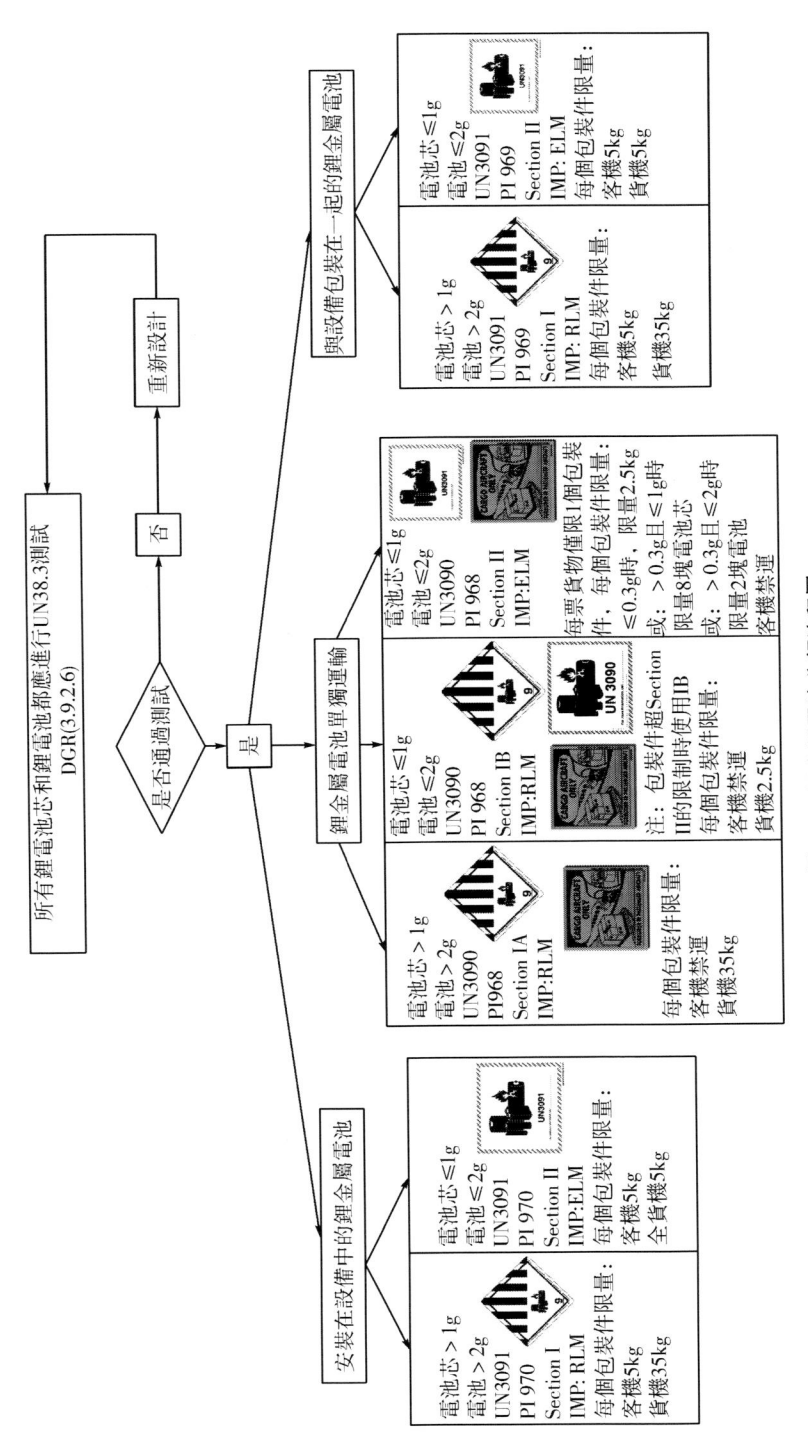

電池芯 ≤1g 電池 ≤2g UN3091 PI 970 Section II IMP:ELM	每個包裝件限量： 客機5kg 全貨機5kg
電池芯 > 1g 電池 > 2g UN3091 PI 970 Section I IMP: RLM	每個包裝件限量： 客機5kg 貨機35kg

圖6-12　鋰金屬電池分類流程圖

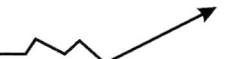

表 6-1　　　　　　　　　　　鋰電池的品名表條目

UN/ID NO.	Proper Shipping Name/Description	Class or Div. (sub Risk)	Hazard Labels	PG	EQ See 2.6	Passenger and Cargo Aircraft Ltd Qty Pkg Inst	Passenger and Cargo Aircraft Ltd Qty Max Net Qty/Pkg	Pkg Inst	Max Net Qty/Pkg	Cargo Aircraft Only Pkg Inst	Cargo Aircraft Only Max Net Qty/Pkg	S.P. See 4.4	ERG Code
A	B	C	D	E	F	G	H	I	J	K	L	M	N
3480	Lithium ion batteries † (including lithium ion polymer batteries)	9	Miscellaneous Lithium batt		E0	Forbidden		Forbidden		See 965		A88 A99 A154 A164 A183 A201 A206 A331 A802	9F
3481	Lithium ion batteries contained in equipment † (including lithium ion polymer batteries)	9	Miscellaneous Lithium batt		E0	Forbidden		967	5kg	967	35kg	A48 A88 A99 A154 A164 A181 A185 A206	9F
3481	Lithium ion batteries packed with equipment † (including lithium ion polymer batteries)	9	Miscellaneous Lithium batt		E0	Forbidden		966	5kg	966	35kg	A88 A99 A154 A164 A181 A185 A206	9F
3090	Lithium metal batteries † (including lithium alloy batteries)	9	Miscellaneous Lithium batt		E0	Forbidden		Forbidden		See 965		A88 A99 A154 A164 A183 A201 A206 A802	9FZ
3091	Lithium metal batteries contained in equipment † (including lithium alloyl batteries)	9	Miscellaneous Lithium batt		E0	Forbidden		970	5kg	970	35kg	A48 A88 A99 A154 A164 A181 A185 A206	9FZ
3091	Lithium metal batteries packed with equipment † (including lithium alloy batteries)	9	Miscellaneous Lithium batt		E0	Forbidden		969	5kg	969	35kg	A88 A99 A154 A164 A181 A185 A206	9FZ

將條目的名稱、UN 代號和含義匯總後，可以歸納為表 6-2。

表 6-2　　　　　　　　　　鋰電池品名表條目歸納表

UN 編號	運輸專用名稱		包裝說明
UN3480	lithium ion batteries	鋰離子電池	PI965
UN3481	lithium ion batteries packed with equipment	鋰離子電池與設備包裝在一起	PI966
UN3481	lithium ion batteries contained in equipment	鋰離子電池安裝在設備中	PI967
UN3090	lithium metal batteries	鋰金屬電池	PI968
UN3091	lithium metal batteries packed with equipment	鋰金屬電池與設備包裝在一起	PI969
UN3091	lithium metal batteries contained in equipment	鋰金屬電池安裝在設備中	PI970

6.3.3　鋰電池的特殊規定

鋰電池涉及的特殊規定包括 A48、A88、A99、A154、A164、A181、A183、A185、A201、A206、A331、A802 等。

根據 DGR，這些特殊規定的具體要求分別是：

（1）A48 不必進行包裝測試。

（2）A88 原型或低產量（如年產量不大於 100 塊鋰電池或電池芯）鋰電池或電池芯，沒有經過 UN38.3 試驗的，若經過始發國有關當局批准，可按照下列條件僅限貨機運輸：

①電池或電池芯必須使用 I 級測試的金屬、塑膠或膠合板圓桶或箱子，c 段中描述的情況除外。

②每個電池或電池芯必須有獨立的內包裝，內包裝放置於外包裝內，且周圍使用不燃燒、不導電的襯墊材料保護，必須防止短路。

③具有堅固、耐撞擊外殼的單個大於等於 12kg 的鋰電池，或此類電池的電池組件，可以使用未按照 DGR 中第六章要求測試過的包裝，但此包裝應堅固。電池或電池組件應防止短路。

④一套批准文件必須伴隨貨物運輸，批准文件上應註明數量限制。

儘管在 DGR 中有限制，但是運輸的電池或電池組件的重量可以超過 35kg。

（3）A99 儘管在 DGR 中有限量，且包裝說明 965、966、967、968、969、970 的第一部分也有限量，鋰電池或電池組件（UN3090、UN3480），包括在設備中或與設備包裝在一起的鋰電池或電池組件（UN3091、UN3481），只要滿足相應包裝說明第一部分，重量可超過 35kg，前提是經過始發國有關當局的批准，一套批准文件必須隨貨物運輸。

（4）A154 禁止運輸製造商認為安全性有缺陷的鋰電池，或出現破損、會造成潛在受熱、火災或短路的電池（例如由於安全原因而被製造商召回的電池）。

（5）A164 任何電池或以電池驅動的設備、裝置或車輛，如果會產生危險放熱，其運

輸必須採取以下保護措施：

①防短路（例如：將蓄電池裸露的電極進行有效的絕緣；或者將設備中的蓄電池斷開並保護裸露的電極）。

②防意外啓動。

（6）A181 如果包裝件既含有裝在設備中的鋰電池，也含有與設備包裝在一起的鋰電池，則包裝件必須根據情況，標明 UN3091 Lithium metal batteries packed with equipment（與設備包裝在一起的鋰金屬電池）或 UN3481 Lithium ion batteries packed with equipment（與設備包裝在一起的鋰離子電池）。如果包裝件既含有鋰金屬電池，也含有鋰離子電池，則包裝件必須根據要求標明這兩種電池類型。但是不需考慮裝在設備中（包括線路板在內）的鈕扣式電池。

（7）A183 除非經過始發國和營運人所屬國的國家有關當局批准，否則禁止航空運輸廢電池和為回收或處理目的運輸的電池。

（8）A185（360）用鋰金屬電池或鋰離子電池作為唯一動力的車輛必須劃歸 UN3171，Battery-powered vehicle（電池驅動車輛）。

（9）A201 只有經原產國和經營人所在國有關當局的事先批准，並通過這些機構制定書面條件，鋰金屬電池的貨物可以在客機上運輸。這些條件必須包括數量限制，尺寸限制，以及 ICAO 技術細則補篇中指定的包裝說明。當局按本特殊規定簽發的許可必須在發布的三個月內提供一份複印件給 ICAO 危險品部領導，通過郵件發送到：DGS@icao.int，通過傳真 1514-954-6077 或者通過郵寄到以下地址：

Chief, Dangerous Goods Section
International Civil Aviation Organization
999 University Street
Montreal, Quebec
CANADA H3C 5H7

除原產國和經營人所在國以外，已經通知 ICAO 按本特殊規定、批准製作的貨物需要事先批准的國家，還必須酌情得到這些國家的批准。

（10）A206（384）危險性標籤必須使用 DGR 中圖 7.3.X（註：即 2017 年 DGR 更新後的鋰電池專屬危險性標籤）的樣式。圖 7.3.W 所示的第 9 類雜項危險品危險性標籤可繼續使用至 2018 年 12 月 31 日。

（11）A331 鋰離子電池芯或電池，如果其荷電狀態超過其標稱容量的 30%，在獲得了始發國和經營人所在國主管當局的批准後，並根據這些主管當局制定的書面條件，方可僅限於在貨機上運輸。在考慮給予批准時至少應考慮下列標準，以在電池芯、電池或包裝件一級緩解裝有鋰電池芯或電池的包裝件發生過熱、冒煙或失火事件所帶來的風險：

①不允許在包裝件外有可造成危害的火焰量。

②包裝件外表面溫度不能超過可點燃鄰近包裝材料或導致鄰近包裝內電池或電池芯發生熱失散的溫度值。

③不能從包裝件內掉出可造成危害的碎片，包裝必須保持結構完好。

④發散的易燃蒸氣的數量不得超過這一氣體量——如與空氣混合且點燃，可導致形成一個能使航空器貨艙內的過壓板移位或造成航空器貨艙襯板損壞的壓力脈衝。

（12）A802 儘管 E 欄無包裝等級，此條目所列物質或物品必須包裝在符合包裝等級 Ⅱ 級的聯合國規格包裝容器中。此規定不適用於按有限數量規定運輸的氣溶膠。

註：為了正確識別和填寫運輸文件，即使實際包裝已按以上要求滿足了更高一級包裝等級的性能，在完成託運人申報單時，仍應填寫顯示於 DGR 中的包裝等級。

6.4 鋰電池包裝

6.4.1 鋰電池包裝要求

鋰電池適用的包裝說明（簡稱 PI）為 965-970。其中 PI965、968 中有 3 部分，IA、IB 部分和第 Ⅱ 部分，其餘每個包裝說明中只有第 Ⅰ 部分和 Ⅱ 部分。

6.4.1.1 PI965-970 第 Ⅰ 部分及 IA 部分

PI965-970 第 Ⅰ 部分及 IA 部分（Section I/IA）都是按照危險品運輸，包括：

（1）進行危險品培訓；
（2）分類；
（3）鋰電池包裝的限量；
（4）UN 規格包裝（UN 包裝不適用於 PI967 和 970）；
（5）貼第 9 類鋰電池危險性標籤；
（6）填寫危險品託運人申報單。

6.4.1.2 PI965、968 的 IB 部分

PI965、968 的 IB 部分（Section IB），鋰離子或鋰金屬電池的額定能量或鋰含量符合 PI965 和 PI968 第 Ⅱ 部分的限制，但重量或數量超過 DGR 表 965 Ⅱ 或表 968-Ⅱ 的允許量時，除了 UN 包裝要求外，需符合 DGR 規定的所有規定。包括：

（1）危險品培訓；
（2）分類；
（3）每個包裝件的總量限制（適用的包裝說明）；
（4）堅固的外包裝（見適用包裝說明的 Section IB）；
（5）包裝件必須有鋰電池標記、第 9 類鋰電池危險性標籤和僅限貨機標籤；
（6）填寫危險品託運人申報單。

6.4.1.3 PI965—970 第 Ⅱ 部分

鋰離子或鋰金屬電池的額定能量或鋰含量符合 PI965 和 PI968 第 Ⅱ 部分（Section Ⅱ）限制的小電池只受 DGR 指定部分的限制。限制內容在每個包裝說明開始處的「基本要求」和後面的「Section Ⅱ」給出的附加規定。包括：

（1）危險品培訓；
（2）分類；

（3）每個包裝件裡的鋰電池芯或電池的數量限制（適用包裝說明圖Ⅱ）；
（4）堅固的外包裝（見適用包裝說明第二部分）；
（5）包裝件黏貼鋰電池標記。

6.4.2 鋰電池包裝說明

6.4.2.1 包裝說明965

（1）經營人差異

3V-02，5X-01/02/03/04/07，AA-07，AF-05，AM-09，BA-01，BI-03，BR-18，BZ-10，CA-13，CI-01/09，CV-03，CX-01，D0-03，D5-03，DE-10，EI-04，EK-02，ES-03，EY-06，FX-04/05，G3-07，GK-06，GS-03，HQ-10，HX-07，I2-01，IB-01，JJ-08，JQ-06，KA-01，KC-13，KE-04，KQ-09，KZ-04，L7-08，LA-09/16，LD-01，LH-08，LP-08，LU-08，LX-06，M3-08，M7-08，MP-07，MT-10，NH-07/08/09/10，OZ-10，P3-03/04，QF-02，QR-07，QY-03/05，PZ-08，RH-07，RO-04，RS-06，RU-03，SQ-07，SV-14，TG-09，TK-01，TR-07，UC-08，VN-10，WN-01，XG-08，XL-08，XQ-08

（2）介紹

本說明適用於客機和僅限貨機運輸的鋰離子或鋰聚合物電池芯和電池（UN3480）。

一般包裝要求適用於根據此包裝說明運輸的所有鋰離子電池芯和電池。

第ⅠA部分適用於瓦時額定值超過20Wh的電池芯和瓦時額定值超過100Wh的電池，或超過本包裝說明第ⅠB部分鋰離子電池芯或電池的允許量。此部分必須劃為第9類且必須符合本規則所有適用的要求。

第ⅠB部分適用於瓦額定值不超過20Wh的鋰離子電池芯和瓦時額定值不超過100Wh的鋰離子電池，但超過第Ⅱ部分中表965-Ⅱ的允許量。

第Ⅱ部分適用於瓦時額定值不超過20Wh的鋰離子電池芯和瓦時額定值不超過100Wh的鋰離子電池，且未超過第Ⅱ部分表965-Ⅱ的允許量。

按照《聯合國關於危險物品運輸試驗和標準手冊》（以下《聯合國試驗和標準手冊》）第38.3.2.3節定義，一個單芯電池應被視作「電池芯」，且必須按照本包裝說明中有關「電池芯」的要求來運輸。

（3）一般要求

以下包裝要求適用於鋰離子或鋰聚合物電池芯和電池：

①被製造商識別為存在安全缺陷或已經損壞，有可能產生危險放熱、著火或短路的電池芯和電池禁止空運（如因安全原因被製造商召回的）。

②除非始發國和經營人所在國主管當局批准，廢舊鋰電池和回收或銷毀的鋰電池禁止空運。

③電池芯和電池必須加以保護防止短路，包括防止同一包裝件內可能導致短路的導電材料接觸。

（4）第ⅠA部分

本要求適用於劃為第9類危險品的瓦時額定值超過20Wh的鋰離子電池芯和瓦時額定

值超過 100Wh 的鋰電池。

①必須符合 DGR5.0.2 一般要求。

②每一電池芯和電池必須：符合 3.9.2.6.1 規定①，並符合以上一般要求；鋰離子電池芯和電池必須在充電電荷量（SoC-State of Charge）不超過荷載電荷量 30% 的狀態下才可付諸運輸。若得到始發國和經營人註冊國的主管當局書面許可，鋰電池芯和/或電池可以在 SoC 大於 30% 的情況下運輸。

註：為確定荷載電荷量，其方法和技術可參考《聯合國試驗和標準手冊》（第 6 次修訂版）中第 38.3.2.3 節內容。

（5）附加要求——第 IA 部分

①鋰電池芯和電池在裝入外包裝之前，必須嚴格包裝在內包裝中，包裝必須符合 II 級包裝性能標準。

②鋰電池芯和電池不得與以下危險品放入同一個外包裝內：除 1.4S 項以外的第 1 類（爆炸品）、2.1 項（易燃氣體）、第 3 類（易燃液體）、4.1 項（易燃固體）或 5.1 項（氧化性物質）。

③經始發國主管當局批准，質量在 12kg 或以上的鋰電池並具有堅固、耐撞擊外殼的鋰離子電池或此類電池組件，可以放在不受 DGR 規則第 6 章要求限制的堅固的包裝或保護性封罩（如裝在完全封閉的箱子或木質板條箱中）進行運輸。批准文件副本必須隨附託運貨物。

④2011 年 12 月 31 日之後生產的電池必須在電池外殼標註瓦時額定值。

⑤鋰電池芯和電池的包裝件不得與含有以下危險品的包裝件組成 Overpack：除 1.4S 項以外的第 1 類、2.1 項、第 3 類、4.1 項或 5.1 項。

（6）第 IB 部分

符合 DGR3.9.2.6.1 規定（a）和（e），以及符合下列所有規定的鋰離子電池芯和電池可以運輸：

①鋰離子電池芯，瓦時額定值不超過 20Wh。

②鋰離子電池，瓦時額定值不超過 100Wh。2009 年 1 月 1 日之後生產的必須將瓦時額定值標註在電池上。

③鋰離子電池芯和電池必須在充電電荷量（SoC-State of Charge）不超過荷載電荷量 30% 的狀態下才可付諸運輸。若得到始發國和經營人註冊國的主管當局書面許可，鋰電池芯或電池可以在 SoC 大於 30% 的情況下運輸。

註：確定荷載電荷量的方法和技術可參考《聯合國試驗和標準手冊》（第 6 次修訂版）中第 38.3.2.3 節內容。

第 IB 部分適用於包裝超過第 II 部分表 965-II 的允許量的電池芯和電池。

按本部分準備的鋰離子電池芯或電池量應符合 DGR 所有規定（包括此包裝說明中的一般要求），第六章規定除外。

---

① DGR3.9.2.6 中規定了航空運輸的鋰電池的質量要求，即鋰電池芯或電池滿足《聯合國試驗和標準手冊》第 III 部分第 38.3 節中各項試驗要求，且配有安全排氣裝置、有效的防外部短路措施和防止逆向電流的裝配方法，並在合理的質量管理程序下生產等。

按照 IB 運輸的電池芯和電池必須按照 DGR8.2.1 和 DGR8.2.2 的要求填寫危險品託運人申報單及航空貨運單。

電池芯和電池必須包裝在符合 DGR5.0.2.4、DGR5.0.2.6.1 和 5.0.2.12.1 的堅固外包裝中。

包裝說明 965-IA 見表 6-3。

表 6-3　　　　　　　　　　　　　　　包裝說明 965-IA

UN 代號	每個包裝件淨數量 客機	每個包裝件淨數量 僅限貨機
UN 3480 鋰離子電池	禁運	35kg

965-IA 外包裝見表 6-4。

表 6-4　　　　　　　　　　　　　　　965-IA 外包裝

外包裝													
類型	圓桶					方形桶			箱					
名稱	鋼	鋁	膠合板	纖維	塑膠	其他金屬	鋼	鋁	塑膠	鋼	鋁	木材	膠合板	再生木	纖維板	塑膠	其他金屬
規格	1A2	1B2	1D	1G	1H2	1N2	3A2	3B2	3H2	4A	4B	4C1 4C2	4D	4F	4G	4H2	4N

（7）附加要求——第 IB 部分

電池芯和電池必須包裝在完全封閉的內包裝中。

鋰電池芯和電池不得與以下危險品放入同一個外包裝內：除 1.4S 項以外的第 1 類（爆炸品）、2.1 項（易燃氣體）、第 3 類（易燃液體）、4.1 項（易燃固體）或 5.1 項（氧化性物質）。

每個包裝件必須能承受任意方向的 1.2 公尺跌落試驗，且滿足以下條件：

· 不損壞所裝的電池芯和電池；
· 不使內裝物移動，以致使電池與電池（或電池芯與電池芯）接觸；
· 不使內裝物釋出。

鋰電池芯和電池的包裝件不得與含有以下危險品的包裝件組成 Overpack：除 1.4S 項以外的第 1 類、2.1 項、第 3 類、4.1 項或 5.1 項。

每個包裝件必須依據 DGR 中 7.1.4.1（a）和（b）的要求標記，此外根據 DGR 中 7.1.4.1（c）的要求將淨重標註在包裝件上。

每個包裝件需牢固且清晰地顯示 DGR 規定的鋰電池標記，並黏貼第 9 類鋰電池專屬的危險性標籤（DGR 圖 7.3.X）和僅限貨機的操作標籤（DGR 圖 7.4.B）。

包裝說明 965-IB 見表 6-5。

表 6-5　　　　　　　　　　　包裝說明 965-IB

	每個包裝件淨數量 客機	每個包裝件淨數量 僅限貨機
鋰離子電池芯與鋰離子電池	禁運	10kg

965-IB 外包裝見表 6-6。

表 6-6　　　　　　　　　　　965-IB 外包裝

外包裝														
類型	圓桶					方形桶			箱					
名稱	鋼	鋁	膠合板	纖維	塑膠	其他金屬	鋼	鋁	塑膠	鋼	鋁	木材	膠合板	再生木	纖維板	塑膠	其他金屬

（8）第Ⅱ部分

符合部分要求的鋰離子電池芯和電池不受 DGR 規則其他條款的限制。除下列情況：

①集運貨物中的危險品限制（DGR 中 1.3.3.2.3 和 1.3.3.2.6 節）。

②具有足夠培訓指導資訊（DGR 中第 1.6 節）。

③旅客和機組人員行李中的危險品（DGR 中第 2.3 節），僅指那些特別允許放入手提行李中鋰離子電池。

④航空郵件中的危險品（DGR 中第 2.4 節）。

⑤集裝器的使用（DGR 中第 5.0.1.3 節）。

⑥包裝件的標記（DGR 中第 7.1.5.5 節）。

⑦貨機的裝載（DGR 中第 9.3.4 節）。

⑧危險品事故、事件和其他差錯的報告（DGR9.6.1 和 9.6.2）。

提交運輸的鋰離子電池芯和電池必須符合 DGR 中 3.9.2.6.1 節中（a）和（e）條的要求。本包裝說明的一般要求，且：

①對於電池芯，瓦時額定值不大於 20Wh。

②對於電池，瓦時額定值不大於 100Wh，2009 年 1 月 1 日之後生產的鋰電池必須將瓦時額定值標在電池殼體外。

③鋰離子電池芯和電池必須在充電電荷量（SoC-State of Charge）不超過荷載電荷量 30%的狀態下才可付諸運輸。

註：確定荷載電荷量的方法和技術可參考《聯合國試驗和標準手冊》（第 6 次修訂版）中第 38.3.2.3 節內容。

電池芯及電池必須包裝在滿足 DGR 中 5.0.2.4、5.0.2.6.1 和 5.0.2.12.1 的堅固外包裝中。

（9）附加要求——第Ⅱ部分

電池芯和電池必須包裝在完全封閉的內包裝中。

鋰電池芯和電池不得與其他危險品放入同一個外包裝內。

每個包裝件必須能承受任意方向的 1.2m 跌落試驗，而不造成：

①使其中的電池芯或電池受損；

②使內裝物移動，以致電池與電池（電池芯與電池芯）互相接觸；

③內裝物釋出。

不需要託運人危險品申報單。

任何準備或提供電池芯或電池運輸的個人，必須獲得針對這些要求的充足培訓指導，並與其職責相匹配。有關充足教導的資訊可在 DGR1.6 節中查閱。

根據本節要求運輸的貨物，託運人在每票貨中不得運輸超過 1 個包裝件。

根據 DGR7.1.5.5，每個包裝件必須持久且清晰地標有如 DGR 圖 7.1.C 所示的鋰電池標記和僅限貨機操作標籤（DGR 圖 7.4.B）。包裝件必須具備合理尺寸，以留出足夠空間黏貼標記而避免標記折疊。當包裝件大小足夠時，僅限貨機標籤必須位於鋰電池標記的同一側面，並與其相鄰。

當使用航空貨運單時，必須在「貨物性質和數量」欄註明「鋰離子電池符合包裝說明 965 的第 II 部分（Lithium ion batteries in compliance with section II of PI 965）」和「僅限貨機（Cargo Aircraft Only）」或「CAO」的字樣。

在向經營人提交符合第 II 部分要求的鋰離子電池包裝件和 OVERPACK 時，必須與不受這些規則限制的貨物分開提交，且提交前不得裝載於集裝器內。

(10) Overpacks—第 II 部分

符合第 II 部分要求的包裝件在數量不超過 1 個時，可以組成 OVERPACK。除 1.4S 項以外的第 1 類（爆炸品）、2.1 項（易燃氣體）、第 3 類（易燃液體）、4.1 項（易燃固體）或 5.1 項（氧化性物質），Overpack 可以含有其他危險品或不受限制的物品，只要各個包裝件中的物質之間不會發生危險反應。Overpack 必須標註「OVERPACK」字樣，並牢固而清晰地標有 DGR 圖 7.1.C 所示的鋰電池標記和僅限貨機標籤（DGR 圖 7.4.B），除非 Overpack 中各個包裝件的標籤均可見。

註：根據第 II 部分，一個 Overpack 是由一個單獨的託運人使用的封裝包，且內部僅含有不超過一個按本節要求準備的包裝件。第 II 部分的單包裝件要求同樣適用於按照 IA 和 IB 部分準備的運輸對象。

包裝說明 965-II 見表 6-7。

表 6-7　　　　　　　　　　　包裝說明 965-II

內容	瓦時額定值不超過 2.7Wh 的鋰離子電池芯或電池	瓦時額定值超過 2.7Wh 但不超過 20Wh 的鋰離子電池芯	瓦時額定值超過 2.7Wh 但不超過 100Wh 的鋰離子電池
1	2	3	4
每個包裝件電池芯/電池的最大允許數量	無限制	8 個電池芯	2 個電池
每個包裝件最大允許淨數量	2.5kg	不適用	不適用

表 6-7 中，965-Ⅱ 的 2、3 和 4 中的電池芯或電池不能包裝在同一包裝件中。965-Ⅱ 外包裝見表 6-8。

表 6-8　　　　　　　　　　　965-Ⅱ 外包裝

外包裝													
類型	圓桶					方形桶			箱					
名稱	鋼	鋁	膠合板	纖維	塑膠	其他金屬	鋼	鋁	塑膠	鋼	鋁	木材	膠合板	再生木	纖維板	塑膠	其他金屬

6.4.2.2　包裝說明 966

（1）經營人差異

2K-02，3K-06，4C-09，4M-09，5X-07，AC-06，AF-05，AM-09，AR-11，AU-11，BM-01，BR-18，BZ-10，CI-01，D0-03，D5-03，ES-03，FX-05，GS-03，HA-06，JJ-09，KQ-09，L7-09，LA-09，LH-08，LP-09，LU-09，LX-06，M3-09，M7-09，MK-06，OM-19，OS-08，OZ-10，P3-03/04，PZ-09，QK-06，QY-03/05，RS-06，RU-03，RV-06，SS-03，TG-09，UC-09，UX-11，VN-12，WN-01，X5-11，XG-08，XL-09，XQ-08

（2）介紹

本說明適用於客機和僅限貨機運輸的與設備包裝在一起的鋰離子或鋰聚合物電池芯和電池（UN3481）。

本包裝說明中的「設備」是指需要與其包裝在一起的鋰電池芯或電池方可運行的裝置。

一般要求適用於所有的按照本包裝說明運輸的與設備包裝在一起的鋰離子電池芯和電池。

第Ⅰ部分適用於與設備包裝在一起，瓦時額定值超過 20Wh 的電池芯和瓦時額定值超過 100Wh 的電池。此部分必須劃為第 9 類且必須符合 DGR 中所適用的要求。

第Ⅱ部分適用於與設備包裝在一起，瓦時額定值不超過 20Wh 的鋰離子電池芯或瓦時額定值不超過 100Wh 的鋰電池。

按照《聯合國試驗和標準手冊》第 38.3.2.3 節定義，一個單芯電池應被視作「電池芯」，且必須按照本包裝說明中有關「電池芯」的要求來運輸。

（3）一般要求

以下要求適用於所有鋰離子或鋰聚合物電池芯和電池：

①被製造商識別為存在安全缺陷或已經損壞，有可能產生危險放熱、著火或短路的電池芯和電池禁止空運（如因安全原因被製造商召回的）。

②電池芯和電池必須加以保護防止短路，包括防止同一包裝件內可能導致短路的導電材料接觸。

（4）第Ⅰ部分

本要求適用於劃為第 9 類危險品的瓦時額定值超過 20Wh 的鋰離子電池芯和瓦時額定值超過 100Wh 的鋰電池。

①必須符合 DGR 中 5.0.2 一般要求。

②每一電池芯和電池必須：符合 DGR3.9.2.6.1 的要求；符合以上一般要求。

（5）附加要求——第Ⅰ部分

每個包裝件電池芯或電池的數量不得超過為驅動設備所需的適當數量，外加兩個備用電池。

①鋰電池芯和電池必須：完全封裝於內包裝後再放入堅固的外包裝，電池芯或電池的包裝必須符合包裝等級Ⅱ級的性能標準；完全封裝於內包裝後與設備放入符合Ⅱ級性能標準的包裝件內。

②設備必須在外包裝內得到固定以免移動，並配備防止發生意外啟動的有效裝置。

③本包裝說明中的「設備」是指需要與其包裝在一起的鋰離子電池方可運行的裝置。

④2011 年 12 月 31 日之後生產的電池必須在電池外殼標註瓦時額定值。

包裝說明 966-Ⅰ見表 6-9。

表 6-9　　　　　　　　　　　　包裝說明 966-Ⅰ

UN 代號	每個包裝件淨數量/客機	每個包裝件淨數量/僅限貨機
UN 3481 鋰離子電池與設備包裝在一起	5kg	35kg

966-Ⅰ外包裝見表 6-10。

表 6-10　　　　　　　　　　　966-Ⅰ外包裝

外包裝														
類型	圓桶					方形桶			箱					
名稱	鋼	鋁	膠合板	纖維	塑膠	其他金屬	鋼	鋁	塑膠	鋼	鋁	木材	膠合板	再生木	纖維板	塑膠	其他金屬
規格	1A2	1B2	1D	1G	1H2	1N2	3A2	3B2	3H2	4A	4B	4C1 4C2	4D	4F	4G	4H2	4N

（6）第Ⅱ部分

符合本部分要求的鋰離子電池芯或電池不受本規則其他條款的限制。除以下情況：

①提供了充足的培訓（DGR 第 1.6 節）；

②旅客和機組人員行李中的危險品（DGR 第 2.3 節），僅指那些特別允許放入手提行李中鋰離子電池；

③航空郵件中的危險品（DGR 第 2.4 節）；

④包裝件的標記（DGR 第 7.1.5.5 節）；
⑤危險品事故、事件和其他差錯的報告（DGR 第 9.6.1 和 9.6.2 節）。

提交運輸的鋰離子電池芯和電池必須符合 DGR3.9.2.6.1 中的（a）和（e）條要求，以及本包裝說明的一般要求，且：

①對於電池芯，瓦時額定值不大於 20Wh；
②對於電池，瓦時額定值不大於 100Wh。2009 年 1 月 1 日之後生產的鋰電池必須將瓦時額定值標在電池殼體外；

電池芯及電池必須包裝在符合 DGR 中 5.0.2.4、5.0.2.6.1 和 5.0.2.12.1 的堅固包裝中。

（7）附加要求——第Ⅱ部分

電池芯和電池必須：
①完全封裝於內包裝後再放入堅固的外包裝；
②完全封裝於內包裝後再與設備一起放入堅固的包裝件內。

設備必須在外包裝內得到固定以免移動，並配備防止發生意外啟動的有效裝置。

每個包裝件內電池的最大允許數量不得超過為驅動設備所需電池最小數量，加上兩個備用電池。

每個電池芯或電池包裝件或完整包裝件都必須能夠承受從任何方向進行的 1.2 m 跌落試驗，而不發生下列情況：
①使其中所裝的電池芯或電池受損；
②使內裝物移動，以致電池與電池（電池芯與電池芯）互相接觸；
③內裝物釋出。

根據 DGR7.1.5.5，每個包裝件必須持久且清晰地標有如 DGR 圖 7.1.C 所示的鋰電池標記和僅限貨機操作標籤（DGR 圖 7.4.B）。包裝件必須具備合理尺寸，以留出足夠空間黏貼標記而避免標記折疊。

不需要託運人危險品申報單。

當使用航空貨運單時，必須在「貨物性質和數量」欄註明「鋰離子電池符合包裝說明 966 的第Ⅱ部分（Lithium ion batteries in compliance with section Ⅱ of PI966）」。

當一個包裝件同時裝有包含在設備中的鋰電池和與設備包裝在一起的鋰電池，且電池和電池芯都滿足第Ⅱ部分限制時，有以下附加要求：

①託運人須保證滿足所有適用的包裝說明各章節要求，且任一包裝件內鋰電池的總量不得超過 5kg。
②使用航空貨運單時，必須在「貨物性質和數量」欄註明「鋰離子電池符合包裝說明 966 的第Ⅱ部分（Lithium ion batteries in compliance with section Ⅱ of PI966）」。

準備或提交運輸電池芯或電池的任何人必須接受與其責任相稱的有關運輸要求的培訓。有關充足培訓的信息可在 DGR1.6 節中查閱。

（8）Overpacks——第Ⅱ部分

符合第Ⅱ部分要求的包裝件可以組成 OVerpack。Overpack 可以含有其他危險品或不受

限制的物品，只要各個包裝件中的物質不會發生危險反應。Overpack 必須標註「OVER-PACK」字樣，並牢固而清晰地標明鋰電池標記（DGR 圖 7.1.C），除非 Overpack 中各個包裝件的標籤均可見。

包裝說明 966-Ⅱ見表 6-11。

表 6-11　　　　　　　　　　　　包裝說明 966-Ⅱ

	客機	僅限貨機
每個包裝件中鋰離子電池芯或電池的淨數量	5kg	5kg

966-Ⅱ外包裝見表 6-12。

表 6-12　　　　　　　　　　　　966-Ⅱ外包裝

外包裝													
類型	圓桶					方形桶			箱					
名稱	鋼	鋁	膠合板	纖維	塑膠	其他金屬	鋼	鋁	塑膠	鋼	鋁	木材	膠合板	再生木	纖維板	塑膠	其他金屬

6.4.2.3　包裝說明 967

（1）經營人差異

2K-02，3K-06，4C-09，4M-09，5X-07，AC-06，AF-05，AM-09，AR-11，AU-11，BM-01，BR-18，BZ-10，D0-03，D5-03，ES-03，FX-05，GS-03，HA-06，JJ-09，KK-11，KQ-09，L7-09，LA-09，LH-08，LP-09，LU-09，LX-06，MK-16，OM-19，OS-08，OZ-10，P3-03/04，PZ-09，QK-06，QY-03/05，RS-06，RU-04，RV-06，SS-03，TG-09，UA-05，UC-09，UH-11，UX-11，VN-12，VO-01，WN-01，X5-11，XG-08，XL-09，XQ-08

（2）介紹

本說明適用於客機和僅限貨機運輸的安裝在設備中的鋰離子或鋰聚合物電池芯和電池（UN3481）。

本包裝說明中的「設備」是指需要與其包裝在一起的鋰電池芯或電池方可運行的裝置。

一般要求適用於所有的按照本包裝說明運輸的安裝在設備包裝中的鋰離子電池芯和電池。

第Ⅰ部分適用於安裝在設備中瓦時額定值超過 20Wh 的電池芯和瓦時額定值超過 100Wh 的電池。此部分必須劃為第 9 類且必須符合本規則所適用的要求。

第Ⅱ部分適用於安裝在設備中瓦時額定值不超過 20Wh 的鋰離子電池芯或瓦時額定值不超過 100Wh 的鋰電池。

按照《聯合國試驗和標準手冊》第 38.3.2.3 節定義，一個單芯電池應被視作「電池芯」，且必須按照本包裝說明中有關「電池芯」的要求來運輸。

（3）一般要求

以下要求適用於所有鋰離子或鋰聚合物電池芯和電池。

①被製造商識別為存在安全缺陷或已經損壞，有可能產生危險放熱、著火或短路的電池芯和電池禁止空運（如因安全原因被製造商召回的）；

②電池芯和電池必須加以保護防止短路，包括防止同一包裝件內可能導致短路的導電材料接觸；

③設備必須採取有效的方法包裝以防止意外啓動；

④安裝有電池的設備必須包裝在符合 DGR 中 5.0.2.4、5.0.2.6.1 和 5.0.2.12.1 的堅固外包裝中；

⑤安裝有電池芯和電池的設備必須固定在外包裝中以免發生移動，並防止運輸中被意外啓動。

（4）第Ⅰ部分

本要求適用於劃為第 9 類危險品的瓦時額定值超過 20Wh 的鋰離子電池芯和瓦時額定值超過 100Wh 的鋰電池。

每個電池芯和電池必須：

①符合 DGR3.9.2.6.1 的要求；

②符合以上一般要求。

（5）附加要求——第Ⅰ部分

①設備必須裝入堅固的外包裝中，此外包裝應有適當的材料製造，包裝的設計應有足夠的強度以適應其容積和預計用途，除非設備能給其中的電池提供相同的保護。

②2011 年 12 月 31 日之後生產的電池必須在電池外殼標註瓦時額定值。

包裝說明 967-Ⅰ見表 6-13。

表 6-13　　　　　　　　　　包裝說明 967-Ⅰ

UN 代號	每個包裝件淨數量客機	每個包裝件淨數量僅限貨機
UN 3481 鋰離子電池包含在設備中	5kg	35kg

967-Ⅰ外包裝見表 6-14。

表 6-14　　　　　　　　　　967-Ⅰ外包裝

外包裝													
類型	圓桶					方形桶			箱				
名稱	鋼	鋁	膠合板	纖維	塑膠	其他金屬	鋼	鋁	塑膠	鋼	鋁	木材	膠合板	再生木	纖維板	塑膠	其他金屬

（6）第Ⅱ部分

符合本部分要求的鋰離子電池芯或電池不受本規則其他條款的限制。除以下情況：

①提供了足夠的培訓指導（DGR第1.6節）；

②旅客和機組人員行李中的危險品（DGR第2.3節），僅指那些特別允許放入手提行李中鋰離子電池；

③航空郵件中的危險品（DGR第2.4節）；

④包裝件的標記（DGR第7.1.5.5節）；

⑤危險品事故、事件和其他差錯的報告（DGR第9.6.1和9.6.2節）。

提交運輸的鋰離子電池芯和電池必須符合DGR3.9.2.6.1中的（a）和（e）條要求，以及本包裝說明的一般要求，且：

①對於電池芯，瓦時額定值不大於20Wh。

②對於電池，瓦時額定值不大於100Wh。2009年1月1日之後生產的鋰電池必須將瓦時額定值標在電池殼體外。

射頻識別（RFID）標籤、手錶和溫度記錄儀等不會產生危險熱量的裝置，在開啓狀態下可以運輸。這些裝置在開啓狀態下必須符合規定的電磁輻射標準，確保此裝置的運行不會對航空器系統產生干擾。必須確保運輸途中該裝置不會發出干擾信號（如蜂鳴報警、燈光閃爍等）。

（7）附加要求——第Ⅱ部分

設備必須裝入堅固的外包裝中，此外包裝應有適當的材料製造，根據其容積和預計用途具有足夠的強度和設計，除非設備能給其中的電池芯或電池提供相同的保護。

根據DGR7.1.5.5，每個包裝件必須持久且清晰地標有如DGR圖7.1.C所示的鋰電池標記和僅限貨機操作標籤（DGR圖7.4.B）。包裝件必須具備合理尺寸，以留出足夠空間黏貼標記而避免標記折疊。

此要求不適用於：

①僅含有安裝在設備（包括線路板）中的鈕扣電池；

②內含安裝在設備中的不多於4個電池芯或2個電池的少於或等於兩個包裝件。

不需要託運人危險品申報單。

當使用航空貨運單時，必須在「貨物性質和數量」欄註明「鋰離子電池符合包裝說明967第Ⅱ部分（Lithium ion batteries in compliance with section Ⅱ of PI967）」。

準備或提交運輸電池芯或電池的任何人必須接受與其責任相稱的有關運輸要求的培訓。有關充足培訓的資訊可在DGR1.6節中查閱。

（8）Overpacks——第Ⅱ部分

符合第Ⅱ部分要求的包裝件可以組成Overpack。Overpack可以含有其他危險品或不受限制的物品，只要各個包裝件中的物質不會發生危險反應。Overpack必須標註「OVER-PACK」字樣，並牢固且清晰地標明鋰電池標記，除非Overpack中各個包裝件的標籤均可見。

包裝說明967-Ⅱ見表6-15。

表 6-15　　　　　　　　　　　　包裝說明 967-Ⅱ

	客機	僅限貨機
每個包裝件中鋰離子電池芯或電池的淨數量	5kg	5kg

967-Ⅱ外包裝見表 6-16。

表 6-16　　　　　　　　　　　　967-Ⅱ外包裝

外包裝														
類型	圓桶					方形桶			箱					
名稱	鋼	鋁	膠合板	纖維	塑膠	其他金屬	鋼	鋁	塑膠	鋼	鋁	木材	膠合板	再生木	纖維板	塑膠	其他金屬

6.4.2.4　包裝說明 968

（1）國家差異

USG-03

（2）經營人差異

3V-02，4C-08，4M-08，5X-01/02/03/04/07/08，AF-05，AM-09，BI-03，BR-18，BZ-10，CA-13，CI-09，CV-04，CX-07，CZ-08，D0-03，D5-03，DE-10，EK-02，ES-03，EY-04，FX-04/05，G3-07，GK-05，GS-03，HQ-10，HX-06，JJ-08，KA-07，KK-10，KQ-09，KZ-04，L7-08，LA-16，LD-07，LH-08，LP-08，LU-08，LX-06，M3-08，M7-08，MP-07，MT-10，NH-07/08/09，OZ-10，P3-02/04，PZ-08，QF-05，QR-07，QY-03/05，RH-06，RS-06，RU-02/04，SQ-07，SV-14，TK-01，UC-08，UH-10，VN-10，WY-07，XG-08，XL-08，XQ-08

（3）介紹

本說明適用於客機和僅限貨機運輸的鋰金屬或鋰合金電池芯和電池（UN3090）。

一般要求適用於根據此包裝說明運輸的所有鋰金屬電池：

第ⅠA 部分適用於鋰金屬含量值超過 1g 的鋰金屬電池芯和鋰金屬含量超過 2g 的鋰金屬電池，或超過本包裝說明第ⅠB 部分鋰金屬電池芯和電池的允許量。此部分必須劃為第 9 類且必須符合本規則所有適用的要求。

第ⅠB 部分適用於鋰金屬含量不超過 1g 的鋰金屬電池芯和鋰金屬含量不超過 2g 的鋰金屬電池，但超過第Ⅱ部分中表 968-Ⅱ的允許量。

第Ⅱ部分適用於鋰金屬含量不超過 1g 的鋰金屬電池芯和鋰金屬含量不超過 2g 的鋰金屬電池，且未超過第Ⅱ部分表 968-Ⅱ的允許限量。

按照《聯合國試驗和標準手冊》第 38.3.2.3 節定義，一個單芯電池應被視作「電池芯」，且必須按照本包裝說明中有關「電池芯」的要求來運輸。

（4）一般包裝要求

以下包裝要求適用於鋰金屬或鋰合金電池芯和電池：

①被製造商識別為存在安全缺陷或已經損壞，有可能產生危險放熱、著火或短路的電池芯和電池禁止空運（如因安全原因被製造商召回的）。

②除非始發國和經營人所在國主管當局批准，廢舊鋰電池和回收或銷毀的鋰電池禁止空運。

③電池芯和電池必須加以保護防止短路，包括防止同一包裝件內可能導致短路的導電材料接觸。

（5）第 IA 部分

本部分要求適用於劃為第 9 類危險品的鋰金屬含量超過 1g 的鋰金屬電池芯和鋰金屬含量超過 2g 的鋰金屬電池。必須符合 DGR 中 5.0.2 一般包裝要求。

每個電池芯和電池必須：

①符合 DGR3.9.2.6.1 的要求；

②符合以上一般要求。

（6）附加要求——第 IA 部分

①鋰金屬電池芯和電池在裝入外包裝之前，必須嚴格包裝在內包裝中，包裝必須符合 II 級包裝性能標準。

②鋰電池芯和電池不得與以下危險品放入同一個外包裝內：除 1.4S 項以外的第 1 類（爆炸品）、2.1 項（易燃氣體）、第 3 類（易燃液體）、4.1 項（易燃固體）或 5.1 項（氧化性物質）。

③質量在 12kg 或以上的鋰電池並具有堅固、耐撞擊外殼，或這種電池的組件，當包裝在堅固的外包裝並外加保護性封蓋時可以運輸（如裝在完全封閉或木質板條箱中）。包裝材料不必滿足 DGR 規則第 6 章的要求。包裝必須有始發國主管當局批准，且必須隨同貨物一份批准副本。

④鋰電池芯和電池的包裝件不得與含有以下危險品的包裝件組成 Overpack：除 1.4S 項以外的第 1 類、2.1 項、第 3 類、4.1 項或 5.1 項。

包裝說明 968-IA 見表 6-17。

表 6-17　　　　　　　　　　　包裝說明 968-IA

UN 編號	每個包裝件的淨數量/客機	每個包裝件的淨數量/僅限貨機
UN3090 鋰金屬電池	2.5kg	35kg

968-IA 外包裝見表 6-18。

表 6-18　968-IA 外包裝

外包裝													
類型	桶					方形桶			箱					
名稱	鋼	鋁	膠合板	纖維	塑膠	其他金屬	鋼	鋁	塑膠	鋼	鋁	木材	膠合板	合成木材	纖維板	塑膠	其他金屬
規格	1A2	1B2	1D	1G	1H2	1N2	3A2	3B2	3H2	4A	4B	4C1 4C2	4D	4F	4G	4H2	4N

（7）第 IB 部分

符合 DGR3.9.2.6.1 節中（a）和（e），以及符合下列所有規定的鋰金屬電池芯和電池可以運輸：

①鋰金屬電池芯，鋰金屬含量不超過 1g；

②鋰金屬或鋰合金電池，鋰金屬總含量不超過 2g。

第 IB 部分適用於電池芯和電池包裝的量超過第 Ⅱ 部分表 968-Ⅱ 的允許限量。

按照本部分準備的鋰金屬電池芯或電池的量應符合本規則所有規定（包括此包裝說明中的一般要求）。但 DGR 中第 6 章規定的除外。

按照 IB 運輸的電池芯和電池必須按照 8.2.1 和 8.2.2 的要求填寫危險品託運人申報單及航空貨運單。

電池芯和電池必須包裝在符合 DGR 中 5.0.2.4、5.0.2.6.1、和 5.0.2.12.1 的堅固外包裝中。

（8）附加要求——第 IB 部分

電池芯和電池必須包裝在完全封閉的內包裝中。

鋰電池芯和電池不得與以下危險品放入同一個外包裝內：除 1.4S 項以外的第 1 類（爆炸品）、2.1 項（易燃氣體）、第 3 類（易燃液體）、4.1 項（易燃固體）或 5.1 項（氧化性物質）。

每個包裝件必須能承受任意方向的 1.2 m 跌落試驗，且不會：

①損壞所裝的電池芯和電池；

②使內裝物移動，以致使電池與電池（或電池芯與電池芯）接觸；

③內裝物釋出。

鋰電池芯和電池的包裝件不得與含有以下危險品的包裝件組成 Overpack：除 1.4S 項以外的第 1 類、2.1 項、第 3 類、4.1 項或 5.1 項。

每個包裝件必須牢固且清晰地顯示 DGR 圖 7.1.C 所示的鋰電池標記，並黏貼第 9 類鋰電池專屬的危險性標籤（DGR 圖 7.3.X）和僅限貨機的操作標籤（DGR 圖 7.4.B）。

每個包裝件必須依據 DGR 中 7.1.4.1（a）和 7.1.4.1（b）的要求標記，此外當 7.1.4.1（c）要求時，須將淨重標註在包裝件上。

包裝說明 968-IB 見表 6-19。

表 6-19　　　　　　　　　　包裝說明 968-IB

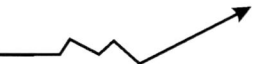

	每個包裝件的量客機	每個包裝件的量僅限貨機
鋰金屬電池芯和電池	禁運	2.5kg

968-IB 外包裝見表 6-20。

表 6-20　　　　　　　　　　968-IB 外包裝

外包裝													
類型	桶					方形桶			箱					
名稱	鋼	鋁	膠合板	纖維	塑膠	其他金屬	鋼	鋁	塑膠	鋼	鋁	木材	膠合板	合成木材	纖維板	塑膠	其他金屬

（9）第 Ⅱ 部分

符合本部分要求的鋰金屬或鋰合金電池芯和電池不受 DGR 規則其他條款的限制。除以下情況：

①集運貨物中危險品的限制（DGR 中 1.3.3.2.3 和 1.3.3.2.6 節）；

②具有足夠培訓指導資訊（DGR1.6 節）；

③旅客和機組人員行李中的危險品（DGR 中第 2.3 節），僅指那些特別允許放入手提行李中鋰離子電池；

④航空郵件中的危險品（DGR 中第 2.4 節）；

⑤集裝器的使用（DGR 中第 5.0.1.3 節）；

⑥包裝件的標記（DGR 中第 7.1.5.5 節）；

⑦貨機的裝載（DGR 中第 9.3.4 節）；

⑧危險品事故、事件和其他差錯的報告（DGR 中第 9.6.1 和 9.6.2 節）。

提交運輸的電池芯和電池必須符合 DGR 中 3.9.2.6.1 節中（a）和（e）條的要求及本包裝說明的一般要求。

提交運輸的鋰金屬電池芯和電池必須符合本包裝說明的一般要求，且：

①對於電池芯，鋰含量不大於 1g；

②對於電池，總鋰含量不大於 2g。

電池芯級電池必須包裝在符合 DGR 中 5.0.2.4、5.0.2.6.1 和 5.0.2.12.1 的堅固外包裝中。

（10）附加要求——第 Ⅱ 部分

電池芯和電池必須包裝在完全封閉的內包裝中。

鋰電池芯和電池不得與其他危險品放入同一個外包裝內。

每個包裝件必須能承受任意方向的 1.2 m 跌落試驗，而不造成：

①使其中的電池芯或電池受損；

②使內裝物移動，以致電池與電池（或電池芯與電池芯）互相接觸；
③內裝物釋出。

根據 DGR7.1.5.5，每個包裝件必須持久且清晰地標有如 DGR 圖 7.1.C 所示的鋰電池標記和僅限貨機操作標籤（DGR 圖 7.4.B）。包裝件必須具備合理尺寸，以留出足夠空間黏貼標記而避免標記折疊。當包裝件大小足夠時，僅限貨機標籤必須位於鋰電池標記的同一側面，並與其相鄰。

每個包裝件必須黏貼鋰電池操作標籤。

不需要託運人危險品申報單。

根據本節要求運輸的貨物，託運人在每票貨中不得運輸超過 1 個包裝件。

當使用航空貨運單時，必須在「貨物性質和數量」欄註明「鋰金屬電池符合包裝說明 968 的第 II 部分（Lithium ion batteries in compliance with section II of PI968）」和「僅限貨機（Cargo Aircraft Only）」或「CAO」的字樣。

在向經營人提交符合第 II 部分要求的鋰電池包裝件和 Overpack 時，必須與不受這些規則限制的貨物分開提交。集運貨物中的包裝件和 Overpack 在提交給經營人前不得裝載於集裝器內。

準備或提交運輸電池芯或電池的任何人必須接受與其責任相稱的有關運輸要求的培訓。有關充足教導的資訊可在 DGR1.6 節中查閱。

(11) Overpacks——第 II 部分

符合第 II 部分要求的包裝件在數量不超過 1 個時，可以組成 Overpack。除 1.4S 項以外的第 1 類（爆炸品）、2.1 項（易燃氣體）、第 3 類（易燃液體）、4.1 項（易燃固體）或 5.1 項（氧化性物質）。Overpack 可以含有其他危險品或不受限制的物品，只要各個包裝件中的物質之間不會發生危險反應。Overpack 必須標註「OVERPACK」字樣，並牢固而清晰地標有 DGR 圖 7.1.C 所示的鋰電池標記和僅限貨機標籤（DGR 圖 7.4.B），除非 OVERPACK 中各個包裝件的標籤均可見。

註：根據第 II 部分，一個 Overpack 是由一個單獨的託運人使用的封裝包，且內部僅含有不超過一個按本節要求準備的包裝件。第 II 部分的單包裝件要求同樣適用於按照 IA 和 IB 部分準備的運輸對象。

包裝說明 968-II 見表 6-21。

表 6-21　　　　　　　　　　包裝說明 968-II

內容	鋰含量不超過 0.3g 的鋰金屬電池芯 和/或電池	鋰含量超過 0.3g 但不超過 1g 的鋰金屬電池芯	鋰含量超過 0.3g 但不超過 2g 的鋰金屬電池
1	2	3	4
每個包裝件電池芯/電池的最大允許數量	無限制	8 個電池芯	2 塊電池
每個包裝件最大允許淨數量	2.5kg	不適用	不適用

表 6-21 中，968-Ⅱ 的 2、3 和 4 中的電池芯或電池不能包裝在同一包裝件中。968-Ⅱ 外包裝見表 6-22。

表 6-22　　　　　　　　　　　968-Ⅱ 外包裝

外包裝														
類型	桶						方形桶			箱						
名稱	鋼	鋁	膠合板	纖維	塑膠	其他金屬	鋼	鋁	塑膠	鋼	鋁	木材	膠合板	合成木材	纖維板	塑膠	其他金屬

6.4.2.5　包裝說明 969

（1）國家差異

USG-02，USG-03

（2）經營人差異

2K-02，3K-06，4C-08，4M-08，5X-07，AC-06，AF-05，AM-09，AR-11，AU-11，BM-01，BR-18，BT-01，BZ-10，CV-04，CZ-08，D0-02，D5-03，ES-03，EY-04，FX-05，G3-01，GF-14，GS-03，HA-06，HX-06，JJ-08，JU-13，KQ-09，L7-08，LA-09/16，LH-08，LP-08，LU-08，LX-06，M3-08，M7-08，MK-16，OM-15，OS-08，OZ-10，P3-02/04，PZ-08，QK-06，QR-04，QY-03/05，RS-06，RU-02/04，RV-06，SQ-07，SS-03，TG-08，TR-06，UC-08，UX-11，VN-12，WN-01，WY-07，X5-11，XG-08，XL-08，XQ-08

（3）介紹

本說明適用於客機和僅限貨機運輸的與設備包裝在一起的鋰金屬或鋰合金電池芯和電池（UN3091）。

本包裝說明中的「設備」是指需要與其包裝在一起的鋰電池芯或電池方可運行的裝置。

一般要求適用於所有的按照包裝說明運輸的與設備包裝在一起的鋰金屬電池芯和電池。

第Ⅰ部分適用於與設備包裝在一起，鋰金屬含量超過 1g 的鋰金屬電池芯或鋰金屬含量超過 2g 的鋰金屬電池。此部分必須劃為第 9 類危險品且必須符合 DGR 規則所有適用的要求。

第Ⅱ部分適用於與設備包裝在一起，鋰金屬含量不超過 1g 的鋰金屬電池芯和鋰金屬含量不超過 2g 的鋰金屬電池。

按照《聯合國試驗和標準手冊》第 38.3.2.3 節定義，一個單芯電池應被視作「電池芯」，且必須按照本包裝說明中有關「電池芯」的要求來運輸。

（4）一般要求

以下要求適用於所有鋰金屬或鋰合金電池芯和電池：

①被製造商識別為存在安全缺陷或已經損壞，有可能產生危險放熱、著火或短路的電池芯和電池禁止空運（如因安全原因被製造商召回的）。

②電池芯和電池必須加以保護防止短路，包括防止同一包裝件內可能導致短路的導電材料接觸。

（5）第Ⅰ部分

本要求適用於劃為第9類危險品的鋰金屬含量超過1g的鋰金屬電池芯和鋰金屬含量超過2g的鋰金屬電池。

①必須符合DGR中5.0.2一般包裝要求。

②每一電池芯和電池必須：符合DGR3.9.2.6.1的要求；符合以上一般要求

（6）附加要求——第Ⅰ部分

①鋰金屬電池芯和電池必須：完全封裝於內包裝中，然後再放入堅固的外包裝，電池芯或電池的包裝必須符合包裝Ⅱ級包裝的性能標準。完全封裝於內包裝，然後與設備一起放入符合Ⅱ級性能標準的包裝件內。

②設備必須在外包裝內得到固定以免移動，並配備防止發生意外啟動的有效裝置。

鋰金屬和鋰合金電池芯和電池作為第9類危險品在客機上運輸必須：

①裝入堅固的金屬中層包裝或金屬外包裝中；

②在裝入金屬中層包裝或金屬外包裝之前，電池芯和電池的周圍必須加襯墊材料，此襯墊材料應不燃、不導電；

③包裝件不符合上述要求時必須黏貼「僅限貨機」標籤，託運人申報單中必須註明「僅限貨機」字樣。

包裝說明969-Ⅰ見表6-23。

表6-23　　　　　　　　包裝說明969-Ⅰ

UN編號	每個包裝件的淨數量/客機	每個包裝件的淨數量/僅限貨機
UN3091 鋰離子電池與設備包裝在一起	5kg	35kg

969-Ⅰ外包裝見表6-24。

表6-24　　　　　　　　969-Ⅰ外包裝

外包裝													
類型	桶					方形桶			箱				
名稱	鋼	鋁	膠合板	纖維	塑膠	其他金屬	鋼	鋁	塑膠	鋼	鋁	木材	膠合板	合成木材	纖維板	塑膠	其他金屬
規格	1A2	1B2	1D	1G	1H2	1N2	3A2	3B2	3H2	4A	4B	4C1 4C2	4D	4F	4G	4H2	4N

（7）第Ⅱ部分

符合本部分要求的鋰金屬電池芯或電池不受本規則其他條款的限制。除以下情況：

①提供了充足的培訓（DGR 第 1.6 節）；

②旅客和機組人員行李中的危險品（DGR 第 2.3 節），僅指那些特別允許放入手提行李中鋰離子電池；

③航空郵件中的危險品（DGR 第 2.4 節）；

④包裝件的標記（DGR 第 7.1.5.5 節）；

⑤危險品事故、事件和其他差錯的報告（DGR 第 9.6.1 和 9.6.2 節）。

提交運輸的鋰金屬電池芯和電池必須符合 DGR3.9.2.6.1 中的（a）和（e）條要求，以及本包裝說明的一般要求，且：

①對於電池芯，鋰含量不大於 1g；

②對於電池，總鋰含量不大於 2g。

電池芯及電池必須包裝在符合 DGR 中 5.0.2.4，5.0.2.6.1 和 5.0.2.12.1 的堅固外包裝中。

（8）附加要求——第Ⅱ部分

鋰金屬電池芯和電池必須：

①完全封裝於內包裝中，再放入堅固的外包裝；

②完全封裝的內包裝，再與設備一起放入堅固的外包裝內。

設備必須在外包裝內得到固定以免移動，並配備防止發生意外啟動的有效裝置。

每個包裝件內電池最大允許量不得超過為驅動設備所需電池最小數量，加上兩個備用電池。

每個電池芯或電池包裝件或整個包裝件都必須能夠承受從任何方向的進行的 1.2m 跌落試驗，而不發生下列情況：

①使其中所裝的電池芯或電池受損；

②使內裝物移動，以致電池與電池（電池芯與電池芯）互相接觸；

③內裝物釋出。

根據 DGR7.1.5.5，每個包裝件必須持久且清晰地標有如 DGR 圖 7.1.C 所示的鋰電池標記和僅限貨機操作標籤（DGR 圖 7.4.B）。包裝件必須具備合理尺寸，以留出足夠空間黏貼標記而避免標記折疊。

不需要託運人危險品申報單。

當使用航空貨運單時，必須在「貨物性質和數量」欄註明「鋰金屬電池符合包裝說明 969 的第Ⅱ部分（Lithium metal batteries in compliance with section Ⅱ of PI969）」。

當一個包裝件同時裝有包含在設備中的鋰電池和與設備包裝在一起的鋰電池，且電池和電池芯都滿足第Ⅱ部分限制時，有以下附加要求：

①託運人須保證滿足所有適用的包裝說明各章節要求，且任一包裝件內鋰電池的總量不得超過 5kg。

②使用航空貨運單時，必須在「貨物性質和數量」欄註明「鋰金屬電池符合包裝說明準備或提交運輸電池芯或電池的任何人必須接受與其責任相稱的有關運輸要求的培訓。

有關充足培訓指導信息的內容可參閱 DGR1.6 節。

(9) Overpacks——第Ⅱ部分

符合第Ⅱ部分要求的包裝件可以組成 Overpack。Overpack 可以含有其他危險品或不受限制的物品，只要各個包裝件中的物質不會發生危險反應。Overpack 必須標註「OVER-PACK」字樣並牢固而清晰地顯示 DGR 圖 7.1.C 所示的鋰電池標記，除非 Overpack 中各個包裝件的標籤均可見。

包裝說明 969-Ⅱ 見表 6-25。

表 6-25　　　　　　　　　　包裝說明 969-Ⅱ

	客機	僅限貨機
每個包裝件內鋰金屬電池芯和電池的淨數量	5kg	5kg

969-Ⅱ 外包裝見表 6-26。

表 6-26　　　　　　　　　　969-Ⅱ 外包裝

外包裝													
類型	桶					方形桶			箱					
名稱	鋼	鋁	膠合板	纖維	塑膠	其他金屬	鋼	鋁	塑膠	鋼	鋁	木材	膠合板	合成木材	纖維板	塑膠	其他金屬
規格	1A2	1B2	1D	1G	1H2	1N2	3A2	3B2	3H2	4A	4B	4C1 4C2	4D	4F	4G	4H2	4N

6.4.2.6　包裝說明 970

(1) 國家差異

USG-03

(2) 經營人差異

2K-02，3K-06，4C-08，4M-08，5X-07，AC-06，AF-05，AM-09，AR-11，AU-11，BM-01，BR-18，BT-01，BZ-10，CV-04，CZ-08，D0-03，D5-03，ES-03，EY-04，FX-05，G3-01，GF-14，GS-03，HA-06，HX-06，JJ-08，JU-13，KK-11，KQ-09，L7-08，LA-09/16，LH-08，LP-08，LU-08，LX-08，M3-08，M7-08，MK-16，OM-15，OS-08，OZ-10，P3-04，PZ-08，QK-06，QR-04，QY-03/05，RS-06，RU-02/04，RV-06，SQ-07，SS-03，TG-08，TR-06，UC-08，UH-11，UX-11，VN-12，WN-01，X5-11，WY-07，XG-08，XL-08，XQ-08

(3) 介紹

本說明適用於客機和僅限貨機運輸的安裝在設備中的鋰金屬或鋰合金電池芯和電池（UN3091）。

本包裝說明中的「設備」是指需要與其包裝在一起的鋰電池芯或電池方可運行的裝置。

一般要求適用於所有的按照本包裝說明運輸的安裝在設備中的鋰金屬或鋰合金電池芯和電池。

第Ⅰ部分適用於安裝在中設備中鋰金屬含量超過1g的鋰金屬電池芯或鋰金屬含量超過2g的鋰金屬電池。此部分必須劃為第9類危險品且必須符合本規則所有適用的要求。

第Ⅱ部分適用於安裝在設備中鋰金屬含量不超過1g的鋰金屬電池芯或鋰金屬含量不超過2g的鋰金屬電池。

（4）一般要求

以下要求適用於所有鋰金屬或鋰合金電池芯和電池：

①被製造商識別為存在安全缺陷或已經損壞，有可能產生危險放熱、著火或短路的電池芯和電池禁止空運（如因安全原因被製造商召回的）；

②電池芯和電池必須加以保護防止短路，包括防止同一包裝件內可能導致短路的導電材料接觸；

③設備必須採取有效的方法包裝以防止意外啓動；

④安裝有電池的設備必須包裝在符合DGR中5.0.2.4、5.0.2.6.1和5.0.2.12.1的堅固外包裝中；

⑤安裝有電池芯和電池的設備必須固定在外包裝中以免發生移動，並防止運輸中被意外啓動。

（5）第Ⅰ部分

本要求適用於劃為第9類危險品鋰金屬含量超過1g的鋰金屬電池芯和鋰金屬含量超過2g的鋰金屬電池。

每個電池芯和電池必須：

①符合DGR3.9.2.6.1的規定；

②符合以上一般要求。

（6）附加要求——第Ⅰ部分

①設備必須裝入堅固的外包裝中，此外包裝應有適當的材料製造，包裝的設計應有足夠的強度以適應其容積和預計用途，除非設備能給其中的電池提供相同的保護。

②任何一件設備中的鋰金屬含量，每個電池芯不得超過12g，每個電池不得超過500g。

包裝說明970-Ⅰ見表6-27。

表6-27　　　　　　　　　　包裝說明970-Ⅰ

UN編號	每個包裝件的淨數量 客機	每個包裝件的淨數量 僅限貨機
UN3091鋰金屬電池安裝在設備中	5kg	35kg

970-Ⅰ外包裝見表6-28。

表6-28　　　　　　　　　　970-Ⅰ外包裝

外包裝—堅固的外包裝													
類型	桶						方形桶			箱				
名稱	鋼	鋁	膠合板	纖維	塑膠	其他金屬	鋼	鋁	塑膠	鋼	鋁	木材	膠合板	合成木材	纖維板	塑膠	其他金屬

（7）第Ⅱ部分

符合本部分要求的鋰金屬電池芯或電池不受本規則其他條款的限制。除以下情況：

①提供了充足的培訓（DGR第1.6節）；

②旅客和機組人員行李中的危險品（DGR第2.3節）。僅指那些特別允許放入手提行李中鋰離子電池；

③航空郵件中的危險品（DGR第2.4節）；

④包裝件的標記（DGR第7.1.5.5節）；

⑤危險品事故、事件和其他差錯的報告（DGR第9.6.1和9.6.2節）。

提交運輸的鋰金屬電池芯和電池必須符合DGR3.9.2.6.1中的（a）和（e）條要求，以及本包裝說明的一般要求，且：

①對於電池芯，鋰含量不大於1g；

②對於電池，總鋰含量不大於2g。

射頻識別（RFID）標籤、手錶和溫度記錄儀等不會產生危險熱量的裝置，在開啓狀態下可以運輸。這些裝置在開啓狀態下必須符合規定的電磁輻射標準，確保此裝置的運行不會對航空器系統產生干擾。必須確保運輸途中該裝置不會發出干擾信號（如蜂鳴報警、燈光閃爍等）。

（8）附加要求——第Ⅱ部分

設備必須裝入堅固的外包裝中，此外包裝應有適當的材料製造，根據其容積和預計用途具有足夠的強度和設計，除非設備能給其中的電池提供相同的保護。

根據DGR7.1.5.5，每個包裝件必須持久且清晰地標有如DGR圖7.1.C所示的鋰電池標記和僅限貨機操作標籤（DGR圖7.4.B）。包裝件必須具備合理尺寸，以留出足夠空間黏貼標記而避免標記折疊。

此要求不適用於：

①僅含有安裝在設備（包括線路板）中的鈕扣電池；

②內含安裝在設備中的不多於4個電池芯或2個電池的少於或等於兩個包裝件。

不需要危險品託運人申報單。

當使用航空貨運單時，必須在「貨物性質和數量」欄註明「鋰金屬電池符合包裝說明970第Ⅱ部分（Lithium metal batteries in compliance with section Ⅱ of PI970）」。

準備或提交運輸電池芯或電池的任何人必須接受與其責任相稱的有關運輸要求的培訓。有關充足的培訓指導，相關資訊可查閱 DGR1.6 節。

（9）Overpacks——第Ⅱ部分

符合第Ⅱ部分要求的包裝件可以組成 Overpack。Overpack 可以含有其他危險品或不受限制的物品，只要各個包裝件中的物質不會發生危險反應。Overpack 必須標註「OVERPACK」字樣，並牢固而清晰地顯示如 DGR 圖 7.1.C 所示的鋰電池標記，除非 Overpack 中各個包裝件的標籤均可見或內部包裝件不要求帶有鋰電池標記。

包裝說明 970-Ⅱ見表 6-29。

表 6-29　　　　　　　　　　包裝說明 970-Ⅱ

	客機	僅限貨機
每個包裝件內鋰離子電池芯和電池的淨數量	5kg	5kg

970-Ⅱ外包裝見表 6-30。

表 6-30　　　　　　　　970-Ⅱ外包裝

外包裝—堅固的外包裝													
類型	桶						方形桶			箱				
名稱	鋼	鋁	膠合板	纖維	塑膠	其他金屬	鋼	鋁	塑膠	鋼	鋁	木材	膠合板	合成木材	纖維板	塑膠	其他金屬

6.5　鋰電池的標記與標籤

6.5.1　鋰電池標記

在 2017 年以前，空運的鋰電池貨物包裝件或合成包裝件在滿足包裝說明 965~970 第 IB 和第Ⅱ部分條件時，需要黏貼本章 6.5.2.2 節所示的「鋰電池操作標籤」，而並沒有專屬的標記。

但 2017 年，IATA 更新鋰電池規定時，取消了原有的鋰電池操作標籤，並為滿足以上條件的包裝件新增如圖 6-13 所示的鋰電池標記。在新標記上，需標出包裝件內鋰電池適用的 UN 代號和電話號碼，其中 UN 代號數字的高度不能小於 12mm。

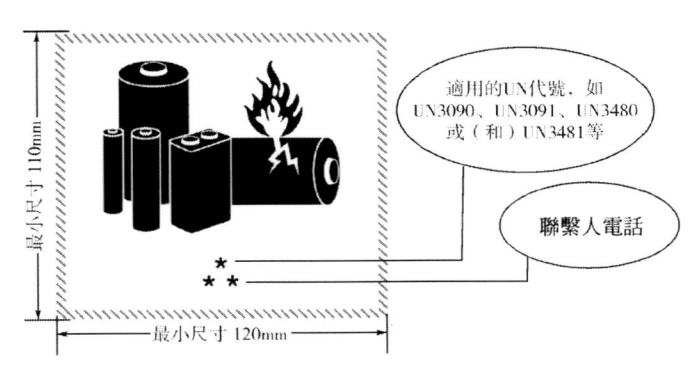

圖 6-13　鋰電池標記

6.5.2　鋰電池標籤

6.5.2.1　危險性標籤

在 2017 年以前，鋰電池貨物在空運時，根據包裝說明，如需要黏貼危險性標籤時，直接使用第 9 類雜項危險品標籤，見圖 6-14 所示。

但從 2017 年開始，IATA 在原有第 9 類的通用危險性標籤基礎上增加電池圖樣，從而為鋰電池貨物專門設計了新的專屬危險性標籤，如圖 6-15 所示。運輸時，託運人應使用新頒布的標籤。

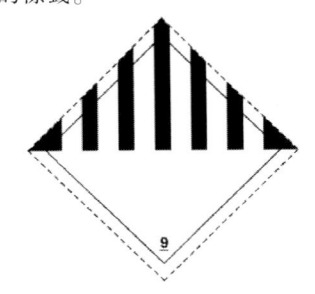

圖 6-14　第 9 類雜項危險品危險性標籤
（可使用到 2018 年 12 月 31 日）

圖 6-15　鋰電池專屬危險性標籤

6.5.2.2　操作標籤

鋰電池運輸時可能涉及的操作標籤主要是 2017 年以前的鋰電池專屬操作標籤和僅限貨機運輸標籤。

（1）鋰電池專屬操作標籤（2017 年前）

當鋰電池包裝件或 Overpack 滿足包裝說明 965～970 第 II 部分要求時，需黏貼鋰電池專屬的操作標籤 該標籤尺寸為 120mm×110mm，如圖 6-16 所示。如果用的是小包裝，可以使用 74mm×105mm 尺寸的標籤，如圖 6-17 所示。需在星號所示的位置填入包裝件或 Overpack 內鋰電池適用的運輸專用名稱，如「鋰離子電池（Lithium ion battery）」或「鋰

金屬電池（Lithium metal battery）」。

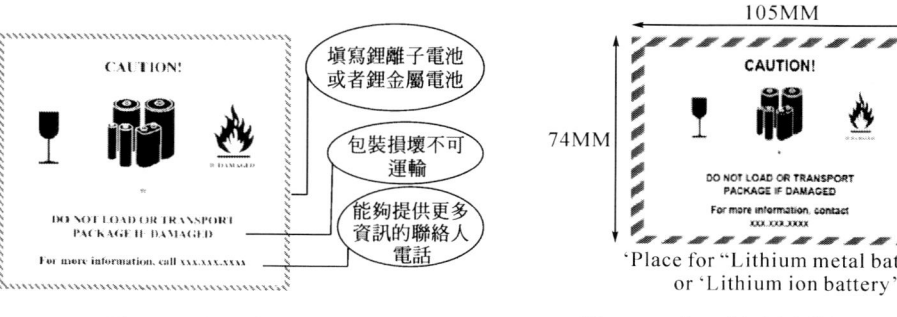

圖 6-16　鋰電池的操作標籤
（可使用到 2018 年 12 月 31 日）

圖 6-17　小尺寸鋰電池的操作標籤

在 2017 年，IATA 更新了鋰電池的規定，取消了以上的鋰電池操作標籤，並新增鋰電池標記。

（2）僅限貨機標籤

當滿足鋰電池僅限貨機運輸要求時，包裝件或 Overpack 應黏貼僅限貨機標籤，見圖 6-18 所示。

圖 6-18　僅限貨機標籤

6.5.3　標記與標籤的黏貼

6.5.3.1　按照 PI965-970 第 I/IA 部分運輸的標記與標籤

首先，按照危險品貨物包裝基本標記的要求，所有 PI965-970 第 I/IA 部分運輸的鋰電池芯和鋰電池，每個包裝件或 Overpack 上都需要清晰地標示出：

（1）運輸專用名稱（如鋰離子電池包含在設備中　lithium ion batteries contained in equipment）；

（·）UN 編號（如 UN3481）；

（·）託運人和收貨人的姓名及地址全稱。

其次，根據法規中各類鋰電池包裝說明的要求，按照 PI965-970 第 I/IA 部分運輸的

鋰電池芯和鋰電池，每個包裝件或 Overpack 上必須黏貼鋰電池專屬的第 9 類危險性標籤。如圖 6-19 所示即為某個滿足 PI967 第 I 部分要求的鋰電池包裝件的標記和標籤示例。

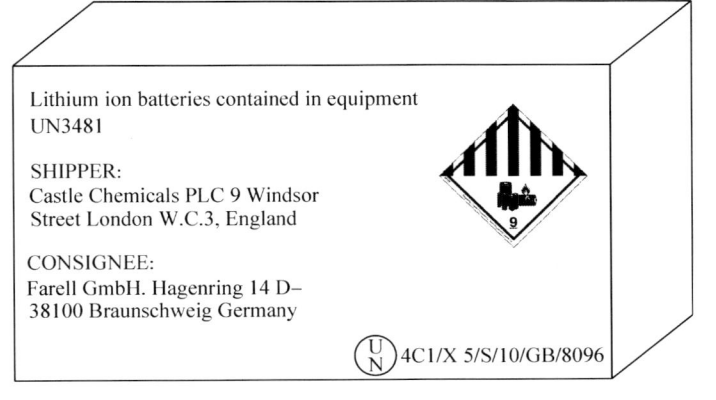

圖 6-19　按照 PI967 第 I 部分運輸的鋰電池包裝件的標記標籤

並且，當數量超出客機限制或運輸單獨的鋰電池（UN3480 或 UN3090）時，還應按要求黏貼適用的僅限貨機操作標籤。圖 6-20 所示即為某個單獨的鋰電池包裝件，因符合 PI965 第 IA 部分的要求僅限貨機運輸，所以需要黏貼「僅限貨機」的標籤。

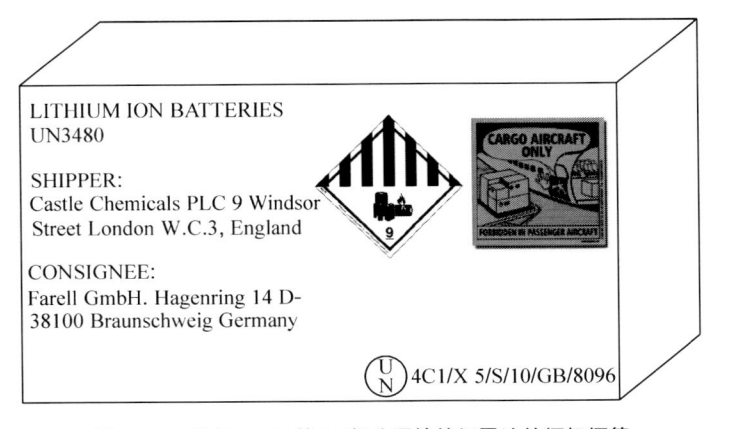

圖 6-20　按照 PI965 第 IA 部分運輸的鋰電池的標記標籤

6.5.3.2　按照 PI965、968 的 IB 部分運輸的標記與標籤

首先，按照危險品貨物包裝基本標記的要求，依據 PI965、968 的 IB 部分運輸的每個包裝件或 Overpack 上都需要清晰地標示出：

（1）運輸專用名稱（如鋰離子電池 lithium ion batteries）；
（·）UN 編號（如 UN3480）；
（·）託運人及收貨人名稱及地址全稱。

其次，根據法規中各類鋰電池包裝說明的要求，按照 PI965、PI968 的 IB 部分運輸的

鋰電池芯和鋰電池屬於僅限貨機接收的單獨的鋰電池，每個包裝件或 Overpack 上需要標出包裝件內鋰電池的淨數量，並黏貼專屬的鋰電池標記、專屬第 9 類鋰電池危險性標籤和僅限貨機操作標籤。圖 6-21 為符合 PI965 的 IB 部分要求的包裝件所需的標記和標籤。

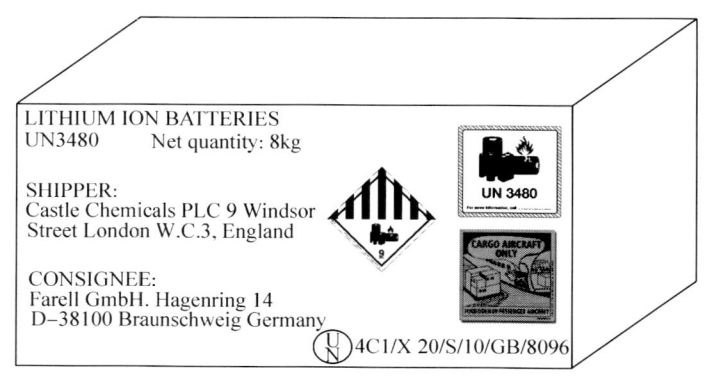

圖 6-21　按照 PI965 IB 部分運輸的鋰電池標記標籤

此外，符合這部分要求的貨物若使用「封閉式」的 Overpack 運輸，則包裝外表面還應註明「OVERPACK」的字樣。

6.5.3.3　按照 PI965-970 第 II 部分運輸的標記與標籤

首先，按照危險品貨物包裝基本標記的要求，依據 PI965-970 第 II 部分運輸的鋰電池芯或鋰電池，每個包裝件或 Overpack 必須帶有以下標記：

（1）運輸專用名稱（如鋰離子電池 lithium ion batteries）；

（·）UN 編號（如 UN3480）；

（·）託運人及收貨人名稱及地址全稱。

其次，根據法規中各類鋰電池包裝說明的要求，依據 PI965-970 第 II 部分運輸的鋰電池芯或鋰電池，每個包裝件或 Overpack 必須黏貼專屬的鋰電池標記。

圖 6-22 所示為某個符合 PI969 第 II 部分運輸的 UN3091 例子。

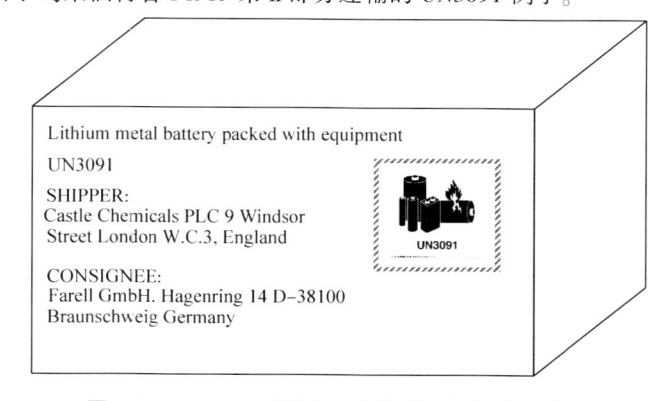

圖 6-22　按 PI969 第 II 部分運輸的鋰電池標記與標籤

另外，當電池或電池芯的數量、規格超過客機限制或遇到運輸單獨的鋰電池時，還應在鋰電池標記的基礎上附加「僅限貨機」操作標籤，圖6-23所示即為某個單獨運輸的鋰離子電池包裝件的例子，只能由貨機運輸。

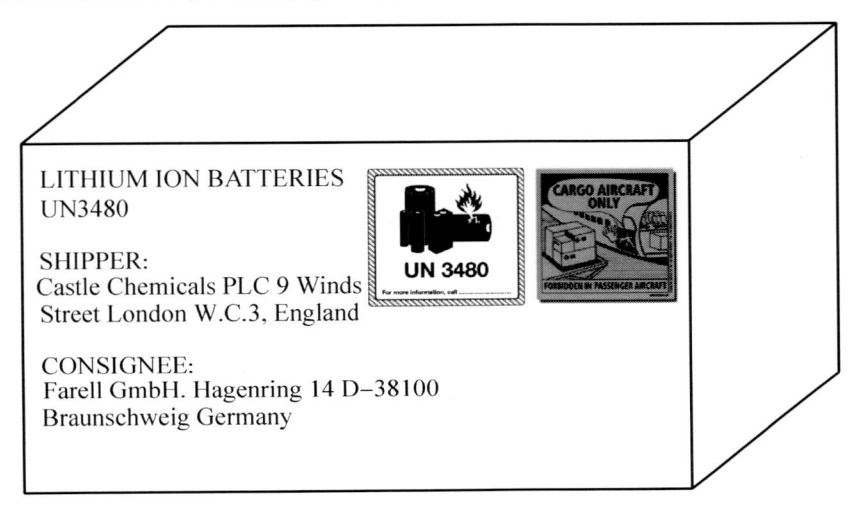

图 6-23　按 PI965 第Ⅱ部分運輸的鋰電池標記與標籤

此外，符合這部分要求的貨物若使用「封閉式」的 OVERPACK 運輸，則包裝外表面還應註明「OVERPACK」的字樣。

6.6　鋰電池運輸文件的填寫

航空運輸的鋰電池危險貨物需要託運人提供正確的運輸文件，如 UN38.3 測試報告、託運人危險品申報單（DGD）、航空貨運單（AWB）、危險品檢查單、特種貨物機長通知單（NOTOC）。如使用 UN 包裝，還應出具包裝檢測機構出具的包裝性能測試報告和包裝使用鑒定結果單。限於篇幅，本書僅介紹申報單和貨運單中危險品相關欄目的填寫。

6.6.1　危險品申報單的填寫

按照 PI965-970 第Ⅰ部分（包括 PI965 和 PI968 中的 IA 和 IB 部分）運輸的鋰電池芯和鋰電池，託運人需要按照DGR8.2.1 和 8.2.2 節要求填寫危險品託運人申報單（DGD）。圖 6-24 所示為一票滿足 PI965 第 IA 和 IB 部分的鋰電池託運人申報單填寫示例，特別需要注意的是，滿足 IB 部分要求的鋰電池芯或電池還必須在包裝說明代號後註明「IB」的字樣，為了突出顯示，也可以在「Authorization（批准）」欄內註明「IB」的字樣。

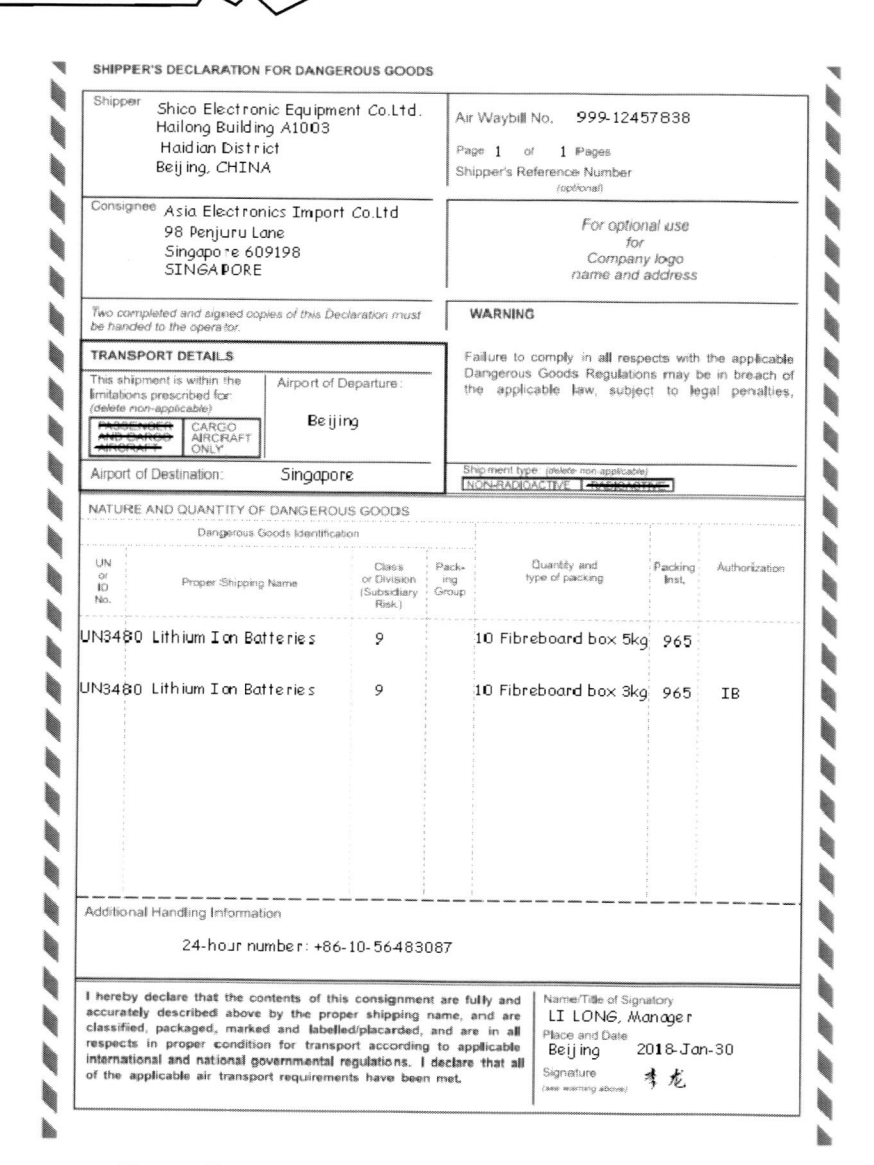

圖 6-24 滿足 PI965 第 I 部分的鋰電池的危險品託運人申報單示例

6.6.2 航空貨運單的填寫

（1）按照 PI965-970 第 I 部分（包括 PI965 和 PI968 中的 IA 和 IB 部分）運輸的鋰電池芯和鋰電池需在航空貨運單中註明鋰電池已隨附託運人申報單。特別地，滿足 PI965 和 PI968 的 IA 和 IB 部分要求的電池芯或電池（即 UN3480 和 UN3090）還應註明僅限貨機運輸，如圖 6-25 所示。

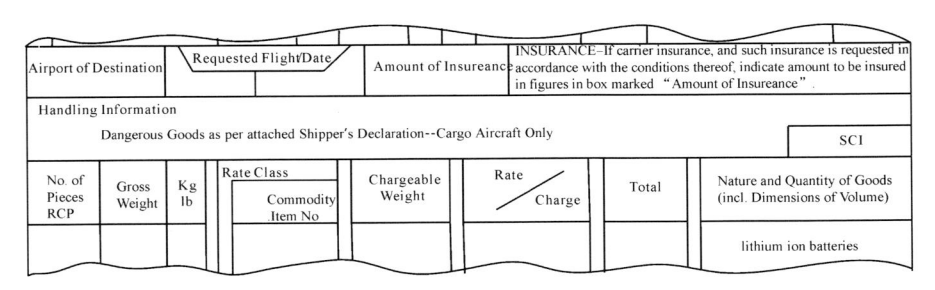

Airport of Destination	Requested Flight/Date	Amount of Insureance	INSURANCE--If carrier insurance, and such insurance is requested in accordance with the conditions thereof, indicate amount to be insured in figures in box marked "Amount of Insureance".
Handling Information			
Dangerous Goods as per attached Shipper's Declaration--Cargo Aircraft Only			SCI
No. of Pieces RCP	Gross Weight	Kg lb	Rate Class / Commodity Item No	Chargeable Weight	Rate / Charge	Total	Nature and Quantity of Goods (incl. Dimensions of Volume)
							lithium ion batteries

圖 6-25　按照第 PI965 第 I 部分運輸的鋰電池的航空貨運單欄目

（2）按照 PI965-970 第 II 部分包裝的鋰電池芯和鋰電池的航空貨運單。

按照 PI965-970 第 II 部分包裝的鋰離子電池或鋰金屬電池不需要填寫託運人申報單，但必須在航空貨運單的「貨物性質與數量欄」中註明其符合相關包裝說明要求的文字。例如：「鋰離子電池符合包裝說明 965 的第 II 部分（Lithium ion batteries in compliance with section II of PI 965），特別是對滿足 PI965 或 PI968 第 II 部分的包裝件，還須在「操作資訊欄」內註明「Cargo Aircraft Only（僅限貨機運輸）」或「CAO」的字樣，如圖 6-26 所示。

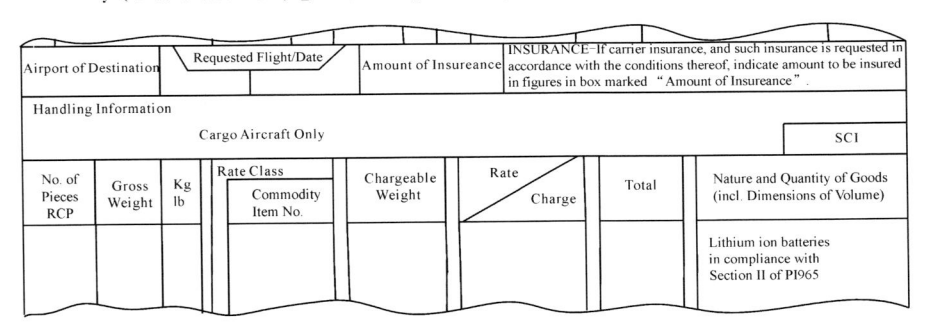

Airport of Destination	Requested Flight/Date	Amount of Insureance	INSURANCE--If carrier insurance, and such insurance is requested in accordance with the conditions thereof, indicate amount to be insured in figures in box marked "Amount of Insureance".
Handling Information			
Cargo Aircraft Only			SCI
No. of Pieces RCP	Gross Weight	Kg lb	Rate Class / Commodity Item No	Chargeable Weight	Rate / Charge	Total	Nature and Quantity of Goods (incl. Dimensions of Volume)
							Lithium ion batteries in compliance with Section II of PI965

圖 6-26　按照 PI965 第 II 部分運輸的鋰電池航空貨運單

6.6.3　鋰電池特種貨物機長通知單 NOTOC

對於 UN3480 鋰離子電池和 UN3090 鋰金屬電池，UN3481 安裝在設備中或與設備包裝在一起的鋰離子電池和 UN3091 安裝在設備中或與設備包裝在一起的鋰金屬電池，在特種貨物機長通知單上只註明 UN 編號、運輸專用名稱、類別、每一裝載位置的總數量、是否僅限貨機運輸等資訊。

按照 PI965-970 第 II 部分運輸的鋰電池芯和鋰電池，不需要填寫機長通知單。

6.7　鋰電池郵件運輸規定

根據 DGR2.4 節，除了幾種豁免的危險品外，萬國郵政聯盟禁止採用航空運輸形式運

送含有危險品的郵件。在豁免的類型中，有 2 種鋰電池的類型，它們是：

（1）安裝在設備中的鋰離子電池（UN3481），且符合包裝說明 967 第 Ⅱ 部分規定，不超過 4 個電池芯或 2 個電池，可以在任何單個包裝件中郵寄。具體地講，電池的額定瓦特小時數不得超過 100Wh，電池芯的額定瓦特小時數不得超過 20Wh；包裝件還應滿足包裝說明中所有測試、包裝方式和淨重限量方面的要求。

（2）安裝在設備中的鋰金屬電池（UN3481），且符合包裝說明 970 第 Ⅱ 部分規定，不超過 4 個電池芯或 2 個電池，可以在任何單個包裝件中郵寄。具體地講，電池中的金屬鋰含量不得超過 2g，電池芯中的金屬鋰含量不得超過 1g；包裝件還應滿足包裝說明中所有測試、包裝方式和淨重限量方面的要求。

根據中國法規，郵件運輸鋰電池在管理方面還必須得到民航主管當局頒發的特殊許可，並制定相應的操作程序。

此外，培訓方面還要求：郵政經營人的培訓大綱必須得到主管當局審查和批准，員工也必須按照類別接受與其職責相符的培訓。

6.8　旅客和機組攜帶鋰電池的相關規定

6.8.1　旅客和機組攜帶鋰金屬或鋰離子電池的規定

當乘客把鋰金屬或鋰離子電池作為行李攜帶時，有一些限制。只有已經成功通過了 UN38.3 測試的電池，才可能被攜帶。電池製造、分銷的主要公司一定要符合這個要求，然而，某些電池替代品，不是所謂的 OEM[①] 或 aftermarket 電池，而僅僅是它們的低成本複製品（即「贗品」），則不能通過要求的測試。未測試的電池不得空運，當從未知來源購買由鋰金屬或鋰離子電池驅動的儀器設備，比如在市場上或是網上競拍平臺上購買時，用戶應該警惕。真品和複製品電池的區別可能不可見，但是可能很危險。這樣的未經檢測的電池可能會有過熱或引起火災的風險。

由於備用電池運輸導致的風險，備用電池不可以放在乘客的託運行李中被運輸，必須放在自理行李裡。

旅客或機組成員為個人自用並應作為自理行李攜帶的、內含鋰或鋰離子電池芯或電池的便攜式電子裝置（手錶、計算器、照相機、手機、手提電腦、便攜式攝像機等）。備用電池必須單個做好保護以防短路（放入原零售包裝或以其他方式將電極絕緣，如在暴露的電極上貼膠帶，或將每個電池放入單獨的塑膠袋或保護盒當中），並且僅能在自理行李中攜帶。此外，每一已安裝電池或備用電池不得超過以下限制：

（1）每一個安裝好的或是備用電池不得超過：

①對於鋰金屬電池或是鋰含量不能超過 2g；

---

① OEM（Original Equipment Manufactwrer）即「原廠委託製造」。它是指受託廠商按來樣廠商之需求與授權，依特定的條件而生產，所有的設計圖等都完全依照來樣廠商的設計來進行製造加工。

② 對於鋰離子電池，瓦時額定值不能超過 100Wh。

（2） 電池和電池芯必須通過聯合國檢測和標準手冊第Ⅲ部分第 38.3 節要求的測試。

（3） 如果設備在乘客或機組人員的託運行李內，則必須採取措施防止意外啟動。

對於大的鋰離子電池額定，瓦時超過 100Wh 但不超過 160Wh，在儀器設備內或作為備用電池不超過 2 個小時，需要經航空公司批准才可以運輸。

6.8.2 行李中攜帶鋰電池及含鋰電池的設備一覽表

DGR 在 2.3 節對旅客和機組成員行李中攜帶的危險品限製作出詳細規定。其中，有關鋰電池及含鋰電池的設備的規定有多個條目，將其總結後如表 6-17 所示。

表 6-17　關於旅客和機組成員攜帶鋰電池及含鋰電池設備的規定（2018 年）

項目	允許在手提行李中或作為手提行李	允許在交運行李中或作為交運行李	需由經營人批准	必須通知機長裝載位置
電池，備用/零散的，包括鋰金屬或鋰離子電池芯或電池　輕便電子裝置所用電池只允許旅客在手提行李中攜帶。鋰金屬電池中的鋰金屬含量不得超過 2g，鋰離子電池的瓦特小時數不得超過 100Wh。以提供電力為主要目的的產品，如移動電源，應被視為備用電池。這些電池必須單獨保護以防止短路。每位旅客攜帶備用電池的數量限制為 20 塊。 註：經營人可以批准 20 塊以上的攜帶數量。	是	否	否	否
電子香菸，含有電池的（包括電子雪茄、電子菸斗、其他私人用汽化器）必須單獨保護以防止意外啟動。	是	否	否	否
鋰電池：裝有鋰電池的保安型設備（詳見 DGR2.3.2.6）。	是	是	否	否
鋰電池：含有鋰金屬或鋰離子電池芯或電池的輕便電子裝置（PED）包括醫療裝置如旅客或機組人員攜帶的供個人使用的便攜式集氧器（POC）和消費電子產品，如照相機、移動電話、筆記本電腦、平板電腦（見 2.3.5.9）。鋰金屬電池的鋰含量不超過 2g，鋰離子電池的瓦時數不超過 100Wh。交運行李中的設備必須完全關機並加以保護防止破損。每位旅客攜帶裝置的數量限制為 15 個。 註：經營人可以批准 15 塊以上的攜帶數量。	是	是	否	否
鋰電池：備用/零散的　消費電子裝置和輕便醫用電子裝置（PMED）使用的瓦特小時大於 100Wh，但不大於 160Wh 的鋰離子電池，或僅輕便醫用電子裝置（PMED）使用的鋰含量超過 2g 但不超過 8g 的鋰金屬電池。最多 2 個備用電池僅限在手提行李中攜帶。這些電池必須單獨保護以防短路。	是	否	是	否
鋰電池供電的電子裝置　輕便電子裝置（包括醫用）使用的瓦特小時數大於 100Wh，但不大於 160Wh 的鋰離子電池。鋰含量超過 2g 但不超過 8g 的僅醫用電子裝置專用鋰金屬電池。交運行李中的設備必須完全關機並加以保護防止破損。	是	是	是	否
助行器：以鋰離子電池供電的輪椅或其他類似的助行裝置（可折疊），必須將鋰離子電池移除後置入客艙運輸（詳見 DGR2.3.2.4 (d)）。	是	否	是	是

為進一步方便查閱，旅客和機組成員行李中攜帶鋰電池及含鋰電池的設備乘坐民用航空器還可參照表 6-18。

表 6-18　　　　　　　行李中攜帶鋰電池及含鋰電池的設備一覽表

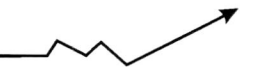

	額定能量或鋰含量限制	行李類型	數量限制	經營人批准	保護措施	通知機長
個人自用輕便電子設備	≤100Wh 或 2g	託運或手提	每人 15 個	—	徹底關機並防意外啓動	
	100Wh~160Wh		—	是		
個人自用輕便電子設備的備用電池	電池≤100Wh 或 2g	手提	每人 20 塊	—	單個保護	
	鋰離子電池 100Wh~160Wh		每人 2 塊	是		
保安型設備	電池芯≤20Wh 或 1g	託運		是	防意外啓動	
	電池≤100Wh 或 2g					
便攜式電子醫療裝置	≤160Wh 或 8g	託運或手提	—	是	防意外啓動	
便攜式電子醫療裝置的備用電池		手提	每人 2 塊		單個保護	
電動輪椅或代步工具	電池不可拆	託運	—	建議提前告知經營人做好安排	電池防短路防受損	通知機長
	電池可拆 ≤300Wh	電池應卸下並手提				
電動輪椅或代步工具的備用電池	≤160Wh	手提	每人 2 塊			
	≤300Wh		每人 1 塊			

* 攜帶備用電池數量應以旅客和機組成員在行程中使用設備所需的合理數量為判斷標準。

6.9　應急措施

　　鋰電池在著火必須使用標準應急程序處理火情。拔掉外部充電電源，使用滅火器。雖然經驗證，海龍滅火器對於處理鋰金屬電池火災是無效的，但在對付鋰金屬電池周圍材料的繼發火情或對付鋰離子電池火情方面則是有效的。對於鋰離子電池，可使用水質滅火器、海倫滅火器滅火，並在裝置上灑水（或其他不可燃液體）降溫，以使電池芯冷卻並防止相鄰電池芯起火（鋰金屬電池不可用水及含水滅火劑滅火）。

6.10　國家及經營人差異

　　有些國家和經營人對於鋰電池的運輸有更嚴格的要求，例如國家差異 USG-03，經營人差異 CZ-08 等。在運輸時還必須查閱 DGR2.8，以確定相關國家和經營人的差異規定均得到滿足。

6.11 常見問題

(1) 什麼是鈕扣電池?

鈕扣電池也稱扣式電池,是指外形尺寸象一顆小鈕扣的電池,一般來說直徑較大,厚度較薄(相對於柱狀電池如市場上的 5 號 AA 等電池)。鈕扣電池是從外形上對電池來分類,同等對應的電池分類有柱狀電池、方形電池、異形電池。

(2) 如何安全地包裝鋰電池進行運輸?

電池和電池動力設備運輸時,最主要的風險之一就是電池兩極接觸其他電池、金屬物體或其他導電體而引起的電池短路。因此,必須將包裝好的電池芯和電池使用適當的方式隔開,以防止發生短路和電極破損。此外,電池和電池芯還必須包裝在堅固的外包裝內,或者安裝在設備中。符合規定的包裝樣例如圖 6-27 所示。

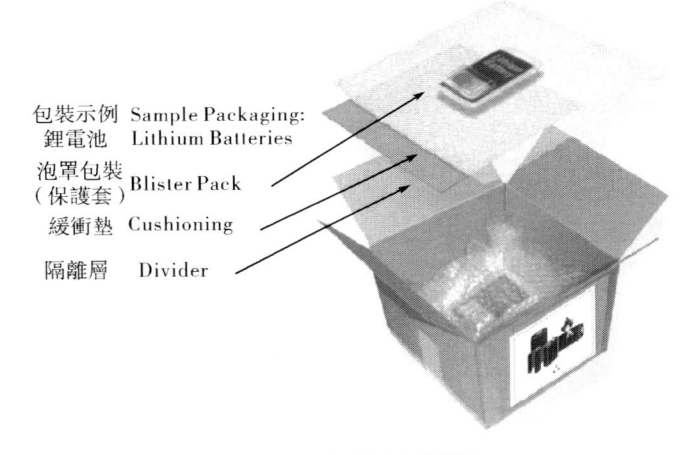

包裝示例 Sample Packaging:
鋰電池 Lithium Batteries
泡罩包裝(保護套) Blister Pack
緩衝墊 Cushioning
隔離層 Divider

圖 6-27 鋰電池包裝樣例

(3) 如何對電池進行有效的防短路保護?

防止電池短路包括但不限於以下方法:

①在可行的情況下,用非導電材料(如塑膠袋)製成的完全封閉的內包裝來裝每個電池或每個電池動力設備。

②使用適當的方式對電池進行隔離或包裝,使其無法與包裝件內的其他電池、設備或導電材料(如金屬)相互接觸;

③對裸露的電極或插頭使用不導電的保護帽、絕緣帶或其他適當的方式進行保護。

如果外包裝不能抵擋碰撞,那麼就不能僅使用外包裝作為防止電池電極破損或短路的唯一措施。電池還應使用襯墊防止移動,否則由於移動導致的電極帽鬆動,或者電極改變方向易引起短路。

電極保護方法包括但不限於以下措施：
①將電極牢固地附上有足夠強度的蓋；
②將電池包裝在剛性塑膠包裝內；
③電池電極使用凹陷設計或有其他保護方式，即使包裝件跌落電極也不會破損。

（4）如何進行「意外啓動」保護？

電池安裝在設備中時，設備的包裝方式應該能夠防止意外啓動，或者有防止意外啓動的單獨措施（如包裝能防止接觸開關、有開關保護帽或鎖、開關使用凹陷設計、觸動鎖、溫度感應斷流器等）。

（5）何時不需要在包裝件上標明鋰電池標記？

符合包裝說明 965～970 第Ⅰ部分及 PI965、968 第 IA 部分規定的包裝件不需要標明鋰電池標記。對於安裝在設備中的鋰離子電池 UN3481 和安裝在設備中的鋰金屬電池 UN3091，若其包裝件符合包裝說明 967 和 970 第Ⅱ部分的規定，且其安裝在設備中的電池芯不超過 4 個或電池不超過 2 個時，這些包裝件也不需要標明鋰電池標記。此時安裝在設備中的鈕扣電池芯可不考慮。由於這些包裝件不需要標明鋰電池標記。（註：只有在需要鋰電池標記時，航空貨運單才需要顯示「Lithium「ion or metal」batteries in compliance with section Ⅱ of PI9XX」的聲明字樣。）

（6）當包裝件內同時裝有鋰金屬和鋰離子電池時，是否可以用一個標籤來表明？

可以。可用一個標籤來同時標明包裝件內即含鋰離子電池，又含鋰金屬電池。

（7）根據包裝說明 966 和 969 中的說明「每個包裝件內的電池最大數量應是設備動力所需的最少電池數量，再加 2 個備用電池」。如果一個包裝件有 4 個電動工具（每個工具有 1 個鋰離子電池），是否可以為每個工具配備 2 個備用鋰離子電池一共 8 個備用電池放在包裝件內？

可以。整個包裝內 4 個電動工具每一個都可以有 2 個備用電池。

（8）若一個 MP3 播放器內有一個單電池芯鋰離子電池，那麼裝有 1 個 MP3 的盒子是否要貼標籤？如果裝有裝 5 個 MP3 呢？

裝有一個 MP3 播放器的包裝件不需要貼鋰電池操作標籤，因為一個盒子內最多可以放 4 個這樣的單電池芯電池而在其外部無需貼鋰電池操作標籤。如果一個交運的包裝件裡放 5 個這樣的 MP3，包裝件外部就必須黏貼鋰電池操作標籤。

（9）有 2kg 重的 2.7Wh 的電池芯是和 2 節電池，都符合第二部分限制要求，可以將它們裝在一起嗎？

在 Section Ⅱ 時不可以。表 965Ⅱ 和表 968Ⅱ 中都有限制。包裝需要分開，2kg，2.7Wh 的電池芯裝一個包裝中，另外的 2 節電池裝一個包裝。或者按 SectionIB 條款運輸。

（10）當鮮活易腐貨物和鋰電池供電的溫度計或者數據計數器一起運輸時，還需要按照危險品規則運輸嗎？

需要，當託運的設備含有鋰電池，所有鋰電池適用的條款都需要滿足，包括對於運輸中「運行狀態」的設備的一些限制。

註：這些貨物同時需滿足鮮活易腐貨物的規則要求。

練習思考題

1. 每名旅客攜帶的輕便電子裝置中的鋰離子電池的瓦特小時（Wh）不得大於多少？鋰金屬電池鋰含量不超過多少克？

2. 若旅客或託運人不能提供 UN38.3 測試，帶有鋰電池的行李或貨物能否接受？

3. 單獨運輸小型鋰離子電池 2.5Wh，每個包裝件最多可以裝多少千克？5.92Wh 的手機電池芯，每個包裝件最多可以裝幾塊？48Wh 的筆記本電腦電池，每個包裝件最多可以裝幾塊？

4. 鋰電池包裝件是否可以放在一個 OVERPACK 內？

5. 對於安裝在設備中的鋰電池貨物，若符合 PI967 或 PI970 Section II（第 II 部分），每個包裝件中電池的最大淨數量分別是多少？

6. 運輸鋰電池時，需要接受危險品培訓嗎？

國家圖書館出版品預行編目（CIP）資料

特種貨物航空運輸 / 文軍, 唐慧敏 主編. -- 第一版.
-- 臺北市：財經錢線文化, 2019.10
　　面；　　公分
POD版

ISBN 978-957-680-374-1(平裝)

1.航空運輸 2.貨運

557.945　　　　　　　　　　　　　　　　108016517

書　　　名：特種貨物航空運輸
作　　　者：文軍、唐慧敏 主編
發 行 人：黃振庭
出 版 者：財經錢線文化事業有限公司
發 行 者：財經錢線文化事業有限公司
E - m a i l：sonbookservice@gmail.com
粉 絲 頁：　　　　　　網　址：
地　　　址：台北市中正區重慶南路一段六十一號八樓 815 室
8F.-815, No.61, Sec. 1, Chongqing S. Rd., Zhongzheng Dist., Taipei City 100, Taiwan (R.O.C.)
電　　　話：(02)2370-3310　傳　真：(02) 2370-3210
總 經 銷：紅螞蟻圖書有限公司
地　　　址：台北市內湖區舊宗路二段 121 巷 19 號
電　　　話：02-2795-3656　傳真：02-2795-4100　網址：
印　　　刷：京峯彩色印刷有限公司（京峰數位）

　　本書版權為西南財經出版社所有授權崧博出版事業有限公司獨家發行電子書及繁體書繁體字版。若有其他相關權利及授權需求請與本公司聯繫。

定　　　價：550元
發行日期：2019 年 10 月第一版
◎ 本書以 POD 印製發行